A ARTE DE DAR LIMITES

LUIZ HANNS

A ARTE DE DAR LIMITES

COMO MUDAR
ATITUDES DE
CRIANÇAS E
ADOLESCENTES

Um modo inovador
de educar, com exercícios
passo a passo para
você fazer com seu filho

parela

Copyright © Luiz Hanns, 2015

A Editora Paralela é uma divisão da Editora Schwarcz S.A.

*Grafia atualizada segundo o Acordo Ortográfico
da Língua Portuguesa de 1990, que entrou em vigor
no Brasil em 2009.*

CAPA E PROJETO GRÁFICO Mateus Valadares
FOTOS DE CAPA Getty Images: Image Source/ Krystian Kaczamarski/
Photodisc/ JGI-Jamie Grill/ Stuart McClymont
PREPARAÇÃO Marina Vargas
REVISÃO Marise Leal, Jane Pessoa e Carmen T. S. Costa

Dados Internacionais de Catalogação na Publicação (CIP)
(Câmara Brasileira do Livro, SP, Brasil)

Hanns, Luiz
    A arte de dar limites: como mudar atitudes de crianças
e adolescentes / Luiz Hanns. — 1ª ed. — São Paulo :
Paralela, 2015.
    ISBN 978-85-8439-010-6

    1. Atitude - Mudanças 2. Crianças e adolescentes -
educação 3. Disciplina 4. Filhos - Criação 5. Pais e filhos
6. Psicologia educacional I. Título.

15-06399   CDD-649.64

Índice para catálogo sistemático:
1. Educação dos filhos : Limites : Vida familiar :   649.64

4ª reimpressão

[2021]
Todos os direitos desta edição reservados à
EDITORA SCHWARCZ S.A.
Rua Bandeira Paulista, 702, cj. 32
04532-002 — São Paulo — SP
Telefone: (11) 3707-3500
www.editoraparalela.com.br
atendimentoaoleitor@editoraparalela.com.br
facebook.com/editoraparalela
instagram.com/editoraparalela
twitter.com/editoraparalela

SUMÁRIO

Apresentação, 9

PARTE I
O que você precisa saber para dar os limites de partida

1. O tripé, 20
2. Cinco razões por que ficou tão difícil dar limites
e o que você pode fazer a respeito, 31
3. Limites de partida: três pressupostos para educar, 41
4. Como transmitir a seu filho os três pressupostos
da educação, 56
5. O mapa dos limites, 76
6. Sugestões de como explicar os porquês de cada limite, 92

PARTE II
A arte de dialogar com crianças e adolescentes

7. O que é dialogar em conexão com pensamentos e emoções, 114
8. Seis casos difíceis de dar limites, 125
9. Exercitando o diálogo passo a passo: escutar seu filho
de verdade, 137

10. Exercitando o diálogo passo a passo: ponderar/buscar soluções, 163

11. Como terminar o diálogo: *seu filho entenderá as limitações que a vida impõe aos desejos dele?*, 175

12. O diálogo em versão abreviada — quando *dialogar em conexão* se torna um hábito, 192

PARTE III

A arte de impor limites a crianças e adolescentes

13. Prepare-se para impor limites, 200

14. Impondo limites suaves, 212

15. Impondo limites moderados, 229

16. Impondo limites fortes, 246

17. Impondo limites fortes passo a passo, 256

18. Castigos, 288

PARTE IV

Ensinar a viver com limites (pequenos projetos de mudança de atitude)

19. Promover mudanças de atitude, 306

20. Promover mudanças de atitude passo a passo: um caso completo, 319

21. Promover mudanças de atitude passo a passo: dois casos resumidos, 344

22. Promover mudanças de atitude: fragmentos de cinco casos difíceis, 355

ALÉM DOS LIMITES

23. Desalinhamentos entre pais, avós e babás, 384
24. Para além dos limites — preparar seu filho para a vida, 402

APÊNDICES

APÊNDICE I. O que pode dar errado ao tentar dialogar
com seu filho, 407
APÊNDICE II. Conhecimentos sobre *parenting* e a contribuição
deste livro, 421

Agradecimentos, 435
Notas, 439
Bibliografia, 461

APRESENTAÇÃO

Bianca, quatro anos, é a tirana da casa: sempre que contrariada tem chiliques, e quando seus pais tentam enquadrá-la, se arranha e fica horas chorando.

Lucas, cinco anos, bate no irmão menor e não obedece aos adultos; está sempre tão eufórico que para ele até as broncas parecem parte da brincadeira.

Pedro, nove anos, roubou dinheiro da bolsa da mãe e seus pais não sabem o que fazer.

Gabriel, dez anos, frequentava sites pornográficos de abuso sexual.

Ronaldo, quinze anos, fuma maconha e não estuda.

Isadora, dezesseis anos, está deslumbrada com as possibilidades da adolescência; sua prioridade é ser popular.

Talvez você, como muitos pais, tenha dúvidas sobre como lidar com essas situações. Acolher, dar broncas e aplicar castigos, usar o método de "colocar para pensar", ou esperar que a "fase" passe? Aconselhar, mandar a um psicoterapeuta ou tentar mudar o foco?

Ao enfrentar situações como as descritas acima, muitos pais adotam o que podemos chamar de uma *educação corretiva*.

Tentam dar um bom exemplo, transmitir valores, colocar os filhos em boas escolas e estimulá-los. De resto, os observam e, quando necessário, procuram corrigir os problemas dando conselhos, pondo-os em terapia ou dando limites por meio de advertências, broncas e castigos ocasionais.

Às vezes têm sucesso, mas é comum que não ocorram mudanças de atitude verdadeiras. E logo os filhos voltam aos antigos comportamentos.

Neste livro vamos acompanhar os seis casos mencionados no início e muitos outros, adotando um modelo de *educação pensada*.

Venho desenvolvendo a *educação pensada* há cerca de vinte anos e testando-a há dez. Com crianças e adolescentes. Faço palestras e workshops e oriento pais em meu consultório, sempre enfatizando que eles podem aprender por conta própria como pensar, aplicar e aprimorar a educação de seus filhos.

Por isso estruturei este livro de maneira a permitir que, além de entender os conceitos, você também possa aplicá-los na prática. A cada capítulo apresento muitos exemplos, sugiro diversos exercícios que você pode praticar passo a passo com seu filho.

Ao praticar uma *educação pensada*, você se habitua a usar três ferramentas e considerar três condições. As ferramentas: *dialogar* sobre limites, *impor* limites e *ensinar* a viver com limites. Você pode aprender a usá-las levando em conta três condições de seu filho: *idade*, *temperamento* e *influência do ambiente*.

Trabalhar com esses seis elementos vai ajudá-lo a não apenas *criar* filhos, dando-lhes amor, segurança, lazer e formação escolar, mas também a exercer o papel de *pai educador* que busca ativamente *preparar* seu filho para a vida. Isso fica mais fácil com uma educação pensada na qual você não dá apenas limites ocasionais, mas usa um sistema de limites que interliga esses seis elementos e permite obter mudanças profundas, antecipando e, quando necessário, corrigindo os problemas.

Para aplicar os princípios da *educação pensada* você se apoia em alguns *limites de partida*; todo o seu projeto de educação se desenvolve a partir desses limites antecipados. Seus filhos vão crescer com essas regras, que já farão parte do cotidiano antes mesmo que os problemas ocorram. Desde pequenos os filhos entendem, discutem e participam da formulação dessas regras. Dedicaremos vários capítulos a esses limites de partida.

Se você tiver filhos adolescentes, eles também podem ser apresentados aos limites de partida e passar a incorporá-los.

Quais são os limites de partida e como você pode ensiná-los ao seu filho é o tema da primeira parte deste livro, intitulado "O que você precisa saber para dar os limites de partida".

As três ferramentas

Para educar, porém, não basta formular as regras e os limites de partida. Eles funcionam como normas gerais. No dia a dia você vai precisar combinar e dosar as três ferramentas.

Dialogar com seu filho sobre limites.
Impor limites a seu filho.
E *ensiná-lo* como viver com regras e limites.

O diálogo sobre limites não é uma conversa qualquer, é um tipo de diálogo que chamo de *diálogo em conexão com os pensamentos e as emoções* do seu filho. Ele permite escutar com atenção seu filho e apresentar, explicar e discutir limites com ele, dos quatro anos até a maioridade.

Se você souber como escutar e dialogar com crianças e adolescentes, o *diálogo em conexão* vai ser sua principal forma de dar limites, já a partir dos quatro anos. Ele opera milagres!

Você vai ver que é possível mostrar, mesmo a crianças pequenas e adolescentes rebeldes, por meio do diálogo, que todo ser humano tem de se submeter a limites, e que limites são impedimentos que não dependem da nossa vontade. São regras éticas e restrições da vida prática.

Se souber como escutar e conversar com crianças e adolescentes sobre isso, muitas vezes não vai ser preciso *impor* limites. Você vai poder motivar seu filho a seguir regras e aceitar limites voluntariamente. Ele vai entender que não se trata de uma chatice dos pais, mas de limitações éticas e práticas ao seu desejo.

Dialogar em conexão com os pensamentos e as emoções do seu filho é uma poderosa ferramenta que você poderá usar a maior parte do tempo. Quantas vezes puder; quanto mais, melhor.

No entanto, adianto que você e seu filho vão precisar de várias semanas de prática para aprenderem a dialogar, em vez de entrarem sempre em conflito. Por isso dediquei seis capítulos ao tema, com sugestões para serem praticadas diariamente, e intitulei essa parte do livro "A arte de dialogar".

Saber dialogar, porém, não significa que muitas vezes não seja necessário simplesmente *impor* limites. Também dediquei seis capítulos às diversas maneiras de fazer isso.

Impor limites não é apenas dar uma bronca ou um castigo. Há diversos graus e modos de fazê-lo — graus *suaves*, *moderados* e *fortes*, limites de *contenção* e limites *transformadores*. A ideia é não agir sempre do mesmo modo; cada momento pede que você alterne diferentes graus e maneiras de impor limites. E mesmo com crianças de um ano limites suaves e moderados já podem ser usados!

Diferente dos limites *suaves* e *moderados*, que você pode empregar todos os dias, o modo *forte* de dar limites só deve ser utilizado quando realmente necessário. Muitos pais que enfrentam dificuldades para dar limites vêm a minhas palestras, indicados por outros pais, ávidos por aprender o método que uso para impor *limites fortes*, que denominei de "basta contundente". Ele de fato funciona e, muitas vezes, também opera milagres, mas deve ser usado com parcimônia. Em geral uma ou no máximo três vezes na vida do seu filho. Se você usá-lo sem critério, será apenas um pai autoritário. E terá um filho acuado ou rebelde. Mas também argumentarei que não se deve ter medo de impor limites muito fortes se for preciso, e discutirei ao longo de três capítulos como fazê-lo.

Os capítulos sobre imposição de limites suaves, moderados

e fortes estão reunidos na parte do livro intitulada "A arte de impor limites".

Entretanto, dialogar ou impor limites pode não ser suficiente para seu filho mudar de atitude. Muitas vezes a mudança de atitude só vai acontecer se você ensiná-lo *como* se adaptar a regras, portanto a viver com limites.

Isso exige mais do que uma *conversa* ou uma *imposição*; você vai ter de atrelar o diálogo e os limites a um projeto de mudança de atitude (limites *transformadores* são limites comprometidos com mudanças). Pois muitas crianças e adolescentes, mesmo que tenham entendido que terão de mudar, já adquiriram certos hábitos que têm de ser desconstruídos e não sabem exatamente como fazê-lo.

Por isso também vamos discutir como você pode desenvolver com seu filho *pequenos projetos de mudança de atitude* que o ensinem a se adaptar a regras e limites éticos e práticos da vida. Enfim, ensiná-lo a viver dentro dos limites, pensando, sentindo e agindo de outro modo, desconstruindo hábitos já instalados.

Algumas vezes ele se prontificará voluntariamente a começar um pequeno projeto de mudança de atitude; em outras, você terá de impor a adesão dele. Esse é o tema da quarta parte do livro: "Ensinar a viver com limites".

As três condições

Além das três ferramentas de intervenção — *dialogar* sobre limites, *impor* limites e *ensinar* a viver com limites —, mencionei que também é importante que você leve em conta três condições: a *idade*, o *temperamento* e a *influência do ambiente* em que seu filho vive. Em todos os exemplos que apresento ao longo do livro levaremos em conta as diferenças de faixa etária e temperamento.

Dediquei alguns capítulos específicos à *influência que o ambien-*

te atual está exercendo sobre nossos filhos. E como você pode dar limites mudando aspectos desse ambiente. Desde que respeite a idade e o temperamento de seu filho, é possível, por exemplo, alterar esquemas de funcionamento da casa, reorganizar atividades, alterar horários e estilo de vida.

Esses capítulos estão na primeira parte do livro.

Seguir princípios para interligar as partes em vez de usar receitas

Hoje há consultores, pesquisas e métodos de fazer do "jeito certo" para tudo. O mundo tornou-se complicado. Para cada problema há especialistas. Fomos expropriados dos nossos saberes tradicionais sobre a vida, e não conseguimos colocar um novo saber no lugar. Daí vivermos inseguros, culpados, com medo de errar na nossa alimentação, na profissão, nos esportes, nas aplicações financeiras e na vida em geral. Mas também aprendemos que para cada pesquisa surgem novas investigações que desmentem as anteriores, e que para cada especialista há outros com teorias opostas. Ou seja, sabemos demais sobre tudo, mas ao mesmo tempo nos damos conta de que ainda não sabemos o suficiente.

O mesmo acontece com relação à educação de nossos filhos. Para déficit de atenção, para educação financeira, para dar limites a crianças de cada idade, para lidar com a agressividade, para educar meninos, para educar meninas, para cada situação há especialistas. E muitas vezes ficamos paralisados com medo de agir e errar. Em meu consultório, palestras e workshops, e também neste livro, procuro incentivar os pais a retomarem a função de educar que um dia tiveram e hoje estão inseguros em exercer. O objetivo é que *você* tenha elementos para conduzir com mais autonomia a educação de seu filho da infância à maioridade, mesmo num mundo com tão poucas certezas.

Por isso não abordo uma única faixa etária, falarei de educar e dar limites desde a infância até a vida adulta.

Tampouco enfoco um só tema, como drogas, brigas entre irmãos, terror noturno ou sexualidade. Discutirei todos esses e muitos outros temas que preocupam os pais atualmente, por meio de exemplos.

Independentemente das particularidades de cada problema que venha a enfrentar na educação de seu filho, a proposta é que você entenda os princípios de como educar e dar limites nas mais variadas situações e faixas etárias. Por isso, não sugiro um único jeito de fazer as coisas.

É preciso, porém, que os pais percam o medo de errar. Você, como todos, terá de fazer ajustes e rever seus procedimentos muitas vezes — tal como fazem especialistas (e eu mesmo) com relação aos próprios filhos. Perder o medo de errar não significa deixar de ter dúvidas e cometer erros. Especialistas e leigos, todos erramos.

Por isso discutiremos muito como errar sem tanto medo, e como corrigir a rota quando necessário. Experimentar com cuidado e responsabilidade, mas sem deixar de arriscar e testar. Não há outro modo de se aperfeiçoar na arte de educar e dar limites. Espero que os muitos exemplos e exercícios o ajudem nesse sentido.

Praticar uma *educação pensada* é uma atitude. Você aprende a pensar e interligar as partes e a observar os resultados. E pode praticá-la mesmo que não concorde com os conteúdos e valores que sugiro ao longo do livro. Você pode colocar outros valores no lugar deles. E desenvolver suas próprias teorias sobre o que deve ensinar aos seus filhos. O importante é que todos, pais e filhos, passem a entender com clareza os valores da casa e que você aprenda diversas maneiras de transmiti-los e fixá-los.

Em geral, depois de dois meses de prática firme, a maioria dos pais consegue dialogar com o filho, impor limites e ensiná-lo a viver com eles. Os pais também aprendem a levar em conta idade, personalidade e ambiente. Enfim, passam a dar limites interligando as três ferramentas e as três condições.

Para facilitar a absorção desses conceitos e ferramentas, anexei ao final de cada capítulo um resumo com as principais ideias, organizadas em três tópicos: "para relembrar", "como fazer" e "observe". Além de buscar caminhos sobre como educar, muitos pais hoje enfrentam o desafio de lidar com cônjuges, ex-cônjuges, avós e babás que não estão alinhados com suas concepções de educação. Adianto aqui que, embora seja muito melhor educar quando todos os adultos envolvidos estão alinhados, nem sempre isso será possível, de forma que dediquei o penúltimo capítulo deste livro a como educar quando adultos divergem entre si.

Quanto ao último capítulo, intitulei-o "Para além dos limites — preparar seu filho para a vida". Pois dar limites não é a meta da educação. A meta é preparar seu filho para a vida. E ajudá-lo a desenvolver as competências essenciais para lidar com o mundo que o aguarda. Mas deixei esse capítulo por último porque não há como educar sem dar limites. E, por razões que ficarão claras nos capítulos a seguir, dar limites é o seu primeiro grande desafio.

PARA RELEMBRAR

1. O que é a educação pensada?
- É uma maneira de educar que combina e dosa de modo flexível três ferramentas e considera três condições, sempre pensando em estratégias para lidar com diferentes situações.
- Diferente da educação corretiva, a meta da educação pensada, além de corrigir o que está inadequado, é, desde o início, preparar seu filho para a vida.

2. As três ferramentas
- *Diálogo* em conexão com os pensamentos e emoções
- Imposição de *limites* (suaves, moderados e fortes)
- *Ensinar* a viver com limites

3. As três condições
- *Idade*
- *Temperamento*
- *Influência do ambiente* (estímulos e pressões)

COMO FAZER

Pais educadores:
- Não seguem *fórmulas* prontas para cada situação.
- Guiam-se por *princípios* e aprendem a aplicá-los a situações e idades diferentes.
- Estimulam os filhos, *desde pequenos*, a participarem do projeto de educá-los e prepará-los para a vida.
- Não se restringem a dar limites, tampouco a dialogar, mas sobretudo ensinam o filho *a lidar com os desafios e as limitações que a vida impõe aos desejos dele*.
- Não têm tanto *medo* de errar e sabem que podem corrigir quase todos os erros.

PARTE I

O QUE VOCÊ PRECISA SABER PARA DAR OS LIMITES DE PARTIDA

1
O tripé

Você já deve ter notado que é mais fácil dar limites a algumas crianças que a outras (talvez o filho do seu vizinho ou seu outro filho "dê menos trabalho" que o irmão). Também pode ter viajado a outros países e percebido que em alguns lugares esse tema nem é discutido (e as crianças lhe pareceram todas bem-comportadas). É possível também que tenha notado que em certas classes sociais os filhos parecem menos mimados e mais respeitosos.

O que há de especial nesses casos? Por que alguns filhos parecem mais difíceis de enquadrar do que outros? E por que milhares de famílias se queixam das dificuldades para dar limites (assunto que é tema de artigos em revistas, livros e palestras) e outros milhares de famílias não?

Será que essas diferenças entre crianças, famílias e culturas nos ensinam alguma coisa sobre dar limites? O que podemos aprender com a genética, com as famílias e com as sociedades a esse respeito?

Genética

Paulo, o irmão mais velho de Miguel, desde os dois anos e meio era adorável. Bem-humorado, calmo, desde bem pequeno já era capaz de oferecer brinquedos e guloseimas aos outros. Era organizado, tentava a seu modo guardar os brinquedos, e, sempre prestativo, tentava "ajudar" nas atividades dos adultos.

Algumas crianças nascem com características genéticas especiais. São naturalmente mais adaptáveis, têm mais empatia, mais altruísmo, são prestativas, têm foco, são ordeiras, têm iniciativa, autonomia e disciplina, e lidam melhor com situações de estresse. Mas não conte com filhos assim! Eles são minoria.

Miguel, o irmão menor de Paulo, era uma criança normal. Aos dois anos e meio, embora continuasse amoroso e brincalhão, entrou, como a maioria das crianças, na chamada "adolescência infantil". Começou a ficar irritadiço, desafiador, agressivo e mimado. Aos cinco tornou-se novamente mais afável.

As crianças têm tendências variadas. Uma talvez seja prestativa e empática, mas desobediente. Outra é obediente mas acomodada. Todos temos para cada característica um polo oposto igualmente disponível (preguiça e vitalidade, acomodação e inquietude, imediatismo e autodisciplina, egoísmo e altruísmo).

Seu filho tem um mosaico de características, com alguns polos dominantes e outros menos desenvolvidos. Talvez, no caso de seu filho, características biológicas ligadas à irritabilidade ou à agressividade desde a infância sejam mais fortes do que no irmão ou no filho do vizinho.

Quem sabe essas características não estivessem nítidas na fase infantil. E aos nove ou aos quinze anos comecem a se manifestar. Por outro lado, o filho do vizinho pode ser obediente, mas fugir de responsabilidades e se drogar. Cada um terá seus desafios. Por isso a maioria precisa de limites firmes.

Três décadas de estudos com gêmeos univitelinos indicam que cerca de 50% dos traços de personalidade de seu filho sofrem influência biológica, sobretudo genética. Nossas disposições, nossos talentos e nosso temperamento, portanto, também dependem da biologia. Se seu filho é habilidoso nos esportes, gosta de matemática ou é irritadiço ou tem déficit de atenção, há algum fator biológico nisso (na verdade, hoje sabemos que biologia é mais que genética; ela inclui aspectos adquiridos na gestação e depois).[1]

Isso também significa que os outros 50% das atitudes de seu filho não dependem da genética. Eles são influenciados pela aprendizagem e pelas *circunstâncias atuais de vida* (condições do ambiente doméstico e externo).

Genética, portanto, não é destino. Nem sempre as tendências naturais vão predominar. Às vezes acontece justamente o contrário: aquilo que você ensina ativamente promove mudanças. Ou as exigências situacionais do ambiente em que seu filho vive induzem ou impõem mudanças. Um filho antes tímido pode se tornar desinibido, e um adolescente oposicionista, um adulto agregador.

Genética não é destino, mas estabelece marcos. Digamos que você tenha um tipo físico longilíneo, como um corredor de maratona, e seu irmão seja atarracado e tenha ossos largos. É provável que você se dê melhor em atletismo e corrida e ele em halterofilismo ou arremesso de pesos. Mesmo que seja longilíneo, você pode se empenhar e se tornar um halterofilista ao menos razoável. Mas dificilmente será um campeão. O que vale para nosso corpo também vale para as características de personalidade.[2]

Por isso, nos aspectos da personalidade com os quais seu filho tem mais dificuldade, talvez ele não consiga chegar à excelência. Em geral, basta que tenha competência suficiente para poder lidar com a vida e busque a excelência nas áreas em que tem mais facilidade.

Circunstâncias situacionais (e ensino implícito)

A formação da personalidade de seu filho é influenciada pelos ambientes em que ele vive, e cada ambiente tem uma configuração situacional. Por exemplo, na escola ele pode viver um ambiente hostil ou acolhedor, competitivo ou cooperativo. O mesmo em casa, ou com os amigos do bairro. Algumas circunstâncias são mais fáceis de mudar, tal como esquemas de funcionamento de sua casa, horários do seu filho, em outras, por exemplo, o tipo de sociedade e país em que vocês vivem, não se consegue intervir. Você pode, até certo ponto, "ensinar" muitas coisas ao seu filho atuando sobre algumas circunstâncias situacionais, ensinando de modo implícito através das vivências que ele terá. Por meio de intervenções e mudanças no ambiente, você o educa indiretamente e o induz a novas atitudes.

É um tipo de ensino que podemos chamar de *ensino situacional* — você muda a situação e sem explicar muita coisa você indiretamente conduz o comportamento. Está promovendo uma aprendizagem implícita, situacional. E dando *limites* só na ocasião em que ocorre o problema, impondo alguma alteração nos esquemas, a qual induzirá ou coagirá certas mudanças. São limites de *contenção*, que barram aquele comportamento naquela situação.

Quando Bianca, de quatro anos, fazia manha, sua mãe não lhe dava atenção, mas toda vez que ela conseguia falar e negociar, recebia elogios e atenção. A mãe de Bianca estava introduzindo um esquema, uma vivência, que induz à mudança. Sem muitas explicações ou treinamento, e sem conscientizar a filha do problema, ela estava simplesmente dando limites situacionais à filha. Criou uma situação ou arquitetura situacional que aos poucos foi levando Bianca a parar com os chiliques.

Interferir nas circunstâncias situacionais para induzir a novos comportamentos também serve para motivar e desenvolver novas habilidades.

Por exemplo, você pode estimular seu filho pequeno a ler disponibilizando mais livros, lendo com ele e reduzindo as horas de uso de eletrônicos. Sem grandes explicações, sem conscientização e sem treinamento.

A maioria dos autores propõe que você dê limites no dia a dia, intervindo de forma suave em pequenas circunstâncias que induzem seu filho a novos comportamentos. Poucos autores vão sugerir que você mude radicalmente as circunstâncias de vida de forma a forçar seu filho a mudar de atitude.

Por exemplo, antigamente muitos pais de meninos mimados optavam por enviá-los na adolescência a um colégio militar, onde o ambiente era rigorosamente disciplinador, não havia opções nem luxo. Era uma forma de promover mudanças radicais na vida do filho que o compelissem a mudar. Eram circunstâncias imperativas, impositivas. No novo ambiente, o filho não teria alternativa a não ser se comportar de um determinado modo.

Em alguns casos, talvez você se veja obrigado a fazer algo parecido, por exemplo, determinando mudanças radicais nas regras da casa e no grau de liberdade de seu filho.

Mas, mesmo que você não atue e não intervenha nas circunstâncias situacionais, elas existem e estão influenciando e "educando implicitamente" seu filho. Muitas vezes à sua revelia.

Todos vivemos expostos a dois tipos de circunstâncias na vida: àquelas que nos induzem suavemente a mudar certos comportamentos e às que nos coagem ou obrigam, às vezes abruptamente, a mudar.

Flora, filha de uma família rica, era superprotegida, tinha tudo. Em sua escola de elite, as amigas valorizavam beleza e moda. Flora não precisava lutar por nada e todas as suas vontades eram realizadas. Vivia mal-humorada. Crescia em circunstâncias que favoreciam um comportamento voluntarioso, arrogante e acomodado. Seus pais, embora a criassem com muito amor, não eram pais educadores. E não percebiam que as circunstâncias de vida da filha a estavam induzindo e educando para ser inadequada. Subitamente, sua família empobreceu e tudo mudou. Agora, aos onze anos, Flora tinha de ajudar nas tarefas domésticas (lavar louça, fazer faxina e arrumar as camas) nos fins de semana. À tarde, depois de voltar da escola pública, trabalhava no mercadinho recém-aberto pelos pais, empacotando as compras dos clientes e limpando as prateleiras.

Pouco tempo depois, Flora deixou de ser arrogante e tornou-se uma menina empenhada e decidida, porque agora tinha de viver em novas circunstâncias. Fez novas amigas na escola pública e passou a valorizar os estudos e a solidariedade. E para surpresa geral passou a ser mais bem-humorada. No caso de Flora, o "desastre" funcionou como a "cura", que despertou capacidades que ela parecia não ter.

Seu filho provavelmente está vivendo muitas situações e circunstâncias de longa duração que mudam aos poucos. Elas o induzem ou compelem a reagir repetidamente de certa forma. E ele se acostuma a ter determinados comportamentos. A ter ciúmes do irmão, a ser mais tímido ou a mentir, por exemplo.

Nesse sentido as circunstâncias situacionais estão lentamente "ensinando" seu filho a agir de determinada maneira. É uma influência que promove um ensino indireto, mas poderoso. E às vezes mais forte do que aquilo que você tenta ensinar diretamente, aconselhando, explicando, exigindo, treinando ou servindo de bom exemplo.

Portanto, é importante você aprender a observar os efeitos das condições e dos esquemas domésticos e externos em cada filho. E aprender a mudar alguns aspectos desses ambientes, ou, quando isso não for possível, levar em conta o impacto das influências externas que você não controla muito. Por exemplo, ensinar seu filho a lidar com a mentalidade da sociedade em que vive, com suas condições financeiras, com o comportamento dos avós que estão toda semana com o neto etc.

Mas não se restrinja a educar mudando apenas contextos ambientais. Esse tipo de aprendizado indireto, situacional, e os limites de contenção dados apenas na ocasião, em geral, não se fixam. Quando a situação muda e cessa a pressão, seu filho tende a voltar aos antigos padrões, uma vez que esses limites não foram discutidos, internalizados e praticados. Por isso, invista também no *ensino ativo*, atrelando limites a projetos de mudança consciente de atitude.

Ensino ativo (e explícito)

Você pode praticar o ensino ativo, explícito, usando duas ferramentas: *dialogando* sobre limites e *ensinando* a viver e a lidar com limites. Se ambas as ferramentas forem usadas preventivamente, antes de os problemas acontecerem (diferente da educação corretiva, que impõe limites depois de ocorrerem os problemas), você poderá compensar muitas das inevitáveis influências negativas às quais seu filho será exposto. E também ajustar eventuais tendências biológicas de temperamento desfavoráveis (como ansiedade, egoísmo excessivo etc.).

Alfredo desde os três anos começou a aprender a lidar com as situações. Era um menino normal, com algumas tendências negativas e outras positivas, como qualquer criança. Mas seus pais desde o início o ensinaram a lidar com as mais diversas situações, a considerar contextos, a se controlar e a ser flexível. Ao brincar, contar histórias infantis, passear ou descansar, muitas vezes seus pais aproveitavam para transmitir lições de vida. Por exemplo, ao jogarem, ensinavam a ele estratégias de jogo que exigiam planejamento e autocontrole. Explicavam que um dia se perde e outro se ganha. Que jogar bem depende de treino e um pouco de sorte. E que na vida é a mesma coisa. Mostravam isso não só por meio de jogos, mas também de histórias infantis, músicas e canções e nas situações do cotidiano. E o estimulavam a dar opiniões e discutir situações. Ao colocá-lo para dormir, muitas vezes conversavam sobre o dia, liam histórias, referindo-se suavemente a esses ensinamentos. Desde os três anos seus pais davam limites e dialogavam. Ensinavam que devia respeitar os outros, ajudar e ser solidário, lutar pelos direitos, empenhar-se, entre muitas outras lições. E mais importante, treinavam com ele como fazê-lo, em jogos e na prática do dia a dia. Aos cinco anos, Alfredo já tinha internalizado essas lições e testado diversos modos de lidar com os desafios da vida.

Se desde os dois ou três anos você estabelecer limites de partida firmes e criar uma relação sólida de diálogo e afeto com seu filho, poderá ensinar lições de vida importantes até ele completar sete anos. E verá que, quando chegar a pré-adolescência (entre dez e doze anos) e a influência do mundo externo estiver competindo com você, ele estará mais preparado para filtrar informações. E você continuará a ser uma referência importante.

Mas mesmo pais que já têm filhos mais velhos, ou até adolescentes, que não aceitam limites e se tornaram pouco acessíveis, ainda podem resgatar esse aspecto da relação. Muitos dos casos que você vai encontrar neste livro envolvem filhos maiores. A aprendizagem ativa e explícita, portanto, é importante em qualquer idade! Sobretudo a aprendizagem por meio do convívio com os pais. E até jovens adultos ainda podem precisar de pais que lhes ensinem a lidar melhor com a vida e lhes deem limites de modo ativo, explícito e direto.

Em essência, o ensino direto, explicativo e explícito trabalha interligando três momentos:

1. Apresentar o problema e conscientizar seu filho a respeito dele (por que mudar de postura, ou por que aprender algo novo), motivando-o a desejar a mudança. Em outros casos, em vez de dialogar talvez seja necessário impor mudanças de atitude à força, mas também de modo a conscientizar seu filho, deixando claro o que você está exigindo e por quê.
2. Desenvolver com seu filho recursos pessoais para que ele saiba como mudar de postura. Para isso ele precisará aprender a pensar e a sentir diferente, e a agir de uma nova maneira.
3. Praticar esses novos modos de pensar, sentir e agir durante o tempo necessário para que se tornem hábitos ou atitudes incorporadas.

Essa interligação das partes é um modo de dar um limite transformador que pode ser apresentado através do diálogo ou imposto. Como veremos ao longo deste livro, se você souber utilizar todo o potencial de sua posição de pai, terá um grande papel a cumprir, não só dando limites, mas promovendo o desenvolvimento de seu filho.

O TRIPÉ E UMA EDUCAÇÃO PENSADA

Você já deve ter notado que o sucesso do seu trabalho na educação do seu filho depende do tripé: *genética, circunstâncias de vida e ensino ativo.*

Mas o que tem mais peso na educação? A genética, o ambiente (que ensina de forma implícita, situacional) ou o que você ensina ativamente?

Depende. Sobre o primeiro "pé" do tripé, as tendências inatas do seu filho, você não pode atuar muito. Elas são poderosas e é preciso levá-las em conta; o máximo que você pode fazer é estimular algumas e conter outras.

Quanto ao segundo, os ambientes em que seu filho cresce, eles impregnam tudo, e sobre eles você pode ter apenas uma influência parcial. Pode alterar esquemas e o ambiente em sua casa, mas o mundo pelo qual ele circula você vai controlar menos a cada ano de crescimento do seu filho.

O terceiro "pé", aquilo que você ensina ativamente, é o mais aberto a mudanças e aquele sobre o qual você mais pode atuar no sentido de ajudar seu filho. Por isso o ensino ativo será sua intervenção mais poderosa no processo de dar limites e ensinar lições de vida.

Ainda assim muitas vezes será preciso combiná-lo com o ensino situacional (alterando as condições nas quais seu filho vive e interferindo nos ambientes). Sempre respeitando a natureza (temperamento e genética) de seu filho.

Ao praticar uma *educação pensada* você se habitua a pensar e atuar sobre todo o *tripé*,[3] valorizando biologia, ambiente (ensino implícito) e ensino ativo (explícito).

PARA RELEMBRAR

1. O que é o tripé
São os três componentes que afetam o modo como seu filho pensa, sente e age:
- A biologia
- A influência do ambiente
- O ensino ativo

2. O que constitui cada componente do tripé
- *Biologia*: genética, epigenética, ciclos de maturação e envelhecimento, entre outros fatores que geram tendências de comportamento.
- *A influência do ambiente*: circunstâncias situacionais que coagem e induzem a comportamentos e "ensinam" de modo implícito.
- *Ensino ativo*: lições explícitas que conscientizam e promovem a prática de reconhecer e lidar com situações desafiadoras se comportando de outros modos.

COMO FAZER

1. Você pode atuar sobre fatores biológicos
- Introduzindo mudanças no estilo de vida, como regularizar o sono, incrementar a alimentação, estimular a prática de esportes etc.
- Ministrando vitaminas, hormônios, medicação para ansiedade ou depressão, para déficit de atenção etc.

    OBSERVE
    - Intervenções nos aspectos biológicos são apenas parte do processo e não dispensam seu empenho em ensinar ativamente novas posturas, dar limites e intervir no ambiente.
    - Não se ministra medicação a crianças ou adultos sem pesar criteriosamente os prós e os contras.

2. Você pode atuar sobre aspectos dos ambientes (alterando pressões e estímulos)

- Por meio de novos esquemas de convívio doméstico, mudança de escola, de atividades, de agenda etc.
- Introduzindo novos estímulos positivos que induzam ou coajam a novas posturas, motivando outros comportamentos.
- Por meio de regras e limites, coibindo o comportamento a cada vez que ele ocorre (*limites dados a cada ocasião* em que o problema acontece).

OBSERVE

- Enquanto os estímulos e as pressões permanecem no ambiente, seu filho se vê induzido (ou coagido) a reagir de determinado modo; quando os estímulos e as pressões são retirados, o comportamento anterior pode voltar.
- Para haver uma aprendizagem mais profunda e para que um novo comportamento, que de início é ocasional, seja incorporado, deve haver uma repetição prolongada, intensa e homogênea dos mesmos estímulos e pressões ambientais.
- Alguns tipos de comportamento não mudarão sem o ensino ativo e explícito. Influências sociais negativas (mentalidade consumista, más companhias e familiares inadequados), se não podem ser eliminadas, podem ser compensadas com o ensino ativo que você promove em casa.

3. Você pode promover o ensino ativo e a aprendizagem profunda

- *Conscientizando* seu filho sobre por que deve lidar de outro modo com certas situações.
- Ensinando seu filho a *reconhecer* essas situações no cotidiano.
- Construindo com ele *recursos para lidar* com as situações e praticando durante semanas, ou meses, novas posturas.
- Quando necessário, dando *limites interligados* (interligando compreensão e prática), que são limites transformadores.
- *Impregnando* permanentemente o ambiente com a nova atitude a ser adquirida.
- *Envolvendo* seu filho na própria educação.

2
Cinco razões por que
ficou tão difícil
dar limites e o que você
pode fazer a respeito

Atualmente, muitos pais sentem dificuldade em dar limites e motivar os filhos para tarefas que exigem esforço, disciplina e gentileza. E com frequência atribuem isso apenas a características individuais dos filhos.

Na verdade, nos últimos sessenta anos ocorreram mudanças sociais que alteraram profundamente as condições em que as crianças crescem e podem estar tornando mais difícil para você dar limites a seu filho. São mudanças nos grandes ambientes sociais que abrangem escola, amigos, família, filmes, games, moda, enfim, todas as dimensões da vida de seu filho.

Embora tenham sido positivas, pois promoveram a liberdade e a busca da felicidade, essas mudanças redirecionaram a influência do ambiente social. Ele não mais enfatiza limites, e tampouco incute determinados deveres e raramente motiva para o empenho e a disciplina (a não ser a serviço de metas especiais, mas não como atitude básica de vida). Por isso essa função cada vez mais cabe aos pais, cuja intervenção deve ocorrer de preferência já na infância e prosseguir na adolescência.

O mundo externo exerce sobre seu filho uma influência poderosa, que se estende ao ambiente doméstico. Entender como isso ocorre vai ajudá-lo a, quando necessário, promover mudanças em casa que compensem parte do que mudou fora dela.

Discutirei cinco dessas grandes mudanças que podem também estar influenciando seu filho. Embora no mundo ocidental tenham ocorrido em diferentes combinações, dependendo do país, da religião e da classe social, elas incidiram, em diferentes graus, em todos os ambientes.

Da obediência ao direito de negociar

Até a década de 1950 as crianças cresciam sob o domínio do medo. Nas escolas havia a palmatória, em casa apanhar de cinto era comum. Crianças só deviam falar quando perguntadas. O grande valor na educação era a *obediência*. As fábulas infantis costumavam fazer referência aos males advindos da desobediência: lobos, bruxas e seres malvados que por vezes devoravam aqueles que não seguiam as ordens dos pais. Crianças e adolescentes deviam honrar os mais velhos e as figuras de autoridade em geral. Ter medo era desejável e era a base do respeito. A meta da educação era submeter vontades individuais até a obediência total.[4]

Embora ainda seja assim em muitas partes do mundo, hoje nosso desejo é que os filhos não tenham medo, que sejam ouvidos, que as escolas sejam amistosas e acolhedoras. O valor central da educação não é mais a obediência, mas a capacidade de diálogo e escolha com responsabilidade. Em todas as instâncias, inclusive nas empresas e na política, enfatizamos a participação, a democracia, a igualdade de direitos e o diálogo.

Dos deveres à busca da felicidade

Antigamente os votos parentais para o futuro dos filhos eram algo como: "Que minha filha case e seja boa mãe e esposa"; "Que meu filho seja trabalhador, que sirva à pátria, que tenha um bom emprego ou assuma a empresa familiar". Ensinava-se a ter disciplina, a cumprir os deveres para com a família, o país, a Igreja.

O prazer individual era secundário, em primeiro plano estavam sempre os deveres. Almejar a felicidade pessoal era um egoísmo intolerável. "Autorrealização" era um termo estranho.[5]

Hoje o discurso dos pais mudou para algo como: "Não me importa o que meu filho venha a escolher, desde que seja feliz e saiba ir atrás de seus sonhos". Estamos dispostos a aceitar opções profissionais e sexuais, estilos de vida e locais de moradia os mais diversos para que nossos filhos sejam felizes. E, se possível, desejamos que tenham sucesso.

Da modéstia à diversão (consumismo)

Uma menina rica, um tempo atrás, teria algumas bonecas de porcelana pintadas à mão, alguns vestidos e um quarto decorado. Cresceria numa mansão sob o olhar severo da governanta e aprenderia prendas domésticas. Os grandes valores eram a *modéstia* e o recato. Ser mimado era inadmissível e havia pouco que consumir. Crianças pobres com frequência trabalhavam na roça ou em fábricas e sonhavam com doces e brinquedos. Pouco podiam se divertir, e quando podiam, as brincadeiras e os objetos eram improvisados.

Hoje uma criança pobre talvez dê um chilique no supermercado porque não quer balas de menta, mas de morango. Para todos há opções de consumo. Na classe média, elas crescem com a ideia de que diversão é consumir guloseimas, fazer viagens à Disney, brincar com eletrônicos. Não queremos filhos consumistas, mas achamos que "o sorriso de uma criança não tem preço", de modo que nossos filhos acabam entrando na adolescência convictos do sagrado direito à diversão — e, portanto, ao consumo.[6]

Do pertencer à comunidade ao pertencer à turma

Apesar de conviverem com irmãos, com a turma da rua e

da escola, as crianças e jovens não formavam uma "subcultura de grupo", tão demarcada para cada faixa etária. Crianças pobres ajudavam os adultos na roça ou nas tarefas domésticas e brincavam com crianças de várias idades. As ricas, sob vigilância, entre uma aula de piano ou esgrima, podiam brincar um pouco. Na escola se concedia pouco espaço à brincadeira. E a puberdade, para todos, era uma fase de preparo para a vida adulta, com muitas incumbências. A identidade do sujeito se formava com a família, a religião, os pais.

Hoje socializar com "amigos" tem um grande valor. Desde cedo em berçários, creches, escolas, as crianças são estimuladas a fazer amigos, a ir a festinhas, a convidar os amigos para brincar, dormir na casa um do outro, ir a acampamentos e clubes. Entre os seis e os oito anos, já têm gírias próprias, brinquedos, músicas, roupas e programas televisivos preferidos, e os pais precisam se atualizar com os modismos para se conectar aos filhos. Entre os onze e os catorze, formam uma identidade de grupo que os diferencia dos adultos e das crianças menores. A referência passa a ser cada vez mais a opinião dos amigos, que, reforçada pelo marketing e pelas mídias, contrapõe-se aos adultos e idosos, que estão "por fora" (e não são mais, como eram até os anos 1950, eventual fonte de experiência, sabedoria e respeito).

Nos últimos dez anos, somou-se a isso o fenômeno das mídias sociais e da vida virtual, que conectam ainda mais as subculturas jovens num universo paralelo e permitem que eles socializem e se divirtam 24 horas por dia, reforçando a cultura de resistência dos adolescentes ao mundo dos pais.[7]

Da automotivação ao ser motivado

Antes o ônus da motivação estava depositado nos filhos; hoje está nos adultos. Por exemplo, na infância, nossos avós aprendiam um idioma estrangeiro estudando trechos de literatura clássica e cabia a eles comparecer às aulas com vocabulário e gramática memorizados. Também cabia a eles lidar com os momentos de tédio da vida, que eram preenchidos com brincadeiras imaginárias, jogos e leitura. De forma geral, a motivação podia vir tanto do interesse e do desejo como do medo da repressão, da necessidade ou do tédio.

Hoje procuramos ensinar idiomas com métodos divertidos e que não exigem muito esforço. Igualmente tentamos aliviá-los do tédio colocando em cena a televisão, idas ao cinema, passeios, viagens de fim de semana, numa intensa programação de lazer. Contra o tédio os adultos promovem um *non-stop show*. Contra o desinteresse e a desmotivação, os adultos buscam modos lúdicos de seduzir para a aprendizagem prazerosa. A criança, numa posição receptora, vê todos à sua volta se esmerando para motivá-la. Quando adolescente, já está viciada na hiperestimulação externa.[8] Busca uma vida intensa, repleta de festas, viagens, namoros, companhia 24 horas por dia on-line, estudo e trabalho motivadores. Sem isso, mesmo jovens adultos podem sentir ansiedade, ficar deprimidos ou se drogar. A ideologia atual é que o sujeito seja motivado pelo prazer, curiosidade e interesse, ou competitividade, não mais por necessidade, senso de dever, ou esmero em fazer bem.

De modo geral, até os anos 1950, o ambiente externo funcionava como uma fôrma ou molde que *induzia* e *coagia* os filhos a viverem de acordo com os duros valores da época. Os exemplos nas outras casas, na escola e nas ruas reforçavam e legitimavam o esquema repressor de uma sociedade patriarcal e autoritária. Não havia espaço mental para o diferente, para a individualidade ou para vontade própria. Isso não era concedido às mulheres, tampouco às classes mais baixas, e sobretudo não às crianças. Apenas homens socialmente bem posicionados tinham, às vezes, direito à liberdade de escolha e a desejos pessoais.

Podemos resumir as mudanças que ocorreram desde então em cinco novas mensagens que seu filho costuma ouvir hoje:

- Nada deve ser imposto, e sim negociado.
- Sua meta na vida é ser feliz.
- É seu direito se divertir sempre que não estiver estudando.
- Socializar é fundamental; siga a turma de sua idade.
- Reclame se estiver entediado ou desmotivado, os adultos sempre vão entretê-lo e motivá-lo.

Essas poderosas mensagens, embora oriundas de visões democráticas de liberdade e busca da felicidade, não enfatizam a ética nem o empenho, e não dão limites. São mensagens que estão no ar que seu filho respira todos os dias na escola, no convívio com os amigos e a família, na mídia. E impregnaram profundamente os corações e as mentes dos adultos, das crianças e dos jovens de hoje.

As mensagens de empenho, ética e etiqueta

Não que inexistam novos valores éticos que impregnam poderosamente o ambiente atual e também conquistam os corações e mentes de seu filho. Tornou-se lugar-comum crianças genuinamente preocupadas com sustentabilidade, ecologia, solidariedade, *bullying*, vida saudável, enfim com temas ligados à qualidade de vida individual e social. Também aprendem a respeitar as diferenças, de gênero, de orientação sexual, étnicas, de classe e a conviver num mundo multicultural.

Ocorre que esses valores politicamente corretos muitas vezes não se interligam a outras mensagens menos luminosas que seu filho precisaria escutar. São mensagens sisudas de pouco apelo, enunciadas a seu filho num segundo plano, em tons mais baixos, quase protocolares:

- É importante cumprir deveres, mesmo com sacrifício.
- Você deve obedecer a regras e normas ainda que não as aprecie.
- Você precisa ser modesto, você não é o centro do mundo dos outros.

- Aprenda a lidar com a solidão, ela faz parte da condição humana.
- Você tem que se automotivar, não cabe aos outros fazê-lo.
- Não fique na superficialidade, aprofunde-se nos temas.
- Faça o que fizer com esmero, ainda que não seja percebido ou premiado.
- Nem sempre uma vida que vale a pena coincide com uma vida feliz.

Por razões óbvias, absorver esses valores tende a ser mais difícil do que aprender que a meta é ser feliz e se divertir.

Contudo, as novas mensagens voltadas mais para o prazer e a felicidade do que aos deveres não se disseminaram por todo o globo e por todas as classes sociais da mesma maneira. Em muitos lugares existem, mesmo nos dias atuais, mentalidades coletivas e configurações sociais que induzem e coagem as crianças à ética, à disciplina, ao empenho, bem como à prestatividade, ao pensamento coletivo e à autonomia.[9]

Isso ocorre parcialmente, por exemplo, na Coreia, em diversos países da Europa central e do norte. Também em grupos religiosos ortodoxos muçulmanos, judeus, cristãos, e entre os sikhs da Índia. Igualmente em muitas zonas rurais de países pobres e nas classes emergentes do Brasil, da China e do Vietnã.

Em alguns desses países e grupos, há muita repressão e intolerância e pouco espaço para o indivíduo. Em outros, há um ambiente mais democrático e participativo e uma educação amistosa. Em alguns casos essas atitudes éticas, de empenho, autonomia e pensamento coletivo são construídas por meio da educação. E reforçadas pelos valores sociais. Em outros, nada é dito, a própria estrutura social coage as crianças a se comportarem desse modo.

No caso de seu filho, tente responder as questões a seguir.

Em que ambiente ele está crescendo? Vive numa sociedade menos disciplinadora e menos voltada para a ética e para as regras de convívio social respeitoso? Num ambiente em que o individualismo se sobrepõe ao respeito pelo coletivo? Em que a impunidade e a corrupção convivem com o comodismo? Em que a busca do conhecimento e o esforço estão fora de moda e importa mais divertir-se e consumir? Ter sucesso e aparecer? Em que valores de tolerância e solidariedade e sustentabilidade são apenas um tributo ao "politicamente correto", sem amarração com disciplina, autocontrole, empenho e ética pessoal?

Se algumas dessas características prevalecem em sua sociedade, faltam limites e diversos pressupostos fundamentais da educação sem os quais é difícil educar.

Portanto, antes de educar, você precisa criar em *sua casa* algumas condições especiais que compensem a influência do ambiente externo. Chamo essas condições de limites de partida. Eles são os *pressupostos da educação*, tema do próximo capítulo.

PARA RELEMBRAR

1. Mudanças nos valores da década de 1950 e de hoje

Antes	Hoje
Ênfase no medo e na obediência	Ênfase no diálogo e na liberdade de escolha
Ênfase no dever	Ênfase na felicidade e na autorrealização
Ênfase na modéstia	Ênfase no direito à diversão e ao consumo
Ênfase no pertencimento à comunidade tradicional	Ênfase em fazer parte da turma (rede social)
Ênfase na automotivação	Ênfase em ser motivado e estimulado pelo outro

2. Essas mudanças resultam em cinco poderosas mensagens contemporâneas (implícitas no estilo de vida atual)

- Nada deve ser imposto, e sim negociado.
- Sua meta na vida é ser feliz.
- É seu direito se divertir sempre que não estiver estudando.
- Socializar é fundamental; siga a turma da sua idade.
- Reclame se estiver entediado, desmotivado; adultos vão entretê-lo e motivá-lo.

OBSERVE
- Muitas vezes é preciso contrabalançar os excessos das novas ênfases.

COMO FAZER

1. Definir atitudes que o pai educador e a mãe educadora consideram essenciais o filho incorporar

Por exemplo:

- Ter empenho (garra).
- Ter ética e senso de dever.
- Buscar a autonomia.
- Ter automotivação.

2. Para ensinar essas atitudes

- Interligar consciência do problema, recursos de enfrentamento e a prática constante.
- Alterar esquemas e regras (dosando os estímulos positivos e as pressões do ambiente em que seu filho vive).

3
Limites de partida: três pressupostos para educar

Para poder educar é preciso ter estabelecido de antemão certos limites de partida. São as regras que desde o início ordenarão todo o processo de educar os filhos. Sem elas será difícil dar os limites ocasionais tão necessários no dia a dia. Eles são os pressupostos da educação.[10]

Neste capítulo vou sugerir *três pressupostos da educação*, e o importante não é você concordar com exatamente esses valores e essas regras. O que importa é ter pensado nos valores e regras que *você* acha necessários para organizar sua relação com seu filho. E compartilhá-los desde o início com todos os moradores da casa, pois sem pressupostos claros e compartilhados a educação fica confusa.

Se fosse possível, sugeriria que você apresentasse esses valores e regras já no terceiro mês de gestação de seu filho! Mas, na impossibilidade de fazê-lo, proponho que os transmita a partir dos dois anos e meio, mesmo que ele não vá entendê-los, habitue-o às palavras que descrevem as regras e os valores que você está estabelecendo. Aos quatro anos, seu filho já terá condições de conversar e discutir sobre esses pressupostos e aprender a aplicá--los no dia a dia.

Se já tiver um filho maior, digamos um adolescente de catorze anos, ainda está em tempo de inseri-lo nesse sistema de regras. Mesmo que ele já tenha se tornado resistente e pouco acessível. Para isso sugiro que os pais realizem uma espécie de "ritual de instalação dos três pressupostos" em casa (tema do próximo capítulo).

Contudo, mais importante do que seu filho crescer banhado pelos três pressupostos, respirando essas regras e impregnado delas, é *você* encarná-las, incorporá-las à sua identidade de mãe e pai educador. Pois dar limites depende muito de *sua* convicção!

O primeiro pressuposto se refere a sua *missão* como pai ou mãe. O segundo se refere às *trocas* entre você e seu filho. O terceiro se refere à *posição* de cada um, direitos e deveres.

Esses três pressupostos estão interligados.

Apresentarei cada pressuposto como se fosse um discurso imaginário dirigido ao seu filho. Mas isso é apenas um recurso estilístico usado neste capítulo. Você terá de adaptar esses discursos imaginários à idade e à personalidade do seu filho, ao momento que vocês estão vivendo e ao seu estilo de pai ou mãe educador. No próximo capítulo discutirei como transmitir a filhos de diversas idades esses pressupostos (ou outros que você prefira adotar).

Discurso sobre os três pressupostos da educação

Filho, como pai e mãe educadores, nossa grande função é prepará-lo para a vida. Para que um dia esteja forte e preparado para experimentar caminhos, errar, aprender com erros e pensar por conta própria. Você vai observar que nem todos os outros pais dos seus amigos pensam como nós, e que nem todos educam os filhos desse modo.

É importante que você saiba exatamente o que acreditamos ser relevante para sua educação. Por isso vamos apresentar a você três de nossas ideias sobre sua educação. Você vai ouvi-las de nós muitas e muitas vezes ao longo da vida.

PRIMEIRO PRESSUPOSTO: O TRIPLO MANDATO

Filho, como pai e mãe educadores, estamos investidos de um triplo mandato (ou de três missões) para cuidar de você e educá-lo até a idade adulta.

Mandato da saúde e da segurança[11]

Meu primeiro mandato é o da saúde e da segurança. Não terei medo de chiliques, cara feia ou brigas quando se tratar de zelar pela sua saúde. Se se negar a tomar vacina, quiser comer apenas doces, se recusar a passar protetor solar, usar boné ou praticar esportes, ou decidir se drogar, não permitirei. Não posso deixar que você se exponha a doenças, tenha maus hábitos alimentares, seja sedentário ou viciado em drogas e se exponha a riscos. Se eu permitir, não estarei me comportando como um bom pai ou uma boa mãe. O mandato da saúde e da segurança é inegociável.

Podemos negociar o jeito, a forma, mas não o mandato em si. Estou disposto inclusive a ter conflitos necessários com você no intuito de fazer valer esse mandato. E até a impor essas regras a qualquer custo. Depois que fizer dezoito anos você pode agir como desejar.

Mas até lá não basta eu criá-lo com saúde e segurança. Preciso também ensiná-lo a cuidar de si mesmo. Desde cedo, já aos três anos de idade, você deve aprender a ter hábitos saudáveis, e já aos seis a ter conhecimentos e consciência sobre alimentação, higiene bucal e cuidados com a pele. E quando tiver oito anos, poderemos conversar sobre drogas e tudo o mais que for necessário.

Se por acaso eu ainda não tiver cuidado dessa parte de sua educação e você já for adolescente, não há problema, começaremos agora. Ainda temos tempo, e estou determinado a cuidar corretamente de você e a ensiná-lo a se cuidar. Se não conseguir fazer isso, terei falhado num mandato fundamental: o da sua saúde e da sua segurança, das quais depende sua existência. Por isso estou profundamente determinado e decidido a executar esse mandato.

Mandato da autonomia

Filho, é minha obrigação criá-lo e entregá-lo ao mundo em condições de andar com os próprios pés.

Isso significa incentivá-lo já no berço a tentar segurar a mamadeira sozinho; e quando você levar um tombo e ralar os joelhos aos dois anos, a se levantar sozinho e vir até mim em vez de eu ir correndo socorrê-lo. Significa ajudá-lo, aos quatro anos, a cumprir algumas tarefas da casa por conta própria; e entender que os adultos à sua volta, pais, babá ou avós, não estão ali para servi-lo, mas para ajudá-lo no que você não consegue fazer. Por isso, se você pedir seu blusão ou um suco, e eu perceber que é capaz de pegá-lo por conta própria, eu, como todos nessa casa, vou lhe dizer que você consegue sozinho, e talvez lhe mostre como, mas não farei isso por você. E aos oito, se quiser saber quando começam suas férias escolares, vou lhe ensinar como conseguir essa informação na internet ou ligando para sua escola.

A cada dia, a cada semana, lhe darei mais e mais autonomia e exigirei que cumpra suas obrigações e tome algumas decisões. Minha meta é que, ao terminar seus estudos, você consiga (e deseje) viver sua vida de acordo com suas condições. Que tenha a ambição e a dignidade de não depender de mim ou de outras pessoas para sempre. Que seja capaz de gastar apenas o que você ganha, sem viver de favor. Que saiba pensar por conta própria. Mesmo que durante um tempo ainda precise do meu apoio e eu concorde em ajudar a pagar algumas de suas contas (desde que eu perceba que é apenas por um período).

Para ter autonomia você também vai precisar dos conhecimentos escolares necessários, e exigirei que se empenhe nos estudos. E você precisará estar ligado no mundo, não alienado, e ter expediente. Por isso demandarei que, além de estudar, você saiba o que se passa na sua cidade, no seu país e no mundo, que se interesse o suficiente por economia, política e tecnologia. Para não crescer ingênuo, inculto, desinformado.

Se eu falhar nesse mandato e você se tornar um adulto eternamente dependente e alienado, terei fracassado na minha missão de prepará-lo para a vida. Por isso muitas vezes serei duro, e quando necessário vou colocá-lo em situações nas quais terá de se virar, ter iniciativa, abdicar de coisas, privar-se de confortos e ir atrás do que necessita. Aprender a voar para fora do ninho. Estou determinado e decidido a cumprir esse mandato. Caso contrário você jamais se tornará um adulto.

Mandato da ética e da etiqueta[12]

Outro mandato fundamental na minha função de pai ou mãe educador é que você cresça sendo uma pessoa boa, que não maltrate as pessoas, não se aproveite da fraqueza alheia, não engane, não traia, seja altruísta, aprenda a pensar no bem-estar dos outros e a ajudar quem precisa de apoio. Que não zombe dos mais fracos, mais incultos ou mais pobres, mas que os respeite e os ajude. Desde pequeno. Que valorize a honestidade, a integridade, a franqueza e a verdade. Que queira fazer a coisa certa. Em hipótese alguma permitirei que você cresça mentindo, humilhando, maltratando e usando as pessoas. Que seja mau caráter, desonesto ou malvado. Nem que seja corrupto, cometa fraudes ou engane os outros.

Por isso serei muito rigoroso com a integridade. Você não vai pedir para amigos assinarem a lista de presença na escola quando você faltar. Não se omitirá se o professor se enganar e lhe der uma nota mais alta do que você merece. Nem se o garçom errar a conta para menos. Você sempre vai fazer questão de ganhar apenas o que merece. E não tentará obter os louros de méritos que não são seus. Nem se gabar, nem ostentar. Mas cultivar a modéstia. E não vai ser insensível à dor do outro. Não vai celebrar de modo provocativo suas vitórias e sua sorte quando do seu lado o outro chora uma derrota. Ajudará quem sofre *bullying*, doará brinquedos e roupas de que não necessita.

Também vou ensiná-lo a seguir código de convívio social respeitoso. A ser bem-educado. A saber tudo que é necessário para que conviver com você seja agradável. A cumprimentar, agradecer, ter boas maneiras à mesa, a saber ser anfitrião e se comportar como convidado, conversar e não deixar uma conversa morrer. A respeitar a hierarquia e as regras de boas maneiras em geral.

Esses três mandatos — saúde e segurança, autonomia e ética e etiqueta — são minha missão sagrada. Se eu entregar ao mundo um filho que saiba se cuidar, que saiba viver às próprias custas e arcar com as consequências de suas escolhas, e que se guie pela ética, estarei não apenas preparando você para lidar com a vida, mas contribuindo para tornar este planeta um lugar melhor.

O exemplo em casa

Por fim, filho, uma palavra sobre o exemplo que você encontra em casa. Nossa relação não é de igual para igual, não é simétrica. Talvez nem sempre eu consiga ser um bom exemplo em tudo, mas se eu agir mal — fumar, beber demais, mentir, depender de outros — sou um adulto, e o impacto desse comportamento no meu corpo e na minha vida é diferente do impacto em uma criança ou um jovem. De qualquer modo, nesses casos, ou fui mal educado pelos meus pais, ou por minha culpa não consegui me manter no bom caminho, mas vou arcar com as consequências de meus maus comportamentos (posso adoecer, ser demitido etc.).

Seria muito melhor se eu sempre lhe servisse de bom exemplo, mas isso não significa que o fato de eu me prejudicar justifique você se prejudicar. Minha missão é criá-lo com ética, saúde e autonomia. Se eu nem sempre consigo isso para mim, não quer dizer que não tenha o dever e o direito paterno de exigir isso de você. Assim como um traficante pode desejar que seu filho tenha chance de cursar uma faculdade e viver de acordo com a lei. Nada disso me faz perder a força moral para cuidar de você, pois sou seu pai (sua mãe). Portanto, não permitirei que contra-argumente alegando que eu não tenho moral para exigir algo que não pratico. Tudo que for para o seu bem será exigido de você.

SEGUNDO PRESSUPOSTO: AMOR, ADMIRAÇÃO E RECIPROCIDADE[13]

Filho, este segundo pressuposto é duro, difícil, mas fundamental.

Amor

Meu amor por você é incondicional. Vou amá-lo sempre e de qualquer modo. Ainda que me decepcione ou sinta raiva de você, vou amá-lo imensamente. Mesmo que você se torne uma pessoa terrível, um assassino cruel, um opressor dos fracos, mesmo que engane sua própria família e maltrate as pessoas. Ainda assim eu sofreria muito com suas derrotas, com suas dores. Se você estivesse preso, iria visitá-lo sempre, me preocuparia todos os dias com você. E lamentaria profundamente.

Admiração

Minha admiração, no entanto, não é incondicional. Só poderei admirá-lo se você fizer coisas admiráveis. Se tiver empenho, se esmerar, for correto, for do bem. Se fizer coisas terríveis, terá meu amor, mas não minha admiração.

Reciprocidade e boa vontade

Quanto ao meu apoio, ele só é incondicional e infinito até você completar três anos de idade.

A partir daí só lhe darei apoio quando você merecer, quando houver reciprocidade e boa vontade. Se for malcriado, não escutar, se comportar mal, continuarei a cuidar de você, mas não o apoiarei em diversas coisas. Apoio se baseia em reciprocidade. Se aos quatro anos eu lhe pedir que faça algo para mim, por exemplo, trazer os meus óculos que estão sobre a mesa, e você responder que não está com vontade e se recusar, não aceitarei. Porque eu o apoio, cuido de você, vou ao pediatra, a reuniões escolares, pago suas contas, fico em filas de circo, peças infantis, faço coisas que não tenho vontade por você. Muitas dessas coisas vou parar de fazer. Continuarei a fazer apenas o necessário para sua saúde e seus estudos. Você não terá lazer nem aconchego se não retribuir com o apoio, a reciprocidade e a boa vontade de que já é capaz. Cabe a você, a cada ano de crescimento, ter atitudes que correspondam ao apoio que recebe de mim. E a cada ano você vai, a seu modo, me apoiar cada vez mais, e também fazer coisas por mim.

Não existe aqui em casa essa ideia de que os pais sempre apoiam os filhos em qualquer circunstância. A relação entre pais e filhos não é uma via de mão única. Se o vovô estiver doente e você, aos cinco anos, disser que não quer visitá-lo porque é chato, não aceitarei. Faz parte de nossa relação de reciprocidade você dar apoio ao seu avô nessa hora. Ir visitá-lo, contar a ele com boa vontade alguma história sobre sua semana, entretê-lo por alguns minutos. Perguntar como ele está, interessar-se por ele. Somos parte de uma comunidade baseada em trocas de afeto e ajuda.

Não argumente que você não pediu para nascer e que não posso lhe cobrar a conta das coisas que faço por você. De fato, você não pediu para nascer, mas nasceu, e nascer significa fazer parte de uma família e mais tarde de uma comunidade. Não há escapatória dessa condição, e desde cedo você deve aprender que temos de ajudar um ao outro. Desde cedo temos dívidas uns com os outros, dívidas que não pedimos para ter, mas temos. É a vida.

Por isso você também vai me ajudar cada vez mais. Quando eu ficar velho, não pense que a única coisa que importa é você ser feliz e que nunca vou lhe dar trabalho. Pode ser que eu lhe dê algum trabalho sim. Mesmo que você viva uma vida boa, quem sabe em outro país, longe de mim, e esteja envolvido com sua carreira, seu casamento, seus filhos. Se precisar de sua ajuda, emocional ou prática, você terá sim a obrigação de tomar conhecimento do que se passa e acudir no que for necessário. Isso não significa que não deva viver sua vida com liberdade. E que deva deixar de escolher onde e como quer viver por minha causa. Mas significa que você não é insensível, que tem uma história pessoal, obrigações, empatia e gratidão por aqueles que foram importantes em sua vida (pais, irmãos, parentes, amigos e outros) e pela comunidade, a cidade, o país e seus semelhantes em geral.

Vamos ensinar isso a você desde pequeno. E suas obrigações de reciprocidade aumentarão cada vez mais, cada vez mais você será responsável por nos apoiar e ajudar. Só assim receberá o mesmo grau de apoio em troca. Amor sempre lhe daremos, e também cuidaremos de sua segurança e de sua saúde, mas o apoio dependerá da reciprocidade e da sua boa vontade.

TERCEIRO PRESSUPOSTO: SEGUIR REGRAS[14]

Filho, em todo lugar, em todo grupo há regras, e tem sempre alguém que tem o poder maior e cuida para que as regras sejam cumpridas. Na Igreja católica, por exemplo, essa pessoa é o papa, entre os bandidos é o chefe do bando, na sua escola é o diretor e, em casa, seu pai e sua mãe.

Quem tem o poder *manda*. Talvez você goste de algumas regras, concorde com elas e esteja disposto a segui-las. De outras você pode não gostar, e talvez não as ache justas. Quando não concordar com uma regra, as pessoas que têm o poder podem permitir que você dê sua opinião. E você poderá tentar convencê-las a mudar a regra. Expondo suas ideias e seus argumentos com respeito diante do poder. Se não conseguir, terá de seguir as regras com resignação e paciência e aguardar o dia em que poderá buscar alternativas. O que você não pode fazer é permanecer no grupo, usufruir dele e ao mesmo tempo mentir para todos, transgredir as regras, enganar, fraudar. Não descumpra regras que você implicitamente tem de aceitar para permanecer naquele grupo.

Salvo raríssimas exceções, você também não deve desafiar o poder sem ter força para fazê-lo. Perderá a luta. Só trave batalhas que está preparado para enfrentar, no momento e no local certos, e com ética. De resto, aguarde sua hora e sua vez na vida.

O exemplo do papa na Igreja

Se na Igreja católica os padres não podem namorar e devem permanecer solteiros, e você for um padre, pode tentar conversar com o papa, convencê-lo a mudar de ideia. Mas se não conseguir acesso ao papa ou não conseguir fazê-lo mudar de opinião, só há duas opções. Ou segue a regra e respeita a força do poder do sumo pontífice, ou espera o dia em que terá condições de mudar para uma Igreja cujos religiosos podem casar, por exemplo, a evangélica. Você também pode tentar um dia virar papa e então propor mudanças de regra. Ou fundar uma nova Igreja com novas regras. O que você não pode fazer é ficar na Igreja católica, usufruindo das vantagens de estar lá, e não querer pagar o preço. Será excomungado. Ou viverá se aproveitando da boa-fé das pessoas. Não há bônus sem ônus.

O exemplo do chefe da gangue

O mesmo vale para uma gangue. Mesmo entre os fora da lei há leis, regras. Se o chefe do bando instituiu a regra de que todos têm de chegar ao assalto ao banco no horário combinado, todos têm de segui-la. Um bandido pode sugerir ao chefe assaltarem o banco num horário mais tarde (porque quer dormir mais um pouco). Mas se não conseguir fazer o chefe da quadrilha mudar de ideia, só restarão ao bandido duas opções.

Ou segue a regra e comparece ao assalto no horário, ou troca de bando e escolhe um grupo que assalte mais tarde. Ele também pode fundar seu próprio bando e mudar as regras. Novamente, neste exemplo, o sujeito não pode ficar num bando que é tão eficiente no assalto a bancos e lhe dá tanto lucro se não seguir as regras. Não há bônus sem ônus, e os bandidos costumam ser severos na punição aos desobedientes. Mesmo os fora da lei têm leis, regras.

O exemplo do diretor da escola

Se na sua escola a regra é que quem chega meio minuto atrasado leva falta e perde a primeira aula, você pode tentar se justificar com o diretor. Explicar que seu pai perdeu a hora, que havia muito trânsito. Ou que meio minuto poderia ser tolerado. Se não conseguir convencê-lo a mudar a regra, paciência. Ou você segue a regra ou tenta convencer seus pais a transferi-lo para uma escola que tenha regras diferentes sobre atrasos. Ou terá de aguardar o dia em que poderá fundar sua própria escola, com novas regras. Você não pode querer usufruir do ensino, dos amigos e do ambiente, mas não cumprir as regras da escola.

O mundo fora da nossa casa

Em cada lugar na rua, no trabalho, no trânsito, no avião, em instituições e grupos que você encontrará fora de casa, há regras que todos têm de cumprir. Exigem isso de todos — do seu pai, da sua mãe e também de você. Se não cumprirmos as regras, teremos de prestar contas a quem tem o poder. O guarda de trânsito, o cliente, o chefe do escritório onde seu pai ou sua mãe trabalham. Quem não cumpre as regras pode ser punido, ignorado, expulso ou até sofrer consequências físicas.

Se quiser mudar regras, precisará entender as relações de poder, a correlação de forças, e saber quando vale a pena argumentar contra uma regra e quando sua tentativa será infrutífera. Quando é a hora de parar de insistir e com humildade entender seu lugar e por um tempo acatar a regra sem sofrer tanto. E também saber esperar o momento na vida em que você poderá encontrar alternativas. Senão você não será capaz de fazer parte de nenhum grupo ou instituição. Será sempre o inconveniente ou o transgressor. Mudar regras exige estratégia, calma e sabedoria. E geralmente não dá certo se você não tiver também poder (idade, cargo, força).

Seus pais em casa

Em nossa casa, quem tem o poder somos nós. Temos idade, dinheiro, força jurídica e determinação para exercer o nosso poder. Mas é um poder do bem, cujo objetivo é protegê-lo e prepará-lo para a vida.

Em nossa casa prometemos que você poderá questionar e argumentar contra todas as regras que quiser. Prometemos que vamos ouvir. Talvez não na hora em que você queira, pois podemos estar sem tempo ou sem paciência. Mas combinaremos um horário no dia seguinte ou no fim de semana. E falaremos e discutiremos as regras que não lhe agradam. Sobre asseio, estudo, baladas, videogames, amizades ou o que for. E o faremos tantas vezes quanto quiser.

Diferentemente do mundo lá fora, que em geral não dará a você nem a chance de argumentar. Porque lá fora quem detém o poder na maior parte das vezes não tem paciência, tempo nem vontade de ouvir o que você tem a dizer. Conosco, porém, se você questionar as regras com bons argumentos e com respeito, sem desafiar nossa autoridade, será ouvido.

Nós vamos ensiná-lo a escolher o momento e a forma respeitosa de questionar regras. Podemos conversar e ponderar sobre todas elas. E se nos convencer de que alguma delas não é boa, prometemos mudá-la. Mas quem vai decidir ao final se seu argumento é válido ou não somos nós, os adultos responsáveis por você. É assim que funcionam as coisas. Em casa também é preciso saber o momento de se conformar e acatar uma regra que não conseguiu nos convencer a mudar.

Por exemplo, se quiser manter seu quarto bagunçado, não pode gritar conosco e dizer que o quarto é seu e que ninguém tem nada a ver com a bagunça lá dentro. Primeiro, o seu quarto não é seu, é uma concessão que lhe fazemos, permitimos que o ocupe e lhe damos graus de autonomia para usar o quarto com mais liberdade conforme você fica mais velho. Enquanto for pequeno, entramos quando quisermos e determinamos como posicionar os móveis e organizar a prateleira de brinquedos e o guarda-roupa. Aos sete anos, bateremos na porta antes de entrar e lhe daremos o direito de organizar a seu modo a prateleira de brinquedos. Aos doze, poderá ter uma chave; ficaremos com uma cópia e bateremos à porta de forma que você tenha alguns minutos para abri-la. Aos quinze você poderá, até certo ponto, decorar e arrumar seu quarto a seu modo. Não poderá pintar as paredes de preto com bolinhas vermelhas. A não ser que nos convença, só poderá fazer isso no dia em que ganhar seu próprio dinheiro e tiver seu apartamento.

Direitos

Filho, vamos lhe dar grande liberdade e até mais do que é comum para sua idade. Mas seus direitos serão reconhecidos à medida que você crescer e demonstrar que sabe usufruir deles. E poderão ser revogados se colocarem sua saúde, sua segurança ou sua formação em risco. Não há direitos adquiridos definitivos.

Portanto, se julgarmos que há urgência ou uma situação de grande gravidade, não ficaremos paralisados por causa de seus direitos. Mesmo que você já seja crescido, se for necessário vamos sim invadir sua privacidade, requerer acesso pleno a seu celular e seu quarto, restringir sua liberdade de ir e vir e de fazer escolhas que normalmente teria o direito de fazer.

Mas sempre estaremos abertos a escutá-lo e a lhe restituir tudo, desde que nos demonstre que é capaz de agir com ética e responsabilidade.

Os limites de partida que nortearão sua relação com seu filho e as relações dele com o mundo são:

1. Os pais têm três mandatos inegociáveis: saúde e segurança; autonomia; ética e etiqueta.
2. O amor é incondicional, mas o apoio se baseia em reciprocidade e boa vontade, e a admiração depende das atitudes.
3. Regras não se transgridem, se cumprem ou se renegociam; e poder se conquista com estratégia e ética.

Se adotar esses três pressupostos, ou se preferir outros, o importante é que sejam instituídos em sua casa para servirem de referência em diferentes situações. Eles são o ponto de partida que ordena e dá propósito a todo o processo de educar. Você pode compará-los à Constituição de um país. É dela que dependem as leis, a política e a administração pública.

Se quiser usar esses três pressupostos que proponho e precisar de sugestões para transmiti-los e instituí-los, o próximo capítulo trata exatamente disso.

PARA RELEMBRAR

Os três pressupostos da educação pensada estabelecem limites de partida que:
- Norteiam sua relação com seu filho;
- Norteiam as relações dele com o mundo;
- Preparam seu filho para a vida.

1. O primeiro pressuposto, sobre os mandatos dos pais
- Os pais têm o mandato de dar *saúde* e *segurança* e ensinar o filho a cuidar de si mesmo.
- Os pais têm o mandato de ensinar o filho a buscar e conseguir ter *autonomia*.
- Os pais têm o mandato de ensinar o filho a seguir a *ética* e a *etiqueta* (bons modos).

> **OBSERVE**
> - Sua meta é que seu filho cresça praticando essas posturas e que as incorpore.
> - Você cuida para que cada ano ele vá adquirindo mais competência em aplicá-los.

2. O segundo pressuposto, sobre a relação entre amor, admiração e apoio
- O amor é incondicional.
- A admiração depende de o filho ter atitudes admiráveis (empenho, empatia, generosidade etc.).
- O apoio (ajuda), a partir de certa idade, se baseia cada vez mais em reciprocidade e merecimento.

> **OBSERVE**
> - Sua meta é que seu filho não confunda amor com admiração e não imagine que o apoio é unilateral, sem contrapartida.
> - Você quer que ele entenda que a vida, e também a relação familiar, é um "dar e receber", não apenas um "receber".
> - É preciso que ele entenda em *que* e *como* ser prestativo e ajudar, sempre de acordo com as possibilidades da idade e a fase de vida dele.

3. O terceiro pressuposto, sobre a relação entre regra e poder

- Regras não se transgridem; se cumprem ou se renegociam. Sem pactos e regras, a vida em comum se torna intolerável.
- Poder e liberdade se conquistam com estratégia e ética; é preciso esperar a hora e saber fazer a hora.
- Há um período na vida em que se está subordinado a quem é mais velho, ou a quem sabe mais ou tem mais poder. Sem legitimidade e estratégia não se atingem posições de poder e liberdade (na família, na escola, em grupos, nas empresas ou na política).

> **OBSERVE**
> - Sua meta é que seu filho entenda que mesmo quem tem poder e liberdade tem limitações éticas e práticas; sempre há regras a cumprir e outros poderes a respeitar.

COMO FAZER

Para trabalhar com seu filho esses pressupostos

1. Apresentar os pressupostos de modo compreensível, conversando sobre cada um até que ele demonstre ter compreendido e estar consciente do que se trata.

2. Praticar com ele o reconhecimento de situações do cotidiano nas quais os três pressupostos podem ser aplicados.

3. Aplicar os pressupostos em situações reais.

4

Como transmitir a seu filho os três pressupostos da educação

Muitos dos pais que oriento em meu consultório relatam que há anos vêm insistindo com os filhos para que sigam regras de saúde, segurança, ética, boas maneiras, que sejam respeitosos e se empenhem nos deveres, mas não conseguem mudanças. Nem com crianças pequenas, nem com crianças maiores, tampouco com adolescentes.

De fato há uma diferença entre ensinar esses princípios no dia a dia sem sistematização ou fazê-lo de modo interligado. Se no cotidiano você for aplicando regras e limites variados a cada comportamento inadequado que surge, estará dando limites situacionais, que tendem a ficar soltos e se fixar menos.

Ele vai entender cada restrição como um sinal vermelho que surgiu apenas naquela ocasião. Dificilmente compreenderá que se trata de princípios gerais. Talvez obedeça naquela situação e ocasião específica. Mas se você deu um limite situacional, mesmo filhos maiores e adolescentes tendem a, logo em seguida, recair nas mesmas atitudes de antes. Porque já formaram hábitos, porque não entendem a verdadeira razão pela qual devem mudar de atitude, ou porque as tentações são grandes.

Limites dados apenas a cada ocasião às vezes funcionam porque, além da repetição, o amadurecimento e novas circunstâncias de vida se encarregam de ensinar. Por exemplo, uma criança que não se empenha em fazer os deveres escolares com capricho pode, com o tempo, os exemplos dos amigos e estímulos dos professores, ir se tornando mais consciente ou simplesmente se acostumar a fazer as tarefas de casa com mais cuidado. Mas não conte com isso. Você pode passar toda a vida escolar do seu filho lutando com ele para que se empenhe, estude, faça os trabalhos de escola, e ele só reagir quando forçado. Sem incorporar nem adotar uma nova postura.

Algumas semanas interligando as partes poupam anos de desgaste dando limites soltos

Neste capítulo discutiremos *como* você pode dar limites de partida, que são precondições para educar. A ideia é ensinar os três pressupostos ao seu filho utilizando o ensino ativo, explícito, e interligando as partes: a consciência do conceito (valor), o entendimento sobre a aplicação do conceito e os exercícios para habituá-lo a usar aquele conceito.

Para isso é importante você tentar usar a linguagem dele e se assegurar de que compreenda do que estão falando, além de praticar com ele de modo intenso e constante no dia a dia até que domine o uso das regras e dos conceitos e se habitue a aplicá-los no cotidiano.

Ao interligar as partes, você impregna o ambiente desses pressupostos. Se trabalhar cada conceito isoladamente, não vai conseguir que seu filho tenha uma visão geral das regras e dos limites. Ele conhecerá cada um dos três pressupostos apenas de forma isolada e não perceberá que fazem parte de um "pacote" de impedimentos éticos e práticos que limitam a realização dos desejos de todos os seres humanos.

Portanto, depois de ensinar cada pressuposto isoladamente, você terá de instituí-los em sua casa como um sistema de limites. Isso demandará algum trabalho no início, mas provavelmente poupará anos de desgaste.

Se tiver mais de um filho, em geral funciona melhor apresentar e desenvolver separadamente com cada filho os três pressupostos. Isso lhe permitirá aprofundar os temas e evitar que as conversas sejam tumultuadas por brincadeiras, dispersões, disputas por atenção etc. Depois das conversas individuais, seguem-se então os momentos durante os quais vocês conversarão em família sobre os pressupostos para que todos estejam cientes e imbuídos deles e do senso de propósito do processo de educar.

As sugestões que farei sobre como conscientizar seu filho são apenas exemplos a serem adaptados por você à dinâmica de sua casa.

SE SEU FILHO TIVER DE TRÊS ANOS E MEIO A SEIS ANOS

Sugiro usar quatro veículos para transmitir a ideia dos três mandatos a crianças pequenas:

1. Histórias infantis, que podem ser histórias já existentes modificadas ou totalmente inventadas.
2. Histórias de sua infância ou da infância de seu parceiro ou de parentes, que podem ser reais ou romanceadas.
3. Episódios do cotidiano, reais ou romanceados.
4. Situações das quais a criança participa com você (uma cena no parquinho ou na sala de espera do pediatra, uma peça de teatro ou um filme a que assistiram, o comportamento de outras crianças e pais etc.).

Como verá a seguir, esses quatro modos de transmitir conceitos são oportunidades não apenas de demonstrar as razões de cada pressuposto, mas também de deixar claro que há momentos em que os pais são firmes e educam os filhos e momentos em que deixam que eles façam tudo e não dão limites; e que vocês são pais que a maior parte do tempo educam e dão limites.

Chamaremos, nas histórias a seguir, os pais que educam bastante de "Eduquildos" e os que dão poucos limites e deixam tudo de "Deixildos".

Comece aos poucos. Primeiro familiarize seu filho com cada pressuposto, utilizando-o explicitamente no convívio cotidiano. Lembre-se de suas duas metas: primeiro, que ele entenda que quando os pais estão sendo "Deixildos" eles apenas criam os filhos e que quando são "Eduquildos" também preparam os filhos para a vida e os educam, e segundo que ele aprenda a usar cada um dos três pressupostos no dia a dia. Você pode apresentar e ensinar um pressuposto por semana.

Por exemplo, na primeira semana dedique-se ao entendimento do *mandato de saúde e segurança*. Se tudo caminhar bem, na segunda semana introduza a *relação entre amor, admiração e reciprocidade*. E na terceira explique a *relação entre poder e regra*. Você também pode estender esse prazo, fazer pausas de dias ou semanas e depois prosseguir. Faça de modo que esse processo seja agradável, que tenha o formato de uma parceria de conversas. Ao final do processo você reúne todos os pressupostos num mesmo "pacote".

Usando os quatro veículos que mencionei para transmitir os pressupostos você também poderá verificar, passo a passo, quanto seu filho pequeno está entendendo dos conceitos e de sua aplicação na prática. Além disso, poderá treinar com ele a aplicação desses conceitos e comportamentos nas mais variadas situações que aparecem nas histórias infantis, nos casos que você contar de sua própria infância e em episódios do cotidiano.

Após algumas semanas construindo com ele o entendimento dos conceitos isolados, você passa ao "ritual de instalação dos pressupostos da educação". Ou seja, apresenta numa espécie de cerimônia familiar os três pressupostos agora "amarrados" e oficializa que a partir daquele dia eles serão as regras básicas da educação dele. E que vocês o ajudarão a aprender e aplicar essas regras na vida.

O MANDATO DA SAÚDE

Por exemplo, você pode começar a falar do mandato da saúde contando uma historinha de doze a quinze minutos, como a do modelo a seguir, que você pode florear com detalhes que a tornem mais interessante. Pode contar a história como se a tivessem contado a você. Ou pode pegar um livro qualquer e "fingir" que está lendo a história (há crianças que se concentram melhor dessa forma).

Adapte a história conforme os interesses da criança. Descreva o quarto maravilhoso dos personagens, fale algo sobre os brinquedos incríveis que aparecem na história e introduza os outros personagens e elementos sempre descrevendo de modo intenso e exagerado — ou tudo é muito positivo ou muito negativo.

Se um personagem tem olheiras de cansaço, por exemplo, as olheiras são profundas, roxas ou pretas. Se tem belos cabelos, os cabelos são longos, brilhantes, sedosos, perfumados. Se o herói tem uma espada, ela é feita de um aço especial, muito afiada, poderosíssima etc. Enfim, torne a narrativa interessante com suspense, perguntas misteriosas, entonação variada, como um bom contador de histórias. Escolha uma oportunidade agradável, como a hora de colocar seu filho na cama, ou um momento tranquilo, quando estiverem passeando, à toa ou lanchando.

Filha, você conhece a história da Eduquilda e da Deixilda, duas meninas de quatro anos? Não? Então vou contar!

A Deixilda tinha uma boneca que se chamava Fraquilda, e a Eduquilda tinha uma que se chamava Fortilda.

Recheie de detalhes interessantes a descrição dos personagens. No caso de um menino, haveria dois personagens meninos, e os dois bonecos poderiam ser, por exemplo, super-heróis.

A Deixilda deixava sua boneca, a Fraquilda, fazer tudo que queria. Se a boneca queria comer só chocolate, não precisava comer fruta, carne, arroz, feijão, só comia chocolate. Às vezes a Deixilda ainda tentava ensiná-la e dizia: "Não pode comer só chocolate, você vai ficar doente e fraca", mas a boneca chorava, fazia chilique e no fim a Deixilda deixava ela fazer o que quisesse.

E você sabe por que ela deixava? Porque tinha um pouco de dó de ver a boneca chorar tanto. E também porque tinha preguiça de ficar discutindo com ela.

A boneca Fraquilda nunca queria fazer nada que fosse chato. Não queria tomar vacina contra gripe e dava um chilique. E adivinhe o que a dona dela, a Deixilda, fazia? Deixava. Daí a boneca vivia com gripe, pois não tomava vacina, não comia frutas, não dormia cedo.

Mas acho que estou esquecendo de contar uma parte muito importante da história. Eu já falei da amiga da Deixilda, a Eduquilda? Ah, é verdade, falei, mas não contei nada sobre ela.

A Eduquilda também tinha uma boneca, lembra o nome dela? Isso, era a Fortilda! A Eduquilda educava e ensinava as coisas para a boneca pequenina dela. Quando a Fortilda não queria comer fruta, só queria chupar balas, a Eduquilda dizia: "Eu sei que chupar bala é gostoso, mas só pode uma por dia, porque o dr. Pafúncio, o dentista de bonecas, falou que muitas balas estragam os dentes. E você não quer ficar com dor de dente e com os dentes pretos como a sua amiga Fraquilda".

E você acha que a Fortilda obedecia ou fazia malcriação? Pois é, ela também fazia malcriação! E queria chupar um saco inteiro de balas. Então a Fortilda falava coisas feias para sua dona. Isso mesmo, gritava: "Eu não me importo! Prefiro ficar com dentes pretos e dor de dente, mas quero balas".

Mas e a Eduquilda? Deixava ou educava? Claro, você adivinhou! Ela educava e dizia: "Você é uma boneca ainda pequena e não entende as coisas, eu vou cuidar bem de você, não vou deixar você ficar doente e fraca".

Então a Eduquilda pegava a boneca Fortilda pelas mãos e a fazia sentar à mesa para comer fruta, carne, arroz e feijão. Dava a ela só uma bala do saco e guardava o resto numa prateleira alta que a boneca não alcançava. E o que você acha que a Fortilda fazia? Ainda mais chilique!

Mas a Eduquilda gostava muito da boneca e conversava e explicava para ela tudo que o dentista tinha falado sobre as balas e os dentes.

E se precisasse dava uma bronca na Fortilda: "Fortilda, agora chega! Não vou deixar você ficar doente! Você é minha boneca, eu cuido de você, e vai ter que me obedecer!".

Ela não era como a Deixilda, que deixava tudo. Sabia que ela deu até um castigo para a Fortilda? Ah, quer saber que castigo? Pois foi um castigo duro, porque a Fortilda não queria obedecer: mandou a Fortilda para a caminha das bonecas com fome e a deixou sem comer. Quando ela ficou com muita fome, a Eduquilda deu para ela o prato com carne, arroz, feijão, salada e frutas. E no fim a Fortilda comeu tudo, porque estava faminta. E a Eduquilda disse: "Só ganha bala se não fizer chilique. E é uma só por dia!".

No fim a Fortilda obedecia, porque entendia que a Eduquilda era a dona que cuidava dela. E no fim até acabava gostando da comida e logo esquecia o chilique e ia brincar. Ela e a Eduquilda se divertiam depois do almoço. Você sabe o que elas faziam?

(Descreva jogos e brincadeiras maravilhosos que seu filho aprecie.)

A história segue mais um pouco, mostrando outros cuidados da Eduquilda (vacinas, asseio etc.) e a parceria dela com a Fortilda.

Mas eu falei para você que a Eduquilda e a Deixilda eram amigas? Ah, falei, mas acho que não contei o que aconteceu num belo dia em que a Deixilda foi visitar a amiga. Elas tinham combinado de brincar de bonecas...

A partir daí você pode descrever o encontro e como as bonecas eram diferentes. Uma estava fraca, doente, com o nariz escorrendo, magra demais, sem força para correr, e a outra estava ótima, em forma, alegre e saudável. Conte como a Deixilda então pergunta à amiga por que a boneca dela é tão perfeita. E relate como a Eduquilda conta para a amiga que *educa* a boneca para se cuidar e ter saúde, porque é uma boa dona de boneca. Deixilda fala então da dificuldade de cuidar da Fraquilda, que tem dó e medo dos chiliques.

Eduquilda explica para a amiga que aprendeu muitas coisas

sobre a saúde de bonecas, que bonecas precisam comer bem, tomar vacinas, dormir e tomar banho, assim como as pessoas. E que ela não tem medo dos chiliques. Que os chiliques são chatos mas depois passam. E algumas donas de boneca não sabem disso tudo e não imaginam como faz mal para a boneca tomar tanto sol, ficar encardida por não se lavar etc.

Continue a história relatando que então a Deixilda começa a chorar alto e diz: "Buá, buá, eu sei de tudo isso, mas não cuido dela de verdade, não sei ser uma boa dona de boneca! Eu fico com dó e deixo tudo, não tenho coragem de dizer a ela que precisa fazer uma coisa e não pode fazer outra".

Conte à criança então que ao final Eduquilda promete ensinar Deixilda a ser uma boa dona de boneca e nas semanas seguintes Fraquilda finalmente começa a florescer e se tornar uma boneca tão saudável e cheia de energia como Fortilda. Você pode ainda incluir uma festa maravilhosa para comemorar o fato de Deixilda ter aprendido a educar a Fraquilda e cuidar da saúde dela.

Depois de contar a história, converse com a criança sobre as personagens, pergunte de qual ela gostou mais, o que pensa de cada uma, o que faria no lugar delas, se cuida bem das próprias bonecas, lava, guarda etc. Se ela se considera uma Eduquilda ou uma Deixilda. A ideia é que a criança compreenda que há duas posturas de pais: os que criam com amor, mas não educam e preparam direito os filhos, e os que, além de amar, educam e zelam pelo bem-estar dos filhos.

Depois de contar ao longo de uma ou duas semanas histórias semelhantes, por exemplo usando pais e filhotes de animais que moram na floresta ou no mar, e de ter conversado com a criança sobre cada personagem, você pode em um dado momento falar sobre sua infância e *seus* pais e os pais dos seus amigos.

Conte histórias interessantes sobre esse período de sua vida, de como na sua época havia pais a maior parte do tempo "Eduquildos" e pais que eram mais "Deixildos". Fale de um vizinho imaginário, de seus colegas de escola, e conte como quando criança você achava que os Deixildos eram pais melhores e mais bonzinhos e os Eduquildos pareciam muitos chatos. Mas depois, conforme foram crescendo, você e seus amigos foram percebendo a diferença. Fale de crianças que viram adultos dependentes, doentes, malvados ou egoístas. Descreva como esses adultos vivem e compare com os filhos de pais Eduquildos. Faça tudo isso de modo tão interessante e exagerado como nas histórias das bonecas.

Discuta com seu filho a opinião dele. Verifique, sem corrigi-lo, apenas escutando e conversando, se ele entendeu o conceito de educação e dos mandatos. Então você poderá dizer a seu filho que talvez ele veja em restaurantes, na praia e no parquinho pais que em algum momento estão sendo Deixildos.

Só tome cuidado para não ficar fazendo fofoca com seu filho ou criticar amigos dele, e para que ele não saia por aí falando mal dos outros. A ideia é apenas ensiná-lo a observar momentos em que vocês mesmos e outros pais estão sendo Eduquildos e Deixildos. Mas não comente nada sobre o comportamento de crianças com as quais ele convive, restrinja-se a falar sobre crianças que ele vê de passagem em algum lugar público. Com o tempo ele mesmo fará comentários sobre amigos e sobre episódios que presenciou na casa deles. Então você pode dizer algo como: "Todo pai e toda mãe ama os filhos e tenta cuidar bem deles, mas alguns às vezes são mais Deixildos em determinados momentos. Realmente parece que nessa hora os pais do seu amigo foram um pouco Deixildos".

Você também pode falar, durante uma refeição ou ao chegar em casa, de episódios do seu cotidiano. "Você não imagina o que aconteceu hoje no meu escritório..." "Sabe o que vi hoje no restaurante durante o almoço?" Nem sempre essas histórias precisam de fato ter ocorrido, mas têm de ser plausíveis e gerar assunto para a criança poder conversar com você e comparar o comportamento e as decisões dos personagens.

Conte episódios interessantes e peça a opinião do seu filho. Por exemplo: "Hoje estive no supermercado e um menino de três anos corria sem parar entre as gôndolas e os corredores, se afastando da mãe. Ele estava se divertindo. Você acha que a mãe deveria deixá-lo fazer isso? Por quê? O que você faria?" Continue a narrativa da mãe Deixilda e conte que ao final o menino derrubou uma pilha de latas, se machucou, levou bronca do gerente, e a mãe teve prejuízo. Então reforce que você e seu parceiro são pais Eduquildos e não deixariam isso acontecer. Que vão cuidar muito bem dele, ensiná-lo a avaliar as situações e perceber o que pode e o que não pode fazer em cada lugar e cada momento. E que vão ensiná-lo a cuidar de coisas muito importantes, por exemplo, da saúde e da segurança (mais adiante você incluirá também os mandatos da autonomia e da ética). Converse com a criança sobre isso, ouça a opinião dela, instigue o debate, o raciocínio.

Uma vez entendido o conceito de pais Eduquildos e pais Deixildos e o mandato da saúde e segurança, você pode começar a conversar sobre os outros dois mandatos. Sempre com o cuidado de manter seu filho pequeno interessado, tornando as histórias pitorescas e estimulando-o a participar e opinar.

O MANDATO DA AUTONOMIA E DA ÉTICA

Alguns dias ou semanas depois você pode contar o mesmo tipo de história que usou para falar de saúde e segurança, inclusive mantendo os mesmos personagens.

Para falar de *autonomia*, por exemplo, pode contar que Eduquilda educa sua boneca Fortilda para que vá ganhando autonomia e aprendendo a fazer as coisas sozinha. Já Deixilda não educa sua boneca Fraquilda (que agora já é saudável e forte) para ter autonomia e deixa que ela continue a ser dependente, uma boneca que não aprende a fazer as coisas por conta própria.

Seguindo o modelo anterior, você pode contar como cada boneca ficará quando crescer. Deixilda está sendo um pouco egoísta, porque quer que a boneca fique para sempre no quarto dela, então não a ajuda a aprender a se virar e ter autonomia. A boneca nem mesmo pode ir à escola de bonecas aprender coisas importantes. Diferente dela, a boneca Fortilda é estimulada a fazer as coisas por conta própria. Algumas vezes, Eduquilda precisa forçá-la a fazer coisas que tem preguiça de fazer. Ao final, Fortilda cresce e vira uma linda boneca capaz e parceira, que ajuda Eduquilda a arrumar o quarto, cuidar dos outros brinquedos etc. Enquanto isso, Deixilda permite ou estimula que Fraquilda se acomode e fique dependente. Ao final, Fraquilda não aprende a ter autonomia e dá muito trabalho!

Descreva como as coisas ficarão difíceis para Deixilda, que também tem outras bonecas que não educa para alimentar, cuidar, vestir e passear. Exagere na descrição da situação complicada de Deixilda, tendo de aguentar as bonecas sempre reclamando, exigindo, dando chiliques. A vida de Deixilda vira um inferno.

Eduquilda então vai visitá-la e vê a situação terrível da amiga, com um bando de bonecas mimadas e dependentes. Ela então ensina Deixilda a educar para promover a autonomia das bonecas pequenas até que cresçam.

A história terá um final feliz como a anterior, com Deixilda conseguindo educar suas bonecas para a autonomia. Se seu filho for um menino, a história terá, em vez de bonecas, os super-heróis que ele aprecia, mas de resto será igual.

Novamente você passará algumas semanas contando histórias parecidas e depois acrescentará, como fez com o mandato da saúde, episódios de sua infância e da infância de outros membros da família e amigos, episódios do seu cotidiano e do cotidiano vivido por você com seu filho, sempre enfocando a autonomia versus dependência e acomodação.

Para transmitir a seu filho a ideia do mandato de ética e etiqueta, você pode contar uma história utilizando a mesma estrutura das anteriores. A boneca altruísta, que ajuda e não mente, e a boneca egoísta, que não ajuda e é mentirosa. O mesmo vale para as boas maneiras, com personagens que não são educados pelos pais e se tornam desagradáveis, mimados e arrogantes.

OS OUTROS DOIS PRESSUPOSTOS: AMOR, ADMIRAÇÃO E RECIPROCIDADE E REGRA E PODER

Novamente você pode seguir o mesmo modelo de histórias. Se seu filho cansou dos personagens anteriores, crie novos cenários e novos personagens. Mostre sempre como se desenvolvem os que são educados e os que podem fazer tudo que querem. Reforce a diferença entre educar filhos e deixá-los fazerem o que querem e demonstre como de início muitos filhos são rebeldes, acomodados e birrentos, e não "entendem", mas que os pais Eduquildos ensinam e educam. E como esses filhos mais tarde se beneficiam.

RITUAL PARA OFICIALIZAR OS TRÊS PRESSUPOSTOS NA SUA CASA

Finalmente, depois de três ou quatro semanas promovendo a compreensão dos conceitos de mandato, reciprocidade e dever, regras e autoridade, e garantindo que seu filho entendeu a função dos pais como educadores, você pode iniciar o ritual de oficializar os três pressupostos.

Chegou o momento de reunir tudo em um "pacote". Aquilo que foi apresentado de forma isolada e ocasional agora se tornará um sistema de regras da casa e da relação entre pais e filhos. E dará um senso de propósito e direção à educação da criança.

Será uma conversa com aspecto de cerimônia solene. Pai e mãe chamam cada filho por vez e apresentam com alguma solenidade e gravidade como será a vida daqui por diante. Seja claro e explícito. Explique a seu filho que vocês são pais eduquildos e não deixildos, e que têm a missão de cuidar dele e prepará--lo para a vida. E que agora que ele já tem três anos e meio (ou quatro, cinco ou seis), é "grande" e entende as coisas, chegou a hora de apresentarem um projeto de educação que vai prepará-lo para a vida. Esclareça que vocês, os pais, pretendem desenvolver projetos da infância até a maioridade dele. Fale então dos três mandatos (ou missões) e explique exatamente do que se trata. Escolha um momento tranquilo, para que seu filho possa manter o foco. Por exemplo:

Papai e mamãe querem conversar com você agora sobre uma coisa muito importante. Agora que já é grande, vamos contar o que planejamos para você.

Você sabe que nós vamos cuidar de você e prepará-lo para a vida. Para isso vamos nos concentrar em três coisas que farão você crescer com saúde, aprender a resolver sozinho os problemas e ser uma boa pessoa: 1) vamos ensinar você a cuidar de sua saúde e de sua segurança (dar exemplos); 2) vamos ajudá-lo a ter autonomia (dar exemplos e explicar o que é autonomia); e 3) vamos ensiná-lo a ter ética e boas maneiras (dar exemplos e explicar o que é ética).

Explique que vocês vão ensinar a ele muitas coisas nos próximos meses. E também nos próximos anos. E que farão isso passo a passo, explicando, praticando e apoiando. Dê exemplos do que vão lhe ensinar já na próxima semana. Por exemplo, a passar protetor solar sempre que for ficar debaixo do sol forte. Ou a pegar sozinho os sapatos de manhã na prateleira. Ou a ser gentil e cumprimentar o porteiro. Diga a seu filho que lhe darão pequenas metas semanais a fim de ir preparando-o para a vida.

Tenha essa conversa com calma e profundidade. Não é para ser um sermão, e sim uma troca de ideias. Faça perguntas para assegurar-se de que ele entendeu. Peça a opinião dele. Proponha que dê ideias sobre o que vocês poderiam ensinar e treinar com ele.

Se, desde os quatro anos, seu filho for incentivado a refletir, opinar e participar ativamente da elaboração dos projetos de preparação para a vida, você o transformará num parceiro. E desde pequeno ele será uma criança que participa, pondera e coopera.

O ritual de instalação oficial dos pressupostos se dá, em geral, em dois dias, um para os mandatos e outro para os dois pressupostos restantes (amor, admiração e apoio e poder e regra).

IMPREGNAÇÃO DOS TRÊS PRESSUPOSTOS

Ao final do processo vocês podem desenhar e talvez escrever os três pressupostos e afixá-los em alguns lugares da casa para que todos tenham os pressupostos sempre presentes e em mente (na copa, na geladeira, no quarto da criança etc.).

Os desenhos podem ser feitos por seu filho sozinho ou com você; vocês também podem usar recortes ou imagens da internet. E se houver alguma frase, ela deve ser curta e simples, já que ele ainda não sabe ler nem escrever. Por exemplo:

1. Saúde e segurança;
2. Autonomia (aprender a fazer sozinho);
3. Ética e etiqueta (fazer coisas boas).

Adicione a essas palavras (que ele não sabe ler, mas pode decorar) desenhos que as representem. Por exemplo, a saúde pode ser representada por um termômetro, um frasco de protetor solar ou um pacote de salgadinhos coberto por um xis vermelho. Para autonomia, pode ser uma criança preparando seu achocolatado ou tomando banho sozinha. E para a ética, uma criança entregando um brinquedo a outra menor ou doando comida e roupas.

Para o pressuposto de amor, admiração e apoio, talvez uma imagem de duas pessoas se ajudando ou cooperando, e para o pressuposto de regra e poder, uma imagem com cenas de índios com o cacique, bandidos com o chefe, padres com o bispo ou papa, ou estudantes com o professor, cada um em seu meio, simbolizando que, como parte de um grupo, todos têm hierarquia, organização e obrigações e regras a seguir.

Enfim, invista na inteligência de seu filho. Mesmo aos três anos e meio, ainda antes de apresentar os três pressupostos, você já pode acostumá-lo aos termos "saúde", "segurança", "autonomia", "ética" e "etiqueta social".

Continue a conversar com seu filho nas semanas seguintes. Proponha, de acordo com a idade dele, dúvidas e problemas do cotidiano nas áreas dos três mandatos, ou relacionados com os pressupostos, para que ele dê sua opinião, que deve ser acatada e respeitada.

Nos próximos capítulos veremos em detalhes como dialogar com crianças e adolescentes a fim de ensiná-los a usar esses conceitos na resolução dos problemas do dia a dia.

Depois de ter conversado com seu filho e garantido a amarração dos três pressupostos é importante compartilhar oficialmente com todos os moradores da casa os três pressupostos que seu filho agora sabe que daqui para a frente nortearão a educação dele. Isso pode ser feito reunindo em algum momento a criança com outro adulto de convívio na casa (a avó, um empregado doméstico) e "oficialmente" repassando a esse adulto os pressupostos. Há algo de teatral nesse gesto, mas simboliza que todos estarão envolvidos e agindo na mesma direção, compartilhando dos mesmos valores e metas.

SE TIVER FILHOS COM MAIS DE SEIS ANOS
OU ADOLESCENTES

Filhos maiores que não foram educados de acordo com o modelo que apresentei certamente estranharão se subitamente surgirem em sua casa as regras e os parâmetros dos três pressupostos interligados.

Como mencionei, ainda que você sempre tenha dado limites a seu filho, se eles eram até hoje aplicados de modo isolado, situacional, ficavam "soltos". E ele provavelmente não sabe com clareza quais desses limites são a expressão das limitações éticas e práticas à realização de seus desejos.

É preciso, também com filhos maiores de seis anos e adolescentes, preparar o processo, explicar os conceitos e cumprir um ritual de oficialização dos três pressupostos.

Há inúmeras maneiras de fazê-lo. Sugiro seguir duas delas, que você pode adaptar à realidade de sua casa.

SE VOCÊ TEM FILHOS MAIORES FÁCEIS
DE ABORDAR E CONVERSAR

Se você tem filhos com os quais é fácil dialogar e que de forma geral se mostram sensatos, pode passar diretamente ao ritual de oficialização dos três pressupostos. Faça apenas um pequeno preâmbulo:

Filho, você agora tem doze anos e nos demos conta de que nunca paramos para realmente conversar com você sobre como o educamos, sobre o que pensamos que seja nosso papel de pais e como achamos que está caminhando sua educação.

Andamos refletindo também sobre nossos erros e acertos e achamos que deveríamos conversar, dizer a você o que pensamos sobre nossa função de pais daqui para a frente e ouvir como você se sente a respeito.

Gostaríamos então de combinar com você um horário tranquilo para conversarmos sobre tudo isso.

Uma vez marcado um horário, você retoma o tema no dia combinado. Mas não será exatamente uma conversa, nem uma negociação. É mais uma apresentação em que os adultos responsáveis pelo filho mostram de modo organizado o sistema de três pressupostos. Nessa conversa, os pais expõem as condições e regras de cada pressuposto e explicam que as regras e os valores são definidos pelo adulto responsável. Mas isso não significa, tal como consta no terceiro pressuposto (regra e poder), que ele não possa questionar e conversar com vocês sobre as regras.

Filho, como pai e mãe entendemos que nossa principal função não é ficar verificando se você escovou os dentes ou fez as tarefas de casa para a escola. Nossa maior função é prepará-lo para a vida de adulto, e acreditamos que nunca sentamos com você e lhe explicamos exatamente o que pensamos, nem falamos sobre o que queremos ensinar a você, que regras seguimos aqui em casa e gostaríamos que você siga em sua vida.

É importante que saiba exatamente o que consideramos importante para sua educação. Por isso apresentaremos três ideias que temos sobre essa questão.

Primeiro é preciso que você escute cada uma delas, e em seguida podemos conversar a respeito. Você vai poder nos explicar o que entendeu e o que pensa de cada uma.

Você pode apresentar cada pressuposto de modo análogo ao discurso imaginário do capítulo 3. Se for o caso, seu filho terá o direito de questionar tudo e de tentar convencê-los a mudar algum dos limites de partida. Seguindo o terceiro pressuposto, vocês vão escutá-lo com respeito e ao final decidir se concordam com ele ou não. Sempre explicando as razões (nunca na base do "nem pensar, eu é que mando, é porque eu quero assim e pronto").

Ao final, deixem claro que de agora em diante, por muitos anos, muitas das questões do dia a dia e decisões a serem tomadas terão como referência os três pressupostos. Proponham então que os três pressupostos sejam afixados na geladeira, no quarto e em mais algum local na forma resumida, para que estejam sempre acessíveis:

Triplo mandato sagrado (saúde e segurança, autonomia e ética, e etiqueta);
Relação entre amor, admiração e apoio (reciprocidade);
E cumprimento das regras.

A partir daí você pode de fato, no cotidiano, se referir aos três pressupostos para discutir temas como permissão para ir ou não a uma balada, aumento de mesada, arrumação do quarto etc.

SE SEU FILHO FOR MAIOR E DIFÍCIL DE ABORDAR

Imagine que você tenha um filho de doze anos rebelde, que se tornou "respondão" e mal-humorado. Ou uma filha de dezesseis permanentemente hostil. Ou um filho de 21 dependente, acomodado, fechado, usuário de drogas.

Em casos assim, talvez não haja condições de falar de limites em geral, sem antes "apagar incêndios" ou conseguir que seu filho se abra para o diálogo. Daí você pode primeiro enfrentar os problemas urgentes e impor alguns limites isolados e só depois, com calma, oficializar os pressupostos, amarrando tudo num "sistema de limites".

Ou, você pode, ao contrário, aguentar conviver por mais algumas semanas com os problemas que, embora sejam graves, já duram tanto, e por meio do diálogo apresentar aos poucos os três pressupostos. Depois de discutidos e entendidos os pressupostos, você então começa a enfrentar as situações problemáticas e a impor limites.

Para ambas as opções de lidar com filhos mais difíceis, será importante que você tenha algum domínio da arte de dialogar com crianças e adolescentes e da arte de impor limites, temas das partes II e III. Portanto, deixe para oficializar os três pressupostos após ter lido sobre esses temas.

COMO APLICAR OS TRÊS PRESSUPOSTOS NO DIA A DIA

Os três pressupostos tratam de regras gerais, mas o cotidiano com seu filho é composto de muitas situações específicas. Então, como aplicar os pressupostos no dia a dia? Antes de abordarmos o diálogo com os filhos e a imposição de limites, é preciso que você saiba com clareza em *quais* situações do cotidiano pretende dar limites e como explicar a seu filho por que não permitirá determinados comportamentos. Esses são os temas dos próximos dois capítulos intitulados "O mapa dos limites" e "Sugestões práticas para explicar os porquês de cada limite".

PARA RELEMBRAR

Não basta enunciar os pressupostos da educação ao seu filho
É preciso transmiti-los de modo que ele os compreenda, saiba a que situações se aplicam e consiga utilizá-los no dia a dia.

COMO FAZER

1. Para transmitir e incorporar os três pressupostos da educação no dia a dia
- Apresente-os com calma, garantindo seu entendimento.
- Depois oficialize-os como normas da família, fazendo dessa ocasião um ritual familiar.
- Em seguida, ensine seu filho a reconhecer situações às quais eles se aplicam.
- Finalmente, pratique com ele o emprego dos pressupostos no cotidiano.

2. Para transmitir os três pressupostos a filhos pequenos (4 a 7 anos)
1. Histórias infantis, que podem ser histórias clássicas já existentes, modificadas ou novas e inventadas por você.
2. Histórias da sua infância, ou da infância do seu parceiro ou de parentes, que podem ser reais ou romanceadas.
3. Episódios do cotidiano, reais ou romanceados.
4. Situações das quais a criança participa com você (uma cena no parquinho ou na sala de espera do pediatra, uma peça de teatro ou um filme a que assistiram, o comportamento de outras crianças e pais etc.).

3. Para transmitir os três pressupostos a filhos maiores (8 a 17 anos)
- Você pode apresentá-los na forma de um diálogo (parte II) ou, ainda, ter que impor os pressupostos (parte III).
- Seja no formato de diálogo amistoso ou de uma conversa forçada e imposta, você pode apresentá-los de modo direto, usando os conteúdos do capítulo 3, sem ter de apelar para histórias e episódios do cotidiano.

4. Para realizar o ritual de oficialização dos pressupostos

- Pai e mãe apresentam os pressupostos a cada filho em separado, sempre em um momento tranquilo. O modo pode ser mais cerimonioso, dando peso e pompa quase como um ritual ou uma iniciação em uma nova etapa da educação.
- Depois de discutidos e compreendidos, os pressupostos são escritos e afixados em alguns pontos da casa (para filhos maiores basta anotá-los em uma folha que ele possa guardar).

OBSERVE

- Todos os adultos envolvidos na criação do seu filho são informados e oficialmente incluídos como "zeladores" dos pressupostos, colaborando para que, na ausência dos pais, os limites de partida sejam respeitados.

5
O mapa dos limites

O que os pais de Mariana, de dez anos, devem fazer diante das respostas atravessadas da filha? Como a mãe de Bianca, de quatro anos, deve reagir à manha dela quando não quer vestir o casaco em dias frios? O que o pai de Isadora, de dezesseis, pode fazer para que a filha estude mais e se dedique menos a futilidades consumistas?

O foco deste capítulo é estabelecer o mapa dos limites que você pretende dar a seu filho, que posturas e atitudes espera dele no cotidiano e o que pretende exigir dele.

Listo a seguir alguns dos comportamentos e atitudes que podem ser exigidos. É um mapa com oito limites que você pode adaptar, cortando ou acrescentando o que achar necessário, conforme a idade, a personalidade e o momento. Restringi minha lista a exigências mais ligadas a atitudes éticas e de etiqueta.

Ao final do capítulo acrescentei uma ficha na qual você pode selecionar os principais limites que considera necessários dar no caso de seu filho e preparar-se para explicá-los e aplicá-los em sua casa.

Talvez você ache que o nível de exigência da lista de comportamentos e atitudes que elaborei é demasiado alto. Mas lhe asseguro que, se praticar uma *educação pensada*, sabendo dialogar, impor limites e ensinar a lidar com eles, descobrirá que seu filho não terá dificuldades de corresponder.

Claro que, se tiver um filho com menos de quatro anos, você só poderá exigir parte do que consta dessa lista. E, sendo ele muito pequeno, só investirá no ensino implícito, que induz e habitua a criança, dando limites de contenção, sem interligá-los. Ele ainda não entenderá as razões, apenas aprenderá que certas coisas são permitidas e outras não. A cada episódio você imporá um limite suave, moderado ou forte, como veremos na parte III. Sem muito diálogo e sem muito ensino.

Mas se tiver um filho com idade entre quatro e oito anos você já pode começar o trabalho de conscientizá-lo e habilitá-lo a seguir esses limites. Investindo no ensino explícito, que explica e pratica com ele. O mesmo vale para pré-adolescentes e adolescentes. Ele pode ter uma visão geral do "sistema de limites", ou seja, dos três pressupostos e dos princípios gerais que nortearão a educação dele (mandatos, reciprocidade e regras).

Se entender as exigências e souber como e por que cumpri-las, seu filho estará mais preparado para a vida e será uma pessoa agradável de conviver.

Se você divergir de alguns dos tópicos da lista, troque-os por outros. O importante é que, como pai educador ou mãe educadora, você pense sobre o que acha razoável esperar de seu filho em cada idade e o que acha necessário que ele seja capaz de fazer até os dezesseis anos. Deixe claro para ele qual é o mapa dos limites, assegurando-se de que ele possa aprender a respeitar e seguir as regras e os valores propostos.

Evite educar sem senso de propósito, sem critérios claros. Use este capítulo e o próximo para ajudar seu filho a formar uma visão do todo e entender aonde você quer chegar com ele.

Mapa dos limites — o que você pode ensinar e exigir

Ainda veremos *como* explicar a filhos pequenos, maiores e adolescentes o porquê de você exigir essas regras e limites. Mas não se preocupe com isso agora; por hora concentre-se no mapa de exigências que cobrará de seu filho.

1. O DESRESPEITO E A MÁ VONTADE SOLAPAM SUA CONDIÇÃO E O PACTO DE EDUCAR

Muitos pais se perguntam se os filhos não têm o direito de expressar irritação ou indignação. Sobretudo diante de ordens ou imposições que não lhes agradam. Perguntam-se se o filho, uma vez acatada a ordem, não tem o direito de ir tomar banho, escovar os dentes ou estudar, fazendo cara feia para os pais, esbravejando, pisando forte, batendo a porta, ou quem sabe até arriscando um murmurado "que saco". Parece-lhes opressivo demais tolher do filho o direito de protestar e expressar sua indignação.

A ideia de muitos pais (e de diversos psicólogos) é que seria pedagógico e positivo acolher a raiva natural dos filhos e demonstrar a ele que apenas querem que obedeça, mas que toleram sua indignação sem se alterar. Isso de fato pode fazer sentido em diversas ocasiões. Em alguns casos esses protestos desrespeitosos podem não evoluir e não gerar problemas. São apenas um respiradouro saudável e necessário.[15]

O risco começa a existir se você permitir que se instale na sua casa um padrão de direito à demonstração desrespeitosa da divergência. Se isso se tornar algo corriqueiro, frequente e aceitável, as coisas podem desandar. Mais tarde, quando seu filho for maior e você não tiver como obrigá-lo a obedecer, a situação pode sair do controle.

Ao demonstrar desprezo, ofendê-lo, ser irônico ou hostil, seu filho está se habituando a um tipo de comportamento que no futuro pode se tornar padrão em todos relacionamentos dele. E, mais importante, ele não está aprendendo a lidar com conflitos e divergências, sem agressividade. Não consegue ouvir o que não lhe agrada, nem ponderar e argumentar com respeito e lógica. E você está aceitando um modelo de relacionamento em que você dá uma ordem, há uma discussão e seu filho ao final obedece, mas é insolente.

Há uma grande chance de no futuro essa forma de vocês se relacionarem se tornar insustentável. Porque seu filho será maior e não terá mais impedimentos para ignorá-lo, ofendê-lo, afrontá-lo. E então será difícil implantar um modelo de respeito. É muito comum, nessa situação, ver pais atônitos, impotentes.

Sem dúvida seu filho deve ter o direito de expressar sua indignação, mas é possível se indignar e protestar sem perder o respeito. Se esse tipo de postura desrespeitosa na hora de cumprir a contragosto suas ordens for frequente, ela abre um precedente e pode resultar na ruptura do pacto que regula a relação entre vocês. Pequenas indignações contra regras e ordens na infância podem evoluir para um crônico estado de indignação e mau humor para com os pais e regras em geral.

Há uma diferença entre ficar indignado e desafiar a posição de pai e mãe educadores. Não deixe que se estabeleça um padrão de respostas em tom de desafio, mesmo que depois seu filho lhe obedeça. O respeito ao pacto dos três pressupostos importa tanto quanto a obediência. Portanto, não aceite respostas provocativas, irônicas ou ameaçadoras como:

"Não vou, você não manda em mim."

"Já disse que não estou a fim."

"Você é um chato (idiota, pé no saco ou algum palavrão)."

"Você acha que eu seria burro de fazer isso?"

"Que maravilha, então vocês querem me ferrar mesmo."

"E você que também gasta em roupas e maquiagens, está me dizendo para não gastar?"

"Você vai ver o que eu vou fazer."

"Espere eu crescer para ver como vou me vingar."

"Então também não vou visitar a vovó."

Tampouco permita que ele demonstre sua indignação por meio de gestos abruptos, rudes e agressivos, como bater portas com violência, sair arrastando os pés, suspirar em tom de aborrecimento, revirar os olhos, fazer expressão de impaciência ou resmungar em tom baixo, murmurando frases que soam como palavrões, impropérios ou praguejamentos.

Obedecer sob protestos é um comportamento muito frequente em adolescentes, mas também em crianças, que aos três anos e meio ou quatro anos até nos parecem engraçadinhas em suas demonstrações de indignação. Receberam apenas um limite situacional (os pais conseguiram impor obediência apenas naquela situação específica), mas não mudaram de postura. No entanto, seu filho de quatro anos é perfeitamente capaz de compreender por que tem de tomar banho ou visitar o avô doente, e assim adotar novos comportamentos. Ainda veremos como conseguir isso interligando diálogo e imposição de limites e ensinando a viver com eles. Na relação com você, seu filho não precisa ser submisso, fazer cerimônia ou ficar constrangido. Ele pode, em momentos de indignação, mesmo que esteja bravo e talvez até fale alto, manter-se respeitoso:

Pai, você está me obrigando a obedecer, mas estou furioso, não concordo com você. Acho que não me ouve, não me entende e está sendo injusto.

Isso está de acordo com os três pressupostos, ele pode questionar e debater regras. Ele também pode debater com você os motivos por que não concorda, e você terá de escutar com respeito e levar a sério o que ele tem a dizer.

A questão é que ele deve entender o lugar de cada um. Na relação entre pais e filhos, precisa ficar claro que os três pressupostos (os mandatos dos pais, a questão do apoio e do amor e a relação entre regra e poder) regulam a postura de cada um. Mas acima de tudo seu filho deve entender que por mais abertura que você lhe dê, ele tem de acatar sua decisão final. Pode questioná-la, jamais desafiá-la. E precisa aprender que no final, esgotados toda negociação e protestos, ele tem de obedecer sem insolência e ameaças implícitas.

2. NÃO ACEITE "MAU HUMOR" COMO JUSTIFICATIVA

Não permita que o mau humor funcione como um salvo-conduto para maus comportamentos em sua casa. Há adultos irritadiços que justificam sua rabugice e rispidez pelo mau humor. Alegam que estão com fome, ou que dormiram mal, ou que estão estressados, o que lhes daria o direito ao mau humor. Se estiver usando o mau humor como justificativa para seu próprio comportamento, pare de fazê-lo. Ensine seu filho desde pequeno que a irritação não justifica destratar os outros. Se ele está irritado, converse com ele e tente entender o porquê, ajude-o a aprender a lidar com o estresse e a pressão. Se estiver com fome, que coma algo, se for sono, assim que puder durma, se tiver problemas, pode-se conversar sobre como solucioná-los. Mas jamais permita que ele se ache no direito de descarregar nos outros sua exasperação.

É preciso que, desde os quatro anos, seu filho treine e aprenda a identificar o motivo da irritação. Essa é uma grande lição de vida, que o tornará uma pessoa mais consciente de si e mais respeitosa com os outros. Você pode ensiná-lo a fazer isso dando exemplos através de histórias pessoais suas, de situações fictícias e da observação do cotidiano.

Também é preciso que desde pequeno ele aprenda a resolver por conta própria as questões que o afligem ou pedir ajuda. E, quando necessário, se controlar ou se recolher educadamente até conseguir resolver o problema.

3. EXIJA COMPORTAMENTOS ÉTICOS MESMO NAS PEQUENAS COISAS

Comportamentos não éticos também devem ser coibidos. Deixe claro para seu filho quais são esses comportamentos.

Você pode começar abordando, por exemplo, o caso de pessoas que se aproveitam do trabalho ou do esforço alheio. Isso vale para pequenas atitudes, como fazer corpo mole e deixar irmãos, amigos ou pais realizarem esforços, como arrumar a casa, tirar a mesa ou levar as malas para o carro, sem participar nem ajudar. E também para situações mais graves, como pedir para assinar um trabalho escolar feito pelo amigo.

Outra questão ética importante é a da mentira. Enganar, ludibriar e dissimular com a intenção de se aproveitar do outro ou de maltratá-lo.

Explique a seu filho que se ele mentir, você deixará de confiar nele, mesmo no que se refere às pequenas coisas do cotidiano. E mostre que, uma vez perdida a confiança, o processo de reconquistá-la pode levar meses ou até anos. Para crianças pequenas, de quatro a sete anos, você pode mostrar isso por meio de histórias, tal como sugerido no capítulo 4. Por exemplo, contando como fica a relação de pais com filhos que mentem e como passam a ter de controlar tudo, desconfiar de tudo, pois temem que o filho se machuque, faça coisas erradas etc. Para filhos maiores você pode utilizar o *diálogo em conexão com pensamentos e emoções*, tema dos próximos capítulos.

Não aceite mentiras, exija de seu filho uma postura leal e honesta. Desde o início, através de exemplos, histórias e diálogos, converse com ele sobre a gravidade de comportamentos não éticos (e alguns inclusive ilegais), como colar em testes, fraudar documentos, roubar. Também faz parte de um comportamento ético não ser egoísta, não se recusar a ajudar quem precisa, aprender a se colocar no lugar do outro.

4. A IMPORTÂNCIA DE SER PRESTATIVO

Acredite, ser prestativo e solícito é algo que pode ser ensinado. Você pode habituar seu filho desde pequeno a entender que faz parte das obrigações dele atender de bom grado quando você lhe pedir que coopere em rotinas e necessidades domésticas, como manter a casa arrumada, cuidar do cachorro, dar a mão à vovó quando ela desce a escada. O mesmo ainda pode ser ensinado e depois exigido de um adolescente acostumado a resmungar e se comportar como se não tivesse maiores obrigações e laços familiares.

Você também pode ensinar seu filho a observar as situações e oferecer ajuda quando for evidente que ela é necessária. E fazê-lo de boa vontade, não com expressão contrariada, arrastando os pés, como se se tratasse de um grande inconveniente. A criança precisa ser capaz de observar o ambiente e entender a situação: as pessoas têm tempo, precisam de ajuda, estão tensas?

É claro que é preciso levar em conta a idade e o momento do dia. Não faz sentido esperar que uma criança de cinco anos siga automaticamente as rotinas sem ter de ser lembrada. É comum que todos os dias você precise lembrá-la que é hora de escovar os dentes ou tomar banho. Assim como não faz sentido interromper uma criança que está brincando de esconde-esconde com amigos para imediatamente tirar a mesa ou arrumar os brinquedos. Ou um adolescente que está jogando videogame ou interagindo com amigos na rede social. A não ser que seja uma emergência; por exemplo, se o irmão menor se machucou e você precisa que alguém busque a gaze no armário. É razoável que crianças, assim como os adultos, possam se preparar para encerrar uma atividade prazerosa e começar outra, sobretudo obrigações incômodas. Você pode, por exemplo, avisar a criança duas vezes, em intervalos de cinco minutos, para que ela se prepare e encerre uma atividade ou para que possa, de modo respeitoso, argumentar e lhe mostrar que realmente precisa de mais dez minutos.

Como veremos nos próximos capítulos, é preciso combinar procedimentos antes de exigir que sejam cumpridos.

5. EMPATIA É FUNDAMENTAL

Ter empatia ajuda a ter posturas éticas. Você pode ensinar seu filho a ser sensível e estar atento à dor e à alegria do outro. Desde pequeno pode ensiná-lo a identificar e acolher os amigos que estejam precisando de ajuda. E a se mobilizar para ajudar pessoas, animais e mesmo plantas em sofrimento.

Além disso, faz parte das competências de convívio seu filho saber como se comportar diante das dificuldades de outros seres humanos. Por exemplo, desde os quatro anos ele deve aprender a não se gabar das próprias conquistas, não menosprezar as dificuldades de outras crianças, não zombar da fraqueza ou do infortúnio alheio.

Desde cedo seu filho também deve saber valorizar as qualidades dos outros, compartilhar da alegria pelas conquistas alheias. Crianças de quatro anos já podem ser estimuladas a se comportar dessa forma, aprendendo, ao mesmo tempo, a lidar com a inveja e o ciúme. Isso também é uma questão de educação, e pode ser ensinado e exigido de crianças e adolescentes. Por exemplo, aos filhos pequenos você pode ensinar o conceito por meio de histórias do Zombildo, que sempre zombava dos outros e contava vantagens, e do Elogildo que sempre sabia elogiar o que os amigos faziam de bom. Claro que ao longo do tempo o Zombildo foi ficando sem amigos e o Elogildo foi se tornando querido. E depois você pode ir no dia a dia praticando com ele como aplicar esses preceitos.

6. BONS MODOS NÃO SÃO PROTOCOLARES, SÃO ATITUDES INCORPORADAS

A etiqueta social é composta por inúmeros tópicos.

Você pode começar pela cordialidade ao cumprimentar. Ensinar e aos poucos exigir que, desde pequeno, seu filho cumprimente as pessoas com gentileza. Mas tenha em mente que por vezes crianças muito pequenas simplesmente sentem vergonha e não sabem como interagir com os adultos; não estão sendo necessariamente mal-educadas. Nesses casos, é preciso encorajá-lo e ensiná-lo a se comportar adequadamente, demonstrando que você está determinado a ajudá-lo.

Você também deve ensinar seu filho a receber e cumprimentar quem chega na casa. Mostre que ele deve se levantar para receber quem chega, em vez de ficar deitado de bruços diante da TV e cumprimentar de forma negligente. Se necessário, exija e imponha isso.

A criança também precisa aprender a abordar as pessoas para pedir algo. Deixe claro que seu filho não pode gritar pela casa chamando os adultos, pais e eventuais funcionários domésticos, para que venham até ele como um reizinho chamando seus serviçais. Ele deve aprender a se levantar, dirigir-se até onde o adulto se encontra e, sem elevar a voz, pedir o que precisa. Claro, sempre levando em conta se pode interromper o adulto naquele momento. Não deixe seu filho interromper as pessoas abruptamente (salvo no caso de uma emergência) exigindo comida, favores, entretenimento, ou perguntando coisas. Ensine-o a observar a situação. Os adultos estão ocupados? Estão conversando? Ele deve saber esperar o momento adequado e perguntar se pode interromper. E se a resposta do adulto for "não", deve aceitar e voltar em outro momento.

Outra postura importante é sempre pedir "por favor" e agradecer. Mostre que, ao falar com outras pessoas para pedir algo ou agradecer, ou mesmo para cumprimentar, ele sempre deve olhá-las nos olhos, ser gentil e cordial, e não murmurar mal-humorado alguma palavra protocolar.

Invista igualmente nas boas maneiras à mesa. O que implica, conforme a idade, desde pequeno ser ensinado a sentar, usar os talheres, posicionar os braços, comer de boca fechada, não se levantar antes de todos terminarem a refeição etc.

Outro tópico importante são os papéis de anfitrião e convidado. O anfitrião oferece o melhor lugar, a comida, o brinquedo ao convidado e cuida para que ele se sinta à vontade. Aceita brincar como o convidado deseja, mesmo que ele seja espaçoso ou malcriado.

Já o convidado aceita de bom grado o que o anfitrião oferece, demonstra prazer e gratidão com o que é oferecido (comida, acomodações, atividades) e, na medida do possível, participa do que é proposto com boa vontade.

Além de tudo isso, a partir dos quatro anos, seu filho já pode começar a entender que não deve fazer barulho ou bagunça em restaurantes, meios de transporte, cerimônias. É preciso respeitar o espaço dos outros, controlar o volume da música, não falar alto demais, limpar o que sujou etc.

7. ENSINE SEU FILHO A SE COMUNICAR COM BOA VONTADE E HABILIDADE

Outro ponto fundamental é seu filho aprender a se comunicar. Não basta responder monossilabicamente. Não aceite como algo natural o fato de ele não cooperar com empatia na interação com as pessoas e nas conversas. Não ser simpático, ter má vontade, não saber conversar, deixar a conversa morrer e não saber iniciar uma conversa com idosos, crianças menores e adultos de vários níveis sociais. Trata-se da arte da conversação, algo, tal como boas maneiras à mesa, ou asseio pessoal, a ser ensinado e exigido. Mas para isso também é preciso desenvolver habilidade verbal, praticando.

Digamos que durante o jantar a avó pergunte ao neto de cinco anos como foi o dia na escola, ou que o tio queira saber como foi a viagem do sobrinho de quinze anos à Austrália. Não cabe ao seu filho dizer à avó que não está a fim de falar, ou responder algo vago, como "tudo bem". Do mesmo modo que o adolescente não deve responder algo como "normal" e deixar a conversa morrer.

Faz parte da educação básica ensinar seu filho a conduzir conversas, e ele pode começar a aprender isso desde os quatro anos. É uma questão de respeito, de etiqueta e de ética. A arte da conversação pode ser ensinada desde cedo, mas muitas crianças infelizmente nem mesmo sabem como conversar, outras crescem com a ideia de que não têm obrigação de fazê-lo.

Também é comum os filhos alegarem que preferem não contar com quem estiveram ou o que fizeram em nome da privacidade. Também é frequente crianças pequenas dizerem que "é segredo", porque na verdade estão com preguiça de contar ou não sabem fazê-lo.

Nesses casos, você pode respeitar o fato de que talvez naquele determinado momento seu filho esteja cansado para contar detalhadamente e com entusiasmo o que fez durante o dia, mas ele tem a obrigação de relatar em detalhes e com boa vontade aquilo que você como adulto responsável por ele tem o direito de saber.

Respeitando a privacidade de seu filho, sem fazer perguntas íntimas e desnecessárias que o exponham e apenas sirvam para saciar sua curiosidade pessoal, tudo que for importante você saber terá que ser informado. No caso de filhos pequenos, é importante se informar sobre como foi o dia dele, o que comeu, com quem brincou, o que aprendeu etc.

8. NÃO PERMITA QUE ELE VIVA BRIGANDO COM OS IRMÃOS

Ainda discutiremos como dar limites a conflitos entre irmãos e como ensiná-los a não brigar nem se agredir por ciúmes. Mas, por hora, é importante que você não se deixe levar por alguns mitos correntes. Por exemplo, que brigas entre irmãos são "saudáveis" (para que aprendam a se defender), que "irmãos se odeiam e se amam, e é assim mesmo", ou ainda que você não deve interferir nas brigas, mas "deixar que eles se entendam".

Há muitos estudos que mostram o quanto essas ideias podem ser nocivas e contribuir para que seu filho cresça com importantes prejuízos psicológicos. Além disso, em geral, ao agirem desse modo, os pais estão deseducando seus filhos.[16]

Conviver com irmãos deveria ser um laboratório para exercitar valores importantes, como solidariedade, empatia e companheirismo, e aprender a conversar e resolver divergências sem agressividade. Seu filho pode aprender a se defender, a reagir a maus-tratos e ser resiliente em situações fora de casa nas quais seja inevitável lidar com outras crianças e adultos injustos, inconvenientes ou agressivos. E não são os irmãos que devem fazer esse papel.

Além disso, um irmão mais velho pode praticar *bullying* com um mais novo que talvez não tenha recursos para se virar e aprender a se defender por anos. E esse irmão mais novo pode acabar se tornando um adulto evasivo, fraco, submisso e assustado. Ou um adolescente irritadiço e agressivo.

Você deve exigir de filhos pequenos e maiores comportamentos éticos também no trato entre irmãos. Desde os quatro anos é possível começar a ensiná-lo como e por que fazer isso. O que não significa que não possa haver raiva, ciúmes e divergências entre irmãos, mas essas emoções e esses pensamentos podem ser canalizados com ética e educação.

OUTROS LIMITES

Outros tópicos, como não colocar a saúde e a segurança de si mesmo e dos outros em risco, não se associar a más companhias, não se empenhar em se preparar para a vida (estudar, ter disciplina e foco etc.), são igualmente importantes e devem fazer parte do mapa dos limites. E ser ensinados a seu filho com clareza, de modo que desde cedo ele saiba o que esperam dele.

Para utilizar ao selecionar os limites que quer dar ao seu filho

---

Selecione as atitudes e os comportamentos que deseja coibir, ou ensinar. Coloque em cada item especificamente o que seu filho faz que está inadequado. Em que tipo de situação ele age de que modo.

Use estes itens para depois completar a ficha do próximo capítulo sobre como explicar a seu filho o porquê desses limites, de um modo que ele entenda.

Depois você poderá utilizar estes itens para trabalhar, nas partes II e III do livro, como dialogar com ele sobre problemas, e eventualmente para impor a ele que acate os limites que você está dando.

Por hora concentre-se em visualizar, na forma de uma lista, quais os problemas mais relevantes de limite que você deseja trabalhar com seu filho.

1. Desrespeito e má vontade (especifique exemplos)

....
....
....
....

2. "Mau humor" (especifique exemplos)

....
....
....
....

3. Comportamentos não éticos (especifique exemplos)

....
....
....
....

4. Ser prestativo (especifique exemplos)

....
....
....
....

5. Empatia (especifique exemplos)

....
....
....
....

6. Bons modos (especifique exemplos)

....
....
....
....

7. Comunicar-se com boa vontade e habilidade (especifique exemplos)

....

....

....

....

8. Brigar constantemente com os irmãos (especifique exemplos)

....

....

....

....

Uma palavra final

É evidente que cada exigência de etiqueta social e ética deve ser compatível com as possibilidades da faixa etária, mas todas as crianças podem começar a aprendê-las já aos quatro anos (algumas aos três e meio).

Como veremos nos próximos capítulos, cada um desses comportamentos inadequados pode ser corrigido em três fases: conscientizar seu filho do problema (diálogo em conexão), ensiná-lo a praticar os comportamentos desejáveis (treiná-lo) e finalmente propor um período de adaptação, após o qual ele terá de adotar a nova postura. E, a não ser que haja um bom motivo para ele não seguir suas regras, você poderá impor que ele cumpra suas exigências.

A maioria das crianças tem plenas condições de adotar todas as atitudes e comportamentos que mencionei. Não é um sonho. Mas antes de fazer com que seu filho siga essas práticas no dia a dia, você deveria saber explicar a ele o porquê de cada uma das exigências que constam da lista que você preencheu acima, tema do próximo capítulo.

PARA RELEMBRAR

Algumas posturas e limites que podem ser ensinados de modo ativo

1. Não ter desrespeito nem demonstrar má vontade.
2. Não usar o "mau humor" como salvo-conduto.
3. Não ter comportamentos não éticos.
4. Ser prestativo.
5. Ter empatia.
6. Ter bons modos.
7. Comunicar-se com boa vontade e habilidade.
8. Não brigar sempre com os irmãos, cooperar com eles.

COMO FAZER

Para que seu filho incorpore essas atitudes a partir dos três anos e meio ou quatro anos

- Dê limites a cada vez que comportamentos indesejáveis surgem, mas não se restrinja a dar *limites apenas a cada ocasião* em que o problema aparece. Esses limites situacionais são limites de contenção, que apenas colocam uma barreira momentânea àquele comportamento e costumam funcionar apenas por efeito cumulativo.
- Invista em *limites interligados*. O que se fixa é o limite conversado e praticado de modo preventivo, em um ambiente calmo, *interligando* a compreensão e a adesão à mudança. Os *limites interligados* são *transformadores* de atitudes.

    OBSERVE
    - Quanto às broncas ou castigos, são limites de emergência, dados na ocasião em que ocorre um problema, portanto, limites de contenção, que barram o comportamento naquele determinado instante, não necessariamente ensinam uma lição duradoura.
    - Para se fixarem e promoverem mudanças de atitude, broncas e castigos têm de ser muito traumáticos ou, se forem suaves e moderados, têm de se repetir inúmeras vezes, às vezes centenas, para se impregnarem.
    - *Limites dados na ocasião* tendem a não servir para extinguir hábitos, superar a imaturidade ou a falta de recursos e de habilidade social de seu filho para lidar de modo adequado com as contrariedades. Nesses casos é preciso ensinar ativamente como agir de outro modo.

6
Sugestões de como explicar os porquês de cada limite

Ao ensinar e dar limites você está traduzindo para seu filho imposições da vida social e prática que ele ainda não sabe "ler" por conta própria. São restrições éticas e operacionais aos desejos dele ou de qualquer pessoa. E os pais têm a função de ensinar os filhos a viver com essas limitações sem se frustrar tanto e encontrar alternativas que estejam de acordo com as regras.

Portanto, toda ordem sua tem um bom motivo, que você pode explicar. Seu filho tem o direito de saber os porquês, de tirar dúvidas e de, respeitosamente, questionar a lógica da regra.

Isso tudo começa a fazer algum sentido para crianças a partir dos três anos e meio, mais ou menos. Com quatro anos a maioria já é capaz de entender o porquê da maior parte das regras. Ainda que não as aceite e que você tenha de impô-las, é importante que seu filho ouça e entenda a razão das regras. Para filhos menores de três anos, muitas vezes você apenas dará ordens, sem conseguir explicar muito.

O pai educador traduz para o filho as leis da vida social e prática

Como mostra o exemplo a seguir, do diálogo da mãe de João

com o filho, é importante que os pais se posicionem para o filho como veiculadores, transmissores das regras sociais e práticas do mundo.[17] Lembre-se dos mandatos de educador. Como responsável por prepará-lo para a vida, você deve interpretar para seu filho as leis do mundo. E ele, embora possa sempre questionar, terá de aceitar que é você quem tem a palavra final.

É fundamental, portanto, que você saiba explicar os porquês. Por que exige que ele tenha boas maneiras à mesa? Que empreste o brinquedo ao amigo? Por que ele tem de esperar a vez dele e não deve colar nas provas? Por que não deve beber nem fumar?

Vejamos como a mãe de João se posiciona com firmeza, enquanto os pais de Heitor têm dificuldade de fazê-lo.

Mãe: João, são oito horas, está na hora de dormir. Você se lembra que o dr. Geraldo, seu pediatra, explicou que crianças de seis anos, como você, precisam dormir nove horas por noite para que os soldadinhos que moram dentro do nosso corpo e nos protegem de doenças fiquem fortes?

João: Mas, mãe, meu amigo Pedro vai dormir depois da novela e os soldadinhos dele não ficam fracos, ele não está doente.

Mãe: Meu filho, dormir mais tarde uma vez ou outra não tem problema, o que não pode é dormir tarde todos os dias.

João: Ah, então posso dormir tarde hoje? Só hoje? Por favor!

Mãe: Só um dia realmente não faria mal aos seus soldadinhos, mas hoje é terça-feira e amanhã você tem que acordar cedo para ir à escola. Se dormir tarde, vai ficar cansado. Vamos combinar que uma vez por mês, na sexta-feira, você pode dormir mais tarde, às nove e meia, que tal? Agora, por favor, mocinho, vamos desligar a TV e ir para a cama. Eu leio uma história para você, venha.

A mãe não inicia a conversa impaciente e agressiva, nem diz coisas como "vá dormir porque estou mandando!" ou "quero que você vá dormir agora", o que transformaria a situação em um embate de poder e fomentaria a resistência do filho. Ela também não faz chantagem emocional, dizendo que vai ficar triste se o filho não for dormir naquela hora.

Lembre-se: seu filho não deve agir para deixá-lo feliz ou triste, ou para ganhar prêmios; ele deve fazer as coisas porque são "certas" e "necessárias" (como dormir para ter saúde).

Sempre que estiver convicto de que é *necessário* dar um limite, você deve ter uma boa razão para apresentar, uma justificativa consistente. E deve compartilhá-la com seu filho. Ainda que ele não tenha maturidade para entender completamente seus argumentos, é fundamental saber explicar a razão por trás da regra, mesmo que ao final você tenha de *impor* o cumprimento dela. Por vezes sob protestos.

Desde o início, a mãe de João foi firme e leal, como uma adulta equilibrada que cuida do filho e cumpre o mandato da saúde. Com base na orientação do pediatra, ela explica em linguagem acessível a uma criança de seis anos que o sistema imunológico fica fragilizado quando se dorme pouco. E se coloca como veiculadora ou transmissora de um saber e como a responsável por zelar pela saúde do filho.

Por outro lado, desde que ele seja respeitoso e o faça no momento adequado, João tem o direito de tentar entender a lógica da regra em questão, contra-argumentar, questionar e ser respondido. João não faz birra, não desafia nem ofende a mãe, apenas tenta, à sua maneira, entender por que precisa ir dormir e até propõe uma alternativa (contornada habilmente pela mãe).

Não se complique nas explicações

Se, ao final do diálogo, João começasse a fazer manha, recusando-se a ir para a cama, ou se tentasse prolongar a conversa com perguntas absurdas só para ficar acordado, a mãe teria de ser mais enérgica.

Mãe: Agora chega, João, você me perguntou por que e eu respondi. Agora está na hora de dormir e você vai para a cama. Se quiser falamos mais sobre isso amanhã.

A partir daí a mãe impõe com firmeza que o filho obedeça. (Veremos como fazer isso nos próximos capítulos.)

Portanto, mesmo que explique os motivos e dê a seu filho a oportunidade de tirar dúvidas, questionar e divergir, ao final ele tem de obedecer. Deve aceitar quando você decretar que a conversa está encerrada porque está se tornando repetitiva ou porque ele não demonstra maturidade para entender a necessidade da regra.

Mesmo que já seja um adolescente ou um jovem adulto, seu filho precisa entender que, embora tenham opiniões diferentes, *você* é o responsável por ele, e ao final cabe a ele recuar e aceitar sua imposição.

Isso não significa, no entanto, que você possa se comportar como um tirano. Não seja autoritário e jamais humilhe, crianças têm direito à dignidade. Enquanto seu filho for respeitoso e sensato para a idade, não exija obediência cega; aceite que ele tem o direito de tentar entender o que está sendo exigido. Salvo se ele estiver argumentando com os pais só para deixá-los embaraçados ou para ganhar tempo. Nesse caso você encerra a conversa e impõe que siga sua determinação.

Se for um momento de emergência, quando estiver com muita pressa ou sem paciência, você pode dizer que por hora ele terá de obedecer e prometer conversar com ele sobre a regra em outro momento. Não deixe de retomar o assunto no dia e na hora combinados. Isso é fundamental para que vocês mantenham uma relação baseada na confiança, na lealdade e no diálogo.

Filho, hoje estou cansado (ou sem tempo, ou irritado) e não é um bom momento para eu lhe explicar o porquê desta regra. Mas no fim de semana prometo separar um horário à tarde para conversarmos com calma sobre isso. Até lá, você vá então, por favor, seguindo a regra.

Apesar de tudo, nem sempre você conseguirá explicar o porquê do que está exigindo. Às vezes não terá bons argumentos, ou seu filho argumentará melhor do que você. Como Heitor, cujos pais estão preocupados com o uso excessivo de eletrônicos.

Pai: Filho, estamos no meio da refeição e estamos tentando conversar, mas você fica com o celular ligado, mexendo nele o tempo todo. Desliga esse negócio.

Heitor: Mas por quê? Estou conversando com vocês. Consigo ouvir tudo que dizem. Querem que eu repita o que falaram?

Mãe: Porque é desagradável, parece que estamos falando e você está concentrado em outra coisa. É falta de educação.

Heitor: Mas estou prestando atenção na conversa. Vocês é que não estão acostumados. Hoje em dia isso é normal. Todos os meus amigos fazem isso, e os pais deles não reclamam.

Pai: Bem, nós não somos como os pais dos seus amigos e não vamos permitir esse tipo de comportamento. Aliás, você está usando demais o celular e também o tablet e o videogame. Sua mãe e eu decidimos que está demais. Você precisa sair, praticar esportes, encontrar amigos pessoalmente. Também queremos que leia mais, que não fique tanto tempo assistindo à TV e jogando videogame. A partir de hoje você vai ficar no máximo uma hora e meia por dia usando eletrônicos.

Heitor: Mas eu leio livros, muitos livros, este mês já li dois. Lembram? Além disso, faço natação duas vezes por semana e tênis aos sábados. E toda sexta encontro meus amigos.

De fato, Heitor rebate com alguma competência os argumentos dos pais. Sendo leal e respeitoso com o filho, e desde que ele tenha respondido também de forma respeitosa, o pai de Heitor pode dizer algo como:

Pai: Pensando bem, você tem bons argumentos. Confesso que nesse momento estou sem saber o que dizer. Sinto que há alguma coisa que preciso lhe explicar, mas não estou conseguindo. Acho que preciso pensar mais a respeito. Talvez eu precise de alguns dias, mas prometo que voltaremos a falar sobre esse assunto. Até lá você vai ter de seguir minhas diretrizes. Mas se ao final eu mesmo não conseguir entender nem explicar por que deve seguir essas regras, prometo que vamos revê-las, quem sabe mudá-las.

Como adulto honesto, que leva seu filho a sério, caberá a você se municiar de bons argumentos. Afinal, se suas exigências forem razoáveis, mesmo que leve alguns dias, achar bons argumentos não deve ser difícil. Consulte outras pessoas, pesquise, reflita, mas tenha sempre em mente que não se trata de convencer seu filho, que talvez seja imaturo, e sim de *você* ter argumentos sólidos e estar convicto.

Mas e se a reação de Heitor à restrição de uma hora e meia de eletrônicos por dia não fosse respeitosa? Se ele dissesse algo, como: "Que saco, vocês só me controlam, são uns infelizes, tô fora". Nesse caso, seria preciso enquadrá-lo com firmeza, como veremos nos próximos capítulos. Por enquanto, concentremo-nos na qualidade e na força de *seus* argumentos de pai educador e mãe educadora, nos seus motivos e na *sua* convicção.

Pense nos embates que tem tido com seu filho pequeno ou adolescente. Você realmente sabe explicar para si mesmo por que está exigindo algo dele? Novamente aqui vale o princípio enunciado na introdução: educar pensando é não fazer as coisas por inércia, por tradição, e sim com um senso de propósito, noção de contexto, prazos e metas específicos.

Aprendendo a explicar os porquês a seu filho

Os exemplos a seguir têm o objetivo de ajudar os pais que têm dificuldade em explicar os porquês das regras e ordens que gostariam que os filhos seguissem.

Alguns dos argumentos talvez sirvam para o seu caso, outros não; o importante é que você incorpore os princípios por trás deles e possa, assim, construir os seus próprios argumentos conforme a situação.

Em geral, você pode basear sua argumentação em três tipos de motivos:

1. *Motivos práticos, operacionais e funcionais*
(Por exemplo: se não tomarmos a vacina podemos ficar doentes.)

2. *Motivos culturais*

(Cada cultura tem hábitos e costumes, às vezes arbitrários e ilógicos que, se não forem respeitados e seguidos, despertarão reações de indignação e retaliação social.)

3. *Motivos éticos*

(A vida social é baseada em reciprocidade e justiça; ser leal, empático, solidário, altruísta, cooperar e pensar no coletivo, por exemplo, são elementos necessários em algum grau para compensar nossas tendências egoístas e individualistas, que tornariam o convívio insuportável.)

É muito importante, como veremos nos exemplos de diálogos a seguir, explicar abertamente que regras, limites e obrigações tendem a ser mesmo cansativos e desagradáveis. E que todos temos um lado rebelde, que se recusa a se submeter a regras. E que a arte de viver está em saber em que espaços e em que momentos podemos ficar mais à vontade, sem nos preocupar tanto com obrigações, e quando é hora de seguir as regras e cumprir os deveres.

Volto a dizer que não é preciso concordar com as sugestões que dou a seguir; o importante é que elas sirvam de guia para você construir seus próprios raciocínios e argumentos. Ao final do capítulo você encontrará uma ficha que o ajudará a se preparar para situações em que seja necessário explicar a seu filho os porquês.

ARGUMENTOS PARA ETIQUETA SOCIAL
(BOAS MANEIRAS EM GERAL)

Nem sempre é fácil explicar os porquês da etiqueta social.

Heitor: Por que não posso lamber o resto do molho na faca?
    Mãe: Porque é nojento, filho!
    Heitor: Mas, mãe, você não lambe o picolé?
    Mãe: Sim, mas é diferente.
    Heitor: Diferente como? É comida do mesmo jeito.

Mãe: É, mas não se come picolé à mesa!

Heitor: Mas o papai outro dia lambeu o resto de molho da colher.

Pai: Heitor, obedeça a sua mãe. Aliás, você está comendo com os cotovelos afastados de novo.

Heitor: Pai, por que eu tenho que comer com os braços junto do corpo?

Pai: Para não atrapalhar quem estiver sentado ao seu lado.

Heitor: Mas não tem ninguém do meu lado!

Pai: Mas um dia pode ter e você precisa se acostumar para na hora não esquecer. Além disso, é feio comer assim.

Heitor: Mas, pai, quando tiver alguém do meu lado, eu vou lembrar de recolher os cotovelos e, pensando bem, sabe o que eu acho? Acho muito mais feio comer com os cotovelos grudados no corpo.

Pai: Quer saber de uma coisa, filho? Coma do jeito que quiser, eu desisto!

Avó: Leopoldo, você se preocupa demais. Com você era a mesma coisa e mais tarde você aprendeu. Ele também vai aprender, deixe o menino comer sossegado.

Avô: Não concordo, acho que o Leopoldo e a Zuleika conversam demais com esse menino. Precisam fazer valer sua autoridade. Mandem e pronto.

Tanto o método da avó, de deixar as coisas mais soltas e confiar no tempo, como o do avô, de ser mais autoritário, podem funcionar. Como vimos, praticar uma *educação pensada* significa não seguir receitas prontas, mas pensar no todo e interligar as partes. Dependendo do ambiente, da personalidade e da idade do filho e do estilo dos pais, diferentes métodos podem ser adequados.

De modo geral, sugiro que, sempre que você der uma ordem, explique os motivos e, enquanto seu filho for respeitoso, deixe-o questioná-los.

Os pais de Heitor se atrapalharam ao explicar as razões da imposição porque não se lembraram de que regras de etiqueta são convenções sociais, e não souberam explicar isso ao filho de um modo simples e direto.

Muitas das regras do convívio humano são arbitrárias e têm de ser seguidas porque são exigências e convenções de uma determinada época ou região. Não invente razões pouco plausíveis.

Invista na inteligência de seu filho e na admissão franca de que muitas regras podem não fazer sentido, mas devemos segui-las assim mesmo. E para isso é preciso que nos acostumemos a elas; elas têm de virar hábitos, senão será difícil utilizá-las na hora certa.

Heitor deve ter boas maneiras ocidentais à mesa não porque "é mais bonito" ou porque "todos fazem assim". Tampouco porque atrapalha quem se senta ao lado dele ou porque poderia cortar a língua lambendo a faca (afinal, basta lamber a faca com cuidado — ninguém se espeta comendo com um garfo).

Na verdade, o pai ou a mãe poderia ter dito a ele que cada povo tem um conjunto de convenções mais ou menos arbitrárias. Os árabes comem com as mãos, os japoneses com pauzinhos e os ocidentais com garfo e faca. Os franceses seguram ambos os talheres durante a refeição. Os americanos pousam a faca sobre o prato. Já os alemães não cortam batatas com facas, mas com garfos. Chineses podem arrotar após a refeição, ocidentais não. Cada regra tem uma história e motivos mais ou menos lógicos no contexto de origem.

Heitor precisa aprender a seguir as regras locais onde quer que esteja. E algumas delas são arbitrárias mesmo. O que ele tem de compreender e seguir é o terceiro pressuposto da educação (regra e poder), discutido no capítulo 3.

Seu filho precisa compreender que seguir a etiqueta local de boas maneiras e hábitos é respeitar as pessoas à sua volta e lidar com a força dos costumes.

Que não deve provocar e agredir as pessoas não respeitando os costumes locais. Seria como visitar uma comunidade judaica hassídica e insistir em dar a mão para cumprimentar uma mulher (não respeitando a norma de não tocar numa mulher da qual não se sabe se está menstruada), ou querer tomar um vinho num país muçulmano (sem seguir a regra religiosa de não beber álcool) ou querer tratar diretamente de negócios numa primeira reunião com uma empresa chinesa (sem entender que deve primeiro criar um relacionamento pessoal com o interlocutor). Os filhos precisam entender que os pais têm a missão de ensinar-lhes estas duas lições:

1. Conhecer e seguir as regras de etiqueta da sociedade em que vivem.
2. Adaptar-se, quando necessário, às regras de outros locais e de outras culturas.

São duas lições das quais pais educadores não podem abrir mão, quer os filhos gostem, quer não. São questões de etiqueta e de ética que, em última análise, também têm a ver com caráter. Isso não significa que, quando forem adultos, eles não possam comer e se comportar como desejarem na sua própria casa. Ou aderir a um grupo que siga outras regras.

Mostre que ser bem-educado não significa não ter liberdade de fazer escolhas, mas, como já argumentamos ao apresentar o terceiro pressuposto da educação (capítulo 3), não há bônus sem ônus.

Essa explicação sobre variações culturais da etiqueta e a necessidade de segui-las já pode ser dada às crianças a partir dos quatro anos e a jovens adultos rebeldes de 25 (que muitas vezes ainda moram com os pais e são dependentes deles). Para cada idade, com exemplos, histórias e diálogos condizentes com a faixa etária. Se quiser, volte ao capítulo sobre como oficializar e introduzir os três pressupostos e leia os exemplos de como explicar regras a filhos de várias faixas etárias.

O mesmo vale para o uso de palavrões. Veja como os pais de Heitor se atrapalham.

Mãe: Heitor! O que é isso? Que história é essa de falar palavrão? Não se fala assim com ninguém. Que linguagem horrível!

Heitor: Mas, mãe, é normal, todos os meus amigos falam assim. É desse jeito que a gente conversa, pô.

Mãe: Pô? Você nem sabe mais falar direito, daqui a pouco vai começar a falar assim com todo mundo. Pode conversar com seus amigos sem usar tanto palavrão. Você parece um marginal falando.

Heitor: Mas, mãe, até o meu pai fala assim no trânsito, no futebol. E você também usou palavrão quando falou sobre a mãe do papai para sua amiga.

Mãe: Mas está errado! Sempre digo a seu pai para não dar esse exemplo para vocês. E com minha amiga só falei palavrão essa vez.

Heitor: Mas, mãe, como você quer que eu fale com os meus amigos? (imitando uma fala empolada de um almofadinha) "Bom dia, amigos, vamos hoje à festa do Paulo?" Fala sério, eu falo como todo mundo: "E aí, galera, a balada do Paulinho vai ser do caralho!".

Mãe: Bem, Heitor, eu estou tentando educá-lo, mas se você quer falar como um marginal analfabeto, o azar é seu. Só não me venha falar desse jeito aqui em casa, nem com a sua irmã.

Novamente cabe ser franco. A mãe poderia dizer a Heitor que ele tem razão, uma palavra em si não é feia ou bonita, decente ou indecente. Às vezes, sem um motivo especial, determinadas palavras se tornam tabus (palavrões) e são interpretadas pelas pessoas como falta de respeito. Em geral, essas palavras se referem a sexo e excrementos. E muitas costumam ser utilizadas com mais frequência em meios marginalizados.

Ainda que seja uma mera convenção, o que Heitor tem de entender é que, se ele se habituar a usar palavrões o tempo todo, é grande a chance de que acabe empregando-os em momentos inadequados. Embora possa usar palavrões quando estiver entre amigos, não deve usá-los em casa com os pais.

Além disso, os pais têm o direito de dizer que, por herança e tradição, se sentem desconfortáveis com palavrões. Ainda que possa ser uma convenção, um preconceito ou um gosto pessoal dos pais. Os pais têm o poder na administração da casa e da família e também o direito de ter preferências pessoais que os filhos têm de aceitar. É, portanto, também uma questão de poder e hierarquia. E não há nada de terrível nisso.

Na família há uma hierarquia, e se por um lado os pais têm de priorizar a educação e a saúde dos filhos, abdicando eles mesmos de conforto para isso, por outro, têm o direito de prevalecer em assuntos como a decoração da sala de estar e a linguagem a ser utilizada em casa.

Por isso Heitor não tem saída: terá que parar de usar palavrões em casa e na presença dos pais. Novamente vale o que foi discutido no terceiro pressuposto da educação: quem tem o poder em uma instituição pode exigir o respeito a certas regras (a instituição, nesse caso, é a família, e o poder é dos pais).

Uma vez explicado isso, Heitor terá de obedecer. Se necessário à força, mas ele ao menos saberá os motivos dos pais (embora possa discordar).

Portanto, comportamentos como sempre dizer "obrigado", cumprimentar as pessoas com simpatia, retribuir presentes, dar preferência aos convidados, vestir-se de modo condizente com o ambiente podem ser explicados da mesma maneira: são convenções. O mesmo para as razões do porquê de homens terem de ser cavalheiros e dar passagem à mulher, ou do porquê de não começar a comer antes que os outros tenham se servido. Há culturas em que a regra consiste exatamente no comportamento oposto.

Ser bem-educado é saber seguir as convenções de cada ambiente. Não haverá nada de errado se no futuro Heitor tiver uma namorada com a qual não precise ser nada cavalheiro, ou se fundar uma pequena empresa de software cujos funcionários e sócios usem palavrões e trabalhem de bermuda. Cada local e cada grupo tem suas próprias regras e hábitos, ele tem de saber se adaptar.

EXEMPLOS DE ARGUMENTOS PARA EXIGIR CUIDADOS COM SAÚDE E SEGURANÇA

Os pais de Ronaldo, de quinze anos, podem usar da mesma honestidade e seriedade, respeitando a inteligência do filho, para explicar por que exigem que ele pare de fumar maconha.

Eles podem dizer claramente que, de fato, há os prós e os contras no que se refere ao consumo de drogas como a maconha. E podem inclusive admitir que drogas como álcool, maconha, ecstasy e cocaína costumam produzir efeitos prazerosos e servem para as pessoas se socializarem e se divertirem.

Desde os ritos e festividades ancestrais de tribos e povos da Antiguidade até os dias atuais (incluindo o vinho que talvez o pai e a mãe bebam), o homem sempre recorreu às drogas para incrementar seu estado de ânimo. Para relaxar, se excitar, ter coragem ou se concentrar. E também para celebrar e interagir. Nesses sentidos, a maioria das drogas é ótima.

Em muitos países europeus, os pais oferecem álcool em pequenas doses, acostumando bebês e crianças a beber, o que não necessariamente causa problemas. Na Bolívia, os indígenas dão aos filhos folha de coca para mascar. Enfim, cada cultura tem seus costumes, inclusive no que se refere às drogas.

Os pais também devem admitir que não é verdade que drogas necessariamente viciem ou façam mal à saúde. Há pessoas que não se viciam, há outras cujo metabolismo é mais resistente, e muitos usuários fazem apenas uso recreativo e ocasional dessas substâncias.

Por outro lado, também é verdade que há um grande número de pessoas que se vicia aos poucos. Além disso há certas drogas que viciam quase de imediato. E muitos dos que não se viciam acabam fazendo um uso denominado tecnicamente de "uso nocivo" (em uma quantidade suficiente para ir minando a saúde do organismo lentamente e de modo irreversível). Também há usuários que acabam se envolvendo com traficantes, e outros que têm problemas com a polícia, afinal, a atividade é ilícita.

Uma boa razão para você proibir seu filho de consumir drogas é o fato de, por ainda ser muito jovem, ele não ter um desenvolvimento cerebral consolidado, tampouco a experiência de vida para minimizar os riscos médicos e jurídicos.

Além disso, as drogas reduzem a velocidade de reação, comprometem o discernimento e o nível de atenção, o que coloca a segurança dele em risco. Para atravessar a rua, tomar decisões etc.

E você, como pai educador ou mãe educadora, talvez simplesmente não queira correr o risco de ele se viciar, se envolver em problemas, perder o foco nos estudos, nos esportes e em amizades estimulantes. Nesse caso, nem drogas ilícitas nem drogas lícitas (álcool e cigarro) serão permitidas, ainda que você saiba que há adultos capazes de fazer uso recreativo, ainda que você mesmo "beba socialmente" e se restrinja a uma eventual taça de vinho.

A questão não é seu filho concordar com sua explicação; o importante é que seja uma explicação consistente, que você tenha força e convicção para impor e clareza para explicar.

A explicação para a proibição do consumo de maconha dada a Ronaldo vale para riscos gerais de saúde e segurança. Riscos que podem ser diferentes de uma pessoa ou outra, mas dos quais você tem a missão de proteger seu filho. Por exemplo, voltar de madrugada de uma balada, de carona com um amigo que tenha bebido, ir sozinho a lugares potencialmente perigosos etc. São situações que podem expô-lo a riscos que você não quer que ele corra hoje e que você quer ensiná-lo a também não correr na vida adulta.

EXEMPLOS DE ARGUMENTOS PARA
NÃO EXTRAPOLAR NO USO DE ELETRÔNICOS

Num dos diálogos apresentados anteriormente, os pais de Heitor não sabiam como regular o tempo de uso dos eletrônicos, pois o filho contra-argumentou com fundamento e respeito a favor do uso de games e celular.

É um erro insistir em afirmar que enquanto usa o celular ele não consegue participar da conversa à mesa. Ele demonstrou que consegue. Também não faz sentido afirmar que, por causa do tempo excessivo dedicado aos eletrônicos, ele não lê livros e não pratica esportes ao ar livre, quando na verdade, no caso dele, o uso de eletrônicos não o está impedindo de fazer tudo isso.

Os pais poderiam, em vez disso, mencionar dois aspectos importantes da questão: primeiro, que mesmo que ele consiga, por exemplo, se concentrar durante a refeição em várias atividades, eles, seus pais, ficam incomodados com o fato de ele usar o celular durante uma conversa e certamente também muitos outros ficariam. Essa atitude dá a impressão de que ele estaria desinteressado e, além disso, faz falta a interação física, mímica e afetiva. E segundo, poderiam explicar que mexer no celular durante uma conversa ou refeição é falta de etiqueta, e, portanto, exigirão que ele tenha boas maneiras, do mesmo modo que não lhe permitem lamber o resto de molho da faca.

O problema pode não ser a atitude em si — usar o celular, lamber a faca —, mas o impacto que ela causa nos outros.

É um direito dos pais, na hierarquia familiar, exigir em casa comportamentos que não os deixem desconfortáveis. Como também exigir que o filho não ouça música a todo volume, que não faça barulho enquanto os outros dormem, que quando for mais velho não fique beijando e se roçando na namorada na frente dos pais na sala etc.

Além do uso do celular durante as refeições, que é uma questão de etiqueta, há a questão do uso intenso de eletrônicos para jogar e navegar em redes sociais. Essa não é uma questão de etiqueta, mas de saúde e segurança.

Ficar o tempo inteiro on-line nas redes sociais pode levar a uma síndrome conhecida como FOMO, abreviação de *fear of missing out* (medo de ficar de fora). A FOMO tem consequências importantes para o cérebro e a psique. Pode-se mostrar a ele artigos na internet a respeito.[18] E, tal como no caso das drogas, os pais também podem explicar que, ainda que ele talvez seja alguém que não vá ter a síndrome, simplesmente não querem correr o risco de o filho ficar viciado em eletrônicos.

Ficar o dia inteiro ligado na rede é bem diferente de usá-la para, durante alguns momentos do dia, ter contato com as pessoas e manter a conexão emocional com o grupo. Estar incessantemente ansioso com a obrigação de saber imediatamente de tudo é uma dependência neurótica. Assim como os executivos que vivem on-line respondendo e-mails e mensagens de trabalho, passar o tempo todo ligado na internet e nas redes sociais deixa as pessoas mais ansiosas, impede que elas vivam e usufruam do aqui e do agora e faz com que percam muito de sua capacidade analítica e de aprofundamento (que exige concentração contínua e ininterrupta).

Quer Heitor concorde, quer não, esses são motivos mais consistentes para decretar que ele não pode continuar a fazer uso de eletrônicos de maneira excessiva. Você pode dizer também que, até que a ciência prove o contrário, você vai seguir sua consciência de pai e mãe e impor aquilo que acredita ser o melhor para seu filho, ainda que esteja sempre aberto a escutar, quantas vezes forem necessárias, os argumentos dele para tentar convencê-lo do contrário.

Por outro lado, você não aceitará que ele insista com o mesmo argumento repetitivo, nem que tente vencê-lo pelo cansaço, suplicando com mil vezes "por favor". Porém, se ele quiser sim apresentar dados, ideias, pesquisas, ou argumentos que demonstrem que ele poderia fazer determinados usos dos eletrônicos, você sempre estará aberto a escutá-lo e ponderar. Mas a decisão final, se os argumentos dele o convencem ou não, é sua.

EXEMPLOS DE ARGUMENTOS PARA EXIGIR EMPENHO E ÉTICA

Por que seu filho deve se empenhar, ter resiliência, foco etc.?

Preguiça, dispersão, comodismo, falta de empenho para aprender, indisciplina são comportamentos contra os quais a humanidade luta há milênios. Seja honesto e admita sem medo que justamente por serem tão difíceis de enfrentar é que tendemos a recair neles. Ao fazê-lo não pense que estará reforçando no seu filho o desejo de continuar com essas atitudes. Pelo contrário, isso lhe dará a oportunidade de mostrar a ele os prós e os contras de cada opção de vida.

Não ter empenho e foco afetará os resultados de tudo que ele perseguir, na carreira, no amor, nos esportes etc. E por fim poderá afetar a saúde mental e psicológica dele. Você encontrará inúmeros artigos e livros sobre como ter interesse e empenho contribuem para o bem-estar psicológico.[19] Empenho e foco são posturas que dão ao sujeito um senso de propósito, de realização, aumentam a autoestima e a autoconfiança e ajudam a enfrentar melhor as dificuldades da vida (o que não significa necessariamente ser mais feliz ou mais bem-sucedido).

Nada na vida é garantido, nem mesmo que essas atitudes valham sempre a pena, mas essa é a aposta que você está fazendo, de que elas são importantes para preparar seu filho para a vida. E por isso vai exigir isso dele. Depois, quando adulto, ele poderá fazer as opções que desejar.

E quanto à ética? Por que ser altruísta, ajudar o próximo? Por que não ser oportunista nem egoísta, não se aproveitar dos outros, não os enganar?

Além da questão dos valores (muitas pessoas consideram esses valores admiráveis), há razões sociais e práticas. Em geral, as relações sociais se baseiam em reciprocidade e apoio mútuo. E ser ético não é ser ingênuo ou não poder cuidar de seus próprios interesses pessoais, mas levar os desejos e as necessidades dos outros em conta, dando mesmo sem receber em troca. Isso torna o convívio humano mais agradável, aprofunda laços, estimula a gratidão, o amor, a amizade, diminuindo conflitos e rivalidades. As pesquisas mostram que, salvo psicopatas e alguns neuróticos obsessivos, a maioria das pessoas se sente psicologicamente melhor quando age de modo ético.[20]

Nesse sentido, pode haver uma certa vantagem em ser ético, mas admita para seu filho que, às vezes, ao ser verdadeiramente ético, não se ganha nada. São opções de vida, de caráter.

Deixe claro, portanto, que além da importância social, ser ético para você é um valor fundamental, que você só poderá admirá-lo se ele for ético. E que, enquanto ele estiver sob sua responsabilidade, você o educará rigidamente nesse sentido.

Talvez apenas alguns desses exemplos dos porquês sirvam para o seu caso. Mas, para você não se complicar, o importante é que consiga alicerçar seus argumentos nos três tipos de motivos: práticos, de etiqueta social e éticos. E admitir que tudo na vida é relativo, tem prós e contras, mas que por hora é *você* que tem a responsabilidade de indicar ao seu filho o caminho que ele deve seguir. Experimente preencher a ficha abaixo.

Para você utilizar com seu filho ao explicar os porquês das regras

Reveja na ficha do capítulo anterior os comportamentos e as atitudes aos quais quer dar limites. Por exemplo, não conversar gentilmente com a avó, ou não ter boas maneiras à mesa. Coloque cada uma dessas atitudes na lista abaixo e pense para cada uma como você explicaria os porquês (coloque as palavras-chave para explicar de um modo que ele entenda). Tente imaginar eventuais dúvidas ou contra-argumentos inteligentes que ele possa apresentar. Prepare respostas adequadas para estas questões.

Comportamento a ser abordado: ....

Explicação que você vai dar sobre por que esta postura é inadequada

....
....
....
....

Contra-argumentos razoáveis que seu filho pode apresentar

....
....
....
....

Como você poderia responder a estes questionamentos dele

....

....

....

....

Coloque todos os outros comportamentos seguindo o mesmo modelo

....

....

....

....

Uma vez que tenha um mapa dos limites que vão nortear a educação do seu filho e que tenha clareza dos porquês desses limites, seu próximo desafio é saber *como* colocá-los em prática, tema do restante deste livro.

PARA RELEMBRAR

Metas que você pode conseguir que seu filho perceba e aceite serem importantes

- Cuidar da saúde.
- Ficar atento a manter-se em segurança.
- Ser ético.
- Seguir uma etiqueta de boas maneiras.
- Buscar autonomia e conhecimentos que o preparem para a vida (estudos, cultura geral, idiomas).
- Habituar-se a ter boa vontade e ser prestativo.
- Respeitar leis e hábitos locais.
- Ter estratégia, habilidade e ética para lidar com o poder (ou os poderosos).

COMO FAZER

1. Explicar a seu filho os porquês das regras

- Use de um diálogo franco.
- Admita sem medo que há tentações e vantagens em não seguir esses preceitos; por exemplo, é uma tentação viver para o prazer, não se privar de nada, não ter de se esforçar tanto etc.
- Aceite que é possível que algumas pessoas tenham sorte e circunstâncias especiais (talento excepcional, condições imunológicas únicas, recursos financeiros etc.) que lhes permitam ter uma vida sem seguir as regras e os preceitos que você está ensinando.
- Mostre que apesar de existirem pessoas que conseguem viver sem seguir regras de ética, sem se empenhar, nem atentar para a saúde e segurança, a maioria das pessoas precisa sim seguir esses preceitos, pois sem isso elas se expõem a três perigos:

  - 1º Perigos práticos e funcionais, tais como ficar doente, dificuldade de se sustentar, sofrer acidentes, assaltos, não conseguir um desenvolvimento escolar e cultural suficiente para enfrentar o mundo adulto. Dê exemplos.
  - 2º Perigos sociais, como ser desprezado e até rejeitado socialmente. Dê exemplos.

- 3º Perigos psicológicos, tais como perder a capacidade de lutar pelas coisas, ficar sem motivação, tornar-se dependente dos outros, sentir-se culpado pora não ser ético, intoxicar-se com o próprio egoísmo etc. Dê exemplos.

OBSERVE
- É importante deixar claro que você não está disposto a correr esses riscos com seu filho e que tomou a decisão de ensiná-lo a lidar com limites práticos e éticos da vida, seguindo seus preceitos sobre educação e sobre o bem viver.

2. Para explicar os porquês, sem se justificar

- Dê explicações sobre os motivos. Ainda que seu filho não concorde, ele merece saber quais são.
- Não seja autoritário, dizendo frases como "faça porque estou mandando", ou "porque é assim e pronto".
- Seja qual for a postura dele, você não está tentando convencer seu filho, você está apenas dando a ele uma oportunidade de saber como você pensa e qual é a lógica e os argumentos que fundamentam suas posturas educacionais.

OBSERVE
- Não subestime a inteligência do seu filho. Ele pode estar curioso para saber os porquês. Ou pode estar indignado, tentando entender seus motivos. Ou querendo debater. Afinal, ele depende de você, e suas decisões afetam a vida e o destino dele.

PARTE II

A ARTE DE DIALOGAR COM CRIANÇAS E ADOLESCENTES

7
O que é dialogar em conexão com pensamentos e emoções[21]

Ricardo, de sete anos, chega da escola e conta aos pais, todo alegre e orgulhoso, como se compartilhasse uma divertida travessura, sem imaginar que poderia levar uma bronca:

"Mãe, hoje fiquei com o Alfredo escondido no banheiro matando aula de português."

Tente imaginar como seria sua reação. Seria semelhante a alguma das cinco abaixo?

Mãe brava
Como? Você ficou louco? Quem disse que podia matar aula? E pior: se esconder no banheiro? Quem é esse Alfredo? Não gostei nada dele, não é uma boa influência para você. Arranje outro amigo! Estou muito, muito chateada! Já de castigo!

Mãe liberal que entende tudo e já sabe de tudo
Filho, então essa foi sua primeira vez matando aula? Vou contar um segredo: na sua idade também fiz isso. Eu sei, parece divertido fazer algo proibido. É normal na sua idade. Toda criança faz. Mas com o tempo você vai descobrir, como eu também descobri, que isso não é legal. Vai ter dificuldade de entender a matéria na próxima aula. Eu fui suspensa por três dias. Minha mãe não era como eu, não conversava comigo, e

ainda acabei apanhando. Mas eu entendo. Continue assim, sempre me conte tudo.

Mãe catastrofizadora

Mas, pelo amor de Deus, por que fez isso? Sabia que é proibido e muito feio? Agora que você aprontou essa estou preocupada! Você jura para mim que não vai mais fazer isso? Promete? A professora não descobriu, não é? Senão com certeza vou ser chamada...

Mãe investigadora policial

Você está me dizendo que matou aula? Que aula e a que horas? Mas nesse horário não tem aula de matemática, tem aula de português! Ah, então foi de português. Você disse que foi de matemática! Mas por que foi fazer essa bobagem? Foi ideia do Alfredo? Você nunca me falou do Alfredo! Como e quando ele lhe deu essa ideia? Ou será que a ideia foi sua e você está dizendo que foi dele? Você está se contradizendo, falou que ele deu a ideia no pátio, agora disse que foi no fim da aula. Ricardo, conte essa história direito!

Mãe chantagista emocional

Meu filho, pedi tanto para você se comportar na escola! Obedecer e não fazer nada de errado. Pedi tantas vezes... Mas pelo visto não adiantou. Eu falo, falo e você no final apronta uma dessas. Não sei mais como educá-lo. Estou tão triste com suas atitudes...

Você reagiria como a primeira mãe, brava? Ou como a segunda, liberal que já viveu tudo, prevê tudo? Ou se comportaria como a terceira, a ansiosa que catastrofiza? Será que reagiria como a quarta, que faz um interrogatório policial? Ou seria como a quinta, uma chantagista emocional que deixa o filho culpado? Ou você simplesmente daria risada e ignoraria o assunto? Ou apenas diria a Ricardo que ele não deve mais matar aula?

Nenhuma dessas atitudes está certa ou errada; como vimos, tudo depende do contexto. Mas essas e outras reações não são exatamente diálogos.

Dialogar em conexão com os pensamentos e as emoções do seu filho não é fazer sermão nem dar conselhos. Nem suplicar ou ameaçar. Também não é apontar as incoerências do outro. Não é mostrar a ele que está errado. Tampouco atropelá-lo com argumentos lógicos. Nem fazer chantagem emocional. E sobretudo não é fazer um interrogatório policial. Menos ainda perguntas retóricas cuja resposta você e seu filho já conhecem.

Daqui em diante, ao longo dos próximos capítulos, pretendo mostrar o alcance e os benefícios da arte de dialogar *em conexão com os pensamentos e as emoções* e de aprender a apresentar, explicar e discutir limites com seu filho.

Talvez você esteja enfrentando problemas maiores do que os dos pais de Ricardo. Neste e nos próximos capítulos falaremos de como enfrentar problemas grandes e pequenos dialogando de verdade.

Para isso vou sugerir alguns exercícios que você pode experimentar com seu filho ainda na infância ou na adolescência.

Se quiser tentar, pode começar fazendo uma lista dos principais problemas que enfrenta neste momento com seu filho. Seu filho não obedece? É agressivo? Não mantém rotinas de higiene, estudo e etiqueta social? Usa drogas? Mente? Ou falta-lhe foco, empenho?

Para você utilizar ao dialogar com seu filho

Retome a lista dos principais problemas que você tem tido com seu filho. Escolha um ou dois de cada categoria:

....

....

....

....

Problemas com rotinas da casa (bagunça, horários etc.)

....

....

....

....

Problemas com higiene e cuidados pessoais

....

....

....

....

Problemas de insubordinação (malcriação, chiliques, insultos)

....

....

....

....

Problemas com comportamentos de risco

....

....

....

....

Outros problemas

....

....

....

....

Observe a lista completa, selecione um dos problemas para começar e deixe os outros para praticar mais adiante. Escolha o problema mais fácil, ou seja, o de mais baixa resistência. Por exemplo, um filho de dez anos provavelmente terá mais facilidade de entender e mudar o hábito de, ao chegar da escola, jogar a mochila suja em cima do sofá branco da sala do que a tendência a responder de forma agressiva a tudo que a irmã menor lhe pede. Mas é claro que, se houver um tema urgente, você pode escolhê-lo, mesmo que seja de alta resistência à mudança.

A ideia é que, com a lista em mãos, você leia este e os próximos dois capítulos e experimente enfrentar seus problemas utilizando um tipo de diálogo que chamo de *diálogo em conexão* e que apresentarei a seguir.

Sugiro que experimente conversar usando esse gênero de diálogo mesmo que lhe pareça impossível ou um desperdício de tempo conversar com seu filho, porque já tentou e não deu certo.

CHEGA DE CONVERSAR, É HORA DE AGIR!

Talvez você ache que já está na hora de dar limites e impor regras sem muito diálogo e negociação. Pode ser que tenha razão, mas se experimentar passo a passo o modelo que vou propor, pode ser que consiga promover mudanças importantes sem ter de entrar em tantos conflitos. E talvez as mudanças obtidas sejam mais profundas e duradouras.

Impor à força pode ser muito eficaz, mas, como vimos no capítulo 2, se você tentar resolver a maior parte dos problemas por meio da imposição, sem diálogo, poderá criar um problema ainda maior do que o que resolveu. Porque mais tarde, na adolescência e na juventude, é provável que seu filho não se submeta mais tão facilmente a você.

Em muitos casos, se apenas impuser, sem conversar sobre os porquês, você terá um filho demasiado submisso ou um filho indignado aguardando a chance de se rebelar.

Se você tem esperanças de que mesmo impondo limites situacionais e ocasionais, sem diálogo, o tempo e o amadurecimento farão com que ele entenda por que deve seguir as regras que você impôs, saiba que isso pode funcionar apenas parcialmente. Seu filho pode amadurecer em algumas áreas e não em outras, como no caso de Tomás.

Após uma adolescência de muita rebeldia, exposição a riscos de saúde, transgressões e nenhum empenho nos estudos, Tomás se tornou um adulto responsável, mas mal-educado. Impulsivo, por vezes arrogante e com pouca sensibilidade e empatia por colegas de trabalho, esposa, filhos e amigos. O tempo e a vida corrigiram sua postura no campo das responsabilidades, mas até hoje faz falta os pais não terem lhe dado mais limites na área da etiqueta e das relações interpessoais.

Por isso insisto que, mesmo quando for a hora de impor regras com firmeza, será mais eficaz se, em paralelo, você também continuar dialogando com seu filho.

Pretendo mostrar que, por incrível que pareça, é possível que cerca de 90% dos problemas da lista que você fez possam ser resolvidos sem a imposição contundente de regras. Você pode conseguir isso por meio do *diálogo em conexão com os pensamentos e as emoções*, uma maneira muito eficaz de "dar limites", *apresentando e explicando* ao seu filho onde estão os limites, em vez de simplesmente forçar seu filho a respeitá-los. Talvez apenas cerca de 10% dos problemas exijam que você dê limites impondo regras à força.

Um diálogo especialíssimo

O *diálogo em conexão* é uma ferramenta poderosa. Ele pode ser usado para conversar com seu filho sobre qualquer tipo de problema (timidez, dilemas de vida, medos etc.) e para apresentar, explicar e discutir limitações que a vida impõe aos desejos dele. Mas não se trata de um diálogo qualquer.

De início, o *diálogo em conexão* será uma "ferramenta" que você precisará "treinar" durante semanas para aprender a usar, além de experimentar como aplicá-la em diferentes situações. Depois de algum tempo, o *diálogo em conexão* deixará de ser uma ferramenta e passará a ser uma atitude sua diante da vida e das pessoas. E você não vai mais "usar" ou "aplicar" a conexão; em vez disso, passará naturalmente a pensar e a conversar em *conexão* com os pensamentos e as emoções do interlocutor.

E mesmo que tenha de entrar em conflito ou até brigar, poderá ser firme e não ceder, mantendo-se em *conexão* com os pensamentos e as emoções dele.

Não fique atolado em negociações e conversas intermináveis

Um dos maiores desafios para educar um filho é ter acesso a ele, aos seus pensamentos e emoções. Se você conseguir se conectar com os pensamentos e as emoções do seu filho, se souber o que ele pensa e sente, se entender sua linguagem, poderá se comunicar com os medos e sonhos dele, trocar ideias e ponderar sobre eles de modo profundo. *Apresentando, explicando e discutindo* numa linguagem que ele entenda as limitações éticas e práticas desses medos e sonhos. Se souber dialogar, poderá promover grandes mudanças.

Um verdadeiro diálogo é uma via de mão dupla, por isso também é possível que, ao ensinar seu filho a dialogar, você acabe sendo influenciado por ele. Mas não tenha medo de perder a capacidade de, se necessário, *impor* limites firmes ou de que sua vida se transforme num inferno de conversas e negociações intermináveis.

Você vai ver que o *diálogo em conexão* é uma conversa razoável, adequada à situação, e não uma armadilha de falação ou um bate-boca. Por isso, no início, enquanto ainda não domina o modelo de diálogo em conexão, será importante que você siga com alguma disciplina os cinco passos a seguir, testando-os nesse formato no cotidiano de sua casa.

OS CINCO MOMENTOS DO DIÁLOGO EM CONEXÃO

Você pode começar a ter *diálogos em conexão* já com crianças de quatro anos (em alguns casos, três anos e meio). Mas seja qual for a idade de seu filho, é impossível dialogar de verdade com uma pessoa irritada, cansada, de má vontade ou com medo de suas reações.

Um *diálogo em conexão* só pode acontecer se seu filho estiver desarmado e aberto de verdade. E você também precisa estar aberto, ser capaz de ouvir, entender e trocar ideias. Por isso, no *diálogo em conexão* o primeiro momento é de desarmar os ânimos, e só depois se seguem os outros quatro:

1. *desarmar os ânimos*;
2. *escutar os sonhos e medos* do interlocutor (ouvir);
3. *empatizar* (entender);
4. *apresentar o dilema entre desejos e limites* (ponderar); e
5. *convidar para a construção* de uma solução (buscar consenso).

Em alguns casos, porém, o diálogo não vai surtir efeito (veremos em quais casos ele costuma não funcionar), e você terá de adicionar a esses cinco momentos um sexto: *entrar em conflito e impor limites e regras* (de modo leal, mas com muita firmeza).

Diálogos bem-sucedidos levam a mudanças?

Basta seu filho entender por que deve mudar de postura para que ele consiga mudar de fato? Deixará de ser bagunceiro, estudará mais ou tratará melhor o irmão mais novo?

Como você mesmo poderá constatar, muitas vezes sim, se, depois do diálogo, você ajudá-lo a mudar. Muitas vezes nem adultos conseguem, apenas com uma boa conversa sobre limites, mudar de comportamento. Depois de algum tempo, retomam os velhos hábitos: fumar, tratar mal o cônjuge ou perder a paciência no trânsito. Mas, uma vez que perceba os limites e *queira* mudar, um adulto talvez aceite ajuda para fazê-lo.

Quem sabe o fumante precise tomar remédios para largar

o cigarro, o cônjuge infeliz tenha de fazer terapia de casal e o sujeito impaciente no trânsito comece a fazer meditação ou a escolher horários em que haja menos engarrafamento.

Como ainda veremos na parte IV, sobre projetos de mudança de atitude, muitas vezes é preciso ensinar seu filho a mudar o modo de pensar, sentir e agir para que ele consiga mudar de comportamento. Muitas vezes, mesmo que depois do diálogo ele esteja disposto a mudar, você vai precisar construir com ele no quinto momento (convidar para a construção de uma solução) um pequeno projeto de mudança de atitude.

Por exemplo, uma criança que já está habituada a deixar o quarto bagunçado precisa de algumas semanas para adquirir novos hábitos. Não basta que depois do diálogo tenha entendido e se convencido de que vale a pena arrumar o quarto. O mesmo vale para muitos outros assuntos, como deixar de ser um adolescente mal-humorado e passar a ser cordial, ou ter boas maneiras à mesa. Mas não se preocupe com isso agora. Embora seja fundamental que você aprenda a ajudar seu filho a mudar, a parte mais difícil do processo é você e ele aprenderem a dialogar.

Depois disso, construir com seu filho uma fase de transição e um projeto de mudança não será algo tão complicado. Ainda falaremos sobre isso. Nos próximos três capítulos, concentre-se em aprender a conversar com ele!

De início você poderá achar estranho conversar com alguém seguindo cinco passos estruturados, mas depois de algumas semanas dialogando dessa forma vai ver que não será mais tão difícil. Constatará que se tornou mais agradável para todos conversar desse modo. E se dará conta de que essa é a maneira mais eficaz de resolver diversos problemas do dia a dia. Inclusive alguns muito graves.

PARA RELEMBRAR

1. Dialogar em conexão com os pensamentos e as emoções do seu filho não é

- Fazer sermão.
- Dar conselhos.
- Suplicar ou ameaçar.
- Apontar as incoerências dele.
- Mostrar que ele está errado.
- Atropelá-lo com argumentos lógicos.
- Fazer chantagem emocional.
- Fazer um interrogatório policial.
- Fazer perguntas retóricas cuja resposta você já sabe.

2. O que é um diálogo em conexão com os pensamentos e emoções?

- É uma conversa razoável, adequada à situação, e não uma armadilha de falação ou um bate-boca.
- É uma maneira muito eficaz de "dar limites", *apresentando-os e explicando-os* ao seu filho por meio de uma linguagem em conexão com os pensamentos e emoções *dele*.
- É ensinar seu filho a *ponderar* os prós e os contras de cada opção, sempre levando em conta a ética e os impedimentos práticos de cada uma.

OBSERVE

- Se você souber dialogar, na maioria das vezes, em vez de simplesmente forçar seu filho a lhe obedecer, ele vai compreender e se dispor voluntariamente a mudar. E daí em diante apenas pouquíssimas situações exigirão que você dê limites *impondo* regras à força.
- Mesmo que tenha de entrar em conflito ou até brigar, sendo firme e impondo, não deixe de manter o diálogo em *conexão*.

COMO FAZER

1. Os cinco passos do diálogo em conexão

1. *Desarmar* os ânimos.
2. *Escutar* os sonhos e medos do interlocutor (ouvir).
3. *Empatizar* (sintonizar-se com as emoções).
4. Apresentar o *dilema* entre os desejos dele e os limites do mundo (ponderar).
5. Convidar para a *construção de uma solução* (buscar consenso).

OBSERVE

- Com o tempo, estar em conexão com os pensamentos e emoções do interlocutor deixará de ser uma ferramenta para se comunicar com seu filho e vai se transformar na sua atitude perante os outros seres humanos em geral!

8
Seis casos difíceis
de dar limites

Começarei por apresentar seis casos bem diferentes entre si. Talvez um deles corresponda ao momento que você vive hoje com seu filho. Ou você possa adaptar alguns exemplos para outras situações parecidas.

Escolhi casos de filhos que estavam sendo pouco acessíveis e imaturos.

Esses seis filhos estavam, cada um à sua maneira, "alérgicos" a conversar com os pais.

Os pais não sabiam dialogar; alternavam entre fazer sermões, fazer apelos desesperados, desabafar, dar conselhos, ameaçar e às vezes até castigar duramente. E seus filhos estavam se fechando para o diálogo e ficando resistentes a broncas e castigos. Ou ficavam emburrados ou reagiam de forma agressiva. Ou, pior: concordavam apenas para se verem livres do diálogo incômodo, pediam desculpas vazias e diziam que não voltariam a se comportar daquela maneira, mas na semana seguinte repetiam o mesmo comportamento.

Em graus diferentes de desgaste, esses pais me procuraram para um trabalho de orientação e, depois de duas sessões conversando a respeito dos temas sobre os quais você leu na parte I deste livro, começamos a discutir passo a passo como dialogar com esses filhos.

Em quatro dos seis casos o *diálogo em conexão* foi suficiente para dar limites, em dois deles os pais também tiveram de, adicionalmente, *impor* limites fortes. Mas, mesmo nesses dois casos, o fato de terem dialogado antes, apresentando os limites, explicando-os e discutindo-os, fez toda a diferença.

Bianca, a dramática

Bianca, de quatro anos, parece encrenar com tudo. Dramatiza tudo. Tudo vira tragédia. Sair do parquinho, ir para a aula de natação, tomar banho, vestir um casaco. A tudo ela reage com desespero e choro, ou em tom teatral declara que "o casaco arranha, pinica", que "dói muito", que "o professor de natação é bravo" e ela tem medo dele, "muito medo". É comum ocorrerem cenas como a que se deu no estacionamento, quando a mãe abriu a porta para que ela entrasse no carro e ela subitamente teve um ataque de desespero: "*Eu* queria abrir a porta!". A mãe ofereceu então a chave para que ela abrisse a porta, mas ela passou a gritar: "Não! Eu queria abrir, mas agora você já abriu!". E começou a chorar e arranhar o próprio rosto.

Lucas, o agressivo

Lucas, de cinco anos, tem batido no irmão Rafael, de um e meio. Da última vez, o irmão bateu com a cabeça no chão e precisou levar cinco pontos. Teve sorte, podia ter sido mais grave.

Além de bater no irmão, Lucas começou a bater nos colegas da escola. E em crianças no parquinho. Tem se mostrado pouco obediente na hora de seguir rotinas (hora do banho, hora de se vestir, hora de dormir). É como se não ouvisse; parece distraído ou excitado demais com a brincadeira do momento (em geral brincadeiras que envolvem atividade física, como correr, pular etc.).

Pedro, que roubou

A mãe de Pedro, de nove anos, recebe uma ligação da farmácia que fica a uma quadra de sua casa. O farmacêutico informa que Pedro está lá, com duzentos reais, querendo fazer compras diversas. A mãe pede que ele mande o menino de volta para casa imediatamente. Na sequência, vai até sua bolsa e constata que falta na carteira exatamente a mesma quantia. Chama o marido, que estava no quarto, e ambos decidem que roubo é inadmissível e que o filho precisa de um limite.

Gabriel, que entra em sites de abuso sexual

Os pais de Gabriel, dez anos, descobriram que ele entrava havia meses em sites pornográficos de abusos sexuais e cenas violentas. Eram cenas pavorosas, muito além do sadomasoquismo consentido e encenado. Eram perversões, com cenas de violência e sofrimento. Notaram que não era uma entrada ocasional em sites, mas uma quantidade enorme de entradas e sempre em sites do mesmo gênero. Ficaram com muito medo de que o filho tivesse um mundo secreto doentio que evoluísse para alguma sociopatia real. Em pânico, os pais dele tinham a ideia de imediatamente colocá-lo de castigo e cortar todos seus privilégios (lazer, mesada etc.) sinalizando que não admitiriam tais práticas e nem sequer as fantasias. Também pretendiam mandá-lo a um psicólogo.

Ronaldo, que fuma maconha

Os pais de Ronaldo, de quinze anos, encontram em sua gaveta um cigarro de maconha. Até aquele momento nunca tinham percebido que o filho consumisse drogas, mas após investigarem seu computador e seu celular descobriram que há um ano ele já vem bebendo e fumando maconha com os amigos. Os pais sentem que precisam fazer algo a respeito.

Isadora, a deslumbrada

Isadora, de dezesseis anos, tem preocupado seus pais. Desde os catorze demonstra estar "deslumbrada" com as possibilidades da vida social adolescente. E com o sucesso que faz com os rapazes. Parece ter se tornado vaidosa além da conta, quase fútil. Quer fazer parte da turma, agradar sempre e corresponder às expectativas das amigas e dos rapazes. Quer ir a todas as baladas e "ficar" com os rapazes mais desejados. Não parece capaz de escolher o que lhe agrada. Segue a moda, as tendências e as opiniões dos adolescentes populares. Não tem o mínimo interesse por estudos, esportes, cultura ou família, e abusa dos gastos com maquiagem, roupas e lazer. Fica o tempo todo no celular. Os pais temem que acabe se colocando em situações de risco nas redes sociais e nas festas, e que perca o foco nos estudos.

Dois cuidados antes de começar a dialogar com seu filho

Antes de praticar com os filhos o diálogo em conexão, os pais devem levar em conta dois aspectos: a escolha do momento adequado para dialogar e de um tema apropriado.

MOMENTO ADEQUADO

Só converse com seu filho em um ambiente calmo, antes de os conflitos previsíveis acontecerem ou depois de os conflitos imprevisíveis terem ocorrido; evite dialogar durante um conflito.

Por exemplo, se seu filho de cinco anos se recusa a tomar banho no final da tarde, você já sabe que esse conflito vai acontecer todos os dias. Converse com ele sobre o assunto algumas horas antes ou depois do próximo banho, num momento calmo, ou quem sabe até num fim de semana passado na praia:

Filho, andei pensando que temos brigado com você todo dia na hora do banho, mas me ocorreram algumas ideias de como podemos mudar isso. Vamos conversar?

Portanto, não tente conversar no meio do enfrentamento entre vocês, por exemplo, no momento em que ele se recusa a tomar banho e você fica nervoso, tentando forçá-lo. Nessa hora outras providências podem ser melhores (dar uma bronca, negociar, impor, deixar que ele arque com as consequências de não tomar banho, distraí-lo). O mesmo vale para um adolescente que se recuse a estudar. Escolha um momento calmo, em que ambos tenham tempo e estejam relaxados.

Não converse enquanto seu filho estiver negligenciando os estudos e você estiver aflito, querendo fazê-lo estudar imediatamente para a prova do dia seguinte. Novamente nesse caso, se for necessário agir durante o conflito, outras providências serão mais adequadas do que tentar estabelecer um diálogo.

Portanto, o *diálogo em conexão* não serve para intervir no meio de uma crise ou de um surto de fúria, ansiedade ou medo. Na parte II ainda falaremos sobre o que fazer em momentos como esses, de grandes conflitos e ansiedade intensa, quando você ou seu filho não estão conseguindo se controlar. Mas certamente querer dialogar nessa hora não será boa ideia.

Retome agora a lista que sugeri que você fizesse no início do capítulo anterior, sobre as dificuldades que está enfrentando com seu filho. Ao relê-la provavelmente verificará que a maioria dos problemas que vocês têm já é conhecida e repetitiva e, portanto, previsível.

Você já sabe em que ocasiões esses problemas costumam surgir e a ideia é que seu foco seja na construção da solução do problema *antes* de ele acontecer. Assim, não espere uma explosão para, em pleno tumulto emocional, tentar ensinar seu filho a lidar melhor com a situação. A meta é prepará-lo para lidar com o conflito que vocês dois sabem que surgirá, trabalhando na prevenção desses próximos eventos quando ainda faltar um bom tempo para ocorrerem, para que possam refletir sobre eles sem a pressão do momento.

Para você utilizar ao dialogar com seu filho

Escolha o momento de dialogar em conexão

O problema escolhido é previsível? Você sabe em que dias, horários e ocasiões costuma ocorrer? Anote a seguir as próximas ocasiões em que esse problema provavelmente vai ocorrer nos próximos dias ou semanas.

....

....

....

....

Em que momento você poderia conversar com seu filho antes de esse conflito ocorrer (no fim de semana, algum dia à tarde, ao ir para a cama)?

....

....

....

....

Caso se trate de um conflito imprevisível que ocorreu pela primeira vez, em que momento nos próximos dias poderão conversar, repassar e analisar o que se passou e tentar pensar em como proceder para evitar novos episódios?

....

....

....

....

RETOMAR EPISÓDIOS QUE JÁ OCORRERAM

Alguns pais ficam esperando "a" oportunidade para retomar a discussão sobre algum episódio que tenha ocorrido. Acham que fica artificial num belo dia à tarde, sem mais nem menos, falar sobre a briga do filho adolescente com o irmão menor que ocorreu quatro dias antes e preferem esperar que surja uma oportunidade naturalmente. O problema é que essa oportunidade espontânea e natural pode não surgir. Além disso, muitos pais temem retomar assuntos que já passaram, pois não querem estragar um bom momento atual revisitando um conflito que afinal já ocorreu.

Lembre-se de que o pai educador e a mãe educadora é você; você não é um amigo e pode, pela posição que ocupa, retomar qualquer assunto a qualquer momento, desde que o faça de modo leal e respeitoso. Claro que o ideal é não fazê-lo muito tempo depois, mas até isso é possível.

Por exemplo, como os pais de Mauro, de onze anos, fizeram sete meses depois de ele ter fraudado o boletim escolar. Simplesmente escolheram um momento tranquilo, anunciaram que queriam falar sobre o tema e combinaram um horário para conversar.

Mauro, lembra-se daquele episódio em que você alterou seu boletim, em abril? Na época ficamos furiosos e lhe demos um castigo, mas desde então temos pensado muito sobre o que aconteceu.

Na época só ficamos bravos e nunca conversamos de fato. Na verdade, achamos que não o ouvimos o suficiente e também deixamos de lhe dizer as coisas que realmente julgamos importantes.

Gostaríamos de combinar com você um horário tranquilo para conversarmos um pouco sobre coisas que ficaram sem ser ditas. Vamos conversar no sábado à tarde?

Como pai e mãe responsável pelo seu filho, você está autorizado a abordá-lo sobre o que for necessário a qualquer hora do dia.

Talvez a época de provas, quando seu filho está precisando dedicar toda a energia aos estudos, não seja o melhor momento. Também pode não ser uma boa ideia conversar sobre problemas se seu filho passou por um longo período de apatia e finalmente voltou a se animar. Nesses casos você pode aguardar um momento mais favorável. Mas isso não significa que você deva ficar esperando uma oportunidade surgir — você faz a oportunidade!

DETERMINAR UM OBJETIVO CLARO
PARA A CONVERSA

Além de escolher um momento tranquilo para conversar, se quiser que o diálogo seja produtivo, defina um tema específico e tenha um objetivo claro. Falar sobre muitos temas ao mesmo tempo ou sobre um tema muito abrangente costuma não funcionar. Prefira ser específico e objetivo.

Por exemplo, digamos que Bianca, de quatro anos, esteja fazendo manhas. Você pode falar com ela sobre a recusa de sair do parquinho no horário combinado. Ou pode escolher falar de como ela não obedece aos pais. Mas não fale de tudo ao mesmo tempo. Queixar-se de que ela nunca sai do parquinho no horário combinado, não diz "por favor" e "obrigado", não arruma os brinquedos e não obedece à babá é simplesmente demais.

Ater-se ao tema "sair do parquinho sem fazer manha" é uma boa opção, pois é um caso específico que depois poderá ser estendido a situações parecidas. Por exemplo, o fato de ela não conseguir encerrar uma atividade divertida para se dedicar a outra menos agradável, como escovar os dentes, guardar os brinquedos.

Depois de duas semanas de prática com Bianca, travando com ela alguns *diálogos em conexão*, você pode abordar um tema mais geral mas compreensível para ela, por exemplo, o fato de que ela não obedece aos pedidos dos adultos.

Igualmente, se você for o pai de um adolescente como Ronaldo, de quinze anos, não é uma boa opção discutir tudo ao mesmo tempo: o uso da maconha, o fato de ele não estudar o suficiente, as horas que ele fica madrugada adentro navegando em sites pornográficos e a bagunça no quarto.

O tema mais urgente certamente é o uso da maconha. Se for essa sua opção, mantenha o foco no tema. Mais adiante, após algumas semanas de diálogo, você pode ir abordando os outros assuntos.

Não tenha medo de fracionar os temas em conversas específicas. Não se apresse em querer tratar de uma só vez tudo que não vai bem. Não pense que desse jeito passará meses ou anos tendo de tratar em conversas separadas cada um dos problemas comportamentais de seu filho. Fique tranquilo: diversas situações específicas poderão mais tarde ser agrupadas por temas.

Por exemplo, o fato de o pequeno Lucas, de cinco anos, bater no irmão menor pode ser um tema inicial que depois de algumas conversas pode ser estendido à questão mais geral de não bater nas pessoas, não agir com agressividade, batendo, atirando objetos, arrancando brinquedos da mão do amigo etc.

O mesmo vale para o uso da maconha por Ronaldo. Uma vez encaminhado esse assunto, você pode passar para os deveres e direitos do adolescente em casa, tema que lhe permitirá agrupar os problemas da falta de higiene, da desordem e da falta de etiqueta social numa mesma conversa.

Nos seis casos apresentados, os pais tomaram os dois cuidados iniciais necessários: escolheram um momento adequado e definiram metas específicas para dialogar.

No caso de Bianca, a meta foi falar sobre sua recusa em secar os cabelos após o banho. No de Lucas, o fato de bater no irmão menor de um ano e meio. Quanto a Pedro, a questão abordada foi o roubo dos duzentos reais da carteira da mãe. Com Gabriel, o tema escolhido foi a cena sexual em que foi flagrado. Com Ronaldo, o assunto foi o uso de maconha. E Isadora foi questionada sobre o "deslumbramento" com a turma.

Como você pode ver, os pais escolheram um tema relevante e adequado para a realidade de cada filho. Se desejar, preencha a ficha a seguir pensando no tema que acha adequado abordar com seu filho.

Para você utilizar ao dialogar com seu filho

Escolha do tema do diálogo em conexão

Das questões mais fáceis ou urgentes, qual você prefere abordar primeiro?

....

....

....

....

Como poderia formular para si mesmo de forma clara, simples e específica o problema que quer abordar?

....

....

....

....

Pense no que você quer conseguir, mas deixe para discutir isso apenas no final do diálogo. Que mudança de atitude gostaria de ver no seu filho? Por exemplo, um problema específico pode ser o fato de que seu filho faz escândalo ao ter de sair do parquinho e ir para casa, e sua meta pode ser fazer com que ele saia calmamente. Depois pode-se generalizar essa mudança de atitude para que ele consiga de forma geral encerrar atividades prazerosas e entrar em rotinas "chatas" de estudo, asseio e horários.

....

....

....

....

Se preencheu a ficha, você já deve ter escolhido um problema que gostaria de abordar com seu filho e a mudança que considera necessária.

Concentre-se então nesse problema. Como sugeri, para ir aprendendo a dialogar com seu filho escolha de preferência um tema mais fácil e deixe os problemas mais complexos para mais tarde. Acompanhe os seis casos a seguir, passo a passo, tentando imaginar o que faria se os protagonistas das situações em questão fossem você e seu filho.

PARA RELEMBRAR

Quais as duas condições para um diálogo em conexão com pensamentos e emoções?

- Que ele ocorra em um momento adequado.
- Que a conversa tenha um objetivo claro.

COMO FAZER

1. Para escolher o momento adequado

- Converse com seu filho em um *ambiente calmo*.
- Procure um momento *antes de conflitos* já previsíveis acontecerem, durante o qual possam ponderar sobre como lidar com essas situações quando ocorrerem de novo.
- Ou *depois de os conflitos* imprevisíveis terem ocorrido, ponderando sobre por que ocorreram e como evitá-los no futuro.

> **OBSERVE**
> - Evite tentar dialogar no meio de uma *crise ou um surto* de fúria, ansiedade ou medo.
> - Em um momento de estresse, *outras providências* podem ser melhores (dar uma bronca, negociar, impor à força, deixar que seu filho arque com as consequências da atitude dele, distraí-lo, acalmá-lo, afastá-lo do local, dar um castigo, ignorar, contornar, ceder etc.).

2. Para definir um objetivo claro para a conversa

- *Não aborde muitos temas* ao mesmo tempo. Ao tentar colocar todas as suas queixas ou exigências em um só pacote você dispersa o foco. Menos mensagens permitem mais ênfase naquilo que você quer exatamente dele.
- *Evite temas vagos ou abstratos*, tais como ser "um filho melhor", "levar os estudos mais a sério". Se resolver agrupar os problemas em uma categoria, dê exemplos muito concretos de dois ou três comportamentos específicos que ele deve mudar.

OBSERVE

- Não tenha medo de que desse jeito passará meses ou anos tendo de tratar em conversas separadas cada um dos problemas comportamentais de seu filho. Fique tranquilo: diversas situações específicas poderão mais tarde ser agrupadas por tema; por exemplo, asseio, obediência, empenho nos estudos etc.

9
Exercitando o diálogo passo a passo: escutar seu filho de verdade

Ao ler os exemplos de diálogo que apresentarei a seguir, talvez você ache que se trata de um tipo de conversa que poucos seres humanos teriam paciência de travar diariamente com o filho. E você tem razão.

Na sua forma completa e detalhada, o *diálogo em conexão* é para ser usado apenas em momentos-chave. No restante das situações você pode usá-lo na forma abreviada que apresentarei ao final da parte II, um modelo de diálogo que dura de três a quinze minutos. Antes, porém, apresentarei o *diálogo em conexão* completo em detalhes, para que você entenda como ele pode ser aplicado em situações mais difíceis.

Neste capítulo, veremos como se dá a primeira parte do diálogo, os três momentos em que você escuta seu filho, e no próximo capítulo abordaremos a segunda parte do diálogo, os dois momentos em que seu filho o escuta e vocês trabalham juntos.

Mãos à obra!

Primeiro momento: desarmar os ânimos

Antes de mais nada, é preciso afastar os temores e apaziguar as irritações do seu filho, que pode estar pensando algo como:

"Lá vêm meus pais me encher o saco (me criticar, se meter na minha vida) de novo, não aguento mais!".

Não comece a conversa com seu filho ainda num estado irritado ou temeroso. Ele não vai ouvir de verdade o que você tem a dizer e vocês acabarão brigando ou um de vocês cederá ressentido.

Quando tiver escolhido um momento tranquilo, mostre a ele que dessa vez você quer ter um verdadeiro diálogo, que pretende ouvi-lo sem brigar. Há vários modos de você demonstrar isso para ele. Por exemplo, para crianças acima de seis anos você pode dizer o quanto lamenta terem brigado (o que não significa que tenha mudado de opinião), eventualmente, se necessário, se desculpar por ter perdido a calma e não tê-lo escutado, ou até por tê-lo ofendido.

O fato de lamentar que vocês tenham brigado ou que você tenha sido impaciente não significa que concorde com a posição do seu filho, mas nesse início você não deve mencionar sua discordância. Ao falar apenas de suas faltas — e *não* mencionar as dele —, você sinaliza que está ponderando e quer escutá-lo. Ou pode simplesmente dizer que dessa vez gostaria de conversar sem brigar. Estenda a mão, não seja dono da verdade, esse é um momento de ser empático e demonstrar que você é capaz de conversar de verdade sem pressioná-lo.

Para crianças menores, com idades entre quatro e seis anos, muitas vezes o problema não é uma aversão a conversar com você, mas a falta de foco própria da idade, quando as crianças tendem a ser mais dispersivas. Nesse caso, pode funcionar ir diretamente ao tema que foi objeto de conflitos, mas dessa vez de um modo diferente do que fez antes. Fale em um tom neutro e agradável, quase que se alinhando a ela.

Por exemplo, se Bianca sempre implica com o casaco e a mãe sabe que à tarde sairão e fará frio, ela pode antecipar o problema conversando alguns dias antes sobre o casaco vermelho que ela se recusa a usar. Algo como:

Bianca, você me contou que quando veste o casaco vermelho ele pinica muito. Lembrei que amanhã vamos ao sítio do seu tio e vai fazer frio, então pensei no que você me disse sobre o casaco vermelho. Ele só pinica ou também aperta e machuca?

Nesse caso a mãe provavelmente está tendo uma atitude diferente da que adotava antes. Na hora do conflito, com a filha estressada, é possível que dissesse:

O que é isso, Bianca? Não dói nada, pare com isso!
Ou que suplicasse:
"Pelo amor de Deus, Bianca, estou exausta, vista esse casaco!"
Ou quem sabe ameaçasse, desse conselhos, argumentasse ou esperasse até ela vestir o casaco: "Não vamos sair enquanto você não vestir o casaco".

Agora, com tranquilidade, a mãe mostra que Bianca está sendo levada a sério e que elas podem conversar sobre o tema (o que não significa que depois permitirá que ela saia no frio sem casaco).

Bianca, eu sei que o seu casaco vermelho pinica muito, mas um amigo me disse que existe um truque para o casaco não pinicar. Se eu contar qual é, talvez possamos experimentar e então você poderá me dizer se funciona ou não.

Há várias maneiras de iniciar uma conversa calma com Bianca. Na situação seguinte, o tema escolhido foi a recusa dela em secar os cabelos.

BIANCA, A DRAMÁTICA (QUATRO ANOS)

A mãe aborda Bianca começando pelo tema mais simples, sua recusa em secar os cabelos após o banho:

Filha, estou percebendo que toda vez que tem de secar o cabelo você fica muito chateada. Me conte: o secador machuca? Ou é a escova?

Ao abordar o tema de modo neutro, interessada em entender o ponto de vista da filha, a mãe educadora sinaliza que dessa vez vai escutá-la. Que ela terá espaço para se manifestar sem medo de ser sufocada por contra-argumentos apressados dos pais. Assim os pais ensinam à criança que é possível falar de vários "problemas" de modo razoável, com tempo para cada um se explicar e depois todos ponderarem sobre o que está em jogo. O tema depois vai evoluir, com o adulto explorando o assunto no segundo momento, o de escutar os sonhos e medos. Mas o importante no primeiro momento, o de se desarmar, é dar um sinal de que vão conversar, e não brigar.

LUCAS, O AGRESSIVO (CINCO ANOS)

O pai de Lucas começa:

Filho, reparei que você ficou bem chateado com o seu irmão ontem. Ele pegou seu brinquedo?

O pai não começa com uma queixa do tipo: "Você bateu no seu irmão de novo!" ou "Por que você bate tanto no seu irmãozinho?". Essas frases dariam início a falsos diálogos, pois são acusações implícitas. Lucas tem cinco anos, e o pai começa o diálogo mostrando que não está ali para discutir ou punir, mas para conversar e entender.

PEDRO, QUE ROUBOU (NOVE ANOS)

Os pais de Pedro tomam o cuidado de não iniciar a conversa com frases como: "Por que você roubou dinheiro da bolsa da sua mãe?". Ou pior: "O que passou pela sua cabeça para fazer uma coisa dessas?". Eles começam por algo que incentive o diálogo e calmamente dizem:

Pedro, você é um ótimo filho, um menino estudioso. Vimos que você pegou duzentos reais na bolsa da sua mãe. Vamos conversar sobre isso? O que você ia fazer com o dinheiro?

Eles se dirigem ao filho de forma neutra e imparcial — "você pegou duzentos reais na bolsa da sua mãe" —, e não de forma acusatória — "você roubou duzentos reais da bolsa da sua mãe". E em seguida perguntam qual era a intenção dele, deixando claro que respeitam suas ideias (o que não significa que concordem com elas).

GABRIEL, QUE ENTRAVA EM SITES DE ABUSO SEXUAL (DEZ ANOS)

Gabriel, você é bom aluno, um bom amigo e um filho muito legal. Ontem vi que você vem visitando um site de cenas sexuais fortes. Sei algumas coisas sobre esse site que acho importante contar para você, vamos então conversar sobre isso. Quero primeiro entender melhor como você navegou nesse site e depois conversar com você sobre alguns problemas que andam acontecendo com quem usa esses tipos de site. Os donos do site usam alguns truques de computador para fazer mal às crianças que entram no site deles. E precisamos depois te contar sobre isso.

Gabriel tem dez anos e de fato até esse episódio não havia se mostrado uma criança problemática. Até aquele momento, a questão do site de abusos sexuais era o único episódio na vida do filho que preocupava os pais. Em vez de começar a conversa acusando ou ameaçando, ou entrando em pânico, apavorando o filho, é preciso manter a calma e a lealdade, a ética e o respeito pelo seu filho. É com ele que você tem uma parceria de anos.

Primeiro informe-se calmamente sobre a versão dele dos fatos. Isso criará um clima de confiança e abertura para lidarem com o que virá em seguida. Os pais não se precipitam. Sabem que Gabriel pode ter entrado nesse tipo de sites por ingenuidade, embora também se preocupem com a hipótese de Gabriel ter tendências sexuais violentas ou perversas. Se este for o caso, precisarão, mais do que punir, tratar. Mas eles também se preocupam com os perigos da internet, com a ideia de o filho ser cooptado on-line por adultos pedófilos, ou por ingenuamente se expor em redes sociais ou até entrar em sites mais violentos e rastreados pela polícia. A abordagem inicial dos pais será amistosa e enfatizará mais a preocupação com a segurança da navegação on-line do que uma eventual tendência violenta do filho.

Mesmo que por fim se descubra, por exemplo, que Gabriel está mentindo ou omitindo detalhes, enquanto não se constatar que ele fez algo errado, que pretendeu agir de má-fé, com consciência e intenção, não é leal tratá-lo com desconfiança. Se de fato se verificar que Gabriel tem tendências violentas para abusos sexuais ou até alguma tendência perversa e sádica, seria mais importante ajudá-lo a lidar com isso e abordar aspectos psicológicos do que puni-lo. Seria um desrespeito iniciar a conversa com um interrogatório hostil, como se ele fosse um suspeito. Aqui a postura dos pais de Gabriel foi moderar o tom de voz e escolher termos neutros para dizer: "Ontem vi que você vem visitando um site de cenas sexuais fortes".

A ideia é que seu filho não tenha medo, que não se sinta acuado por pais desesperados e furiosos. Dessa forma, ele poderá vê-los como pessoas justas, que escutam e ponderam com ele.

Se necessário, no quinto momento, ao convidarem o filho para buscar soluções, os pais adotarão providências. Seguirão critérios que vão compartilhar com o filho e que são coerentes com os três pressupostos da educação. Vão conscientizá-lo e ensiná-lo a lidar de outro modo com a sexualidade e com sites de sexo e a respeitar as outras pessoas. Somente em último caso chegarão ao sexto momento, de impor limites duros.

RONALDO, QUE FUMA MACONHA (QUINZE ANOS)

Filho, você sabe que encontramos maconha em sua gaveta. Mas não estamos aqui para dar uma bronca ou colocá-lo de castigo. Na verdade, nos demos conta de que há muitas coisas que faz tempo queríamos lhe dizer e também muitas coisas que queríamos lhe perguntar. Vamos sentar e conversar?

Nesse caso, a postura dos pais foi assegurar ao filho que não têm a intenção de ameaçá-lo ou puni-lo, e sim que haverá um diálogo. A ideia é afastar a possibilidade de uma cena com pais histéricos ou furiosos e incentivar uma conversa sensata e franca. Se necessário, ao final os pais tomarão medidas enérgicas para coibir comportamentos inadequados, mas apenas depois de dialogar com serenidade.

ISADORA, A DESLUMBRADA (DEZESSEIS ANOS)

Isadora, venho percebendo que temos entrado em conflito muitas vezes e acho que talvez você sinta que eu critico tudo o que faz. Queria então dizer que a admiro e que a amo muito, e gostaria que conseguíssemos conversar de um jeito diferente. Acho que é importante eu escutá-la mais e explicar melhor o que exatamente vem me preocupando.

Desde que seja genuína, essa abordagem da mãe de Isadora para desarmar a resistência da filha ao diálogo pode ser boa. A mãe ressalta o amor e a admiração e deixa claro que tem mais preocupações do que críticas.

Claro que haveria outras formas de abordar Isadora. Por exemplo, a mãe poderia ter mencionado o fato de que Isadora e ela há tempos não têm a mesma proximidade e cumplicidade de antes, e que ela sente falta disso.

Pense agora por um momento no caso do seu filho. Ele está aberto para conversarem ou se mostra resistente? Está agressivo, esquivo, muito disperso? Ou finge concordar apenas para se livrar do assunto?

Para você utilizar ao dialogar com o seu filho

Qual exatamente poderia ser o motivo do temor ou da hostilidade do seu filho em relação a você ou ao seu estilo de falar com ele? Tente resumir em uma frase o que ele provavelmente pensa assim que você demonstra a intenção de iniciar um diálogo.

....

....

....

....

Ou ele é muito pequeno e disperso, perde o foco da conversa em minutos? E talvez se irrite com facilidade ao ser forçado a manter o foco? Se este for o caso, procure identificar em que situações ele costuma se manter atento por mais tempo. Ouvindo uma história interessante, jogando um jogo, passeando?

....

....

....

....

Se o problema for resistência e má vontade, formule uma frase apaziguadora para abordar o assunto que quer discutir. Há muitas formas de se aproximar de seu filho para iniciar um diálogo. Você pode começar com um recuo, com o anúncio de uma conversa sem brigas, com um elogio, com uma reflexão sobre o episódio que desencadeou o conflito, ou pode ir direto ao assunto de um modo neutro e empático.

Só avance para o segundo momento se o primeiro tiver sido bem-sucedido. Se você conseguiu criar um clima para conversarem de verdade, siga adiante. Se não, interrompa a conversa e tente em outro momento, usando outra abordagem para desarmar a prevenção de seu filho. Não tente avançar numa conversa importante com o interlocutor irritado, fechado ou de má vontade; a chance de progredirem é quase nula.

Segundo momento: escutar de verdade o seu filho (sonhos e medos)

O essencial nesse segundo momento é você entender as motivações, os medos e os sonhos do seu filho, para identificar com quais pensamentos e emoções dele deve dialogar. Se você não souber o que ele pensa e sente, corre o risco de apenas fazer um sermão que vai entrar por um ouvido e sair pelo outro. Assim como adultos, crianças e adolescentes só prestam atenção naquilo que se relaciona com seu mundo, com seus desejos e temores.

BIANCA, A DRAMÁTICA (QUATRO ANOS)

Como Bianca ainda é pequena e não sabe explicar por que gosta ou não de algo, os pais oferecem a ela algumas hipóteses. Uma espécie de lista de motivos que ela só precisa dizer se são verdadeiros ou não. Nesse caso, os pais perguntam por que ela se recusa a secar os cabelos e, para ajudá-la a achar uma explicação, lhe dão algumas ideias.

Crianças nessa idade confabulam, inventam, imaginam e não sabem muito bem por que fazem ou gostam de certas coisas. Se os pais sugerirem que ela pode não gostar de sentir o cheiro de queimado do secador, ou que talvez o couro cabeludo fique dolorido ao escovar os cabelos, ou ainda que sinta muito calor e o secador queime seu couro cabeludo, ela provavelmente vai escolher o primeiro motivo enumerado e logo dirá que sim, que é esse o motivo de se recusar a secar os cabelos.

Na verdade, o real motivo não importa, o que importa é Bianca dar uma explicação para o problema. Mesmo que seja inventada por ela ou sugerida pelos pais. Ao encontrar uma explicação, os pais podem trabalhar com ela novas atitudes diante do problema, e por fim chegarão ao quinto momento, à solução, não importa o motivo que ela alegue de início para justificar recusa em secar os cabelos. A meta dos pais é ensiná-la a conversar e achar soluções.

Bianca, conte para a mamãe, o secador é quente demais? [A mãe prossegue explorando o tema.] Faz a cabeça e o rosto arderem? Ou é barulhento demais e você fica aflita com o barulho? Ou não é nada disso, na verdade é a escova que puxa os cabelos e dói?

Ou não dói, mas demora muito e você quer brincar logo? Você fica com medo quando a mamãe chama para tomar banho? E depois de terminar de secar os cabelos, quando você vai para o quarto, os cabelos ainda doem, ou aí passa? Só dói na hora ou também depois?

A cada resposta a mãe deve entrar em detalhes.

Nesse segundo momento de escutar os sonhos e medos dos filhos, os pais prosseguem e exploram o assunto com interesse. E acolhem o que quer que o filho diga, mesmo que pareça pouco plausível. Não é um interrogatório, é um interesse genuíno em saber o que seu filho pensa e sente. Não é o momento de apontar incoerências no que ele diz.

Além disso, pode ser que, para Bianca, o secador realmente a faça sentir um calor desagradável ou que de fato a escova puxe demais a raiz dos cabelos. Mas se a mãe simplesmente achar que ela é uma "menina difícil", que não obedece e embirra com tudo, talvez deixe de resolver o problema real do secador ou da escova, e não conseguirá que o pós-banho transcorra com mais tranquilidade. E Bianca não terá a experiência positiva de descobrir que, ponderando e planejando soluções, pode resolver os problemas.

A filha deveria poder ver que os pais não são adultos eternamente estressados, pessoas impacientes que não escutam e tentam impor sem tentar entender o que se passa.

Portanto, mesmo que Bianca seja uma "menina difícil" e não obedeça, nesse caso o problema pode estar mesmo no ruído ensurdecedor do secador ou no modo de escovar os cabelos dela. E se a mãe a ensinar a resolver isso sem chiliques, poderão começar a usar esse padrão novo de dialogar e solucionar problemas em outras situações. E depois de algumas semanas, quando ela já tiver entendido que pode conversar e pensar, a mãe poderá abordar a questão mais geral de como ela reage com chiliques quando contrariada e explicar que nesses casos é melhor conversar, perguntar, tentar negociar e aprender a, algumas vezes, aceitar o "não" do adulto que está cuidando dela.

LUCAS, O AGRESSIVO (CINCO ANOS)

Lucas, seu irmão entra todos os dias no seu quarto? E ele mexe no seu Lego ou no seu quebra-cabeça? É verdade que ele rasgou seu desenho? Como você se sentiu? Ficou com raiva?

Se os pais acharem que o filho apenas tem ciúmes do irmão ou é um "menino agressivo", não vão conseguir resolver junto com ele o problema. Talvez Lucas esteja *nesse* caso batendo no irmão menor porque de fato o pequeno Tobias está destruindo os brinquedos dele, e ele, com cinco anos, não sabe como lidar com isso. Em vez de ensiná-lo a lidar com a situação, vão apenas impor castigos.

Se, ao contrário, em vez de puni-lo sem escutar, os pais estiverem dispostos a ouvi-lo e ele aprender a explicar o problema e a dialogar, a ponderar sobre as vantagens e desvantagens do seu comportamento e buscar uma solução, terão dado um grande passo no sentido de ensiná-lo a lidar com outras áreas problemáticas.

PEDRO, QUE ROUBOU (NOVE ANOS)

Filho, você resolveu pegar os duzentos reais na bolsa da sua mãe para fazer o quê? Queria comprar alguma coisa na farmácia?

Pedro então conta que queria comprar um presente para o Dia das Mães, que não tem mesada e não queria de novo presentear a mãe com outro vaso de argila feito na aula de artes. Então resolveu ir à farmácia comprar um perfume e depois ia comprar flores. Achou que não faria diferença para ela se ele pegasse duzentos reais na bolsa.

Os pais exploram o assunto, pois querem averiguar o grau de consciência que ele tinha das consequências de seu ato, que linha de raciocínio ele seguiu etc.

Você já tinha imaginado que perfume ia comprar para a sua mãe? Conforme ele vai respondendo vão aprofundando com novas perguntas, sempre em tom de genuíno interesse de entrar no mundo dele e compreendê-lo. Não é uma saraivada de perguntas ou um interrogatório, mas uma sequência natural e calma de perguntas que estão ligadas ao tipo de respostas. Por exemplo: E que tipo de flores pensou em comprar? Ou: Achou que sua mãe ia gostar de receber esses lindos presentes? E por que resolveu pegar exatamente a quantia de duzentos reais? Pensou no preço das coisas ou era uma quantia da qual achou que sua mãe não ia dar falta? E daí poderiam continuar: Pedro, você achou que ela não fosse conferir o dinheiro na bolsa ou que talvez se confundisse e achasse que tinha gastado ou perdido? Ou não chegou a pensar nisso?

Em vez de entrarem em pânico porque ele roubou e decidirem com urgência puni-lo, os pais deixam Pedro explorar junto com eles o tema sem julgá-lo, sem assustá-lo ou acuá-lo. Querem junto com o filho compreender como ele pensou e sentiu, entrar no mundo dele, estabelecer uma conexão com os pensamentos e emoções dele, para depois poderem conversar com esses pensamentos e emoções.

GABRIEL, QUE ENTRAVA EM SITES DE ABUSO SEXUAL (DEZ ANOS)

Lembre-se que o maior desafio dos pais no passo dois é conseguir conversar sobre um tema que consideram inadmissível. O temor é: "Se eu falar com meu filho normalmente, como se não fosse nada demais acessar sites de abuso, usar drogas, roubar, vou passar para ele a mensagem de que aprovo tudo isso".

E assim, por acharem estranho conversar com serenidade sobre comportamentos graves e inadequados, muitos pais não se permitem escutar os medos e sonhos dos filhos e partem para a condenação. É um engano comum.

Quando não ouvem o filho e simplesmente o condenam e manifestam sua indignação, os pais transmitem a seguinte mensagem: Somos incapazes de ouvi-lo com calma e verificar o que de fato aconteceu. Também não conseguimos saber se você agiu por ingenuidade ou por má-fé, e não suportamos ouvir suas motivações e seus sentimentos. Portanto, o melhor que você tem a fazer é no futuro sempre esconder de nós seus problemas, suas inquietações e virar um adolescente que só se abre com os amigos. Vamos deixar claro para você que não o entendemos, não queremos ouvi-lo e não admitimos sequer refletir sobre o tema. Não suportamos conversar sobre temas difíceis.

Esses mesmos pais depois se admiram quando na adolescência seus filhos não se abrem com eles.

Se você for capaz de conversar calmamente com seu filho, a mensagem que passará para ele será outra:

Somos capazes de ouvir e refletir sobre todos os desejos humanos. E entendemos as motivações, mesmo que não concordemos com a ética ou com a viabilidade de certos desejos e que venhamos a tomar providências para coibir a repetição dessas atitudes.

O fato de você estar disposto a conversar calmamente sobre qualquer tema sem ficar indignado, histérico ou furioso não significa que você não possa, dez ou quinze minutos depois, chegar à conclusão de que seu filho precisa de limites mais fortes. E, se necessário, aplicá-los. Veremos que o sexto momento, quando é preciso impor limites com firmeza, só ocorreu em dois dos casos que estamos discutindo.

Como mencionado, a dificuldade adicional desse diálogo reside no fato de que os pais estão entrando num campo de privacidade do filho e também abordando um tema que é um tabu social, sexualidade de filhos. Dependendo de como evoluir a conversa esse assunto teria de ser mais adiante tratado por um terceiro, por exemplo, um psicólogo, mas de início os pais deverão situar as coisas de modo adequado, não fugindo do lugar de pais e sem medo de lidar com seus próprios tabus sexuais.

Em tom calmo, os pais de Gabriel perguntam a respeito do que ocorreu (não farão todas perguntas abaixo, são apenas sugestões que conforme evolua a conversa gerarão novas perguntas):

Gabriel, como descobriu esse site? Alguém lhe mostrou? E você já conversou on-line com algum outro garoto pelo site? E com algum adulto? E você já navegou por outros sites de sexo? Eram do mesmo tipo em que se força mulheres? Ou eram sobre outras coisas de sexo? E por que você escolheu esse site, você viu outros tipos e achou este o mais legal? Você sabia que existem vários tipos de sites de sexo? Alguns em que as pessoas fazem sexo em jardins, na praia, sem ninguém se amarrar, sem chicotes e no qual a mulher quer fazer sexo sem ser forçada? Outros em que as pessoas fazem sexo em festas, com música e muita gente? O que você achou legal nesse site? O sexo? Ou você achou interessante a ideia de obrigar as mulheres a fazerem sexo? E os chicotes e cordas e correntes, você gostou? E você teria gostado de um site sem chicotes e cordas ou perderia a graça?

Gabriel responde e os pais continuam a levantar hipóteses e a se aprofundar nas respostas dele.

Talvez ele minta, mas não insistirão em desmascarar eventuais incongruências ou mentiras, pois importa ensinar o filho a lidar com impasses entre os desejos e as limitações que a vida impõe aos desejos. Nesse sentido, não fará diferença se ele está omitindo parte da verdade, distorcendo fatos ou não. O resultado final do diálogo será aproximadamente o mesmo.

O importante é que essas perguntas, mesmo que se refiram a uma atitude preocupante de Gabriel, continuem a ter como meta entender o que ele sente e pensa. As perguntas podem ajudar a entender se ele age assim com consciência, ou por ingenuidade ou sugestão de terceiros. Dependendo do que for ficando claro, as providências dos pais para educar Gabriel terão de ser diferentes.

Apesar de as perguntas servirem para entender o que se passa com Gabriel, não devem ser capciosas, com o intuito de que ele se revele e depois seja punido. Devem ser perguntas leais e éticas de pais que se interessam genuinamente pelo filho, querem ouvir o que ele tem a dizer e entender suas motivações. Caso contrário Gabriel se fechará, sentindo que está sendo acusado ou que se trata de um interrogatório.

Ao só restringir a se informar, e não contestar, você não estará concordando, e sim respeitosamente querendo entender como seu filho se sente e pensa. Não dê conselhos, não condene e não proponha soluções e acordos, mesmo que já anteveja alguns. Atenha-se a escutar, compreender profundamente os sentimentos e os pensamentos de seu filho, que talvez pela primeira vez esteja se sentindo à vontade para compartilhar sua intimidade com você. Isso vai gerar confiança até mesmo para, se necessário, dar a ele limites.

RONALDO, QUE FUMA MACONHA (QUINZE ANOS)

No caso de Ronaldo, novamente o desafio dos pais é conseguir ter uma conversa serena, sem medo de legitimar um vício do filho ao não se indignarem.

Tenha calma. Ao conversar, você estará cumprindo um pacto de lealdade e mantendo o equilíbrio emocional. Imagine que os pais de Ronaldo se precipitem em condená-lo e punir Ronaldo, achando que ele é um irresponsável, porque têm medo de que ele possa acabar se tornando um traficante.

Talvez, conversando com o filho, descobrissem que ele fuma maconha porque sofre pressão dos amigos e não quer ser percebido como uma pessoa careta. E talvez, em vez de ser reprimido, ele apenas precise de ajuda para lidar com a pressão social.

Pode ser que ele fume por ter um entendimento equivocado e ingênuo dos efeitos nocivos das drogas, o que poderia ser resolvido com uma conversa esclarecedora.

Ou pode ser que ele tenha se viciado e seja um dependente químico que precisa de outro tipo de ajuda.

Ou quem sabe seja mais maduro e responsável do que os pais pensam e realmente tenha apenas experimentado por curiosidade, mas não pretenda fazer disso um hábito.

Quem sabe diga aos pais que é um dos raros casos de adolescentes que fumam socialmente, assim como há adultos que bebem socialmente, com absoluto controle do uso, sem risco de se viciarem ou exagerarem. Ainda que os pais não queiram correr o risco de permitir esse tipo de comportamento, é importante entenderem o que está se passando com Ronaldo e o que o leva a fumar.

É claro que também pode ocorrer de os pais descobrirem que ele fuma há tempos e que, além de estar viciado, trafica. Ou percebam que ele mente sem pudores. Mesmo assim, no passo dois os pais não devem se preocupar em desvendar as mentiras. É o momento de manter a calma e escutar tudo sem contestar.

Ao iniciar o passo dois explorando como seu filho pensa e age, tome cuidado para não afugentá-lo usando um tom de interrogatório ou de condenação. Mas tampouco se comporte como um amigo que também quer fumar um baseado. O tom a adotar é calmo, compreensivo e genuinamente interessado em entender como ele pensa e como as coisas funcionam no meio social dele. Novamente as perguntas a seguir são apenas exemplos, não serão todas feitas, dependendo de como evoluir a conversa, determinadas perguntas serão mais pertinentes.

Filho, gostaria de entender: a maconha para você é um modo festivo de celebrar a vida, curtir bons momentos, ou é um consolo, um alívio em uma vida chata e sem graça?

Você fuma só com os amigos da turma ou as meninas também participam? E como é com a bebida? O que seus amigos costumam fazer mais: beber ou fumar? Já usou outras drogas?

E o efeito da maconha, você sente mais uma espécie de relaxamento ou dá um barato, como se as coisas mudassem de perspectiva? E depois você fica legal ou fica enjoado?

Em geral você fuma um cigarro inteiro ou divide com os amigos? E é todo dia ou só em ocasiões especiais? Você fuma sozinho no quarto ou só quando está com a turma? Seus amigos fazem isso em casa, nas festas, no pátio da escola ou na rua?

Dependendo de como forem as respostas você continua a explorar o tema, sempre com tranquilidade, e se for depois necessário coibir o fumo, você poderá fazê-lo de modo firme no sexto momento. Agora é hora de entender o que se passa e conversar abertamente.

ISADORA, A DESLUMBRADA (DEZESSEIS ANOS)

A ideia, novamente, é entender como Isadora pensa e age, não afugentá-la com uma conversa tensa e ameaçadora. A conversa que a mãe terá com ela é, portanto, um bate-papo sobre a vida da filha. Num clima tranquilo, a mãe deve incentivá-la a contar um pouco sobre a turma, os amigos, como ela se sente. Tem de haver um genuíno interesse em participar um pouco do mundo dela. Dependendo do rumo da conversa, os pais explorarão mais um ou outro ângulo.

Isadora, vejo que você está muito envolvida com a sua turma. Como está sua vida social, você está feliz com o grupo de amigos da escola? Tem mais amigas de turma ou tem melhores amigas, com as quais pode falar de tudo?

E conforme o rumo das respostas, outras perguntas podem surgir:

E que tipo de programas você curte mais? Gosta de ir ao shopping porque é um ponto de encontro ou porque gosta de ver as lojas? Nas lojas você gosta só de ver as novidades ou na verdade quer comprar os produtos? E que tipo de loja você gosta mais?

Como estão os estudos? Você acha difícil? Chato? Que matérias são mais complicadas? Tem alguma de que você goste?

E como é com a pressão social para as meninas "ficarem" com os meninos? Você consegue ficar com quem quer, ou nem sempre? Tem algum menino do qual goste? Tem algum garoto a fim de você do qual você não goste?

Seguindo o esquema dos exemplos acima, procure pensar sobre como seria este segundo momento do diálogo que pretende ter com seu filho. Se quiser utilize a ficha abaixo.

Para você preparar o diálogo em conexão com o seu filho

O que você acha que seu filho vai dizer a respeito das motivações dele? Se ele estiver fechado ou não souber o que dizer, talvez você possa ajudá-lo a começar sugerindo algumas possíveis motivações. Quais poderiam ser as motivações dele, ou as que você sugeriria?

....

....

....

....

Como você poderia explorar o assunto sem fazer um interrogatório e sem julgá-lo? Imagine uma série de perguntas interessantes e relevantes que permitam explorar os pensamentos e emoções dele sobre o assunto.

....

....

....

....

Terceiro momento: ter empatia

Até agora você apenas escutou seu filho. O terceiro momento permite aumentar ainda mais sua conexão com os medos e sonhos dele, demonstrando empatia com suas motivações, não com as ações.

Se você não aprofundar a conexão cognitiva e emocional, ele não saberá que o escutou de verdade, que entendeu o ponto de vista dele. Ao demonstrar empatia com as motivações do seu filho você não está aceitando os motivos (razões); motivos não são iguais a motivações (desejos).

É sempre possível encontrar pontos de empatia com a motivação das pessoas. Mesmo em relação a um criminoso que cometeu um assalto violento, por exemplo. Você pode pensar: "Quando escuto sua história de infância, abandonado e abusado, fico comovido, imagino o quanto deve ter sofrido". Ou: "Imagino que ver as pessoas ricas se divertindo e gastando o deixe furioso". Ao ter empatia não estou dizendo que aprovo que assalte e seja violento, mas que entendo a legitimidade dos sentimentos alheios, tais como o sofrimento e o ressentimento da infância e o desejo de se impor à força.

Costumamos ter medo de demonstrar empatia, pois tememos passar a impressão de que aprovamos a atitude do outro, reforçando nele os comportamentos que abominamos. Mas é exatamente o contrário: quando tentamos genuinamente compreender as motivações do outro, estamos estabelecendo uma poderosa ponte de comunicação emocional e cognitiva.

Lembre-se de que se a conversa parasse no terceiro momento, de se identificar com as motivações do seu filho, de fato poderia parecer que você aprova o modo como ele agiu, mas a conversa vai prosseguir, com mais dois momentos decisivos. Não avance para o quarto momento, de apresentar um dilema (entre o desejo de seu filho e as limitações à realização desse desejo), nem para o quinto, de convidá-lo a buscar juntos uma solução, sem passar pelo terceiro momento da demonstração de empatia.

Mesmo que ao final do diálogo se veja obrigado a entrar em conflito com seu filho e impor à força uma solução (sexto momento), é importante ter percorrido os cinco passos. Assim seu filho vai saber que você entendeu exatamente o que se passa com ele e entenderá a preocupação que eventualmente o está levando a impor a ele à força uma solução.

O momento de empatia é fundamental porque, ao demonstrar sem margem de dúvida que você escutou e entendeu as motivações do seu filho, aumenta as chances de você conseguir resolver o problema *com* ele, sem entrar em conflito. Essa empatia com os pensamentos e emoções dele é a base para que você tenha chance de ser verdadeiramente ouvido pelo seu filho no próximo passo.

E o modo de demonstrar que você entendeu as motivações dele é ser capaz de reproduzir com suas próprias palavras o que seu filho sente. Quando nosso interlocutor sabe explicar e descrever exatamente o que sentimos e pensamos, percebemos que fomos compreendidos.

BIANCA, A DRAMÁTICA (QUATRO ANOS)

Bianca, agora que você me explicou, entendi por que você não gosta de secar os cabelos. Realmente, o secador é muito barulhento. Fica perto do ouvido da gente e é muito ruim ficar ouvindo aquele barulho forte sem parar por tanto tempo. Parece que nunca acaba. Eu também não gosto. E imagino que para uma criança deva ser ainda mais difícil.

Não tenha medo de estar municiando seu filho com argumentos definitivos para se comportar de modo imaturo. Você está apenas dizendo que compreende as motivações dele, que percebe que são desejos legítimos (mesmo que sejam irrealizáveis ou inaceitáveis). Mesmo nesse caso, em que a própria Bianca não sabe muito bem por que se recusa a secar o cabelo. Ela pode ter adotado uma explicação que a mãe sugeriu, mas não importa;

é com essa motivação que a mãe está mostrando empatia, dizendo que o que ela sente é legítimo. Se você se dedicar a mostrar isso com amor e compreensão, finalmente seu filho poderá se sentir entendido.

LUCAS, O AGRESSIVO (CINCO ANOS)

Filho, quando você me contou tudo que o seu irmão faz no seu quarto fiquei imaginando como deve ser difícil para você. Entendo que fique com muita raiva quando ele quebra seus brinquedos. E que quando ele baba em cima do seu desenho e desmancha seu quebra-cabeça você queira gritar com ele. Acho que no seu lugar eu também me sentiria assim.

PEDRO, QUE ROUBOU (NOVE ANOS)

Pedro, acho que entendi o que você me explicou. Você queria muito comprar um presente bonito de Dia das Mães. E está cansado de sempre dar para a sua mãe um vaso de argila feito na escola. Mas você não ganha mesada, o que, aliás, é um erro nosso, e não tendo mesada não tinha dinheiro para comprar um bom presente.

Também entendi que você achou que não haveria problema em pegar duzentos reais na bolsa da sua mãe. Pensou que, como ela tem muito dinheiro, não faria falta e ela nem perceberia.

GABRIEL, QUE ENTRAVA EM SITES DE ABUSO SEXUAL (DEZ ANOS)

Gabriel, vamos ver se entendi, um amigo seu lhe mostrou esse site e você achou legal porque é de sexo. Você estava muito curioso. Você não sabia que existem vários tipos de sites de sexo e achou que eles são sempre desse tipo, com mulheres sendo forçadas, amarradas e levando tapas. E todos os outros sites em que você entrou eram linkados a este, por isso todos são do mesmo tipo. Você não sabia que existem outros tipos de sites em que as pessoas fazem sexo porque querem e ninguém é forçado. E você então achou legal é ver cenas de sexo, não importava tanto se tinha chicotes, cordas e correntes, o legal era ter sexo.

Posso imaginar muito bem que para você, como para a maioria dos meninos, seja mesmo muito legal ver sites de sexo, é uma coisa secreta, proibida, que dá vontade de fazer escondido, e é muito novo e interessante.

Em nenhum momento você está dizendo que concorda com o conteúdo violento dos sites de abuso. Tampouco que acha ótimo ele frequentar aos dez anos sites de sexo e usar a internet sem supervisão e controle. Mas, por ora, sua meta é empatizar com as motivações humanas, com os sonhos e temores dele, você deixará para abordar as limitações éticas e práticas que se interpõem aos desejos no quarto passo, quando discutir o dilema. Eventualmente no quinto momento, ao discutirem soluções, você aborde um entre os temas da educação sexual, por exemplo, a relação entre sexo consentido, prazer, carinho e amor. Mas agora resista à ansiedade de ensinar lições.

RONALDO, QUE FUMA MACONHA (QUINZE ANOS)

Filho, acho que consegui entender o que você explicou. Você decidiu seguir a carreira de publicitário junto com dois de seus amigos, Luiz e Tomas. E vocês não se identificam mais com a escola nem com as matérias de exatas, então resolveram matar aulas de matemática e química e ficar no parque fumando e trocando ideias. Vocês têm muita afinidade e é quase um ritual ficarem os três conversando e fumando. Além disso, pelo que entendi, vocês se sentem mais criativos quando fumam maconha.

ISADORA, A DESLUMBRADA (QUINZE ANOS)

Filha, você me explicou como foi difícil ser aceita pelas amigas e como aos dez anos você penou para fazer parte da turma que admirava. Por isso entendo como é importante para você, aos dezesseis, se integrar com o pessoal, não faltar às festas, não recusar os convites, e como é complicada essa história de roupas, maquiagens e acessórios. Você tem medo de destoar muito e acabar sendo ignorada ou excluída. E não quer que isso aconteça justamente agora que está sendo muito legal e importante fazer parte desses grupos.

Também entendi que você está gostando de perceber que é bonita e que tantos rapazes se interessam por você. Além disso, compreendo que haja uma certa competição entre as meninas para ver quem é mais popular e quem conquista os meninos mais bonitos, e você não quer ficar para trás.

Se você se empenhou em entrar em sintonia com as motivações de seu filho, conseguiu estabelecer uma conexão com os sonhos e temores dele. Provavelmente seu filho está mais calmo e sente que foi compreendido. Sente que não está diante de pais ansiosos por desconstruir o mundo dele, afoitos para convencê-lo a mudar de postura ou histéricos querendo puni-lo.

Se ele continuasse a achar que não adianta conversar porque vocês não entendem, as únicas saídas seriam ele se tornar agressivo e confrontá-los, ou se fechar (não conversar ou ouvir sem interagir, ficando em silêncio ou concordando de forma protocolar).

Agora chegou a hora de ponderar sobre a atitude dele. E sobre as vantagens e desvantagens das ações dele. É o momento de *mostrar* a ele que há limitações para a realização dos desejos, que eles não dependem de você ser contra ou a favor de como ele age. Há limitações que existem independentemente de sua vontade. Limites impostos pela vida em função do que é ético e do que não é. Do que é viável e do que não é. Do que é seguro e do que não é.

E você, como pai educador, com os mandatos de proteger, ensinar e preparar seu filho para a vida, vai ajudá-lo a entender esses limites. Esse é o tema do quarto momento: perceber que há limites, saber quais são e aprender a viver com eles.

Para você preparar o diálogo em conexão com o seu filho

Demonstrar empatia.

Qual é a motivação de seu filho para agir daquele modo? Quais os temores ou sonhos que você acha que seu filho vai relatar?

....

....

....

....

Tente reproduzir com suas próprias palavras o que seu filho diz sentir e pensar. Faça isso de um modo que ele perceba que você é capaz de expressar as necessidades dele melhor do que ele mesmo. Ou seja, de forma que ele se sinta profundamente entendido.

....

....

....

....

PARA RELEMBRAR

Por que desarmar os ânimos antes de conversar?

- Se começar a conversa com seu filho *irritado ou temeroso*, ele não vai ouvir de verdade o que você tem a dizer e vocês acabarão brigando, ou um de vocês cederá, ressentido.
- Talvez ele ache que *você "não entende mesmo"*, que não tem calma para escutar e que você é do tipo que logo fica nervoso, que só pensa em impor seus pontos de vista, sem ouvir o que ele tem a dizer. Seu filho vai se fechar.

COMO FAZER

1. Para desarmar os ânimos

- Você pode começar *pedindo desculpas* pela parte que lhe cabe; por exemplo, por ter perdido a paciência e gritado.
- Pode declarar que quer conversar apenas *para conhecer o ponto de vista dele* e tentar entendê-lo de verdade.
- Pode explicar que quer apenas conversar e *não brigar*.
- Pode dizer que tem notado que determinadas situações de conflito se repetem e que andou tendo ideias de como *talvez possam evitá-las*.
- Pode simplesmente *entrar direto no tema*, perguntando sobre fatos, os pensamentos ou emoções dele referentes ao problema em questão.

> **OBSERVE**
> - Há *vários modos* de indicar que dessa vez não entrarão logo em conflito, o importante é mostrar que você está interessado em ouvi-lo de verdade, em compreender o ponto de vista dele.

2. Para mostrar que você está interessado em ouvi-lo de verdade, em compreender

1. Comece por perguntas sobre *fatos*, tais como horários, sequências de acontecimentos, pessoas que participaram do episódio, e demonstre interesse no que ele tem a dizer. Prossiga explorando a versão dele, pergunte sobre mais circunstâncias em que o problema em questão ocorreu ou costuma ocorrer.

2. Em seguida explore os *pensamentos* que ele costuma ter nesses momentos, tente saber como interpreta esse tipo de situação, quais temores ou desejos tem nesses momentos. Continue aprofundando, entre em detalhes.

3. Por fim, aborde os *sentimentos*, o que ele sentiu ou costuma sentir nesses momentos; entre também em detalhes.

OBSERVE

- Pergunte tudo de modo *neutro*, *amistoso* e *interessado* e escute tudo *sem contestar*, mesmo que ele esteja distorcendo as coisas ou sendo contraditório. Sua meta não é debater ou derrubar os argumentos dele, mas sim entender como *ele* pensa e argumenta.
- É importante fazer *perguntas interessantes ou instigantes* que permitam respostas ricas e refletidas.
- Crianças pequenas podem *não saber responder* às perguntas; nesse caso, você propõe hipóteses do tipo "muitas pessoas nessa situação sentem que...", "será que foi isso que você pensou, ou sentiu?". Tente propor três ou mais hipóteses, de forma que ele possa adotar uma ou mais de uma ou começar a confabular.
- Não importa se a versão é fantasiosa ou mentirosa, sua meta é que tenham alguma "história" que explique por que ele agiu daquela forma. Para seu filho aprender a lidar com aquela situação de outro modo, não fará muita diferença *qual é o motivo* que ele alega para ter agido daquele modo.

3. Para empatizar

1. Formule, agora com suas palavras, da forma mais leal e empática que puder, exatamente o que entendeu que seu filho pensa e sente naquele tipo de situação.
2. Em seguida confira com ele se você realmente entendeu o que ele quis dizer.
3. Tenha o cuidado de formular as coisas de modo detalhado, neutro, amistoso, sem julgamento de valor. É importante que ele sinta que você foi capaz de expressar *o que ele sente de modo mais preciso do que ele mesmo seria capaz*. Ele deve se sentir profundamente entendido.

OBSERVE

- Não *tenha medo de empatizar* com as motivações que levaram seu filho a agir daquele modo. Você não está concordando com a atitude dele. Ao empatizar está mostrando que é capaz de entender o que ele pensa e sente.
- Por exemplo, o desejo de possuir algo ou o temor de ir mal em uma prova são legítimos, e embora você não aprove as ações de roubar aquilo que se deseja possuir ou de colar para se conseguir uma boa nota, você compreende que esses desejos existam.

10
Exercitando o diálogo
passo a passo: ponderar/
buscar soluções

Agora que você escutou seu filho com interesse e respeito, chegou o quarto momento: o momento de seu filho escutar o que você tem a dizer. E de saber por que você acha que existe um impasse entre o desejo dele e as possibilidades de esse desejo ser realizado.

Na sequência virá o quinto momento, quando vocês trabalharão juntos, ponderando as vantagens e desvantagens de cada opção e pensando em meios de lidar com os dilemas e achar soluções.

Quarto e quinto momentos: compartilhar um dilema e convidar para a construção de uma solução

Se até aqui você foi verdadeiro, é provável que seu filho também esteja com boa vontade para escutá-lo. Sua meta agora é convidá-lo a entrar no seu mapa mental de pai e mãe e conhecer o dilema que *você* enxerga.

Você reconhece a legitimidade da motivação (desejo) dele, mas agora vai apresentar um impedimento ou ético ou prático (razão operacional) que se contrapõe à motivação dele.[22] Você admite, portanto, que nessa situação há dois lados, duas verdades, e que não há uma resposta óbvia. É um dilema. E nesse quarto momento você de fato ainda não sabe como lidar com ele.

Tanto você como seu filho teriam cada um uma solução que resolveria o problema, mas qualquer que fosse a solução escolhida, um dos lados ficaria insatisfeito. Vocês não têm ainda uma resposta para o dilema que, na verdade, é agora dos dois: como contemplar e integrar dois pontos de vista legítimos mas contraditórios?

É provável que levem algum tempo para chegar a um consenso; podem até se ver diante de um impasse insolúvel que os levaria ao sexto passo (entrar em conflito e impor um limite). Mas deixemos o conflito e a imposição de limites para depois; por hora, concentre-se em tentar construir algo novo junto com ele, e o primeiro passo para isso é definirem juntos qual é o problema. Em seguida tentarão pensar em soluções.

O mais importante nesse momento é despersonalizar o problema. Não se trata mais de "eu" contra "você". Você deve transformar a questão num impasse objetivo que vocês dois precisam examinar e para o qual podem pesquisar soluções no quinto momento.

Portanto, o quarto e quinto momentos ocorrem juntos em sequência, pois logo após o quarto momento você já passa ao quinto: convidar seu filho para juntos pensarem em soluções.

Muito importante nesse quinto momento do diálogo é vocês se posicionarem como se fossem pesquisadores, pessoas mais interessadas na solução do que em ter razão ou derrotar um ao outro.

Veja a seguir como os pais percorreram o quarto e o quinto momento dos diálogos com seus filhos nos casos que estamos discutindo.

O resultado do quinto momento foi satisfatório em quatro casos, e em dois deles foi necessário acrescentar um sexto momento (conflito), em que os pais tiveram de impor um limite à força.

BIANCA, A DRAMÁTICA (QUATRO ANOS)

Quarto momento — o dilema: aguentar o incômodo do secador ou conviver com os cabelos cheios de nós?

Bianca, se você não secar e escovar o cabelo, ele vai ficar embaraçado e cheio de nós, e depois vai doer muito para pentear. Dependendo de quão embaraçado o cabelo ficar, o único jeito é cortar. Então o que vamos fazer? Cortamos seu cabelo bem curto, secamos com uma toalha e não precisamos escovar, ou você continua com os cabelos compridos?

Se continuar com os cabelos compridos teremos de descobrir algum modo de secar seus cabelos para que não formem nós e não fiquem embaraçados.

Quinto momento — convidá-la a buscarem soluções:

Você tem alguma sugestão? (Se Bianca não conseguir dar ideias, os pais podem contribuir.) O que acha de pedirmos a opinião do seu pai (ou para a cabeleireira Luciana)? Que tal experimentarmos usar um secador menos barulhento?

LUCAS, O AGRESSIVO (CINCO ANOS)

Quarto momento — o dilema: proteger os brinquedos de Lucas e proteger o irmão mais novo, Tobias, para que não se machuque com os ataques do irmão mais velho.

Filho, o meu coração está dividido. Uma parte quer cuidar de você, que é meu filho, proteger você do seu irmão, que está quebrando seus brinquedos. A outra parte quer cuidar do seu irmão, que também é meu filho. Tenho medo que você o machuque. Quando você era do tamanho do seu irmão e não entendia nada e pegava os brinquedos dos meninos grandes eu não permitia que ninguém o machucasse.

Estou pensando como devo fazer para não deixar o seu irmão pegar seus brinquedos, mas não deixar que você o machuque.

Quinto momento — convidá-lo a buscarem soluções:

Você tem alguma ideia? Eu queria muito pensar em uma solução boa para todos. Será que o papai ou a vovó têm sugestões?

PEDRO, QUE ROUBOU (NOVE ANOS)

Quarto momento — o dilema: é possível garantir, só conversando, que ele entenda por que não pode roubar ou é preciso puni-lo?

Pedro, de fato devíamos ter lhe dado uma mesada e entendemos que você queira presentear sua mãe. Por outro lado, se não tivéssemos descoberto que você tirou o dinheiro da bolsa da sua mãe, poderíamos pensar que tivesse sido outra pessoa. No caso, a faxineira ou seu amigo de escola que veio ontem. E ficaríamos inseguros, talvez não quiséssemos mais arriscar que seu amigo o visitasse ou trocássemos de faxineira. O que poderia prejudicar a faxineira, que vive do trabalho dela, ou ser ruim para seu amigo e você, que deixariam de poder se frequentar.

O meu medo agora é que você não entenda que pegar dinheiro sem pedir, mesmo que seja da bolsa da sua mãe, é roubo, e que roubar é imoral e errado, porque você pega algo que não é seu, sem o conhecimento da pessoa a quem essa coisa pertence. Você a ludibria, engana, e talvez a prejudique. E as consequências sociais também podem ser sérias. No mundo adulto, roubo é punido com cadeia.

Será que o único modo de ensinar isso a você é lhe dar um castigo ou há outra maneira de evitar que isso volte a acontecer?

Quinto momento — convidá-lo a buscar soluções:

Estou pensando em como evitar isso no futuro. Por exemplo, como você poderia ter resolvido o problema do dinheiro de outra maneira, sem roubar? E como vai fazer no futuro quando precisar de algo? Será que vai conseguir evitar novos roubos sem ter recebido um castigo? Vamos pensar juntos em como garantir que isso não se repita?

Nesse caso, vários dilemas se apresentam, os pais podem de início abordar um ou no máximo dois desses dilemas para não sobrecarregar o diálogo.

GABRIEL, QUE ENTRAVA EM SITES DE ABUSO SEXUAL (DEZ ANOS)

Quarto momento — o dilema: o desejo de conhecer mais sobre sexo e se excitar e os limites éticos do sexo forçado com abuso. Outro dilema poderia ser o desejo de conhecer mais sobre sexo e os perigos da navegação na internet. Também haveria o dilema entre o desejo e a curiosidade sexual dele e a ilegalidade de entrar em qualquer site de sexo tendo dez anos de idade (dependendo dos critérios e legislação, as faixas etárias para se ter acesso a conteúdos sexuais vão de catorze a dezoito anos). Finalmente há um dilema entre o dever dos pais protegê-lo e o direito dele a alguma privacidade e liberdade de experimentação. Se Gabriel tivesse demonstrado tendências sádicas ou perversas, haveria ainda o dilema entre o direito dele a ter desejos sexuais peculiares (que em parte não são escolhidos, mas disposições inatas) e os limites éticos de não forçar ninguém a fazer sexo.

Os pais optaram por discutir com ele dois dilemas, a curiosidade sexual dele e a falta de ética dos sites que promovem o abuso sexual, bem como o dilema entre o direito dele à privacidade e a necessidade dos pais de protegê-lo dos perigos da internet.

Gabriel, você ficou com muita vontade de entrar em sites de sexo, mas você sabia que existem sites de sexo de vários tipos? Alguns que mostram sexo que a lei permite e no qual todos estão livres e se divertem e sites cheios de cenas de maldade, em que pessoas se machucam e fazem coisas proibidas por lei. Por exemplo, estes sites em que você entrou sem saber das coisas, são sites de coisas malvadas e proibidas. Você já pensou como seria se alguém o forçasse com tapas, chicotes, cordas e violência a fazer coisas que você não quer e que doem? Por exemplo, a comer escarola à força, ou a lamber a sola de sapatos sujos? [dar um tempo para que Gabriel reflita e dê opiniões].

Eu fico aqui pensando, como fazer para você poder olhar no futuro os sites de sexo que quer ver, mas não entrar em sites de violência em que se mostra para crianças coisas muito malvadas e proibidas, que causam dor e podem até levar à morte. Tenho também medo de você entrar em sites de outras coisas malvadas, como sites em que pessoas torturam animais, e outros em que pessoas doentes da cabeça maltratam crianças, fazem sexo com bebês ou ficam pelados mexendo em cocô. [O pai decide que é importante conscientizar o filho de que existe pedofilia e outros perigos sexuais aos quais ele deve ficar atento. Com os pais que oriento em consultório, costumo sugerir um programa de prevenção a abusos sexuais e drogas, a ser iniciado cedo, ajudando as crianças a identificarem sinais de abuso e orientá-las a como agir nesses casos. Afinal elas estão expostas desde o início a esses perigos e é melhor instruí-las a como reconhecer as situações e como agir, claro que sempre usando uma linguagem apropriada para a idade, do que mantê-las alienadas num mundo cheio de riscos. O mesmo vale para as drogas. Crianças que vêm sendo aos poucos preparadas para lidar com esses fenômenos chegam à pré-adolescência mais preparadas.]

Fico pensando em como te ensinar a não entrar nesses sites. Meu medo é que você pense que sexo é algo malvado e proibido. Também tenho medo de você não saber que alguns desses sites são proibidos e se a polícia descobrir que alguém entrou no site ela pode vir até a casa da pessoa e querer prender o culpado. Nesse caso podem até achar que o papai é culpado. Me pergunto: como lidar com este dilema, sua curiosidade por sexo e o conteúdo malvado desses sites de sexo?

Quinto momento — convidá-lo a buscarem soluções:

Como poderíamos fazer para você entender que sexo não é violência e que maltratar pessoas é terrível? O que acha? E como poderíamos fazer para você ter futuramente acesso a sites de sexo que não mostram coisas malvadas e sujas, com violência, tortura de animais e excrementos? E como fazer para controlar seu uso de internet e não invadir sua privacidade?

[Como veremos, o pai vai estimular o filho a dar sugestões e fará também ele propostas de como lidar com esses impasses.]

RONALDO, QUE FUMA MACONHA (QUINZE ANOS)

Quarto momento — o dilema: o desejo de fumar maconha e só pensar de modo imediatista versus os eventuais efeitos nocivos da droga em médio e longo prazo. Outro dilema também poderia ser: o desejo de fumar maconha e o fato de ser uma atividade ilegal.

Ronaldo, estou pensando em como lidar com essa situação.

Por um lado, você curte fumar maconha com os amigos, por outro, eu, como seu pai, tenho informações médicas e científicas sobre o mal que fumar maconha pode lhe fazer. Sei que ela pode aos poucos deteriorar sua memória, sua capacidade de raciocínio e, o que também é grave, sua motivação e seu ânimo. Mas também sei que é um efeito de prazo mais longo e que aos quinze anos você pensa no hoje e não no amanhã. Também sei que em alguns casos o efeito nocivo é mais imediato, e em poucos meses a pessoa não consegue mais estudar direito, se concentrar, praticar esportes, dormir etc.

Estou pensando: como eu, adulto, sabendo de tudo isso, e você, adolescente, que não se preocupa com essas coisas, devemos lidar com essa situação? Devemos nos informar mais com algum especialista para verificar se estou me preocupando à toa ou se você está desinformado? Ou se existe um meio-termo? Ou eu deveria, como pai, tomar uma decisão unilateral?

Quinto momento — convidá-lo a buscarem soluções:

O que você faria se estivesse no meu lugar? Tem alguma sugestão?

Se essa conversa não evoluir favoravelmente, poderão passar ao sexto momento, o momento do conflito e de impor alguns limites. Falaremos disso no próximo capítulo.

ISADORA, A DESLUMBRADA (DEZESSEIS ANOS)

Quarto momento — o dilema: o desejo dela de ser popular e o risco de se tornar fútil e despreparada para a vida.

Pode parecer que a mãe apresenta o dilema quase como um sermão, a diferença é que ela percorreu com a filha os três momentos anteriores e conversa de modo calmo, apresentando os tópicos como preocupações de mãe.

Isadora, você já é quase uma adulta e tenho pensado muito no seu futuro, mas também penso na sua fase atual, aos dezesseis anos, e confesso que muitas vezes fico em dúvida. Sei que você está conseguindo muitas coisas importantes na sua vida social. Por outro lado, sei que vai precisar de diversas competências e habilidades para poder lidar com a vida adulta. Minha preocupação é que você não tenha mais tempo de adquirir essas competências. E meu medo é que tenha o mesmo destino de muitas meninas que têm o mesmo estilo de vida que você e suas amigas. Empregando o tempo e a energia mais para consumir grifes e ser popular do que para desenvolver interesses próprios que não sejam da turma e da moda e aprofundar-se em alguma coisa. Também me preocupa que nesta fase estão deixando de adquirir uma cultura geral e buscar conhecimentos necessários para se preparar para a vida. Não é nada fácil recuperar esse atraso de conhecimentos essenciais, mais adiante. A maioria das meninas desse grupo está trocando o futuro pelo agora. Parecem não perceber que precisam começar a se preparar para essa próxima etapa de vida, e podem se dar muito mal.

Gostaria de poder sentar com você e lhe explicar minhas preocupações. Mostrar com calma quais são as habilidades que você terá de adquirir nesses próximos dois anos, por que e como uma pessoa pode adquiri-las. E lhe falar sobre o perigo de não ter interesses próprios.

Quinto momento — convidá-la a buscarem soluções:

O que você acha? Podemos marcar um horário neste fim de semana para pensarmos juntas sobre os seus próximos anos, sobre as deci-sões que terá de tomar e nós, seus pais, também? O que acha de ava-liarmos juntos os prós e os contras do seu estilo de vida e foco atuais? Alguma sugestão de tema que você gostaria de incluir na conversa que teremos?

Neste caso, como se trata de uma questão mais complexa e abrangente, a opção foi deixar o quinto momento do diálogo para outro dia. Na próxima conversa elas vão expor o fato de que na adolescência se forma grande parte da arquitetura cerebral da vida adulta e que os estudos mostram que é crucial nessa fase ter adquirido algumas habilidades e competências.

Por exemplo, seria importante ela ter cultura geral, conhe-cimentos sobre política, economia, tecnologia, história. Ter mais autonomia, iniciativa própria, foco e capacidade de planejar. En-fim, tudo que até o momento ela não tem desenvolvido com o tipo de vida alienada que leva, de adolescente consumista e preocupada em agradar a turma e ser popular.

Também avaliarão o risco de ela se perder e ficar sem foco, de não desenvolver a tempo as habilidades necessárias para se situar e talvez competir em um mundo cada vez mais complexo. Mostrarão a ela outros modelos de adolescência e outros modos de usar o tempo e balancear vida social, consumo e preparação para a vida.

Tal como no caso de Ronaldo, se a conversa não evoluir favoravelmente, poderão ainda seguir para o sexto momento, o conflito e a imposição de limites.

Para você preparar o diálogo em conexão com o seu filho

Quarto momento: apresentar o dilema

Que tipo de dilema você poderia formular? Podem ser vários tipos:

- dilema entre o desejo do seu filho e uma impossibilidade prática de esse desejo se realizar

ou:

- entre o desejo e uma consequência social negativa que a realização do desejo traria

ou ainda:

- entre o desejo e a ética (os direitos dos outros)
- também entre um desejo do seu filho e seu dever e sua responsabilidade como educador de prepará-lo para a vida
- Coloque as coisas como um pensamento que está lhe ocorrendo enquanto conversam e para o qual ainda não tem solução.

....

....

....

....

Quinto momento: buscar soluções

Como você poderia convidar seu filho para formular ideias e soluções? Ou para buscarem inspiração ou conselho em outras fontes (internet, especialistas, amigos, parentes)?

....

....

....

....

A seguir vejamos como, nesses seis casos, os pais lidaram com as diferentes reações dos filhos ao convite para buscarem soluções juntos e como terminaram esses diálogos.

PARA RELEMBRAR

1. Por que apresentar um dilema?

- Sua meta agora é convidar seu filho a entrar no *seu* mapa mental (no modo de pai e mãe pensarem) e conhecer o dilema que *você* enxerga, fazendo com que ele seja capaz de contemplar o problema de dois pontos de vista.
- Nesse momento, é importante despersonalizar o problema. Não se trata mais de "eu" contra "você". A ideia é transformar a questão em um impasse objetivo que vocês dois precisam examinar e para o qual ambos podem pesquisar soluções.
- Tanto você como seu filho podem ter cada um uma solução que resolveria o problema, mas um dos lados ficaria insatisfeito.
- Vocês não têm ainda uma resposta para o dilema que é agora dos dois: será possível integrar dois pontos de vista legítimos, mas contraditórios?

2. Por que convidar seu filho para construírem juntos soluções?

- Você não é dono da verdade, e seu filho pode indicar novos aspectos ou mostrar novos caminhos. Além disso, ele pode ter a chance de contra-argumentar de modo sensato diante das suas propostas.
- Se seu filho participar da construção de soluções, propondo novas ideias, é provável que se comprometa mais com a implementação posterior da nova maneira de lidar com o problema.
- Se ele não fizer propostas, você pode dar ideias, e ele pode, junto com você, avaliar essas ideias ou examinar sugestões que vocês obtiverem de outras fontes (amigos, parentes, profissionais, internet, livros etc.). Isso dá a ele um senso de participação.

COMO FAZER

1. Para formular o dilema

- Você explica que reconhece a legitimidade da motivação (desejo) dele, mas que gostaria de apresentar um impedimento ético ou prático (razão operacional) que se contrapõe às motivações dele.
- Você apresenta os impedimentos éticos ou práticos que enxerga e explica que, como responsável por protegê-lo e prepará-lo para a vida, não tem como deixar essas questões de lado.

- Você admite que nessa situação há dois lados e que não há uma resposta óbvia. É um dilema. E você de fato ainda não sabe como lidar com a questão, por isso o convida a buscar soluções com você.

OBSERVE
- Os impedimentos éticos e práticos que você apresentará se referem aos três pressupostos da educação discutidos nos capítulos 3 e 5.
- Se precisar explicar os porquês, pode seguir os princípios discutidos no capítulo 6.

2. Para convidar à busca de soluções

1. Proponha que pensem juntos sobre como lidar com esse dilema. Estimule-o a dar ideias. Se ele não tiver nenhuma, você pode dar as suas, ou podem se inspirar em exemplos de outras pessoas, ou ainda consultar amigos, parentes, profissionais, internet etc.

2. Se as ideias dele forem muito imaturas ou inviáveis, não as descarte de imediato. Reflita sobre elas por alguns minutos e depois, com calma, apresente os motivos por que acha que a sugestão dele não seria adequada. Faça-o de modo interativo, perguntando e verificando se ele acompanha seu raciocínio.

11
Como terminar o diálogo: *seu filho entenderá as limitações que a vida impõe aos desejos dele?*

Você consegue imaginar, das seis situações, quais foram as duas que se resolveram mais fácil e rapidamente? Bianca, a dramática, Lucas, o agressivo, Pedro, o que roubou, Gabriel, o que visita sites de abuso sexual, Ronaldo, o que fuma maconha, ou Isadora, a deslumbrada?

Talvez você se surpreenda com o fato de o sucesso ter ocorrido justamente nos dois casos que envolveram "crimes": Pedro, o menino que roubara dinheiro da mãe, e Gabriel, o que entrava em sites de crimes de abuso e violência sexual.

O motivo do bom resultado é que ambos eram garotos equilibrados e acessíveis. Escutando-os com calma, ficou claro que não se davam conta da dimensão do que faziam. Foram "crimes" cometidos sem "dolo" (sem intenção, má-fé, e sem noção das consequências, apenas sabiam que era proibido).

Vejamos como os pais procederam nos dois casos:

Pedro e Gabriel

O diálogo dos pais com Pedro foi sereno e permitiu que ele se desse conta da dimensão e das consequências de seu gesto de roubar dinheiro.

Também no caso de Gabriel a confiança que os pais deposita-ram nele e a capacidade que tiveram de escutá-lo sem entrarem em pânico fizeram toda diferença. Ele havia se perdido num la-birinto de sites de violência e abuso sexual, mas não movido pelo desejo de maltratar, e sim por curiosidade sexual e ingenuidade, sem entender que havia diversos tipos de sites de sexo. A solução certamente não estaria em condenar a curiosidade sexual, tam-pouco querer proibi-lo de saciá-la (ele o faria na casa de amigos, ou usando celulares deles).

O diálogo com Gabriel permitiu que ele percebesse a gravidade dos conteúdos dos sites em que estava entrando e que se desse conta dos riscos de ele sofrer assédios pela internet e de se expor a rastreamentos policiais ao entrar em sites muito perversos.

Juntos conseguiram evoluir na conversa. Dialogaram de modo mais aprofundado sobre a diferença entre perversões ma-lignas e violentas e sexo consentido. E sobre a ética do desejo. Também discutiram sobre o perigo de abusadores que entram on-line. Combinaram que ele teria de aceitar que o pai iria uti-lizar dispositivos de controle de navegação nos eletrônicos da casa (o pai retomou com ele os mandatos parentais de segurança e ética, ver capítulo 3).

É claro que se um filho quiser fazer coisas escondidas, o fará, mas para filhos ainda imaturos algum controle e supervisão são importantes. É um modo de indicar que os pais estão atentos ao que é adequado ou não. Todavia, o essencial é trabalhar o acesso, o diálogo e a conscientização.

Na verdade, se Gabriel fosse um menino com disposições sexuais malignas, a participação de um psicólogo seria bem-vinda. Embora dificilmente o desejo desaparecesse, o psicólogo poderia ajudá-lo a lidar de modo ético com suas inclinações, refreando e redirecionando o que fosse necessário. Mas, até para lidar com os raros casos de malignidade perversa, o diálogo entre pais e filhos é fundamental. Mas esse não era o caso de Gabriel, e como filhos com tais perturbações de personalidade são raros, não cabe aqui prolongarmos essas hipóteses. O essencial é enfatizar que sem escuta e sem diálogo você apenas se afasta de seu filho e perde o acesso.

De resto o pai e a mãe entendiam que não há garantias na vida, e que o melhor é trabalhar o acesso, o diálogo e a conscientização, mas que, se um filho quiser fazer coisas escondidas, o fará.

Quanto à educação sexual, o pai decidiu abordar esse tema algumas semanas depois, para não sobrecarregar o diálogo neste momento. Mas adiante teriam oportunidade de falar sobre sexo, carinho, amor e liberdade.

Ambos os meninos foram, desde o início, tratados com respeito e confiança. Não havia motivo para que os pais os interrogassem com desconfiança, rispidez, impaciência e ar ameaçador, como se fossem policiais interrogando suspeitos, partindo do pressuposto de que o outro está mentindo. Em casos assim, considere que afinal, mesmo que tenha agido mal, trata-se do filho querido e, até prova em contrário, não há por que acreditar que tenha tido más intenções. Por isso a resposta de ambos a esse tratamento leal dos pais foi a melhor possível.

Depois que cada filho demonstrou ter entendido a dimensão e as consequências de seus atos, os pais revisaram como poderiam se comportar de maneira ética e segura caso futuramente se vissem em situações parecidas.

Os pais de Pedro simularam com ele uma nova situação em que estivesse sem dinheiro e quisesse comprar alguma coisa. E os de Gabriel simularam uma nova situação de curiosidade e desejo sexual.

Ambos foram capazes de imaginar com os pais novas formas de lidar com esses desejos sem ter de transgredir a ética e as normas de segurança. E puderam assegurar aos pais que teriam recursos e maturidade para fazê-lo.

Além disso, em ambos os casos, os pais combinaram com o filho que, se algum dia ele fizesse novamente algo parecido (roubo ou de fato praticar atos reais de abuso sexual), não poderia alegar que tinha sido por ingenuidade ou falta de alternativa. E que, nesse caso, seriam reprimidos e punidos com severidade.

Desde o início os pais foram leais, ouviram os filhos e o assunto foi resolvido com muita conversa e confiança, sem conflitos. A meta era ensinar os filhos a não agir mais daquele modo e construir com eles alternativas de comportamento mais adequadas. Portanto, a meta *não* era punir. E de fato até onde tenho notícias os meninos não mais repetiram essas ações, que, apesar de graves, foram ingênuas.

Foi uma lição de vida para todos perceber que é possível ensinar a pensar, a ponderar e a agir com ética e prudência, sem desafiar, humilhar, entrar em pânico, patologizar ou castigar intempestivamente o filho.

Mas voltemos às outras quatro histórias que estamos seguindo. Em duas delas o sucesso não foi imediato. Por isso o quinto momento (construção conjunta de uma solução) levou alguns dias. Refiro-me a Bianca e Lucas.

Bianca e Lucas

É comum que, mesmo demonstrando boa vontade e entendendo o dilema, seu filho faça uma proposta ainda infantil, talvez pouco viável, que precisa ser aperfeiçoada com contribuições suas.

Nesse caso, o seu desafio é ter paciência, demonstrar calma e firmeza. Vale a pena: algumas semanas de paciência para tratar de problemas diversos proporcionarão anos, ou até décadas, de um ambiente familiar tranquilo e um filho mais sensato.

BIANCA

Durante o diálogo em conexão, Bianca teve boa vontade e entendeu que era preciso lidar com a situação. Mas, devido à sua imaturidade, foi necessária uma troca de ideias, e ela teve de ser envolvida na busca da solução, que levou mais de um dia.

Embora durante o diálogo tenha demonstrado boa vontade e entendimento, Bianca fez duas sugestões inviáveis. A primeira: tomar banho e não lavar os cabelos. A segunda: que os pais usassem um leque para secar seu cabelo.

Os pais tomaram o cuidado de não descartar nem desprezar as ideias dela, mas considerá-las por alguns minutos e pensar junto com ela nas vantagens e desvantagens de cada uma. Por fim mostraram que havia limitações relacionadas com a saúde e a praticidade.

Bianca, de fato, não lavar os cabelos poderia resolver o problema com o secador. Por outro lado, estou pensando no que aconteceria se você não lavasse os cabelos por uma semana ou um mês.

Depois de os pais mostrarem fotos de cabelos cheios de nós e maltratados e imagens ampliadas de ácaros movendo-se em cabelos sujos, ela finalmente entendeu que tinha de lavar e secar os cabelos com frequência.

Em seguida os pais abordaram a ideia do leque.

Poderia ser mesmo uma ótima ideia, é mais silencioso, não gasta eletricidade, e leques são muito bonitos. Mas você sabe quanto tempo levaríamos para secar seus cabelos com um leque? Mais ou menos duas horas. Para você ter uma ideia, é o tempo de você jantar, escovar os dentes, ler uma história e dormir. É mesmo uma boa ideia, mas demora muito.

Por fim os pais tiveram eles mesmos "novas ideias" e fizeram sugestões adicionais.

Sugeriram que talvez pudessem comprar um secador que fizesse menos barulho. Também sugeriram testar como seria se escovassem os cabelos mais lentamente e com mais pausas, e em troca ela aguentasse o incômodo.

Que tal se conseguíssemos encontrar um secador que faça menos barulho e não seja caro? Podíamos pesquisar indo juntos a uma loja. E poderíamos testar na própria loja e ver se fica melhor. Claro que não será totalmente silencioso, porque todos fazem algum ruído, mas talvez se for menos barulhento dê para você aguentar. Vamos tentar? Ótimo, então vamos a uma loja pesquisar secadores no sábado. Se não der certo, ou for muito caro, tentamos outra solução.

Podemos secar uma parte do cabelo com a toalha, assim não precisaremos usar o secador por tanto tempo. Além disso, vovó me deu uma ideia sobre como escovar os cabelos de uma forma que não doa tanto. Ela sugeriu escovar mais devagar, fazendo pequenas pausas. Podíamos tentar.

A ideia, nesse caso, é ensinar a Bianca que a solução de problemas pode ser pesquisada. E que mesmo sendo uma criança pequena ela pode habituar-se a pensar junto com os pais e buscar soluções.

Note que em nenhum momento os pais estão abdicando da necessidade de secar os cabelos, mas dão a ela a chance de ser sujeito das próprias ações e atuar sobre o mundo que a cerca. Não a infantilizam nem sufocam.

É claro que se ela não for razoável ou se tornar desrespeitosa vão impor rapidamente a obediência. Não permitirão que se transforme numa tirana mimada que vai rejeitar todas as tentativas de solução e criar novos impasses.

Os pais não estão sendo submissos nem cedendo aos caprichos de uma criança, estão, na verdade, levando a sério queixas legítimas. Depois de demonstrarem que ela não poderá ficar com os cabelos molhados e sem pentear, envolvem a filha na construção de soluções.

Se ela se mostrasse imatura e mimada e não cooperasse construtivamente, eles partiriam para o sexto momento, de enfrentamento e imposição de limites. Poderiam, em caso de não conseguirem a cooperação dela, dizer algo como:

Bianca, conversamos muito e ouvimos tudo que você disse, mas estamos vendo que ainda é muito pequena e não está entendendo que precisa cuidar da sua saúde. Nós somos seus pais, cuidamos de você e não vamos deixar que fique com os cabelos sujos e cheios de nós. Então, já que não está conseguindo nos ajudar a pensar em soluções, vamos resolver essa questão sozinhos e você terá que obedecer.

E imporiam que obedecesse, sem mais discussão ou conversa, mantendo a calma. Mas no caso de Bianca isso não foi necessário. Eles apenas precisaram de alguns dias para encaminhar as soluções e testá-las. Até chegarem a uma solução, combinaram que ela iria aguentando o secador e os pais, por sua vez, o utilizariam fazendo pausas, da mesma forma com a escovação.

Ao final, o processo terminou com êxito total. Bianca se acalmou, cooperou, compraram um novo secador e tudo correu bem. Se não houvesse outros secadores adequados no mercado ou se fossem caros demais, o sucesso seria o mesmo. Bianca estava envolvida em um diálogo no qual estava sendo ouvida e estava agindo com a maior boa vontade, de forma que os pais teriam pensado com ela em outros modos de secar os cabelos, com pausas, deixando o secador um pouco mais longe da cabeça etc.

Nenhuma das sugestões dos pais teria sido aceita por Bianca se eles não tivessem seguido rigorosamente a sequência dos cinco passos do diálogo em conexão. Se tivessem ficado impacientes e fossem logo propondo sugestões e soluções sem antes ouvi-la, sem tentar compreender as motivações dela e sem envolvê-la na busca de soluções, Bianca se fecharia.

Depois dessa experiência de diálogo, ela percebeu que podia participar com os pais da busca de solução também para os conflitos. Depois de uma semana e meia, os pais passaram a abordar novos problemas específicos. Finalmente, depois de três semanas, conversaram com ela sobre a questão geral e fundamental: sua desobediência e sua resistência em acatar determinações e rotinas.

De fato, depois de um mês e meio, Bianca era outra criança. Acredite, o *diálogo em conexão* pode fazer milagres, e depois de algumas semanas você poderá empregar rotineiramente apenas a versão curta (que dura de três a cinco minutos, ou no máximo quinze).

Se no quinto momento do diálogo seu filho não estiver conseguindo sugerir boas ideias, você pode fazer contrapropostas, e juntos podem ter novas ideias ou buscar a ajuda de outras pessoas. Nesse caso, a solução pode levar alguns dias.

Uma vez que encontrem uma possível solução, ela é encarada como hipótese a ser testada. Você e seu filho avaliarão se funcionou ou se precisam aperfeiçoá-la ou descartá-la e ir em busca de novas ideias.

O segredo está em despersonalizar a questão e manter-se neutro, não tomar partido de uma determinada solução. Assim você demonstra que de fato está disposto a pesquisar junto com seu filho as melhores soluções.

Os pais poderiam ter poupado todo o processo do diálogo e usado logo de início um método suave e indutivo de dar limites. Por exemplo, dando a Bianca uma de duas opções: o que prefere, secar os cabelos com o secador da mamãe ou com o de crianças? Ou aplicando uma gestão de consequências: está bem, se você não quiser secar os cabelos, veremos se ficam embaraçados, e se ficarem impossíveis de pentear podemos ir ao cabeleireiro e cortá-los mais curtos. Estes e outros métodos mais diretos de dar limites são muito utilizados na educação contemporânea e geralmente funcionam. Muitas vezes são a melhor alternativa, em vez de dialogar em conexão. Contudo, dão limites de contenção, conseguem eventualmente que a criança mude de comportamento naquela situação ou em situações semelhantes. Mas, com crianças muito resistentes, ou em casos em que a criança não tem recursos para lidar com a situação, é importante às vezes dialogar para ensinar a ponderar.

LUCAS

Também com Lucas o sucesso não foi imediato, mas ao final ele aceitou voluntariamente que não devia mais bater no irmão e aprendeu a afastar de Tobias seus brinquedos preferidos quando o irmão entrava no quarto.

Também entendeu que devia pedir ajuda a um adulto caso houvesse algum problema. Ao final, como nem sempre seria possível evitar que Tobias quebrasse seus brinquedos, ficou combinado que ele teria uma prateleira mais alta, fora do alcance do irmão, e que, além disso, quando o irmão quebrasse um brinquedo, os pais veriam se era possível repor a perda comprando outro. Mas em hipótese alguma Lucas poderia agredir Tobias.

Foi bastante trabalhado com ele o entendimento de que o irmão agia sem compreender o contexto. E que ele, Lucas, na idade de Tobias, agia exatamente do mesmo modo e os pais não permitiam que meninos mais velhos batessem nele.

Também abordaram com calma a importância de ele formar uma aliança de vida com o irmão. Nos dias seguintes ao diálogo, os pais lhe contaram histórias de irmãos adultos que passam a vida se odiando e se destruindo, e contrapuseram essas histórias a exemplos da família deles, em que irmãos se apoiam e são amigos e aliados. As histórias o impressionaram e o deixaram preocupado em não crescer como inimigo do irmão. Ele percebeu que era possível dar limites ao irmão sem ser destrutivo.

Discutiram com Lucas situações hipotéticas em que Tobias "atacava" seus brinquedos e como ele poderia agir quando isso acontecesse. Por exemplo, como distrair o irmão menor com outro objeto para delicadamente retirar da mão dele o brinquedo desejado.

Depois colocaram Tobias no quarto de Lucas e o ajudaram a lidar com as investidas do irmão.

Tanto a solução da prateleira como as manobras físicas de afastar os brinquedos de Tobias e contê-lo fisicamente sem machucá-lo, distraindo-o com outros objetos, foram encaminhadas como experimentos.

Explicaram ao filho que eram "truques para lidar com bebês destruidores de brinquedos" que Lucas deveria testar, contando aos pais o resultado no final do dia, quando avaliariam juntos se os "truques" estavam funcionando ou se teriam de tentar inventar novos "truques".

Ao final, em três semanas Lucas conseguiu parar completamente com as agressões ao irmão. Na segunda semana os pais abordaram o tema da agressividade em geral e estenderam a proibição de bater para todas as outras crianças e adultos.

Novamente, se tivessem fracassado na construção de soluções, teriam seguido para o passo seis e partido para um enfrentamento conflituoso. Também no caso de Lucas a paciência de algumas semanas mostrou-se fundamental.

Ronaldo e Isadora

Nem sempre os casos transcorrem como os de Gabriel, Pedro, Lucas e Bianca. Pode ocorrer que seu filho tenha má vontade, porque não entendeu o dilema. Ou entendeu, mas tem convicções opostas à sua. Nesses casos ele talvez não faça proposta nenhuma e se torne hostil ou apenas se feche numa resistência passiva. O que fazer?

O *diálogo em conexão* não é uma panaceia para todos os problemas. Mesmo com boa vontade de pais e filhos, pode haver um conflito de interesses ou de convicções.

Ainda que Ronaldo entenda as preocupações dos pais com o fato de ele consumir maconha e sua negligência com os estudos, está convicto de que estão iludidos.

Ele acha que os pais estão caindo na conversa moralista do médico e na propaganda enganosa da indústria do tabaco, que teme a concorrência da maconha.

Quanto a Isadora, ela estava fascinada com sua ascensão no grupo adolescente, não tinha efetivamente nenhum interesse em estudar e acreditava que mais tarde "daria um jeito".

TENDÊNCIA DOS PAIS DE DESISTIR
NA HORA DO CONFLITO COM ADOLESCENTES

Nesses casos, alguns pais têm a tendência de voltar ao padrão antigo de conflitos intermináveis com o filho, exigindo dele o que não consegue ou não quer lhes dar. Ficam presos na armadilha dos confrontos sem fim, dão castigos ineficazes, param de dialogar, e ao final o filho vai ficando imune a todos esses recursos. Torna-se cada vez mais rebelde ou se fecha. Outros pais desistem, o que pode ser tão ruim quanto, ou pior do que a armadilha dos confrontos sem fim.

Se você não tiver força pessoal ou condições práticas de enfrentar o problema, tente conviver por mais um tempo com a questão, mas não desista. E não se envolva em brigas que só desgastam ainda mais sua relação com seu filho. Dê um tempo, fortaleça-se e parta para o sexto momento, o enfrentamento, o conflito aberto e a imposição de limites, mesmo que duros. Como a situação de Isadora não era grave, os pais poderiam pensar em simplesmente deixar as coisas como estavam. Deixar tudo se arrastar até que o tempo, a sorte ou o amadurecimento trouxessem alguma solução. Mas já estavam cansados de esperar que ela amadurecesse e preocupados com a possibilidade de ela se transformar numa moça fútil, consumista, egoísta e ignorante. Resolveram enfrentar com coragem e determinação as inadequações da filha.

Quanto a Ronaldo, os pais poderiam ficar atolados entre súplicas para que o filho parasse de fumar, castigos inócuos e sermões. Mas eles acharam que o consumo de maconha não era uma situação que poderia ser tolerada por mais tempo. Também se muniram de paciência, coragem e força para entrar num conflito contundente e impor um fim à conduta do filho.

O ENFRENTAMENTO DURO

Se você considerar que o caso de seu filho exige providências imediatas, terá de assumir que tem três mandatos inegociáveis a cumprir (saúde, autonomia e ética) e terá de munir-se de coragem (ou de indignação) para entrar num conflito sério.

E, tal como os pais de Ronaldo e Isadora, que decidiram enfrentar e resolver o problema, pode ser necessário que você entre com medidas de força *moral, logística, financeira* e talvez *jurídica*.

Uma vez que resolva entrar em conflito, não blefe. Se optou pelo enfrentamento, vá até o fim com determinação, astúcia e coragem de arcar com os custos emocionais e práticos. Medidas de força tendem a funcionar, sobretudo se você não tiver medo de cara feia. E apesar da eventual indignação do seu filho, continue a agir de forma adulta, atendo-se ao mérito das questões, não deixando de ser cordial e respeitoso.

Mas que tipo de situação pede que você entre em confronto e tome medidas de força? Só casos graves com filhos maiores ou também desobediências, chiliques e malcriações de filhos menores?

Lembre-se: a necessidade de coibir um comportamento e talvez punir não depende do que seu filho fez. Como foi discutido na parte I, quando falamos sobre que tipo de comportamento merece limites, uma menina de quatro anos mostrar a língua para um adulto e dizer que ele não manda nela pode até ser engraçadinho e de longe não é tão grave quanto um adolescente se viciar em drogas. Mas se esse comportamento da menina for repetitivo e virar uma atitude que ela adota diante de outras situações, será importante dar fim a essa conduta. Embora não seja grave, se for uma atitude frequente, prejudicará a qualidade do vínculo entre vocês e suas condições de educar e exercer os três mandatos. E é importante que, desde os três anos e meio ou quatro, os pais construam com o filho uma relação de lealdade, cooperação e respeito.

Por isso, como já mencionamos, se Lucas, que batia muitas vezes no irmão, ou Bianca, que em geral não obedecia, não se enquadrassem, caberia aos pais deles *impor* limites. E confrontá-los com medidas de força. Essas medidas para a faixa etária deles são bem menos contundentes, mas seriam marcantes o suficiente para dar um basta em determinados comportamentos. Sobre limites fortes e definitivos ainda falaremos na parte III.

Agora apenas apontarei três possibilidades, usando os casos de Ronaldo e Isadora.

Em essência, os pais de Ronaldo deixaram claro que entendiam que ele não tinha maturidade para compreender os efeitos e perigos do consumo de maconha aos quinze anos, nem o perigo de ele perder o foco nos estudos. Embora concordassem que não necessariamente a maconha lhe faria mal e também admitissem que ele poderia se dar bem na vida mesmo que não fosse um bom aluno, ponderaram que essas possibilidades estavam sujeitas a muitos riscos que eles não estavam dispostos a correr.

Explicaram que muitos dos jovens que se drogam acabam viciados ou doentes, e muitos dos que negligenciam os estudos acabam sem foco e perdidos na vida. Em seguida anunciaram diversas providências para impor a Ronaldo um esquema de vida mais saudável. Deram-lhe dois meses para tentar parar de fumar maconha tendo apoio e fazendo terapia. Teria espaço para rever o que não estivesse funcionando bem na dinâmica familiar e em seu esquema de vida. Os pais estavam dispostos a apoiá-lo, mas avisaram que, se não notassem empenho e abertura da parte dele, em dois meses iriam tomar medidas mais enérgicas.

Ao final de dois meses, explicaram a ele que constataram que não havia mais o que tentar. Ronaldo não parecia ter problemas psicológicos sérios nem ser um dependente químico. Estava apenas sendo imaturo e aferrado à crença de que a maconha não lhe faria mal. Decidiram então tomar providências radicais.

Cortaram a mesada a fim de que ele não tivesse dinheiro para comprar drogas, impuseram horários rígidos entre a escola e a casa para que diminuíssem as oportunidades de ficar em companhia dos amigos que se drogavam e exigiram um teste de urina semanal. De resto, teria todo o apoio para fazer coisas interessantes, cursos, esportes, e se necessário mais terapia.

Deixaram claro que mesmo passados alguns meses sem que consumisse drogas, manteriam os exames mensais até confiarem que ele tinha deixado de usá-las. Avisaram ainda que se nada adiantasse não se conformariam com o fato de ele continuar se drogando, o tirariam da escola e o internariam em uma clínica de recuperação de drogados pelo tempo que fosse necessário (ainda que ele perdesse um semestre de escola).

Esse tipo de clínica tem um baixo índice de sucesso no tratamento de dependentes químicos com perturbações psicológicas graves e que muitas vezes vivem em condições sociais desfavoráveis. Mas em casos como o de Ronaldo o índice de sucesso é muito mais alto.

Os pais, portanto, partiram para um confronto com total determinação, demonstrando e declarando ao filho que estavam dispostos a ir às últimas consequências. Que seguiriam sua consciência de pais e estavam determinados a cuidar e educar o filho a qualquer custo.

Poderiam ter seguido inúmeros outros caminhos: deixado de intervir, ou apenas dar conselhos, ou trocar o filho de escola, ou viajar com ele por um tempo. Não há certo ou errado, ainda falaremos na parte IV sobre os resultados das intervenções dos pais de Ronaldo e Isadora.

Também no caso de Isadora os pais foram firmes.

Apontaram os prós e os contras do seu estilo de vida e deixaram claro que não pretendiam correr o risco de que ela continuasse a seguir aquele modelo de vida fútil, despersonalizado, consumista e dependente da opinião alheia.

E igualmente adotaram providências ligadas a mesada, horários, cursos, autorização para sair e viajar, além de condicionarem diversos privilégios ao cumprimento de determinadas metas mensais. Também lhe deram um prazo para mudar e alertaram que, caso insistisse naquele comportamento, seriam mais radicais, impondo soluções duras para enquadrá-la.

Nos dois casos, como veremos na parte III, os pais tiveram de enfrentar "guerras". Precisaram ser duros, correr o risco de uma ruptura e utilizar de sua força moral e da convicção de terem mandatos e responsabilidades parentais inegociáveis para empregar medidas de força financeira, jurídica e logística.

Se esse for o seu caso e você precisar impor limites contundentes, seja a um filho menor, seja a um adolescente ou até mesmo a um jovem adulto, procure dominar muito bem a arte do diálogo. Ela será necessária tanto para preparar o conflito como para manter o acesso a seu filho durante o período de grande enfrentamento.

Você também precisará estar familiarizado com a diferença entre limites de contenção e limites transformadores e com os métodos de imposição de limites suaves, moderados e fortes. Esse é o tema da parte III. Contudo, sugiro que, antes de se debruçar sobre como impor limites a crianças pequenas e adolescentes, leia o capítulo a seguir, sobre a versão abreviada do *diálogo em conexão* (para uso cotidiano).

Se tiver dificuldades para praticar o diálogo em conexão, leia no apêndice I sobre o que pode dar errado durante sua tentativa de dialogar com seu filho.

PARA RELEMBRAR

O diálogo pode ter três resultados diferentes

- Seu filho consegue compreender bem o dilema e de boa vontade faz sugestões viáveis para lidar com a questão.
- Seu filho tem boa vontade, compreende o dilema, mas ainda é imaturo e faz sugestões inviáveis ou não consegue sugerir nada.
- Seu filho demonstra impaciência, má vontade ou imaturidade e se fecha, ou se opõe a continuar o diálogo, adotando uma posição de confronto.

COMO FAZER

1. Se as sugestões de seu filho forem adequadas

1. Você as *acata* e se necessário pode, com calma, acrescentar alguma ideia.
2. Demonstre respeito, mostre que *leva a sério* o que ele pensa.
3. Pensem juntos em *como implementar* essa nova maneira de lidar com o problema. Detalhem os passos, as datas e os modos de agir.

> **OBSERVE**
>
> - Se vocês optaram por uma solução difícil de implementar, por exemplo, mudar uma atitude inadequada que já virou um hábito, ou adotar uma nova postura para a qual seu filho ainda não possua os recursos emocionais e as habilidades sociais, vocês podem montar *um pequeno projeto* de mudança de atitude (parte IV).

2. Se as sugestões forem inadequadas, mas ele demonstrar boa vontade

1. Se as sugestões forem inadequadas, *não as descarte de imediato. Reflita* por alguns minutos e, com calma, explique por que as considera inviáveis, assegurando-se de que seu filho acompanha seu raciocínio.
2. Em seguida, *construa com ele novas ideias*, que você vai sugerindo. Não as apresente como se fosse o dono da verdade; são ideias, abertas à complementação dele. Conforme ele vai complementando com mais sugestões, vocês vão aperfeiçoando as novas possibilidades.
3. Uma vez que cheguem a uma proposta, *trabalhe na implementação* dela, discutindo com ele como farão para que de fato haja uma mudança na prática cotidiana.

190

3. Se seu filho insistir em uma sugestão inadequada ou se for hostil

1. Depois de ter respeitosamente explicado por que a postura dele não é aceitá-vel, você pode decidir transferir a *continuação da conversa para outra ocasião* (esperando que até lá haja condições mais favoráveis para avançarem).

2. Ou pode decidir que *é necessário enfrentar* a questão naquele momento. Nesse caso, explique rapidamente que entende as motivações dele, mas que sua consciência de pai educador e mãe educadora, que precisam proteger o filho e prepará-lo para a vida, não permite que se omitam.

3. Explique então que por isso entrarão em conflito e que vocês tomarão a partir desse instante determinadas *medidas de força para obrigá-lo* a ter uma atitude correta (mais ética, mais segura, mais saudável, mais empenhada etc.) (parte III).

12
O diálogo em versão abreviada
— quando *dialogar em conexão*
se torna um hábito

Pai, você sabe que gostamos muito de você e sabemos que quer nos educar muito bem, mas precisamos lhe dizer uma coisa: Não aguentamos mais. Você quer conversar sobre tudo! Será que não pode ser um pai mais normal? Às vezes dar uma bronca e pronto. Pode até nos pôr de castigo, mas, pelo amor de Deus, não converse tanto! Você entende que não aguentamos mais?

Minhas filhas tinham respectivamente seis e dez anos quando me fizeram esse apelo. Ainda me lembro da mais velha falando com todo o cuidado, com medo de me ofender, e da mais nova apoiando a irmã, assentindo com a cabeça e me observando preocupada.

Envergonhado, entendi o ponto delas, mas não resisti a conversar um pouco mais. Queria saber se realmente era tão ruim e por quê. Levei outra "bronca". "Lá vem você de novo querendo conversar!"

Espero que você não cometa o mesmo erro. Ninguém aguenta diálogos longos e frequentes, seguindo o roteiro completo. Nem minhas filhas, nem minha mulher.

Mas, se não incorrer no mesmo erro que eu, não caia no extremo oposto. Não deixe de estar em *conexão* com seu filho. Não é preciso sempre dialogar, mas escutá-lo. Levá-lo em conta. Saber se comunicar com ele.

A boa notícia é que é possível fazer isso sem ter longos e desgastantes diálogos, você pode usar uma versão abreviada do *diálogo em conexão* que dura de cinco a dez minutos, no máximo quinze.

É claro que há ocasiões em que nem a versão longa, nem a curta serão apropriadas. Talvez em alguns momentos você simplesmente deva dar uma bronca, ou um castigo, ou perder a paciência. Ou quem sabe resolva deixar uma malcriação passar e não eduque seu filho porque está exausto. Ou porque prefere dar mais atenção a outro aspecto da vida (por exemplo, divertir-se com ele). Mas de forma geral a versão abreviada do *diálogo em conexão* não é cansativa e funciona muito bem.

Lembra-se do início do capítulo sobre a arte de dialogar? Quando o pequeno Ricardo chegou em casa e contou aos pais com ar zombeteiro e orgulhoso que ficou escondido no banheiro com o amigo Alfredo matando aula de português?

Uma versão abreviada de um rápido *diálogo em conexão* nesse caso poderia ser:

Mãe: Ah é? E como foi? Ninguém achou vocês? E depois, o que fizeram?

[Ricardo responde alguma coisa.]

Mãe [sempre num tom amistoso e sereno, sem aflição]: Esconder-se no banheiro é divertido, mas preciso perguntar uma coisa: Você sabe o que os professores fazem quando descobrem alunos matando aula? [Dependendo da resposta de Ricardo]: Os professores costumam ficar muito bravos e castigar os alunos. E você sabia que às vezes os professores até brigam com o pai e a mãe porque não ensinaram o filho obedecer?

[Ricardo responde alguma coisa.]

Mãe: Também estou me lembrando de outra coisa: Você sabe que pode perder uma aula importante e depois não conseguir entender as aulas seguintes? E aí o que será que aconteceria?

[Mãe e filho discutem algumas hipóteses sobre as possíveis consequências.]

Mãe: Bem, o que você vai fazer na próxima vez que der vontade de brincar ou quando o Alfredo sugerir que se escondam no banheiro?

[Mãe e filho trocam ideias sobre a alternativa de, em vez de matar aula, saber se divertir no intervalo e fora da escola.]

Mãe: O.k., dessa vez você não sabia que era tão errado matar aula e que perderia muitas coisas importantes, mas agora que sabe, não faça mais, está bem?

O mesmo tipo de diálogo curto você pode ter com sua filha de doze anos que está deixando os pratos sujos do lanche da tarde em cima da escrivaninha do quarto em vez de levá-los até a cozinha, lavá-los e guardá-los no secador de louça.

Filha, reparei que tem deixado os pratos do seu lanche em cima da escrivaninha. E notei que às vezes ficam de um dia para o outro, até que alguém os recolha. Isso acontece porque você os esquece lá ou porque não se importa muito de ficar com o prato sujo no seu quarto? Ou, na verdade, tem preguiça de levá-lo até a cozinha?

[Dependendo da resposta o adulto poderia prosseguir com um pequeno dilema.]

Fico preocupado com duas coisas: com as baratas e formigas e também em criar em você o hábito de arrumar as coisas na hora, para que não vire uma daquelas pessoas que deixam a casa uma bagunça.

[Em seguida o adulto chega rapidamente ao quinto momento, propondo uma solução.]

Vamos encontrar uma solução para deixar o seu quarto sempre em ordem, como o resto da casa. O que você acha melhor, levar o prato até a cozinha logo depois de usá-lo ou comer o lanche na cozinha para não ter a chance de esquecer ou de ficar com preguiça?

É claro que em situações complexas, em que seu filho demonstra alta resistência a mudar de postura, ou quando ocorrerem fatos graves, você precisará se aprofundar nos temas e terá diálogos mais longos, pois precisará levar em conta as resistências dele e seguir os cinco passos, em alguns casos, fracionando o diálogo em vários dias.

Mas, a não ser que esteja atravessando uma crise com seu

filho que exija por um tempo diálogos longos várias vezes por semana, esse tipo de diálogo completo e profundo não deveria ocorrer mais do que uma vez a cada mês, ou a cada dois meses. Talvez até menos. Já a versão breve pode ser usada todos os dias!

E agora?

Como deve ter notado, o diálogo pode ser uma grande ferramenta (e uma atitude) para lidar com a maioria das questões do dia a dia, pois ao dialogar você *apresenta*, *explica* e *discute* os limites éticos e práticos dos desejos de seu filho. Mas, como vimos, ele pode não ser suficiente para lidar com situações de muita resistência. É chegado o momento de falarmos sobre *imposição* de limites. Tanto de modo suave e moderado como de maneira forte.

PARA RELEMBRAR

A versão breve do diálogo: estar em conexão se torna uma atitude

- Na versão breve, para ser usada no dia a dia, não há mais cinco momentos estruturados e definidos.
- Tudo ocorre de modo mais natural, fundido em dois momentos: o momento de escutar e o de trocar ideias.
- Estar permanentemente em conexão com pensamentos e emoções passa a ser uma atitude em que você, de modo automático e natural, escuta sempre com calma e abertura antes de intervir.
- Para isso ser possível é preciso que tanto você como seu filho já tenham praticado muito e se habituado ao diálogo em conexão com pensamentos e emoções.

OBSERVE
- Em famílias em que se faz isso desde o início, a vida transcorre em um clima de maior confiança, há menos conflitos, e os conflitos, quando ocorrem, mesmo que sejam duros, são leais.

COMO FAZER

1. O momento de escutar

Você já pergunta e inicia a conversa de modo desarmado, vai diretamente explicando que gostaria de escutar e compreender o que seu filho pensou e sentiu. E você já pergunta a respeito das circunstâncias, dos sentimentos e dos pensamentos dele e explora o tema, empatizando.

OBSERVE
- Assim, os primeiros três passos se transformam em uma única atitude: querer genuinamente ouvir com boa vontade e estar aberto para a verdade do outro.

2. O momento de trocar ideias

Em seguida você inicia uma ponderação, expondo como enxerga os prós e os contras de cada opção, e sugere que pensem juntos sobre como lidar com a questão. Dependendo das sugestões que seu filho faça, você interage e acrescenta ideias e comentários.

OBSERVE

- Sua atitude é de ensinar a ponderar e não de tentar ansiosamente persuadir.

PARTE III

A ARTE DE IMPOR LIMITES A CRIANÇAS E ADOLESCENTES

13
Prepare-se para impor limites

Até este momento vimos como dar limites por meio do *diálogo sobre limites*. Detalhei como você pode apresentar, explicar e discutir com seu filho as limitações ao desejo dele (e dos seres humanos em geral). E a importância de sempre fazê-lo em conexão com os pensamentos e as emoções dele.

Agora é o momento de discutirmos o que fazer quando o diálogo não for suficiente e for necessário simplesmente *impor* limites.

A ideia dos próximos capítulos é que você não se atenha a um único modo de dar limites. Não funciona só colocar os filhos pequenos na cadeirinha para "ficar pensando", ou sempre dizer um "não" enérgico, ou querer sempre dialogar. Tampouco é possível usar os mesmos métodos com filhos pequenos e com adolescentes.

Por isso apresentarei a você diversos modos de dar limites suaves, várias maneiras de dar limites moderados e duas formas de dar limites fortes. E farei sugestões de quando e como experimentar esses diversos jeitos de impor limites. Falaremos de dezesseis métodos de dar limites (nove suaves, cinco moderados e dois fortes). Mas existem outros e, além disso, você mesmo pode criar ou combinar alguns. Entretanto, não precisa memorizá-los. Vá experimentando cada um deles conforme a situação, e com o tempo você vai fixá-los na memória naturalmente.

Antes de abordar os diversos métodos de impor limites, porém, cabe relembrar a diferença entre impor *limites dados a cada ocasião* e impor *limites interligados* à consciência do problema e a projetos de mudança. Saber como usá-los e combiná-los será muito útil para dar limites eficazes.

Diferença entre limites dados apenas na ocasião (limites de contenção) e limites interligados (limites transformadores)

Limites dados apenas na ocasião são dados toda vez que surge uma determinada situação e barram e contêm aquele comportamento. São ocasionais e isolados, diferentes dos *limites interligados*, que estão atrelados à conscientização e a projetos de mudança de atitude e visam a uma transformação. Eles interligam as partes e impregnam o ambiente todo o tempo.

Para crianças pequenas, até os quatro anos de idade, é difícil atrelar limites a um projeto de mudança de atitude, porque isso exigiria uma compreensão e uma consciência que os pequenos ainda não têm. Por isso, para os filhos menores de quatro anos, é mais adequado impor *limites de contenção, dados apenas na ocasião*, independentes e soltos. Como veremos, conforme o tipo de criança e a dificuldade de mudar de atitude, você pode dar aos filhos pequenos limites ocasionais suaves, moderados ou fortes.

Como mostramos na parte I, impor *limites de contenção dados apenas na ocasião* pode ser eficaz porque você consegue, a cada vez que surge uma determinada situação, coibir um comportamento inadequado do seu filho. Não bater no irmão que pegou seu lugar favorito no carro, não comer doces antes do jantar etc.

Se o fizer com firmeza, a cada vez você conseguirá coibir aquele comportamento por um tempo (uma hora, um dia ou algumas semanas). Mas é natural que algum tempo depois seu filho se esqueça ou não consiga se controlar, e você tenha de voltar a dar os mesmos limites. Inúmeras vezes. Faz parte do método.

A ideia é que, de tanto vivenciar que ao ter aquele comportamento inadequado ele não consegue obter o que quer, seu filho aos poucos passe a se comportar de outro modo. Ele terá uma aprendizagem implícita, indireta, vivencial. Perceberá que não funciona bater nos amigos, fazer manha para comer doces, não obedecer etc.

Mas se você usar apenas *limites de contenção dados apenas na ocasião*, terá dificuldades com filhos mais velhos e adolescentes. Sobretudo quando tiver de lidar com comportamentos recorrentes e enraizados em atitudes. Por exemplo, se seu filho não tolerar ser contrariado, não tiver uma postura prestativa, não se empenhar em tarefas escolares e domésticas, tiver má vontade geral com seus pedidos e ordens etc. Por isso muitas vezes você terá de combinar o uso de *limites de contenção dados apenas na ocasião* com *limites transformadores e interligados* (atrelados a projetos de mudança).

Limites transformadores, atrelados a projetos de mudança, em geral são mais adequados para filhos acima de quatro ou cinco anos e para adolescentes. Eles combinam imposição, diálogo e esquemas de mudança de atitude.

Lembremos que um projeto de mudança de atitude nada mais é do que ensinar seu filho a viver com limites. Mostrar a ele como pensar, sentir e agir para se adaptar às limitações sociais e práticas que a vida impõe aos nossos desejos.

Portanto, você interliga as partes, dialogando (conscientizando sobre o problema), impondo limites (forçando a obediência) e ensinando a viver com limites (ajudando e praticando com seu filho como enfrentar situações em que o limite existe).

Limites atrelados à mudança não têm como meta mudar apenas o comportamento, mas a atitude, algo mais profundo e definitivo.

Apenas para relembrar, seu filho pode se engajar num projeto de mudança voluntariamente porque você conseguiu, por meio de um diálogo, motivá-lo nesse sentido. Ou ele pode ser obrigado a se engajar porque você impõe a ele limites e exige que mude profunda e definitivamente de atitude. Mas, em geral, para comprometer à força seu filho com uma mudança de atitude, você terá de impor limites moderados ou fortes. Limites suaves não têm a intensidade necessária para forçar mudanças. Eles são mais adequados para serem aplicados ocasionalmente, toda vez que seu filho se comportar de modo inadequado.

Portanto, para filhos de quatro a dezesseis anos, ou até jovens adultos, você deverá lançar mão tanto de *limites de contenção dados a cada ocasião* como de *limites transformadores interligados* a mudanças de atitude.

O limite transformador atrelado a mudanças de atitude se estende por três momentos sequenciais:

1. No primeiro momento você *impõe* o limite (moderado ou forte) e explica que exigirá dali em diante uma mudança de atitude imediata.
2. No segundo momento você *impõe* uma conversa para conscientizar seu filho sobre o problema (mostrando por que é necessário que ele tenha um comportamento mais adequado).
3. No terceiro momento, você compromete seu filho com um projeto de mudança imediato (tema da parte IV deste livro). Deixa claro que não mais aceitará aquele comportamento e que se necessário tomará medidas de força.

Como veremos, ao atrelar o limite a um projeto de mudança de atitude, você manterá de três a seis semanas o foco do dia a dia na mudança de postura. Manterá a vigilância e a prontidão para coibir e impor limites até que se conclua uma transformação profunda e definitiva. Durante esse período, o ambiente ficará impregnado da meta de mudança.

Manter, durante semanas, seu filho e você engajados num projeto de mudança de atitude é mais trabalhoso do que apenas dar um rápido *limite de contenção* toda vez que ele se comportar de forma inadequada. Mas, para lidar com certos problemas, o projeto de mudança é necessário e lhe poupará anos de ficar constantemente em conflitos e aplicando castigos dados a cada ocasião.

Além disso, promoverá o amadurecimento e a inteligência de seu filho, pois você o tornará consciente, e ele mesmo participará e controlará parte do projeto de mudança de atitude.

Atrelar limites a projetos de mudança de atitude é tão importante que dediquei aos projetos quatro capítulos (parte IV). Mas não se preocupe com projetos de mudança de atitude agora; nos capítulos da parte III nos concentraremos apenas na arte de impor limites.

Uma palavra sobre a diferença entre castigos e contenções

Nos próximos capítulos, diferenciaremos "castigos" de outras formas de "contenção". Limites de contenção podem ser dados utilizando-se manobras e providências tais como pausas ou restrições ligadas a um mau comportamento momentâneo. Assim que a criança cessa o comportamento inadequado, a restrição ou contenção é suspensa. Manobras de contenção têm a meta de fazer seu filho perceber de imediato que toda vez que se comporta de modo inadequado seu desejo não será realizado. Na verdade, contenção é uma gestão de consequências: "Se você atrapalhar as outras crianças que estão brincando, não vai poder continuar a brincar com elas. Quando prometer parar, poderá voltar à brincadeira". Ou: "Se jogar a comida no chão, não vai continuar a jantar. Só vai voltar a comer se parar com isso".

Castigos são punições, "penas" a serem cumpridas que duram mais tempo e podem não estar ligadas à causa da punição.

Por exemplo, se a criança de sete anos insiste em bater no irmão menor, não poderá, durante cinco dias, usar eletrônicos nem sair de casa para programas de lazer. E mesmo que pare de bater ou que demonstre arrependimento, a "pena" tem que ser cumprida até o fim. É uma punição, não uma contenção momentânea. Em geral, não funciona bem para conter momentaneamente comportamentos, não é uma boa estratégia de contenção.

O tema "castigos" será tratado num capítulo à parte, no qual discuto o momento e a dosagem dos castigos.

Qual é o melhor método de impor limites?

Mencionei que abordaremos dezesseis formas de impor limites e que é importante alternar os métodos. Podem ter graus de intensidade variados, suaves, moderados e fortes e ser de dois tipos, de contenção e transformadores. Não há *um* método certo; tudo depende da situação e dos pais e filhos envolvidos. Não se restrinja a sempre usar o mesmo método. É provável que um mesmo método não funcione sempre. Cada dia, cada filho e cada situação podem ser diferentes uns dos outros. Com o tempo você vai incorporá-los naturalmente. Comece apenas experimentando.

Algumas vezes você vai perceber que o modo de dar limites que adotou não está surtindo efeito. Troque de método. Mas antes de descartar um deles, assegure-se de que se esmerou em utilizá-lo. Portanto, tente se aperfeiçoar no emprego de cada método tanto quanto puder. E não desista cedo demais. Às vezes é apenas uma questão de disciplina em prosseguir.

Mas, se depois de um tempo, o método não estiver se mostrando eficaz, tente outro. E se necessário mais outro. Se nada funcionar, procure ajuda profissional. E se o primeiro profissional não puder ajudá-lo, tente um segundo, ou terceiro. Você só não deve fazer uma coisa: desistir de preparar seu filho para a vida!

E quando você errar?

Meu objetivo nestes próximos capítulos é que, além de você se sentir convicto e legitimado para impor limites, que não tenha tanto medo de errar e corrigir suas intervenções. Em geral, a maior dificuldade para impor limites não está na resistência dos filhos, mas nas inseguranças e no cansaço dos pais. Uma das maiores dúvidas dos pais se refere ao medo de errar.

Certamente você vai errar muitas vezes em suas decisões, mas não se condene demais se tiver dado limites duros e depois essa medida lhe parecer sem sentido. Ou ao contrário, se perceber que deixou de dar limites quando devia ter sido firme.

O importante é que você sempre pode se corrigir. E sem perder a coerência e o respeito de seu filho. Ser coerente não é não poder voltar atrás ou não admitir um erro. Ser coerente é ter clareza nos argumentos.

Se você souber explicar a seu filho o erro que cometeu, por que o cometeu e como pretende corrigi-lo, ele não vai ficar confuso. Ruim é quando os pais não conversam, dão broncas e castigos por impulso, depois se arrependem, voltam atrás sem dar explicações, porque estão com dó, ou porque se cansaram de manter o controle do castigo ou ainda porque se esqueceram de dar seguimento ao assunto.

Em dado momento, quando Heitor tinha onze anos, o pai decidiu que ele tinha de comer verduras. Resolveu então, em nome da saúde do filho, impor esse novo hábito.

Tiveram verdadeiras batalhas campais. O pai se manteve firme e decretou que não seria oferecido a Heitor nem lanche, nem outro tipo de comida no jantar, nem no café da manhã no dia seguinte, se não comesse verduras no almoço. Nesse ínterim, o prato com verduras seria oferecido novamente tantas vezes quanto necessário.

É claro que, como permaneceu muito firme, ele conseguiu impor sua regra, e a contragosto Heitor engolia as verduras servidas no almoço, inclusive o brócolis, que tanto odiava. Semanas mais tarde o pai foi convencido pela mãe e pelo pediatra que aquilo tudo não fazia sentido, Heitor não era um menino mimado e enjoado para comer. Comia legumes, frutas, carne, peixe e frango e não tinha o hábito de comer doces nem tomar refrigerante. As verduras não lhe fariam tanta falta e no futuro provavelmente iria aos poucos experimentar e passar a gostar de algumas. Não valia a pena transformar as refeições em sessões de tortura. Alguns sabores não se tornam melhores pelo hábito. E também os adultos têm o direito de não gostar de certas comidas.

O pai então conversou com Heitor:

Filho, cometi um grande erro e me arrependo. Eu o obriguei durante semanas a comer verduras que você detesta. Mas você não é um menino mimado e enjoado para comer. Come legumes e frutas e sua mãe e o pediatra me mostraram que não faz sentido obrigá-lo a comer verduras. Eu não respeitei seu direito de ter preferências. Achei que estava cuidando de sua saúde e fui rígido demais. Quero pedir desculpas a você. Da próxima vez vou me informar melhor, para ter certeza de que estou exigindo de você algo realmente necessário.

É importante que seu filho sinta que você está no controle, que é leal e atento, e que está sempre aberto a escutá-lo e até a mudar de rota quando necessário.

Se você compreendeu que pode errar e corrigir seus erros, podemos passar aos próximos capítulos, nos quais discutiremos formas de impor limites.

Mãos à obra e coragem!

PARA RELEMBRAR

1. Quando apresentar limites e quando impor limites?

- Dialogar em conexão com pensamentos e emoções é um modo de dar limites *apresentando a seu filho as limitações* práticas e éticas que a vida impõe aos desejos dele. Será sempre sua primeira opção.

- *Nem sempre o diálogo é suficiente*, às vezes ocorrem genuínas divergências de opinião, divergências em relação aos interesses em jogo. Ou seu filho pode estar hostil, ou ainda ser imaturo demais. Nesse caso, você *pode ter de impor os limites*.

2. Limites dados apenas a cada ocasião são limites de contenção

- Eles impedem que o comportamento *inadequado prossiga* naquele momento. Seu impacto tende a se diluir com o tempo e mais adiante seu filho volta a ter o antigo comportamento.

- Esses limites ocasionais e situacionais podem ser suaves (conter seu filho calmamente, desviar o foco e distraí-lo etc.), moderados (gestão de consequências; se seu filho não cumprir certas obrigações, não terá certos privilégios) ou fortes e contundentes (broncas e castigos).

- Seja qual for os três graus de intensidade que você adote, impor limites de contenção momentânea é o modo mais adequado de dar limites para crianças pequenas (até cerca de três anos e meio).

- Acima dessa idade, você pode usar os *limites dados a cada ocasião* para assuntos de importância menor e reservar os métodos de *limites interligados* para temas mais relevantes e para os quais talvez seja difícil de obter uma mudança.

3. Limites interligados são limites transformadores

- Eles interligam *a consciência do problema, dão recursos para seu filho mudar* e permitem *praticar* e treinar novas posturas e obter verdadeiras transformações.

- São *atrelados a mudanças* de atitude.

4. Contenções e castigos

- Contenções são manobras e providências para impedir que seu filho se comporte de modo inadequado naquele momento. Na verdade, são limites dados na ocasião (por exemplo, tirar o filho da cena e colocá-lo na cadeirinha para que se acalme). Não se deve usar castigos para a função de barrar momentaneamente maus comportamentos.

- As contenções são suspensas assim que seu filho adota o comportamento adequado. Por exemplo, "se parar de incomodar os amigos, pode voltar a brincar".
- Contenções estão vinculadas ao tema em questão, mostram a conexão entre os elementos: lazer só depois de cumprir as obrigações, socializar somente se souber se comportar bem etc.

5. A eficácia das contenções

- Contenções podem, ao longo do tempo, pela *repetição, ir levando seu filho a perceber* que toda vez que se comporta daquele modo ele é impedido ou sofre restrições e que, portanto, é melhor adotar um comportamento adequado, que os pais reforçam e recompensam.
- Contenções podem servir como *barreira momentânea*, apenas para tornar viável o convívio em determinada situação.

6. Castigos

- *Castigos são retaliações*; por meio deles o adulto exerce seu poder e retira algo precioso por um tempo determinado.
- Castigos têm um *tempo fixo de cumprimento* (como uma pena) e esse tempo não é encurtado nem o castigo é suspenso assim que seu filho muda de atitude (como ocorre com a contenção).
- Castigos *não precisam ter um vínculo com o tema* em questão; as retaliações impõem perdas dolorosas que podem estar totalmente desvinculadas do problema.

> **OBSERVE**
> - A meta do castigo não deveria ser uma contenção momentânea do comportamento inadequado. Usado desse modo ele tende a não ser eficaz.
> - A meta do castigo é quebrar a resistência à mudança. A ideia é que seu filho perceba que, toda vez que ele quebra o pacto da educação (cooperação e diálogo), sofre restrições dolorosas.

7. A eficácia dos castigos

- Castigos fracos acabam funcionando como contenções momentâneas e serão uma forma de limite dado a cada ocasião. Nesse caso, é melhor não dar castigos, mas usar os diversos métodos de contenção.
- Castigos fracos precisam ser aplicados repetidamente e tendem a imunizar seu filho, que não mais se impressiona com eles.

- Não basta que o castigo seja forte; castigos só produzem mudanças profundas e permanentes se forem dados na forma de limites interligados, *atrelados a projetos de mudança de atitude*. O efeito de castigos fortes dados de forma solta se dilui após alguns dias ou semanas. Se tiver de repeti-los, seu filho ou se traumatiza ou se acostuma com eles.
- Castigos aplicados com frequência deixam de educar; sua eficácia é maior se forem raros, diferentemente das outras contenções, que podem ser aplicadas cotidianamente.

COMO FAZER

1. Para impor limites que interligam as partes e transformam as atitudes

- Se você não conseguiu apenas apresentar limites e tiver de impor limites interligados e transformadores, o processo se estende por *três momentos* sequenciais:
- No primeiro momento, você *impõe que o comportamento cesse* (de modo moderado ou forte), dando um basta ou um castigo, e explica que exigirá dali em diante uma mudança de atitude imediata.
- No segundo momento, após ter dado um basta contundente e avassalador ou um castigo de alto impacto, você *impõe uma conversa* para conscientizar seu filho. Agora, se ele estiver submetido à força dos limites será possível fazê-lo finalmente escutar, e apresentar a ele o problema (mostrando por que é necessário que ele tenha um comportamento mais adequado).
- No terceiro momento, você *compromete* seu filho com um projeto de mudança imediato (parte IV), deixando claro que não vai mais aceitar aquele comportamento e que se necessário tomará medidas mais enérgicas.

2. Para escolher o melhor método de impor limites

- *Não se restrinja a usar um só* método. Não há *um* método que possa ser considerado o melhor; há pelo menos uma dezena de métodos eficazes de impor limites. Vá alternando os métodos descritos neste livro (ou em outros) e observando o que funciona melhor para cada tipo de situação.
- Cada momento, cada tipo de criança, cada situação exigem métodos diferentes. Usar sempre o mesmo método, além de inadequado para lidar com a variedade de situações, *faz com que seu filho se habitue* e o método deixe de ser eficaz, pois será repetitivo.

3. Quando os pais erram

- Explique a seu filho com clareza e lealdade exatamente o que você pensava quando adotou aquela postura, o que aprendeu ou percebeu depois (ao pensar melhor, ao receber um conselho de alguém, ao ouvir melhor os argumentos dele). Mostre por que a nova visão lhe parece mais adequada.
- Em seguida, combine com ele que daí em diante adotará esses novos critérios. Se necessário, peça desculpas pelas perdas causadas pelo seu equívoco.
- Para modificar as providências que tomou e corrigir erros, *muitas vezes será preciso mudar regras*, *suspender* castigos e contenções, ou passar a *coibir* algo que antes você permitia.

OBSERVE

- Você pode errar diversas vezes, dando limites na intensidade inapropriada (suaves ou fortes demais), reprimindo coisas que devia deixar passar ou relevando algo que devia limitar. *É impossível não errar* e você jamais deixará de se equivocar ou ter dúvidas.
- Não deixe de corrigir erros por medo de perder a coerência. Ou de perder o respeito de seu filho, achando que ele passará a considerá-lo confuso ou inconsistente. Não tenha *medo de que ele pare de levá-lo a sério.*
- Você pode *mudar regras e critérios a qualquer momento desde que apresente uma boa razão para isso.* Durante uma eventual reprimenda, durante a vigência de algum castigo ou contenção, ou mesmo retomando um episódio que ocorreu há meses ou anos e do qual você se arrependeu.

14

Impondo limites suaves

Neste capítulo falaremos sobretudo de limites situacionais, ocasionais. São os limites de contenção.

Às vezes você tem simplesmente de coibir determinados comportamentos de seu filho conforme eles se apresentam.

É claro que, quando possível, você deve sempre primeiro conversar, *apresentar* e *explicar* os limites (*diálogo em conexão*), mas, se isso for possível ou bastar, não tenha receio de os *impor*. E siga uma escala crescente, indo dos mais suaves aos moderados. Se esses limites não funcionarem, você pode ter de lançar mão de métodos contundentes de impor à força limites mais duros. O tema deste capítulo são os limites suaves.

Como mencionei, não se preocupe em memorizar as diferentes formas de impor limites; com o uso você vai internalizá-las.

Neste capítulo abordaremos nove métodos suaves,[23] mais apropriados para crianças de um a quatro anos:

1. Distrair;
2. Conter e executar;
3. Dar ordens positivas;
4. Dar opções;
5. Combinar os três avisos;
6. Sugestionar;

7. Estimular a fala explicativa em vez do chilique;
8. Ignorar o negativo (concentrar-se no positivo); e
9. Sentar na cadeirinha.

Mas é claro que em algumas ocasiões você pode utilizar esses limites também com crianças maiores e, em alguns casos, fazendo as adaptações necessárias, até com adolescentes.

1. Distrair

Esse método é tão suave que mal se pode falar em "impor" limites, talvez fosse melhor designar de método para "evitar" que seu filho ultrapasse limites. Ele não promove nenhuma aprendizagem. Nem explícita e consciente, nem implícita e ocasional. Esse suave limite dado a cada ocasião apenas desvia o foco do seu filho do problema. É um limite porque inibe, impede que o comportamento continue. Por exemplo, se seu filho pequeno quer pôr o dedo na tomada, você o distrai com um chocalho e desvia o foco, impedindo que o comportamento continue.

Basicamente, há apenas o manuseio da situação.

Patrícia, de dois anos e meio, com frequência não quer trocar de atividade ou mudar de posição, não quer ficar sentada na cadeirinha do banco traseiro do carro, não quer tomar banho, não quer sair do carro. Nessas situações, os pais a distraem com alguma brincadeira, por exemplo, chamando a atenção para algo supostamente espantoso que está acontecendo no telhado de uma casa próxima: "Olha, Pati, que coisa colorida no telhado da casa do vizinho: um passarinho! Está vendo?". Ou oferecem um objeto ou brinquedo interessante, até mesmo o chaveiro.

Ao desviar o foco, a criança sai do modo "resistência", e os pais conseguem prosseguir na rotina necessária — dar banho, dar comida etc.

Por um lado, pode ser uma forma menos estressante, pois

evita o conflito, mas você corre o risco de acostumar a criança a só fazer as coisas quando deseja ou quando alguém a distrai. Até os dezoito meses, porém, pode ser o melhor método. Mas também funciona com filhos maiores, ao quais, em vez de dizer algo como "pare de perturbar sua irmã", você pode sugerir: "Venha me ajudar a levar os mantimentos para o carro".

Se usar o método de distrair em diversas situações, tome cuidado para que não seja o único. Quando você estiver em local público, ou quando seu filho estiver cansado ou você tiver urgência em resolver algo, pode ser realmente o melhor método. Mas em alguns momentos seu filho deve obedecer simplesmente porque você está no comando. Mesmo com menos de três anos e meio, ele tem de aprender que você está cuidando dele e que ele não tem saída a não ser lhe obedecer. Mesmo com adolescentes o método de distrair pode funcionar, mas é apenas um paliativo para lidar com a situação sem o desgaste do confronto.

2. Conter e executar

Crianças pequenas, sobretudo entre um e três anos, quando estão exaustas ou muito tensas, podem entrar em um estado em que não conseguem se controlar nem entender o que se passa. Ficam muito nervosas e agitadas.

Frederico tem dois anos. Sua mãe tenta: "Você está com sono, quer deitar na cama?". Aos berros e chorando, ele balbucia que sim. Mas logo que é colocado na cama grita desesperado que não quer dormir, que quer sair da cama. E assim sucessivamente: quando a mãe o tira da cama e coloca no colo, ele novamente grita que quer deitar. E repete sem parar esses comportamentos alternados. Está simplesmente exausto. E confuso.

O mesmo tipo de problema pode ocorrer na volta da escola para casa com a questão de pôr o cinto de segurança ou almoçar.

Nesse caso também não há aprendizagem explícita e consciente, mas você manipula uma situação. Cabe reconhecer que não se trata de manha, a própria criança não sabe mais o que se passa com ela. Seu cérebro e seu sistema nervoso entraram em colapso por causa do cansaço.

Os pais então devem acolher o filho e, com calma, fazer o que deve ser feito (colocá-lo na cama, pôr o cinto de segurança, dar banho). Enquanto isso, a criança chora e berra, e o adulto a acalma com voz suave, dizendo algo como: "Filho, você está cansado. A mamãe vai te ajudar. Calma, está tudo bem". E prossegue fazendo tudo com calma, mas com determinação, segurando o corpo da criança com cuidado e firmeza.

Eventualmente, intercale a ação com colo e abraço, mesmo que seu filho prossiga com os berros. E continue a dizer de forma doce algo como: "Calma, já vai terminar, vai passar".

Dependendo da atividade e do momento, pode levar de três a trinta minutos até que a criança exausta se acalme. Se o adulto entender que se trata de exaustão e que ela simplesmente não está conseguindo lidar com a situação, conseguirá se munir de mais paciência e conter amorosa e firmemente o "surto" de desespero da criança.

Claro que mesmo a criança exausta pode ser enquadrada com uma forte bronca, ou com palmadas, como se fazia antigamente. Mas não faz sentido gerar esse trauma quando seu filho não está sendo malcriado nem desafiador e, sobretudo, ainda é muito pequeno para entender o que se passa.

Alguns pais perdem a paciência. Talvez você consiga se manter tranquilo e lembrar que não está diante de alguém que não aceita limites, mas de uma criança exausta.

É diferente da situação de Ana, por exemplo, que está se tornando uma pequena tirana. Aos três anos ela "decide" qual dos adultos vai lhe dar banho. "O papai, não! A babá! Não, papai não, a babá, ba-bá!" Quando contrariada, Ana entra em uma espiral de fúria e desespero que pode inclusive levá-la a se machucar (algumas crianças se jogam no chão, outras se arranham, outras batem com a cabeça na parede). Depois de alguns segundos de manha, Ana entra em um estado de cólera do qual não consegue mais sair facilmente.

Nesse caso, em geral o melhor a fazer é cortar logo de início a manha e a tirania. Veremos que nesses casos o método de dizer um "não" firme acompanhado de uma breve explicação pode ser o mais adequado (listado a seguir em oitavo lugar).

3. Dar ordens positivas

Esse método é também usado a cada ocasião e é indutivo; ele induz seu filho a agir de determinado modo, dispensa o uso do "não" e de outras negativas. Comunica a ele o que fazer em vez de enfatizar o que não fazer. A ideia é que todo ser humano tende a resistir e dizer "não" quando se vê criticado ou restringido.

Quando ouve alguém lhe impondo uma restrição, por exemplo, dizendo que você não pode pisar do lado esquerdo da calçada, é provável que pense: "Quem é esse sujeito para me proibir isso? Agora é que vou pisar do lado esquerdo!". O mesmo vale para críticas implícitas e ordens autoritárias, do tipo: "Já disse para não colocar as mãos no meu vaso de porcelana chinesa!". Para muitos será quase automático o desejo de desafiar.

No caso de crianças, por exemplo, em vez de "já disse para não deixar os pratos usados espalhados pela casa", você opta por dizer "quero pedir para você ajudar guardando na máquina de lavar louça os pratos usados, assim evitamos baratas". Ou em vez de "você não pode brincar antes de terminar os deveres de casa", "faça os deveres de casa antes de brincar, assim você terá depois mais tempo para brincadeiras; venha, sente à mesa, vou buscar uma régua maior que está na mesa do papai para você fazer o dever de matemática".

Nem sempre esse método pode ser usado, mas se, de forma geral, você der ordens especificando de modo positivo o que seu filho deve fazer, a tendência é ouvir dele menos "nãos".

4. Dar opções

Esse método dá um *limite aplicado a cada vez que surge a ocasião*. É uma variante do anterior, e não promove uma aprendizagem explícita e consciente, ele induz. Funciona com crianças acima de dois anos e dá a seu filho uma sensação de ter algum poder sobre a própria vida e fazer algumas escolhas, em vez de apenas obedecer, o que irrita as crianças (que aos dois anos já têm capacidade de fazer muitas coisas por conta própria).

Por meio de propostas lúdicas, a criança é induzida a agir numa determinada direção.

A mãe de Paulo e Marília tornou muitas das rotinas mais fáceis quando aprendeu a usar esse método. Por exemplo, diz: "Crianças, vocês querem ir tomar banho pulando num pé só ou andando de costas?". Ela dá às crianças a opção de escolher, em vez de só obedecerem. Algumas vezes, usa uma variação e deixa os filhos escolherem entre muitas opções. Por exemplo, abre a gaveta com meias e diz: "Hoje vocês podem escolher as meias que vão usar".

Mas lembre-se de que você está no comando e define quando e o que seu filho terá direito de escolher. Ele não pode escolher não tomar banho, apenas como vai caminhar até o banheiro. Também não pode optar por não usar meias.

Note que nesse caso os pais não começam imediatamente a se irritar e falar alto, nem dão comandos autoritários em uma espécie de guerra de poder, com frases como: "Estou mandando, me obedeça já!". Além de falar com calma e firmeza, os pais dão à criança alguma voz ativa e oportunidade de escolher em áreas em que já consegue atuar.

Só tome cuidado para não cair na armadilha de a criança exigir alguma coisa que não está entre as que você ofereceu e vocês começarem uma negociação.

Se oferecer opções não funcionar e seu filho fizer manha, você pode tentar um comando direto, firme, mas calmo. Algo como: "Filha, agora vou pedir para você desligar o tablet e escovar os dentes". Se a criança não obedecer, mantenha-se equilibrado: "Sei que você quer continuar jogando, mas está tarde, você precisa descansar. Eu ajudo a pegar a escova e a pasta de dente". Se ainda assim não funcionar, use outros métodos um pouco mais contundentes, descritos a seguir (5-9).

5. Combinar os três avisos

Esse método traz uma aprendizagem mais explícita, promove uma maior conscientização e permite ao seu filho praticar um novo modo de lidar com situações, e está atrelado a um micro-projeto de mudança. Aplicando-o durante três a seis semanas, pode-se conseguir mudanças definitivas de atitude.

Muito da resistência em obedecer observada em crianças entre dois anos e meio e quatro anos tem a ver com o fato de que elas já têm autonomia para fazer muitas coisas e começam a se irritar e a se sentir sufocadas com um adulto o tempo todo ditando o ritmo de processos pessoais.

Imagine como você se sentiria se alguém lhe dissesse em que ritmo deve comer, quando ir ao banheiro, como lavar os cabelos, quando dormir, e o interrompesse constantemente no meio de seu lazer para ir jantar, escovar os dentes etc.

Boa parte dos chiliques e do desgaste acontece quando os pais cansados e impacientes demandam essas interrupções de ritmo e reagem com irritação aos pedidos da criança para continuar o que estava fazendo "só mais um pouquinho".

O método dos três avisos ajuda a lidar com esse tipo de conflito.

Por exemplo, para que seu filho entenda que chegou a hora de parar de brincar de esconde-esconde e ir lavar as mãos e almoçar, você pode combinar com ele, ainda que ele não se lembre bem do combinado, que sempre vai avisar três vezes antes das mudanças de atividade.

O primeiro aviso é para que ele saiba que logo vai ter que mudar de atividade, o segundo é para que vá encerrando a atividade na qual estava envolvido e o terceiro para que inicie a nova atividade.

Por exemplo, você avisa antes de ele começar um jogo:

Filho, como sempre, vou chamá-lo três vezes. Na primeira vez vou avisá-lo que logo vai precisar parar para lavar as mãos e almoçar, assim você pode ir encerrando o jogo. Na segunda vez, direi: "Agora vamos começar a guardar o jogo". E na terceira vez direi: "Pronto, agora vamos fechar a caixa do jogo e vamos lavar as mãos".

Mas não é tão fácil para crianças com menos de cinco anos entender e memorizar esse modelo, por isso antes você precisa se assegurar de que seu filho compreendeu e vai se lembrar do modelo que será usado.

Em uma versão breve do diálogo em conexão você pode conversar, combinar e treinar com ele esse procedimento dos três avisos. Horas antes, ou um dia antes, pode dizer algo como:

Tive uma ideia, quando você estiver brincando antes do banho, vou chamar três vezes. Uma vez para você ir terminando a brincadeira, outra para guardar os brinquedos e outra para ir ao banheiro. Vamos treinar agora? Vamos fingir que você está brincando e chegou a hora do banho. Então vou chamar e você começa a guardar os brinquedos, está bem?

E os pais fazem um ensaio, praticando o procedimento. Podem alternar papéis, um deles pode ser o filho, e o filho fazer o papel de pai. Mas ainda assim a criança esquecerá o assunto. Você vai ter de lembrá-la diversas vezes durante uma semana, até que vire um hábito. Então, depois de fazer o treinamento, digamos, às dez da manhã, relembre o tema na hora do almoço. Repasse as etapas. Repita esse ensaio uma hora antes do horário em que começa a rotina de tomar banho. Por exemplo: "Filha, vamos ver se você consegue lembrar: quantas vezes vou chamar antes do banho? Ótimo. E o que você vai fazer na primeira vez? E na segunda? E na terceira? Muito bem, está preparada?". Finalmente, um minuto antes de começar a rotina: "Está na hora de você pegar seus brinquedos e brincar um pouco para depois tomar banho. Lembra que eu vou chamar três vezes?".

Em algumas ocasiões seu filho vai pedir para "continuar só mais um pouquinho". Por que não, se for um pedido razoável? Quem não tem vontade de continuar mais um pouco quando está fazendo algo prazeroso? Não é desobediência nem desafio, portanto não encare esse pedido com impaciência. Você deve negociar e, se necessário, determinar e impor um "tempo" (minutos) para que seu filho tenha um pouco de poder sobre o próprio ritmo, ou para que possa finalizar alguma atividade que esteja no auge. "Você quer brincar mais um pouco com sua boneca? Está bem, ainda está no horário, você pode ficar mais três minutos, mas quando eu avisar acabou mesmo, está bem?" Se seu filho não cumprir o combinado, você encerra a atividade impondo um limite com mais firmeza. Até os três anos e meio, apenas imponha (métodos 5-8), depois dos quatro, além de impor, explique e conscientize seu filho sobre o porquê de ter de encerrar a atividade.

6. Sugestionar

Ao sugestionar por meio de reforço positivo e elogios ou estímulos, você não dá exatamente limites, apenas induz. A aprendizagem é implícita e indireta. Com esse método você não conscientiza nem engaja seu filho em uma mudança de atitude. Portanto, terá de usá-lo inúmeras vezes e talvez, depois de algum tempo, com o costume, seu filho sem perceber mude de padrão.

Por exemplo, se você quer que ele ajude em alguma atividade doméstica:

Filho, contei para a vovó que, agora que você já é grande e tem três anos, consegue fazer coisas que crianças muito pequenas, de dois anos, não conseguem. Vi que outro dia você conseguiu levar o prato para a cozinha, vamos ver se está grande mesmo e consegue de novo?

Esse método pode funcionar, mas não se restrinja a ele. E cuidado para não criar um filho que só se motive com elogios e encorajamento. Nada que você faça em excesso e sem critério funcionará. E sempre que um método se mostrar desvantajoso, troque.

7. Estimular a fala explicativa em vez do chilique

Esse modo de impor limites também é ocasional e traz uma aprendizagem implícita e indireta — seu filho aprende, sem ter consciência, apenas vivenciando a repetição de situações.

Imagine uma criança de três anos e meio ou pouco mais de quatro anos que está tendo um acesso de raiva ou desespero. Os pais, gentilmente mas com firmeza, lhe dizem que desse jeito não conseguem entender o que ela quer dizer e que vão esperar até que ela consiga se acalmar e explicar para eles o que quer. De início não funcionará. Mas, se permanecerem serenos e firmes, os pais podem ir aos poucos ensinando o filho a se comunicar de modo mais organizado e tranquilo.

Téo, de cinco anos, vai até a mãe chorando contrariado porque seu irmão não lhe emprestou um brinquedo (ou o pai não permitiu que ele pulasse do escorregador do parquinho). A mãe reage, acolhendo-o com calma e dizendo:

Téo, quando você chora assim não consigo entender o que está falando. Explique de novo, com mais calma. O que aconteceu com seu caminhãozinho? Vamos tomar um copo d'água, você respira um pouco e depois me conta tudo. Venha.

Uma variante desse modelo é pedir gentilmente que a criança vá para o quarto se acalmar sozinha e volte quando estiver em condições de conversar.

Se seu filho for maior e estiver furioso e desafiador, você pode usar o mesmo método e se recusar a conversar com ele enquanto não se acalmar. Coloque-se à disposição para ouvi-lo quando ele estiver menos ansioso ou disposto a conversar com tranquilidade.

Mesmo para um adolescente, diga isso com educação, cordialidade e calma. Sua postura servirá de modelo, contrapondo-se à intensidade e ao descontrole do seu filho.

Filho, estou vendo que você está muito chateado, vamos falar sobre isso, mas sem ofensas e sem ataques. Quando estiver mais calmo e quiser conversar, estou aberto a falar sobre tudo, mas do jeito que está agora, vamos acabar discutindo. Se você gritar comigo, não vou conseguir ouvir nem entender o que você pensa.

Em diversos casos esse método pode funcionar. Com crianças, leva algumas semanas para se acostumarem e aprenderem que é possível se acalmar e conversar. Com filhos pequenos e adolescentes, você pode reforçar esse método abordando-os, dias depois do episódio, com um *diálogo em conexão* sobre as vantagens e desvantagens de lidar com problemas conversando em vez de se deixar dominar pela fúria. E pode ensinar a ele métodos para se acalmar e resolver os assuntos conversando. Nesse caso você estará promovendo um pouco de aprendizagem explícita, pois ao conscientizá-los, esclarecendo para eles o valor e a importância de conseguir falar e explicar em vez de se descontrolar e ter ataques de fúria, você os faz entender o porquê de sua exigência.

8. Ignorar o negativo (concentrar-se no positivo)

Esse método trabalha com limites dados a cada ocasião, pois

enfatiza principalmente o ensino implícito a partir de cada situação isolada. A ideia é que seu filho aprenda vivenciando que muitas coisas funcionam melhor quando ele age de modo adequado.

Há casos em que os chiliques e as manhas proporcionam à criança um ganho paralelo: obter atenção. Às vezes, mesmo que seja para levar uma bronca ou um castigo, a criança pode prosseguir com a birra, pois ao menos obtém a atenção dos pais. Em alguns casos, percebe que causar problemas pode ser mais eficiente para conseguir a atenção dos pais do que se comportar. Talvez assim consiga evitar que deem atenção ao irmão mais novo ou que se concentrem em outras atividades. Enfim, por algum motivo, algumas crianças se fixam nesse modo negativo mas eficiente de obter a atenção do adulto.

Por isso, em alguns casos, pode funcionar simplesmente ignorar o chilique ou a manha. A lógica desse método é fazer a criança entender na prática que escândalos não produzem resultados positivos, que dessa forma não obtém mais atenção nem consegue sua concordância. Ela descobre com o tempo e pela repetição que ser respeitoso e obedecer quando necessário traz resultados melhores.

Quando Fernando, de três anos, deu mais um de seus "shows" porque não queria guardar os brinquedos no armário, seu pai simplesmente ignorou o escândalo e foi para o quarto ao lado fazer outras coisas. Depois de quarenta minutos, Fernando parou de chorar e de arremessar brinquedos pelo quarto.

Quando o filho pediu educadamente para comer algo, o pai o tratou com a maior gentileza e usou o método das opções: "Tudo bem, vou lhe dar o lanche, mas antes os brinquedos precisam ser guardados. Você quer pegar os de rodinhas e eu ajudo guardando os bonecos, ou prefere guardar os bonecos?". Dessa vez Fernando guardou calmamente os brinquedos.

Depois do lanche, fez novo escândalo porque não queria escovar os dentes. O pai empregou a mesma tática. Dessa vez o choro durou trinta minutos.

Se os adultos da casa tiverem paciência e todos seguirem o método, depois de algumas semanas a criança pode acabar percebendo que não adianta chorar e vai aos poucos deixando de fazer manha. E se for reforçada positivamente sempre que conversar ou pedir algo de modo respeitoso e tranquilo, perceberá que reagir a um "não" dos adultos com um escândalo não leva a nada.

Esse método exige muita paciência, e o adulto tem de estar atento, pois nem sempre a criança se limita a chorar; pode quebrar coisas ou se machucar. Em alguns casos, funciona sem que os pais precisem dar broncas ou perder a paciência. Costuma ser mais eficiente com crianças entre um e dois anos e meio. Com crianças maiores e adolescentes, funciona em algumas situações, mas é um método de ensino implícito, indireto, mais demorado e mais sujeito a recaídas.

9. Sentar na cadeirinha

Esse método de dar limites foi muito popularizado pelo programa de TV *Supernanny*. Consiste em ficar na altura da criança, olhá-la nos olhos, dizer firmemente que o que ela fez não foi adequado e mandá-la sentar, por exemplo, numa cadeirinha, ou no degrau da escada, à vista do adulto, para "pensar" no que fez. Em geral, a duração é determinada pela idade: a quantidade de minutos que a criança fica pensando deve corresponder a quantos anos ela tem. Passado o tempo determinado, ela pode sair da cadeirinha e voltar a brincar.

Embora a ideia seja a criança "pensar", na verdade, a essência é que seu filho é "tirado do jogo" toda vez que se comporta mal; nesse sentido, é um método de ensino implícito (a cada vez que tenho determinada atitude sou tirado de cena) e o *limite é dado a cada ocasião*, mas basta seu filho mudar de postura e a restrição é suspensa, portanto você não interliga o limite a um projeto de mudança definitiva de atitude.

Dependendo da convicção dos pais, do temperamento da criança e do tipo de desgaste em jogo, esse método pode funcionar. Mas a criança de dois ou três anos não é capaz de "ficar pensando no que fez". Está além da compreensão dela, é abstrato demais. E mesmo crianças mais velhas, de cinco a oito anos, quando colocadas de castigo, não ficam "pensando no que fizeram". Provavelmente ficarão "pensando" na raiva que sentem de quem lhes causou contrariedade, ou as colocou de castigo, ou então no quanto estão sofrendo por não poder brincar.

Em vez de pedir que seu filho de dois ou três anos fique "pensando no que fez", você pode usar a cadeirinha como uma espécie de "área de espera" para quem foi tirado do "jogo". Ele só "voltará a campo" quando tiver se acalmado e mudado de postura. Não é exatamente um castigo, mas uma contenção forçada.

Depois de ter, sem sucesso, advertido diversas vezes Renato, de três anos e meio, de que não deve desmanchar a pilha de cubos que as outras crianças estão montando, sua mãe lhe diz com firmeza: "Renato, você não pode desmanchar a pilha das outras crianças", enfatizando pela entonação o "não pode desmanchar". É um comando que ele deve incorporar.

Ela prossegue: "Agora sente aqui na cadeirinha e espere um pouco. Depois, se não mexer mais na pilha de cubos do amigo, poderá continuar a brincar".

A criança ficará contrariada porque não quer sentar na cadeirinha e ficar parada, quer continuar a derrubar pilhas de cubos. Ou se revoltará porque se incomoda ou se assusta com a voz e a expressão enérgica do adulto que a mandou sentar. Mas a mãe e o pai devem se manter firmes.

Às vezes, dependendo da situação, você pode, durante o tempo que seu filho fica na cadeirinha, manter com ele um breve diálogo de ponderação, mas em tom sério. Poderia ser algo como:

Você entendeu que não pode mexer no brinquedo dos amigos? Então, quando levantar da cadeirinha, vai mexer de novo nos brinquedos ou parar de atrapalhar a brincadeira? Se mexer de novo a mamãe vai ficar brava ou vai deixar você derrubar as pilhas de cubos? Isso mesmo, vou ficar muito brava. E você vai ter de voltar para a cadeirinha ou não?

Se seu tom for doce, a criança, que nessa idade mal entende o que está sendo dito, pensará que se trata de algo agradável, talvez um jogo de "senta-levanta-desmancha-senta de novo na cadeirinha".

E se a criança não se enquadrar nesse modelo de contenção? Por exemplo, se não sentar na cadeirinha, ou gritar, se jogar no chão, chutar a cadeirinha, ou se sentar, mas ficar levantando o tempo todo? Ou se ela sentar, esperar, mas em seguida, ao voltar a brincar, repetir o mesmo comportamento? Insista um pouco no método, mostrando mais firmeza e determinação. Mas se seu rigor e sua paciência não forem suficientes para fazê-la obedecer, troque de método.

Métodos mais duros

Os próximos dois capítulos tratam de métodos mais severos. A maioria deles se presta tanto a crianças pequenas quanto a crianças maiores e adolescentes.

226

PARA RELEMBRAR

Sobre limites suaves

Alguns desses métodos são tão suaves que quase não se pode dizer que "imponham"; eles induzem mais do que impõem. Somente três deles — "conter e executar", "combinar os três avisos" e "mandar sentar na cadeirinha" — são um pouco mais impositivos.

COMO FAZER

Nove sugestões de limites suaves e de como utilizá-los

1. Distrair: mudar o foco de atenção, interrompendo o conflito ou a contrariedade.

2. Conter e executar: sem reprimir, ir realizando as manobras necessárias e em paralelo ir acalmando seu filho com palavras e entonação tranquilas.

3. Dar ordens positivas: em vez de usar o "não" e dizer o que está errado ou o que não deve ser feito, formular positivamente, explicando o que deve ser feito.

4. Dar opções: oferecer ao seu filho uma escolha entre duas ou três opções. Em vez de impor apenas um caminho, dar espaço para que ele possa exercer a liberdade de escolha e se sentir com algum poder de decisão.

5. Combinar os três avisos: em vez de impor abruptamente uma mudança de atividade, combinar que sempre avisará antes, para que seu filho possa se preparar prática e emocionalmente para a passagem de uma atividade prazerosa a uma rotina "chata" (ir para casa, ir dormir, lavar as mãos etc.). Combine com ele que haverá três avisos: primeiro avise que haverá um encerramento em determinado tempo (a criança se prepara emocionalmente), depois que está chegando a hora (ela se prepara operacionalmente, guardando os brinquedos ou encerrando a atividade) e finalmente que o momento de encerramento chegou (ela sabe que dessa vez precisa ir imediatamente).

6. Sugestionar: formular a ordem de modo a elogiar e destacar a competência da criança em realizar determinada tarefa.

7. Estimular a fala explicativa em vez do chilique: explicar que não consegue entender e atender o filho se ele chora ou grita. Pedir que ele tente explicar o que precisa, ajudando-o a fazê-lo de maneira calma, compreensível e respeitosa.

8. Ignorar o negativo (concentrar-se no positivo): não dar atenção quando seu filho for desrespeitoso ou tiver comportamento inadequado, e dar atenção toda vez que ele se comportar adequadamente.

9. Sentar na cadeirinha: retirá-lo da cena e contê-lo em outro local do recinto, ou em outro recinto, para que ele se acalme, até que consiga afirmar com serenidade que tentará voltar à atividade de maneira adequada (sem bater, sem brigar, sem furar fila etc.).

OBSERVE

- Esses métodos podem ser eficazes sobretudo como contenções, funcionam como limites dados a cada ocasião.
- Os nove métodos podem ser usados alternadamente. Em geral são mais apropriados para crianças de até seis ou sete anos de idade.
- Filhos mais velhos e adolescentes também podem receber esses nove limites suaves (adaptados à faixa etária), mas é preciso combiná-los com limites moderados, fortes e interligados.

15
Impondo limites moderados

Para os cinco métodos de impor limites que abordaremos a seguir vale o que foi dito na introdução do capítulo anterior: não use apenas um deles. Se depois de um tempo o método escolhido não estiver se mostrando eficaz, tente outro.

Os cinco métodos de dar limites moderados promovem um pequeno trauma, isto é, seu filho associa a consequência de um comportamento inadequado com um resultado desagradável: bronca ou sofrer uma restrição.

1. Dizer "nãos" enérgicos crescentes

Na verdade, trata-se de uma "bronca", uma sinalização emocionalmente intensa. Ao recorrer a esse método, você dá uma advertência forte, baseada em comunicação instintiva, visceral. É seu lado animal avisando ao filhote para não fazer algo. Talvez comparável ao que alguns animais fazem para dar "limites" aos filhotes: rugem, fazem "cara feia", dão bicadas educativas, enfim, sinais de que basta e que o filhote não deve prosseguir com aquele comportamento.

Com filhos pequenos esse método promove uma aprendizagem implícita. Seu filho vivencia repetidamente a mesma dinâmica: toda vez que faz determinada coisa recebe um enérgico "não" como resposta e algumas vezes é retirado do local ou da atividade em que esteja envolvido. É claramente um limite ocasional, que em geral promove um pequeno susto e uma vivência desagradável.

A mãe de Gisele, de um ano e meio, está tentando dar comida à filha, que repetidamente joga a colher cheia de sopa no chão. Ela faz isso tanto quando a mãe a incentiva a segurar ela mesma a colher como nas vezes em que a mãe opta por alimentá-la. Gisele, na verdade, descobriu um jogo maravilhoso: arremessar a colher com sopa no chão.

Provavelmente é divertido fazer o gesto, ouvir o ruído da colher caindo, observar a sopa gosmenta escorrendo para fora da colher. E talvez seja ainda mais divertido observar o alvoroço dos adultos, que fazem expressões faciais diferentes, se mobilizam.

Mesmo quando a mãe fica brava, a pequena Gisele, que ainda não domina os códigos de expressão emocional, dá risada. Em alguns casos, quando a mãe fica furiosa, Gisele chora copiosamente, entre assustada e magoada. E logo depois dá continuidade ao jogo. Ou o abandona durante uma refeição e o retoma na próxima.

Em situações como essa, é claro que a mãe pode usar estratégias que exigem paciência sem ser demasiado enérgica. Poderia, com calma, toda vez que a filha atirasse longe a colher, interromper a refeição e deixá-la com um pouco de fome, de modo que em outro momento do dia voltasse a oferecer o alimento e a filha, com mais fome, acabasse por se dedicar a comer em vez de brincar de jogar a colher no chão. Ou poderia distrair a criança de outra forma: mostrando um brinquedo colorido, ouvindo música ou vendo um vídeo.

Mas nem sempre o adulto tem o tempo e a paciência necessários. Além disso, há situações em que a criança precisa simplesmente obedecer, como no caso de Beto, que, aos dois aos e meio, bate abruptamente em quem se aproxima dele, crianças ou adultos. E nem sempre no parquinho, na escola ou em casa há um adulto preparado para conter o gesto agressivo e evitar que ele machuque alguém. Beto já arranhou a córnea de outra criança, enfiou o lápis na bochecha de um bebê e provocou uma queda da bisavó.

Em casos como o de Beto, em que não há outra saída, ou o de Gisele, em que há outras saídas mas o adulto não tem tempo nem paciência de recorrer a elas, pode ser legítimo impor de forma enérgica a obediência a uma "voz de comando".

Seu filho precisa entender que em algumas ocasiões tem de refrear determinados comportamentos, sem que você tenha de lançar mão de artifícios para contornar a situação porque tem medo de traumatizá-lo com um "não".

Um forte "não" de sua parte não vai traumatizar seu filho. Ele vai ouvir muitos "nãos" ao longo da vida e é saudável que comece desde cedo a entender que há um limite que precisa ser ouvido e respeitado. Mas como você pode fazê-lo entender isso?

Esse "não", ou comandos equivalentes como "pare" e "chega", pode ser dito na primeira vez em tom neutro, mas sério. Se ele não atender, repita num tom de voz agora um pouco mais elevado e mais incisivo (ou mais bravo): "Filho, NÃO pegue os fósforos!".[24]

Se ele não obedecer, em seguida repita o "não" mais enérgico e acompanhado de uma atitude física. Por exemplo: tirá-lo de onde está e transferi-lo para outro ponto do recinto. Faça isso de forma neutra, mas determinada.

Se ele insistir no comportamento inadequado ou perigoso, você dirá um "não" mais alto, mas breve e abrupto, e o tirará de onde está com um gesto mais enérgico. Ele vai sentir que você está bravo, e você pode segurá-lo na altura de seus olhos e dizer novamente "não" com uma leve sacudida, olhando firme para ele. Enfim, de acordo com o apropriado para a idade, você lhe dá um pequeno susto.

Depois disso ele vai ficar para sempre com medo de você? Vai ficar traumatizado e passar a gritar com os outros? Vai se tornar uma criança problemática que tem pais autoritários?

Não se preocupe. Nada disso vai acontecer, a não ser que você eduque seu filho aos berros ou seja de fato autoritário demais.

É natural que crianças precisem em algum momento ouvir

um "não" mais enfático. E sentir que o adulto se irritou e ficou bravo com algo que ela fez. Ela precisa aprender que existe um tom de voz característico e um gesto e uma expressão facial dos pais que servem como um código para indicar que ela chegou ao limite. É como se soubesse que quando um dos pais diz um certo tipo de "não" significa que tudo ficou sério, é para valer, então é melhor parar e obedecer.

Lançar mão de uma "voz de comando" significa que seu filho aprende, entre um ano e meio e três anos de idade, que, por razões que ele ainda não compreende, o adulto que cuida dele fica bravo quando ele faz determinada coisa e lhe dá um sinal antecipatório. Um aviso, algo que significa "se não parar já, vou ficar ainda mais bravo".

Infelizmente, enquanto tiver entre um ano e meio e três anos e meio de idade, seu filho não terá condições de compreender quase nenhum dos "porquês" e, portanto, não entenderá os motivos para não agir de determinada forma. Além disso, a memória dele é de curto prazo: mesmo que Gisele por milagre entendesse por que não deve jogar a colher cheia de sopa no chão, isso não significaria que três horas depois ela ia se lembrar dessa regra.

O que seu filho consegue é, com algumas vivências repetidas, associar o ato de jogar a colher de sopa no chão com o desagradável "não" e com o fato de que nessas ocasiões ele é retirado da cadeirinha com firmeza por um adulto com expressão de irritação que o coloca de modo mais brusco no chão e diz algo como: "Agora fique aí!".

A mãe de Gisele passou a utilizar um "não" firme e enérgico, acompanhado do gesto físico também firme e enérgico de conter os braços da filha para que não arremessasse a colher. Depois, passou a dizer um "NÃO!!" mais forte, a fazer uma expressão mais séria de contrariedade e a retirar a filha do cadeirão e pousá-la no carpete. Finalmente, passou a dizer um "NÃO!!!" gritado, curto, incisivo e assustador e a retirar de forma abrupta e um pouco brusca a filha do cadeirão, segurando-a no ar por um segundo com o rosto diante do seu, olho no olho, e dando-lhe uma leve sacudida enquanto dizia novamente com muita ênfase o "não":

"Não pode jogar a colher!". Depois a colocava no carpete e virava-lhe as costas por alguns segundos.

Gisele chorava copiosamente, de início de susto, em seguida um choro ressentido, de mágoa, como se dissesse: "Mamãe, não gostei do que você fez, me deu um susto, não pode fazer isso".

A mãe, num tom neutro e sério, repetia: "Não pode jogar a colher". Dava a Gisele algum brinquedo para se ocupar e ficava por perto. Depois de um tempo, alguns minutos, ela decidia se recolocava a filha na cadeirinha para tomar sopa ou se a deixava brincar e horas mais tarde recomeçava a refeição.

Em dois dias Gisele não mais arremessava a colher de sopa pela sala. Além disso, a mãe conseguiu introduzir um código, uma voz de comando. Toda vez que Gisele fazia algo realmente perigoso ou inadequado e quando não era possível induzi-la delicadamente a outro comportamento ou distraí-la, a mãe dizia um "não" alongado, sério e mais firme como prenúncio do "não" enérgico (bronca).

Funciona como para crianças maiores pode funcionar o "vou contar até três para você me obedecer e parar com isso: um, dois...". A criança entende que "agora estão falando sério comigo" e por algum motivo preciso parar.

Para crianças de três anos e meio ou mais você pode dizer "não" com uma breve explicação. Aqui a questão é dizer um "não" incisivo acompanhado do motivo apenas para acostumar a criança a ouvir o porquê de um comportamento estar sendo coibido. Não é uma explicação com o objetivo de convencer a criança ou fazê-la entender.

Se bem aplicado, e se não for seu único método, o "não" enérgico e incisivo pode ser eficaz.

2. Conscientizar sobre consequências nocivas

Esse método usa do limite interligado, pois investe mais no ensino explicativo, explícito e consciente e pode ser atrelado a um pequeno projeto de mudança de atitude. A ideia é aplicar um "choque de realidade". Ou seja, um pequeno "trauma" ou "susto".[25]

Mais ou menos como os governos, através do Ministério da Saúde, fazem em diversas campanhas de saúde e segurança públicas. Por exemplo, ao expor nos maços de cigarros fotos chocantes de pessoas doentes e avisos assustadores sobre as consequências do tabagismo. Ou em campanhas sobre o perigo de dirigir alcoolizado, mostrando imagens de pessoas acidentadas.

Adultos muitas vezes respeitam os limites porque são capazes de visualizar as consequências nocivas de não respeitá-los. Por isso alguns poupam para a velhice, em vez de gastar tudo o que ganham, outros fazem dietas saudáveis em vez de comerem apenas doces e alimentos gordurosos etc.

A consciência das consequências positivas nem sempre é suficiente. Crianças e adultos muitas vezes só se motivam a fazer coisas chatas e se privar de prazeres se tiverem consciência e medo de consequências nocivas.

No caso de crianças até sete ou oito anos, às vezes é preciso exagerar um pouco nas consequências para mobilizá-las, pois ainda raciocinam de forma binária e radical, tudo ou nada.

Você pode, por exemplo, explicar calmamente à criança que se ela não fizer as tarefas vai receber do professor uma nota ruim, e que por causa disso pode não passar de ano. E mostrar fotos de pessoas que não puderam estudar e vivem na miséria ou se tornaram moradores de rua. Embora, mais tarde na vida ela compreenda que os nexos não são tão simples e diretos, a ideia é que se não estudar estará mais despreparada para a vida.

Ou, por exemplo, explicar que se não tomar vacina vai ficar muito doente, de cama (quem sabe mostrar a ela, em sites de medicina, fotos da doença). Ou dizer que se não tomar banho sua pele vai acabar ficando cheia de ácaros, manchas, crostas de sujeira, depois eczemas e feridas (mostrar na internet fotos assustadoras).

Apenas tome cuidado para não fazer isso o tempo todo, para não exagerar e transformar seu filho em uma pessoa ansiosa, amedrontada, incapaz de relaxar e viver o presente.

Mas como saber até aonde ir? Se seu filho se assustar demais ou, ao contrário, não levar a sério o que você diz, vá corrigindo a dose. Diminua e amenize os perigos, ou, ao contrário, aumente a periculosidade das consequências.

Paulo, de seis anos, ficou apavorado com a explicação de sua mãe sobre os ácaros, fungos e eczemas que crescem na pele de quem não toma banho. Ela mostrou ao filho imagens terríveis na internet. Agora ele quer se lavar o tempo todo, tem nojo de tudo e a mãe teme que possa se transformar em um fóbico e um hipocondríaco. A mãe de Paulo precisou logo corrigir a percepção dele, agora tão exagerada.

Filho, estou vendo que você está muito preocupado com os ácaros e fungos. Deixe-me explicar exatamente como isso funciona. Na verdade, demora meses para esses problemas acontecerem. Se você ficar um dia sem tomar banho só vai ficar um pouco fedido, mas não é perigoso.

E continuou a desconstruir os medos do filho pelo tempo necessário para acalmá-lo. Chegou até a combinar com ele um dia em que ninguém na casa tomaria banho — nem o pai, nem a mãe, nem ele, nem o bebê —, apenas para que Paulo se certificasse de que não havia perigo em ficar um dia sem se lavar. Agindo rapidamente, não costuma ser difícil tanto redimensionar os temores e suprimir o excesso de medo como, ao contrário, acrescentar uma dose de temor. Por exemplo, se o menino não estivesse dando a menor importância para a necessidade de tomar banho para manter a saúde da pele, talvez a mãe pudesse ter mostrado a ele fotos ainda mais terríveis de eczemas.

Isso só não seria possível se Paulo tivesse um grave transtorno psicológico anterior. Nesse caso, o medo introduzido pela mãe serviria apenas de gatilho, disparando um processo patológico preexistente. Isso é raríssimo e significaria que qualquer coisa poderia ter disparado o gatilho — se não fosse a conversa sobre ácaros, seria uma conversa sobre terremotos que ele ouviria na escola, ou uma foto de pessoas acidentadas que veria na internet.

Em situações assim, leve a criança para uma avaliação profissional e tratamento psicológico.

De resto, não hesite em, quando necessário, expor seu filho à realidade e estimulá-lo a pensar se quer mesmo correr determinados riscos. É parte da vida e um processo necessário para nos guiar pelo mundo adulto. Temer as consequências é importante, e para crianças às vezes é necessário carregar nas tintas e apresentar os riscos com muita ênfase (mas sem mentir).

Com adolescentes use o diálogo em conexão (no quarto momento, de expor um dilema, quando se comparam as vantagens e desvantagens de determinadas opções), e não é necessário exagerar na gravidade das consequências, basta apresentar os reais riscos e custos de cada escolha que ele fizer.

3. Gerenciar consequências (se/então)

Esse método promove uma aprendizagem implícita e situacional, embora conscientize seu filho a respeito de opções e consequências. Porém, por não atrelar o limite a um projeto de mudança, só funciona durante o episódio em questão; quando a situação muda, o efeito desaparece. Como todo limite só dado na ocasião, a tendência é que pelo seu efeito cumulativo leve a uma aprendizagem lenta.

Eventualmente você pode expor seu filho às consequências lógicas de fazer certas opções. Como não vai estar aplicando um castigo, apenas apresentando uma consequência, é preciso usar um tom de voz calmo e objetivo, sem a entonação severa de quando aplica uma punição.

José não quer vestir o casaco em um dia frio. A partir dos quatro anos, seu pai passa a usar muito esse método: "Se não vestir o casaco não pode sair de casa para ir à festa do seu amigo. Hoje está frio e as crianças que saírem sem casaco podem pegar um resfriado".

Também em outras ocasiões ele usava o mesmo método: "Se não fizer suas tarefas para a escola não poderá ficar brincando. Primeiro fazemos os deveres, depois nos divertimos. É uma regra da vida".

Do mesmo modo com a alimentação: "Se não comer as verduras e a carne, não vai poder tomar sorvete de sobremesa. Primeiro vem a comida saudável, que fortalece os 'soldadinhos' que moram dentro de você e fazem seus ossos e músculos ficarem fortes. Depois pode tomar o sorvete, que é só para os soldadinhos se divertirem".

A mesma estratégia pode ser usada para ensinar José a lidar com conflitos infantis em torno de brinquedos:

Se você tirar os brinquedos da mão dos seus amigos, vou tirar de você os seus brinquedos e emprestá-los a eles.

Sempre que possível, o pai retomava os episódios alguns dias depois, usando o diálogo em conexão com os pensamentos e emoções de José para consolidar o entendimento do filho, treiná-lo e prevenir novos episódios.

Para as crianças com idades entre três e cinco anos, esse método tende a promover mais a aprendizagem implícita, ou seja, eles só entendem parte do processo. Entendem que se fizerem algo inadequado, isso acarretará uma consequência desagradável.

Para crianças maiores e adolescentes, esse método enfatiza a aprendizagem explícita, pois os pais interligam as partes, explicam para os filhos quais são os nexos, contextos e motivos, e se asseguram de que eles entendam claramente do que estão falando.

Embora possa ser tentado com crianças entre um e três anos, costuma funcionar melhor para aquelas de três anos e meio em diante. O método também serve para adolescentes. Após ter exaurido o diálogo em conexão, você pode abordar com seu filho se ele está disposto a gerenciar as consequências. Se ele decidir arcar com elas, isso poderá exigir de você ter sangue-frio. Não volte atrás, não blefe, sustente o impasse que você apresenta a seu filho:

Tudo bem, se optar por gastar toda a sua mesada em roupas, não vai sobrar nada para gastar na cantina, então você vai ter de acordar mais cedo e preparar por conta própria seu lanche em casa e levar para a escola.

Se acordar tarde e se atrasar para a escola, não vou ficar chamando várias vezes e não vou sair atrasado de casa. Você pode escolher. Vou sair no horário estipulado.

Se não colocar o despertador para tocar, não levantar e não estiver pronto na hora marcada, vai perder a carona, o dia de aula e talvez provas e trabalhos. E isso pode afetar suas notas e sua aprovação no final do ano.

Tome cuidado para não parecer um castigo e não deixe que as coisas evoluam para uma briga. Enuncie com serenidade e firmeza as condições e regras — que não são suas, mas da vida.

Mostre que também você está sujeito às mesmas leis. Que o mundo é assim. E que você, como pai educador ou mãe educadora, quer que seu filho aprenda a lidar com as demandas da vida e não dependa de você ficar implorando ou dando broncas para fazer a coisa certa. Deixe claro que, se ele acha que está agindo corretamente, você aceitará, desde que arque com as consequências das escolhas que fizer. O que você não vai tolerar é que ele faça escolhas inconsequentes e queira que você fique tapando os buracos.

A ideia desse método é que, de acordo com as possibilidades de seu filho, ele assuma as consequências de seus comportamentos.

4. Reparar danos causados

Esta é uma variação do método de gestão de consequências e o objetivo é seu filho aprender a "consertar erros". Você também ensina como se "conserta" as coisas "erradas" que se fez. Mostra que muitas vezes é possível promover uma reparação ou indenização. Que se ele fizer algo que prejudique alguém, ainda que não tenha sido intencional ou que ele não soubesse com clareza o prejuízo que causaria àquela pessoa, cabe a ele reparar os danos causados, indenizar. Não basta pedir desculpas. Ele também não deve fugir do problema, envergonhado, mas enfrentar as consequências e o custo de reparação.[26]

Por exemplo, Lucas, de cinco anos, insultou e humilhou a babá, dizendo que ela era boba, que a odiava, que ela não mandava nele. Cuspiu nela e a machucou levemente arremessando-lhe sobre a mão o controle remoto da TV.

Como foi a primeira vez que ele agiu assim, os pais foram severos, mas justos em não puni-lo. Numa conversa calma, utilizando o diálogo em conexão, asseguraram-se de que ele compreendesse que, apesar de sua frustração (porque a babá não permitiu que ele assistisse o desenho animado favorito), ele foi muito agressivo, violento e a humilhou.

Eles então contaram ao filho a história do reizinho mimado que costumava gritar e humilhar todos os serviçais do castelo, exigindo coisas absurdas deles. Os pais inserem na história cenas terríveis e interessantes, que levam Lucas a entender como aquele reizinho era intragável e imoral. E como os serviçais sofriam em suas mãos.

Contaram também como um dia o reizinho se deu conta de tudo que fazia e se arrependeu. E como tentou reparar o mal que havia causado pedindo perdão com sinceridade, doando parte de sua fortuna e pondo-se a serviço dos antigos serviçais, cozinhando para eles e servindo-lhes as refeições. E de como depois disso ele foi perdoado e se tornou um rei justo e respeitado.

Mostraram que não basta pedir desculpas protocolares. É preciso que as desculpas sejam genuínas. Além do pedido de desculpas, é preciso indenizar moralmente, talvez também materialmente.

No caso de Lucas, pensaram com ele em três rituais para reparar o mal causado à babá.

Ele faria um pedido de desculpas genuíno, olhando nos olhos, abraçando, pedindo perdão e explicando que não sabia que, ao ficar bravo, não podia insultar nem ofender. Faria um desenho bonito para ela e copiaria as letras de uma frase pedindo desculpas e prometendo não mais tratá-la de modo desrespeitoso.

E finalmente compraria com sua mesada um presente para ela, talvez uma flor ou um perfume. Se ele não possuísse mesada, poderiam combinar de ele ceder alguns brinquedos que seriam vendidos para com o dinheiro comprar flores.

Mas nada disso a criança deve fazer com raiva, indignada e contra a vontade. É preciso que os pais garantam que ele entendeu e aderiu de boa vontade à necessidade de "consertar" as coisas. Enquanto não demonstrar isso, os pais devem insistir no diálogo em conexão e somente se necessário utilizar o método contundente da bronca, que veremos no próximo capítulo.

É importante ressaltar que os pais carregaram nas tintas do "mal causado", mesmo que talvez na vida real a babá não tivesse ficado tão magoada com o comportamento infantil.

A ideia é utilizar o método de conscientizar sobre as consequências nocivas (o método do capítulo anterior) e fazer com que ele perceba a gravidade de agir daquele modo. Por isso também propuseram um esquema de reparação e indenização mais completo e longo, que se fixasse na memória dele, e não um mero pedido de desculpas protocolar.

De qualquer modo, Lucas não foi castigado. Também não houve necessidade de logo de saída os pais lhe darem uma bronca. Foi tudo construído com ele, sempre com calma. Depois ele foi advertido que, se repetisse esse tipo de comportamento, aí sim, da próxima vez, levaria uma bronca e seria castigado.

Os pais, como descrito nos capítulos sobre diálogo em conexão, também acabaram por se concentrar na conscientização sobre o dano causado e nos rituais de reparação e indenização. Nesse caso você está trabalhando com *limites interligados* à conscientização, à prática de novas atitudes e à mudança profunda de postura.

5. Retirar apoios lúdicos e carinhosos[27]

Esse método, divulgado por Diane Levy, autora do livro *É claro que eu amo você... agora vá para o seu quarto!*, é uma variante da gestão de consequências (se/então). Refere-se a situações de falta de colaboração e empatia, altruísmo, disposição para ajudar e respeito.

É um pouco diferente do método anterior de gestão de consequências, a privação que ocorrerá não está ligada ao caráter do comportamento inadequado. Por exemplo, no método anterior teríamos consequências diretamente ligadas à causa: não estudou/não pode se divertir.

Nesse método de retirada de apoios lúdicos e carinhosos, a perda pode ocorrer com algo que não tem diretamente nada a ver com o conteúdo do comportamento coibido.

Por exemplo, se o filho não for prestativo agora, em alguma ocasião mais adiante em que peça apoio para algo ligado a lazer ou carinho, o pai tampouco será prestativo ou colaborativo (embora vá continuar a cuidar das necessidades básicas do filho: escola, saúde, alimentação etc.).

Nesse sentido é quase um castigo, porque retira algo importante, mas que não está ligado ao conteúdo da malcriação. A diferença é que o castigo tem um prazo, é como uma pena a ser cumprida, ao passo que nesse método, se o filho mudar de atitude, o pai imediatamente também muda de postura.

Não deixa de ser um *limite restrito a cada ocasião*, embora você conscientize seu filho dos porquês; ele vivencia que, quando não colabora, mais tarde não obtém de você o apoio de que gostaria.

Esse método consiste em aplicar o pressuposto da reciprocidade do apoio e da disposição para ajudar: se seu filho não retribuir todo o empenho que você tem para cuidar dele, também não receberá alguns "extras" que estão ligados a atenção, carinho e lazer.

É claro que essa forma de dar limites também deve ser precedida de um diálogo em conexão, travado num momento tranquilo, após o episódio, no qual você esclarece para seu filho a importância da reciprocidade, da disposição de ajudar, da empatia e da dedicação ao coletivo. E avisa que, depois dessa conversa, se ele prosseguir com a mesma atitude, não terá mais de você momentos de lazer, confortos extras, carinhos e atenção especial.

O pai pede a Carolina, de sete anos, que no fim de semana

o ajude a limpar a cozinha. Se Carolina demonstrar má vontade, fizer resistência passiva ou se recusar a ajudar, o pai pode lhe dizer algo como:

Como já conversamos, cada um aqui em casa tem de ajudar e apoiar o outro. Se você não cumpre a sua parte, se não entrega sua cota de dedicação ao coletivo, também não receberá algumas coisas de volta. Se não tem boa vontade, não conte com a nossa.

Por exemplo, não vou me esforçar para conseguir as entradas para o show que você tanto queria ver, pois me dá trabalho e não vejo reciprocidade no seu empenho em nos ajudar. Também não irei com você ao shopping comprar o bicho de pelúcia que pediu para decorar sua cama. Da mesma forma que o meu carinho ao sentar com você e escutar seus problemas com as amigas da escola e nosso bolo com chá sexta-feira no final da tarde ficam suspensos. Aguardarei que mude de postura.

Se a mãe pede a Pedro, de quatro anos, que busque seus óculos de leitura que ficaram em cima da mesa no quarto e Pedro se recusa, o tratamento será o mesmo que para Carolina.

E a mesma lógica vale para um filho adolescente de dezesseis anos que não se dispõe a visitar o avô doente. Ou que o faz de má vontade. Também ele perderá privilégios ligados a conforto, carinho e lazer, pois para os pais custa esforço, dinheiro e tempo lhe oferecer essas coisas.

Note que não é uma retaliação ou um castigo, embora possa ter o mesmo efeito, pois o filho é privado de algo que aprecia. É uma gestão de consequências (não dá apoio/não recebe). Mas aqui o importante é que os pais ensinem ao filho que há uma equivalência: se colhe o que se planta, se recebe o que se dá. E há uma conexão entre os conteúdos na medida em que se trata de apoios mútuos, sinais mútuos de boa vontade. Diferente de um castigo, em que a retaliação pode não ter nenhuma conexão com o mau comportamento. Além disso, não há um prazo a ser cumprido; se o filho mudar de postura, os pais também mudam sua atitude.

Não deixe de usar, após o episódio em que seu filho agiu de

242

maneira inadequada, o diálogo em conexão com os pensamentos e emoções dele. Garanta que ele entendeu o problema e explique que somente se essa atitude dele se repetir é que sofrerá a restrição de apoios lúdicos e carinhosos, que durará até o dia em que ele demonstrar que mudou de postura.

E castigar?[28]

Lembre-se que os métodos que impõem restrições ou de contenção, em geral suaves ou moderados, não deveriam ser castigos.

Como já mencionado, estou denominando de *castigo* a retirada de algo que seu filho aprecia e que não está necessariamente ligado ao conteúdo do mau comportamento. Mas castigos, diferentemente de outras formas de contenção e restrição, funcionam melhor se forem duros e interligados a projetos de mudança, que serão abordados nos próximos capítulos, nos quais trataremos da imposição de limites fortes por meio de broncas contundentes e castigos duros.

PARA RELEMBRAR

Sobre limites moderados

- São modos de impor limites que tendem a causar um estresse maior do que os métodos suaves, provocando um "pequeno trauma".
- Com exceção do "conscientizar sobre consequências nocivas", os outros quatro métodos podem ser aplicados na forma de limites dados na ocasião, não sendo necessariamente acompanhados de um diálogo nem de um profundo entendimento dos porquês e não precisam estar atrelados a um projeto de mudança.

COMO FAZER

Cinco sugestões de limites moderados

- Dizer "nãos" enérgicos crescentes: advertências verbais que comunicam pela entonação, pelo volume de voz e pela expressão facial que o adulto não aprova aquele comportamento e que está disposto a intervir para impor uma contenção e talvez um castigo ou bronca. A cada repetição os "nãos" se tornam mais intensos e ameaçadores. Se o comportamento não cessar, o adulto, após um último "não" intenso, entra em ação. Aplica-se a crianças menores.
- Conscientizar sobre consequências nocivas. Ter um diálogo que apresente em cores fortes o "pior cenário" se a criança não interromper aquele tipo de comportamento. A conscientização é um modo de *impor*, embora pelo diálogo, pois evoca as consequências ruins que ocorrem para quem não adota o comportamento adequado.
- Gerenciar consequências (se/então): Vincular o comportamento a uma consequência imediata e natural. Por exemplo, "se não fizer as tarefas, não pode ir se divertir" evoca relações éticas e práticas entre atos e consequências.
- Reparar danos causados: Se ofendeu alguém, enganou, roubou, mentiu ou quebrou algo, é preciso "reparar" o dano causado. Isso não é um castigo, mas uma consequência natural: indenizar quem foi prejudicado. Esse movimento pode ser precedido de um diálogo que conscientiza o filho do que seu ato provocou e da necessidade de reparação, ou pode ser simplesmente imposto (no caso de crianças menores). Se for conversado, funcionará como se fosse um limite interligado; se for imposto sem muito entendimento da criança, funcionará como um limite dado na ocasião, que só ensina pela repetição.

- Retirar apoios lúdicos e carinhosos: Se o filho não demonstra boa vontade, não é prestativo, os pais lhe dizem que farão o mesmo, para que ele perceba o efeito de sua ação. E para que aprenda que também deve "dar" para "receber". Os pais mantêm todos os cuidados e obrigações paternas, mas param de dar carinho, lazer e pequenos luxos e atenção. Só voltam a fazê-lo quando o filho também lhes der carinho e gentileza, for prestativo e demonstrar boa vontade. Pode ser aplicado na forma de limite dado a cada ocasião (sem grandes explicações), ou vinculado à conscientização e atrelado a um pequeno projeto de mudança de atitudes (parte iv).

OBSERVE

- Esses limites moderados podem ser eficazes e alternados com limites suaves e fortes.
- Podem ser aplicados na forma de limites dados a cada ocasião ou como limites interligados (conscientizando sobre o problema, ensinando a reconhecer as situações às quais a nova atitude se aplica e desenvolvendo os recursos para agir diferente e praticando).
- Funcionam tanto para crianças pequenas como para adolescentes.

16
Impondo limites fortes

O medo tem lugar na educação?

Como mencionei na apresentação, muitos pais me procuram para conhecer o método de dar limites fortes que apresento em aulas e workshops. De fato, é um método contundente e eficaz.

Em essência trata-se de uma forma de comunicação de limites com alta carga emocional. Na verdade, é uma "bronca" por meio da qual você expressa de modo intenso sua indignação. A forma de fazê-lo provoca em seu filho o temor de ultrapassar os limites e mostra a ele sua determinação em dar um "basta contundente" e definitivo.

Para ser eficaz, essa bronca é imediatamente atrelada à imposição de um forte projeto de mudança de atitude. E, se necessário, à aplicação de um castigo tão enérgico que também cause impacto.

Mas antes de discutir como você pode dar esses limites fortes, cabe falarmos sobre o lugar do medo na educação.

Na verdade, o medo tem um papel fundamental na vida. Ele serve para calibrar nossos desejos, nossa raiva, nossos impulsos, nos tornar mais conscientes e nos proteger. O mesmo vale para a educação. Em alguns aspectos, faz parte do processo de educar seu filho, ele ter medo de passar dos limites com você. Querer eliminar o medo da vida de seu filho (inclusive na relação entre vocês) é criar um filho alienado. É privá-lo de uma experiência com a qual ele deve aprender a lidar e privar os pais de uma ferramenta que também tem o seu lugar na educação. Mas, claro, desde que amedrontar seu filho não se torne um padrão.

Abordo a seguir três mitos muito populares a respeito dos danos que o medo causaria à educação, procurando desconstruí-los.

MITO 1: O LIMITE DEVE SER ESTABELECIDO SEM MEDO, POIS CAUSA DANOS PSÍQUICOS

Como tentarei mostrar, há situações em que é difícil impor limites sem amedrontar.

Às vezes, o diálogo em conexão não é suficiente. Tampouco mudanças nos esquemas que você adota em sua casa (mesada, horários, regras de funcionamento da casa etc.). Talvez também os limites moderados não funcionem. E você espera que, com o passar do tempo, seu filho amadureça e mude de atitude.

Mas há casos em que adolescentes e crianças só mudam de atitude se forem forçados a isso. E às vezes só o fazem por terem medo de retaliação e repressão, não porque foram motivados com estímulos positivos.

O medo das consequências nada mais é do que a memória de um trauma vivido que não se quer repetir. Ou um trauma que não se quer experimentar (porque se imagina que será muito desagradável ou sofrido).

Esses mesmos mecanismos podem ser observados no mundo adulto.

Por exemplo, na Suíça, o cidadão médio não dirige alcoolizado; quando bebe, recorre ao táxi, ao público ou à carona. Em grande parte, isso ocorre devido a um senso de responsabilidade produzido sobretudo pelo esquema de limites suaves e moderados (se/então) promovidos pelo diálogo na escola, em família e entre amigos e pelas campanhas públicas.

Além disso, há uma atmosfera geral que induz e coage a não dirigir alcoolizado (efeito manada, quando tendemos a agir como o grupo). Além disso as pessoas em geral temem a sanção social, o desprezo e a exclusão de quem transgride as regras. Durante anos o sujeito internaliza campanhas e slogans que transmitem mensagens como: "Se dirigir alcoolizado, poderá causar um acidente e prejudicar a saúde e vida de outras pessoas além da sua".

Mas será que isso basta para manter os cidadãos na linha? Na verdade, parte do bom comportamento também é reforçada pelo fato de que há uma polícia atuante e implacável. Mesmo que seja filho de um ministro, se for flagrado dirigindo alcoolizado você será preso. E perderá a carteira de habilitação. Se resistir à prisão, será fisicamente contido e algemado. E se ainda assim continuar a resistir, será levado para a delegacia.

Haverá uma modalidade de violência, inclusive física, que é regulamentada pelas leis, por valores e normas éticas. No limite, se nada mais adiantar, antes que a conduta de um cidadão prejudique seriamente outras pessoas, a sociedade autoriza os órgãos de segurança a impor limites decisivos. Com violência, se necessário.

Todo cidadão sabe que a lei é justa e será aplicada. E mesmo que o motorista alcoolizado possa ser ouvido, possa se defender e se justificar, em última instância há um "basta" que a função regulatória do Estado impõe por meio da força policial e da sanção social.

Isso que vale para a educação de cidadãos adultos também vale para crianças e adolescentes. A construção do senso moral e ético depende do incentivo social e da educação, mas leva tempo. Em geral, entre sete e nove anos. E em parte depende também da genética individual. Algumas crianças têm mais propensão que outras a ajudar, a ser responsáveis, íntegras e prestativas.

Além disso, parte da genética da nossa espécie é favorável ao senso moral. Há uma disposição biológica da espécie humana que é gregária e faz com que o indivíduo se identifique com seus semelhantes, tenha uma inclinação natural para ajudar e sentir empatia.

Mas biologicamente também há o outro polo, o do desejo de prejudicar e ignorar, do imediatismo e da impaciência, da gula, da inveja, do ciúme, do egoísmo e da falta de empatia. Além dos reforços culturais contrários à prática do "bem": o desejo de ter sucesso a qualquer preço, a vontade individualista de usufruir e ser feliz e a competição social. Tudo isso faz com que seja difícil dar limites apelando apenas para o nosso lado nobre e sensato. Nem tudo pode ser obtido com consciência, diálogo e estímulos positivos. Infelizmente, muitas vezes é preciso impor, à força e pelo medo. Mas algumas experiências de medo de retaliação social só ocorrerão quando seu filho for adulto, portanto, algumas vezes será você que terá de promover essa experiência na infância ou adolescência.

Boa parte da construção da ética e da moral depende de a criança internalizar o medo social e a vergonha. Mas e as consequências psicológicas?

Seu filho não ficará com sequelas nem traumas psicológicos (no sentido de destruir sua autoestima e suas possibilidades de lidar com a vida e ser feliz). Ele terá uma lembrança desagradável, talvez semelhante à de uma criança que aprende que a chama da vela queima a mão.

Quando se queima com a chama da vela, a criança leva um susto, chora, e em sua memória fica gravado que o fogo queima. A não ser que tenha uma perturbação psiquiátrica grave, o trauma de ter queimado a mão ao brincar com a vela não vai se generalizar a ponto de devastá-la psicologicamente, fazendo com que tenha um medo irracional de experimentar, desenvolva fobias ou se torne agressiva.

O mesmo vale para o trauma de levar uma *grande bronca* e talvez sofrer um castigo e passar a ter medo de transgredir certas regras. Sem ter consciência das consequências desagradáveis que a transgressão pode acarretar, muitas vezes nem crianças nem adultos serão capazes de se motivar a agir corretamente, se empenhar, envolver-se em tarefas chatas, privar-se de prazeres imediatos e seguir a etiqueta social.

MITO 2: FILHOS USARÃO A MESMA CONTUNDÊNCIA USADA COM ELES

Você já deve ter ouvido ou lido afirmações como: "Se gritar com seus filhos, eles vão gritar com você e com outras crianças e adultos no futuro". O mesmo vale para bater e aplicar castigos muito rígidos. Essas ideias, apesar de exaustivamente repetidas e apoiadas em "pesquisas científicas", simplesmente não são verdade. Diversas pesquisas as desmentem.[29]

É verdade que crianças criadas com violência tendem a reproduzir esse padrão ou a ficar patologicamente inibidas. Mas isso não significa que você não precise, em alguns casos, agir com contundência, o que é uma violência emocional, embora não envolva bater nos filhos.

Aliás, este livro não propõe que você bata nos seus filhos. Mas não porque bater em si seja danoso. Para deixar claro: acredito que não devemos bater em crianças porque não cabe em nossa cultura, da qual eu, o autor deste livro, faço parte. Tanto eu como nossa sociedade ocidental enxergamos esse ato como uma violência desnecessária e covarde.

Isso, porém, não significa que, em sociedades em que se bate pedagogicamente nos filhos, eles se tornem pessoas problemáticas. Traumas danosos tendem a ocorrer quando se educa à base de espancamento e violência sistemática, extrema e, pior, sem critério, arbitrária.

Broncas incisivas e em alguns casos castigos físicos continuam a ser usados em grande parte das comunidades religiosas na Índia, na Coreia, no Japão e na França. E em muitas comunidades rurais ocidentais. No entanto, à exceção dos casos de abusos, que ocorrem em todo lugar, esses filhos não se tornam adultos violentos, trau-

250

matizados, nem deixam de amar os pais. Mesmo os filhos que até os anos 1950, no Brasil, apanhavam de cinta ou levavam broncas contundentes, desde que educados com critério e amor, não se tornaram automaticamente sociopatas ou ficaram traumatizados. Pelo contrário, a maioria declara amar e respeitar os pais.

A violência excessiva e a agressividade individualista e egoísta não são resultado de uma educação disciplinadora, mas de uma educação extremamente repressiva, violenta e arbitrária. E também pode acontecer o contrário: filhos criados sem limites firmes, ou com limites que se mostrem ineficazes, podem tender a ser mais violentos.

A violência tem múltiplas causas; não há uma correlação direta entre filhos violentos e o fato de os pais ocasionalmente imporem algo à força.

Mas se neste livro defendo que você jamais bata em seu filho, que ferramentas lhe restam quando se esgotam o diálogo e os limites suaves e moderados? Como estabelecer limites contundentes e duros?

A primeira opção é a contundência moral e emocional da "bronca", e a segunda, castigos fortes e impactantes.

Claro que broncas duras são uma violência psicológica, assim como castigos muito rigorosos. Mas não produzirão filhos problemáticos se forem broncas e castigos justos e não se tornarem um padrão diário. Como medidas educacionais específicas, aplicadas em ocasiões especiais, que discutiremos no próximo capítulo, podem ser necessárias. Tal como o diálogo (que implica você ter abertura e humildade) e os projetos de mudança de atitude (que, como veremos, exigem de você muita paciência), também broncas e castigos (que pedem muita firmeza) podem fazer milagres em casos aparentemente sem solução!

MITO 3: SEU FILHO PASSARÁ A TER MEDO DE VOCÊ

Se você desenvolveu com seu filho um relacionamento com

base no diálogo, no qual ele tem liberdade para questionar e divergir (questão discutida na parte II), certamente ele sente que tem acesso a você. E se você já estabeleceu com ele os limites de partida (os três pressupostos discutidos no capítulo 3), já existe uma atmosfera de previsibilidade, uma vez que as regras da família são conhecidas e as consequências do desrespeito às regras já estão conversadas.

Além disso, seu filho sabe que jamais será punido por cometer um erro, mas sim pelo dolo, isto é, por transgredir intencionalmente uma regra ética ou de segurança previamente acordada entre vocês. E também sabe que você sempre assegurou que ele tivesse recursos para cumprir as regras e deveres de maneira adequada. Daí sabe que você é leal e justo com ele.

Mas se ele romper repetidamente os acordos de modo desrespeitoso e intencional, ele será punido com contundência. Como ficará a relação de vocês?

Ele passará a ter medo de transgredir regras éticas e de segurança, não medo de *você*, com quem sabe que poderá continuar a contar e com quem pode conversar sobre tudo sem sobressalto. Mas vai temer as *consequências de desrespeitar os limites estabelecidos por você*, porque sabe que tem pais firmemente determinados a prepará-lo para a vida, assegurando, custe o que custar em termos de conflito, que ele se mantenha com saúde, tenha ética, desenvolva uma saudável autonomia e seja prestativo e respeitoso.

Além disso, mesmo que dê limites contundentes, você sempre continuará, em paralelo, com os diálogos em conexão. Ser firme não significa perder acesso e conexão emocional. Ao receber limites enérgicos e ao mesmo tempo continuar a ter acesso a você, seu filho entenderá que é possível ter conflitos sérios, mas leais, e que o fato de existirem conflitos não significa que ele vá perder o amor dos pais.

Uma advertência sobre limites fortes

Sugiro que só leia o próximo capítulo e só tente colocar em

prática esse modo de reprimir com contundência se estiver bem familiarizado com o diálogo em conexão e com os modos suaves e moderados de impor limites e se os tiver praticado exaustivamente com seu filho.

Além disso, de nada adianta uma repressão forte, broncas e castigos, se você não dotar seu filho de recursos para não recair nos mesmos comportamentos (projeto de mudança). O medo dele não vai durar tanto, ou pode não ser suficiente para ajudá-lo a não repetir determinadas posturas que podem ter se transformado em hábitos. E hábitos dificilmente mudam apenas com broncas e castigos. Por isso a parte iv desse livro trata de projetos de mudança de atitude. Broncas e castigos contundentes, aplicados de modo ocasional e sem amarração, não garantem que seu filho entenda os porquês das exigências. Alguns filhos, principalmente os maiores, se sentem tão humilhados, desafiados e aviltados com broncas e castigos contundentes que simplesmente não recuam e se tornam crianças e adolescentes revoltados, dispostos a tudo. Por isso mesmo a repressão forte deve estar aliada ao diálogo, para garantir que os filhos entendam os motivos dos pais, ainda que não concordem com eles.

Como vem sendo enfatizado desde o início deste livro, dar limites interligando as partes é muito mais eficiente do que dar apenas limites soltos e ocasionais. O mesmo vale para broncas e castigos.

PARA RELEMBRAR

1. O lugar do medo na educação de filhos

- O medo tem uma função natural na aprendizagem; adultos e crianças aprendem a evitar comportamentos, situações, objetos, animais e pessoas, por terem tido pessoalmente uma experiência muito ruim, que os deixou com medo de repeti-la (ou por terem observado alguém passar por uma experiência assim).
- Para educar é importante expor seu filho a alguns medos necessários: medo de expor-se a perigos e de sofrer retaliações sociais importantes (ser expulso da escola, ser preso, perder o respeito dos amigos etc.).
- Finalmente, também é necessário que seu filho tenha medo de ultrapassar certos limites finais com os pais. Deve saber que se ele não se enquadrar vão lhe impor perdas importantes, contenções, castigos e broncas.

2. A consequência negativa de não ter medo

- Crianças e adultos sem medo de nada são pessoas sem limites, sem noção das limitações práticas, éticas e sociais. Não é possível sempre ensinar tudo de modo suave, sem expor seu filho aos sustos do mundo.
- Um filho que não tenha medo de ultrapassar esses limites finais pode se tornar insolente ou incontrolável. Nem sempre o diálogo e os limites suaves e moderados bastam. Há momentos e tipos de temperamento que podem exigir limites contundentes, que se fixem na memória.

3. Mitos sobre o medo

1º MITO: O LIMITE DEVE SER ESTABELECIDO SEM AMEDRONTRAR, POIS LIMITES CONTUNDENTES CAUSAM DANOS PSÍQUICOS

- Danos psíquicos costumam ocorrer se os limites fortes forem dados constantemente, de modo arbitrário, incompreensível e imprevisível, e se forem percebidos como injustos.
- De modo geral, filhos que percebem que os limites fortes são pedagógicos, justos, e que os pais são amorosos e equilibrados, não sofrem danos emocionais por terem medo de passar dos limites.
- Na verdade é mais prejudicial conviver com pais pouco amorosos ou emocionalmente perturbados que não deem limites firmes do que receber limites fortes, mas consistentes e amorosos.

2º MITO: FILHOS USARÃO A MESMA CONTUNDÊNCIA USADA COM ELES

- Isso pode ocorrer se os pais forem autoritários, arbitrários e injustos, e utilizarem apenas limites fortes e contundentes. Uma educação equilibrada, que, quando necessário, lança mão também de limites contundentes, não produzirá filhos agressivos e hostis.

- Ao contrário, filhos que crescem sem receber limites fortes quando são necessários tendem a se tornar pessoas arrogantes, mimadas e que impõem aos outros suas vontades.

3º MITO: SEU FILHO PASSARÁ A TER MEDO DE VOCÊ

- Isso não vai acontecer se você criar seu filho sempre dialogando em conexão com os sentimentos e emoções dele, se mesclar métodos suaves e moderados, e se os eventuais limites fortes forem dados de modo leal, previsível e justo.

- Ele não terá medo de você, mas terá medo de passar de certos limites com você. O que é bem diferente e muitas vezes essencial para que você possa educá-lo e ser obedecido.

OBSERVE

- Não dê limites contundentes sem ter antes estabelecido em sua casa a prática habitual do diálogo em conexão com os pensamentos e emoções. E sem ter oficializado e praticado os limites de partida e tentado todos os métodos suaves e moderados.

- Mas não deixe de usar, quando necessário, limites fortes e contundentes. Há situações em que contemporizar é se omitir, e é preciso ter coragem para educar impondo, quando necessário, caminhos duros.

17

Impondo limites fortes passo a passo

Se você leu o capítulo anterior sobre a função do medo na educação e já sabe utilizar o diálogo e dar limites suaves e moderados, está preparado para, em caso de necessidade, dar limites fortes e contundentes.

O modelo que vou propor para dar limites fortes é baseado na comunicação de alta carga emocional, na qual você deixa claro para seu filho que chegaram a um limite intransponível.

Mas a questão central aqui não é a contundência, e sim a amarração a um esquema de compreensão consciente do problema e a imposição *imediata* a seu filho de um firme projeto de mudança. Portanto, se não conseguiu por meio do diálogo dar limites transformadores, você utiliza o limite forte para impor a consciência do problema e obrigar seu filho a se engajar em um projeto de mudança. Tudo começará com uma forte bronca, o "basta contundente".

O "basta contundente" em si constitui-se de quatro passos.

O primeiro é *demonstrar profunda indignação.*

O segundo é *coibir a contraindignação de seu filho (o protesto de ressentimento por ter levado uma bronca tão forte).*

O terceiro é *ter um diálogo em conexão, mas forçado, no qual você resgata o porquê da bronca e discute se ela foi justa.*

O quarto é *atrelar "o basta" à construção forçada de um projeto imediato de mudança* de atitude a ser aplicado daquele momento em diante durante as próximas semanas.

Por incrível que pareça, em geral, a demonstração de indignação intensa do "basta contundente" e definitivo é suficiente para atrelar seu filho a um projeto de mudança de atitude, mas em alguns casos pode ser necessário um castigo adicional. Apesar do "basta" ser muitas vezes suficiente, em alguns casos, os pais podem optar por não dar a bronca e passar diretamente a um castigo severo, também atrelado a um projeto imediato de mudança de atitude. Isso pode ser aplicado especialmente com filhos maiores e adolescentes, quando talvez não haja mais condições de dar um "basta definitivo" só com palavras.

Veremos que o sucesso da arte de dar limites contundentes depende da intensidade, da duração, do conteúdo das mensagens, dos afetos envolvidos e, acima de tudo, da amarração das coisas.

Quando é o momento de demonstrar com toda força emocional sua profunda indignação com o comportamento de seu filho?

A resposta é: quando você concluir que seu filho ultrapassou todos os limites toleráveis. Mas em que momento você percebe que a situação tornou-se insustentável? Em geral, o sinal de que é hora de partir para a ação dura é dado por um gatilho, a gota d'água, um acontecimento suficientemente grave para mobilizar os pais no sentido de intervir.

A seguir apresentarei cinco casos, todos acompanhados por mim em um trabalho de orientação de pais. Imagine-se como o pai ou a mãe desses filhos. Vejamos qual foi o gatilho em cada um dos cinco casos.

FERNANDO, TREZE ANOS, O TORTURADOR

Há tempos Fernando tortura a irmã. Hoje, mais uma vez, de modo arbitrário, beliscou a irmã e deu-lhe um soco no estômago apenas porque ela não saiu logo da frente quando ele quis entrar na despensa com biscoitos.

O pai vê que a filha menor, de onze anos, está ficando emocionalmente perturbada com tantos maus-tratos e com o fato de os pais não conseguirem protegê-la (tentam coibir Fernando sem sucesso, são, de algum modo, fracos).

O pai percebe que Fernando está se tornando um garoto irritável, autoritário e cruel. Ele e a mulher finalmente chegam à conclusão de que assim não é mais possível continuar.

Já tentaram conversar, valorizar os aspectos positivos, impor limites suaves e moderados, levar o filho a terapias diversas, mas nada ajudou. Agora é preciso dar um basta definitivo, em nome da ética, da saúde mental da filha e de Fernando.

Eu já havia discutido com os pais de Fernando minha impressão de que, mais do que terapias adicionais, era necessário, acima de tudo, aprenderem a dialogar em conexão com ele, a desenvolver projetos de mudança de atitude, e que, em uma cena assim, teriam de dar limites contundentes.

THOMAS, QUATRO ANOS, TOMADO PELO CAPETA

Por mais que seja uma graça de menino, o pequeno Thomas está se tornando refratário a ordens e pedidos. Há meio ano que a família e os professores na escola não conseguem se fazer escutar por ele. Thomas simplesmente não sabe quando termina a brincadeira e quando deve escutar os adultos e obedecer. E parar de se colocar em risco.

A gota d'água foi quando ele pulou do sofá para o beiral da janela e, apesar de inúmeros pedidos da avó e da mãe, se projetou para fora. A tela protetora impediu que ele caísse do quinto andar do prédio, mas não que um vaso de flores que estava no beiral caísse no térreo e por sorte não matasse um pedestre.

A mãe percebe que a vida está lhe mostrando que a situação chegou a um ponto intransponível. O que ainda falta acontecer para que ela finalmente dê um basta a essa postura do filho?

Ponderei com ela que, além dos diálogos, de ensinar Thomas a entender essas situações e treinar com ele como mudar, em algum momento seria necessário instalar uma voz de comando, um freio para fazer-se escutar. Diálogo e limites suaves e moderados podem às vezes ter de ser combinados com limites contundentes.

LILIANA, CINCO ANOS, A TIRANA

Está visitando os avós. Recebe um presente da avó, uma boneca nova. Ela abre o embrulho da boneca e vê que se trata de um modelo de vestido que não lhe agrada, então, furiosa, dá uma "bronca" na avó: "Eu já disse que não gosto de vestido rosa, vó! Compra um vermelho".

A mãe pede que ela pare com esse comportamento e se desculpe com a avó.

Em resposta, Liliana mostra a língua e encolhe duas vezes os ombros num gesto de "tanto faz seu pedido, não estou nem aí". A mãe fala mais sério, insiste. Liliana grita e chora: "Você é feia, não gosto de você". A mãe manda que ela vá para o quarto, ficar de castigo pensando no que fez. Ela cospe na boneca e em seguida tenta cuspir na mãe. A mãe a pega pelo braço com força para levá-la até o quarto.

Ela chuta a mãe e grita: "Você está me machucando, ai, ai, ai!".

Finalmente a mãe consegue colocá-la no quarto de castigo. Ouve-se um grande berreiro, depois o som de objetos sendo quebrados, arremessados contra a porta. A mãe entra no quarto e, ao deparar com um grande dano material e a filha enfurecida, é tomada de fúria e bate em Liliana. Ambas se estapeiam, gritam e choram. Após quarenta minutos de choro intenso, Liliana se acalma, procura a mãe, pede colo e desculpas.

A cena toda foi a gota d'água. A mãe percebeu que ora não dá limites, ora exagera e machuca a filha, e conclui que não podem continuar a viver assim. Teme pela sanidade mental dela e da filha.

Pondero que talvez não seja necessário nem a filha, nem ela, nem a família iniciarem um processo de terapia. Talvez em poucas sessões aprendendo a dar limites e dialogar, ela mesma resolva a situação.

TATIANA, CATORZE ANOS, ETERNAMENTE MAL-HUMORADA

Ao acordar, como de costume, de mau humor, Tatiana desce atrasada para o café da manhã. O pai lhe pergunta se terá aula de matemática. Ela responde entre irônica e irritada:

"O que você acha?" Ele: "Se soubesse não perguntaria". Ela: "E existe tabela de horários no site da escola para quê? É só olhar". Ele: "Você não pode me responder? Custa tanto?". Ela: "Custa, porque estou atrasada, ninguém me acordou hoje, e vocês só vivem me apressando, tenho que tomar café". Ele: "Tatiana, não seja malcriada". Ela: "Não estou sendo, e não grite comigo se não quer que eu grite de volta". Choramingando, com muita raiva, ela continua: "Está vendo, você sempre briga comigo, agora nem consigo tomar café da manhã, vou sair com fome, e a culpa é sua! Saco!". O pai fica sem ação e a leva para a escola.

A gota d'água acontece à noite. O pai a encontra.

"Então, filha, como foi o dia?" Ela, emburrada, não responde, fica deitada no sofá vendo alguma coisa no smartphone. Ele: "Tatiana, estou falando com você!". Ela: "Não estou a fim de falar. Primeiro você me maltrata de manhã, agora vem tentando puxar meu saco, estou cheia". Ele: "Tatiana, assim não dá mais, vou colocá-la de castigo". Ela: "Ah é? Vai fazer o quê? Bater em mim, gritar, tirar minhas coisas? Você e a mamãe só sabem fazer isso mesmo, vocês são uma praga".

O pai percebe que está perdendo a ascendência sobre a filha, que não consegue mais educá-la nem ter um convívio civilizado com ela. Concluímos que era preciso agir, e agir logo, e que nesse caso só limites contundentes seriam capazes de fazer Tatiana se abrir para um diálogo franco e leal.

FREDERICO, UM ANO E MEIO, O NENÊ QUE DÁ BOTE

Há meses Frederico vem "brincando" de puxar os cabelos de quem se aproxima dele. Avós, babá, amiguinhos, pais. Ele chega a arrancar tufos e machucar as pessoas e, sem perceber o que causa, diverte-se com as expressões de dor e dá risada.

Quando lhe dão uma bronca, chora ressentido. Apesar de os pais já terem advertido todos os adultos à sua volta para se precaverem, Frederico ataca novamente. Dessa vez, consegue pegar a avó, de 76 anos, desprevenida e arranca-lhe um tufo de cabelo que, com alegria, exibe triunfante. Ela grita de dor, recua, bate com o calcanhar na ponta de um móvel e se fere. É diabética, e a mãe de Frederico logo vê que a situação é grave. Um dia antes, tinha sido chamada na creche: sugeriram que Frederico deixasse de frequentar a creche por um tempo e só voltasse quando estivesse mais maduro. A mãe se desesperou, porque sem a creche não poderia trabalhar. Decidiu que, custasse o que custasse, havia chegado a hora de dar um basta naquela situação.

Combinamos que no caso dele o método do "não" enérgico crescente seria utilizado de forma mais intensa e contundente. Mas, como veremos, a mãe me surpreendeu utilizando outro método ainda mais contundente.

Se você já tentou dar broncas
e castigos sem sucesso

Se chegar um momento em que você perceber que as coisas atingiram um limite extremo, que é hora de dar um "basta", terá de mobilizar dentro de você forças para agir com firmeza e contundência.

Mas, para que o método de dar um limite forte tenha uma chance de funcionar — e funciona quase sempre —, é preciso seguir os quatro passos à risca. Não vai funcionar sem disciplina de sua parte. O segredo está no ritmo e na interligação das partes; não adianta fazer cada uma delas independente da outra.

Talvez em alguma ocasião você tenha de fato dado uma grande bronca e quem sabe depois um castigo e nada disso tenha funcionado. Algumas hipóteses:

1. Por mais que ache estranho, sua demonstração de indignação talvez não tenha sido suficientemente forte, nem tão abrupta a ponto de assustar.
2. Você deve ter se estendido demais, dando uma bronca como se estivesse fazendo um sermão ou suplicando, com longas ameaças.
3. Seu filho na verdade não internalizou o motivo da bronca (não entendeu), apenas tomou conhecimento de que você não aceita aquele comportamento (limite situacional-ocasional).
4. Talvez você tenha apenas demonstrado indignação e deixado as coisas por isso mesmo, de modo que alguns dias depois o antigo padrão de comportamento de seu filho voltou. Não atrelou a bronca a um processo de mudança. Não interligou as partes. Não impregnou o ambiente da necessidade de mudar.

Pode ser que você tenha logo partido para dar um castigo, e que isso também não tenha funcionado. É possível que tenha cometido outros dois erros estratégicos:

1. O castigo foi fraco demais, você deveria ter sido mais severo (veja no capítulo 18 sobre castigo os comentários sobre a magnitude do castigo).
2. O castigo não foi amarrado à imposição de um projeto de mudança monitorada e perdeu-se na história. Uma vez cumprido o castigo, seu filho retomou sua rotina e alguns dias ou meses depois voltou ao mesmo padrão de antes.

Passemos então ao duro trabalho de dar limites fortes e contundentes interligando todos os passos.

O primeiro limite forte é o "basta contundente", não o castigo

Em geral, se tiver de se impor de forma contundente, não parta logo para o castigo. Prefira apenas demonstrar indignação intensa, inibir o protesto, ter um diálogo coercitivo e forçar um projeto de mudança.

Seu filho deveria obedecer por medo de enfrentar a força moral e visceral de seu "basta contundente" e definitivo, não por causa de suas "armas" de retaliação (castigos).

Sua *autoridade* virá de duas fontes: da força moral e da carga emocional (que causará surpresa e medo). Já seu *poder* virá do castigo. Antes de exercer o poder, prefira exercer a autoridade.

A *força moral* tem a ver com o fato de seu filho saber que você o ama, que vai cuidar dele por toda a vida e que ele terá que contar com você. Você é a referência e a base segura, por mais que ele o tenha desrespeitado. Quem ama e cuida tem força e legitimidade para exigir e cobrar que o filho cuide da saúde, que tenha ética, que se prepare para a vida (tenha autonomia). E para que siga as regras e respeite as hierarquias.

A *força emocional* tem a ver com a intensidade emocional de sua indignação. Essa intensidade de expressão facial, voz, postura física se comunica diretamente com as emoções do seu filho.

Por isso, se você partir logo para o castigo, estará abdicando de fazer uso da força moral e emocional de sua posição de pai ou mãe. E vai lançar mão de um recurso de poder de retaliação que poderia guardar na manga, e só usar mais adiante se for realmente necessário.

O "basta contundente" e definitivo passo a passo

O PRIMEIRO PASSO: DEMONSTRAR
INDIGNAÇÃO INTENSA

Há várias maneiras de usar sua força moral e emocional. Em geral é mais fácil para homens do que para mulheres. Primeiro porque os homens têm uma vocação biológica para provocar medo: sua voz é mais grave, sua aparência mais dura, e há um reforço cultural que liga os homens à violência. O estilo masculino de broncas muitas vezes é eficaz, pois constitui-se de frases curtas acompanhadas de expressão de fúria impressionante. E não esqueçamos que em geral o pai passa menos tempo com os filhos.

Mas isso não significa que mulheres não possam ser tão eficazes ou mais até do que os homens na hora de repreender. Só precisam tomar cuidado para não caírem nos estereótipos das broncas prolixas, queixosas, ou desabafos de angústia, todos mais raros de observar em homens. E devem colocar toda a força necessária e se aplicar com toda a seriedade nessa atividade.

EXPRESSÃO INTENSA DE INDIGNAÇÃO

Além de abrupta e curta, a indignação do "basta" contém muita força emocional. Mas como exatamente um adulto pode demonstrar essa fúria ao filho? Para que você entenda, usarei uma situação diferente do seu dia a dia com seu filho.

Imagine uma mãe idosa, digamos de 89 anos, muito doente,

que mal consegue falar. Ela recebe a visita de um filho adulto, que está ao pé da cama. A mãe faz um pedido ao filho, que o recusa (por exemplo, não deseja ser enterrada, mas cremada).

Ao ouvir a recusa do filho, a expressão da mãe idosa se altera assustadoramente.

Em menos de um segundo, a mãe enferma se enche de energia e força, seus olhos se inundam de fúria, ela consegue levantar o pescoço e a cabeça dois centímetros em direção ao filho, agarra o braço dele e, com a força que lhe resta, puxa com determinação a manga da camisa do filho e, com uma voz rouca, diz o mais alto que consegue, em tom cortante, algo como: "Seu ingraaaaato! Obedeça a sua mãe!". Seus lábios se crispam, a saliva lhe escapa e seu olhar é penetrante. A frase soa como uma danação, uma praga rogada. Parece cuspir as palavras com indignação. Sem forças, a mãe larga-se novamente no leito, ainda olhando com ressentimento e fúria para o filho. Tudo dura cerca de quarenta segundos.

Talvez você, no lugar desse filho, ficasse assustado, impressionado, pois teria acabado de levar uma bronca forte, poderosa. Houve uma comunicação com alta carga emocional. Porque foi abrupta, mas também intensa, cheia de energia, de emoção concentrada em poucas palavras e expressões faciais, no tom de voz e nos gestos enérgicos, fortes.

Se um "basta" de uma idosa enfraquecida pode ter essa força moral e emocional, imagine o impacto de uma bronca dada por um pai ou uma mãe mais jovem a um adolescente ou uma criança.

EFEITO SURPRESA, RUPTURA ABRUPTA

Grande parte do impacto de sua demonstração de indignação está ligada à surpresa. Embora tenha conversado e preparado seu filho para que ele saiba que você vai lhe dar limites e não vai tolerar que continue agindo daquela forma, no exato momento da gota d'água, você reagiu de modo abrupto e intenso. É como uma explosão completamente inesperada — você vai de zero a cem em meio segundo!

POUCAS PALAVRAS

Nesse primeiro momento, seu filho terá medo, ficará muito assustado ao vê-lo tão furioso, tão fora de si. Essa bronca deve ser curta e constituir-se de pouquíssimas palavras.

Algo como: "Chega! Nunca mais na sua vida você vai falar assim (bater na sua irmã, desobedecer, cuspir etc.). Chega! Basta!".

Nos cursos que ministro, faço sempre uma demonstração teatral para os pais. Também proponho diversos estilos de bronca com fúria, inclusive um mais masculino e outro mais feminino. Mas sempre demonstro uma indignação intensa, curta, de alta carga emocional. Muitas vezes peço que depois os pais simulem broncas tomando alguém como objeto.

Para que a repreensão funcione, é preciso que não seja um desabafo, uma súplica, uma explicação ou um sermão. Nada de: "Eu não aguento mais, já lhe pedi tanto, parece que nada adianta, se não vai ser por bem então vai ser por mal etc.". Uma fala longa perde força e o elemento surpresa. E dilui a mensagem. A mensagem central aqui é: "Basta! Não permitirei mais isso, custe o que custar!".

O QUE SEU FILHO VERÁ QUANDO VOCÊ ESTIVER NESSE ESTADO

De um segundo para o outro seu filho subitamente percebe como você se alterou. Seus olhos agora estão inundados de uma energia furiosa. Sua voz se eleva. Você está tropeçando nas próprias palavras, fora de si. Parece prestes a ter uma síncope. Você parece possuído. É preocupante vê-lo. Talvez você segure seu filho pelo braço, sem machucá-lo. Ele sente seu toque firme. Sente como seu braço treme, tão fora de si que você está. Então você fala alto, duas ou três vezes, bem perto dele: "Baaaastaa!", ou algo equivalente. Com uma entonação de guerra. Ele nunca o viu assim. Sente que se ousar fazer mais um pequeno gesto de rebeldia ou de desrespeito, você estará disposto a qualquer coisa. Você definitivamente "entrou em surto" durante alguns segundos e demonstra que está firmemente determinado a reprimir a postura dele.

COMO VOCÊ PODE ATINGIR ESSE ESTADO?

Primeiro, é preciso que você esteja genuinamente convicto de que basta, que a situação tem que mudar, por bem ou por mal. Sem sua indignação e convicção nada funcionará. Depois é preciso que você esteja firmemente determinado a consegui-lo.

Talvez ajude se você criar imagens de situações de fúria e determinação extrema. Por exemplo, o que você faria se estivesse num parquinho infantil e percebesse que um pedófilo se aproxima de seu filho com a intenção de atraí-lo com balas e doces? É provável que fosse tomado por uma fúria demoníaca e se lançasse entre os dois aos berros, quem sabe inclusive dando empurrões, para salvar seu filho.

Você estaria totalmente mobilizado no sentido de proteger seu filho. O mesmo aconteceria, por exemplo, se ele caísse no fosso dos ursos no zoológico: você saltaria imediatamente lá dentro para afastar os animais e colocá-lo em segurança. São situações em que sua determinação é total. Sua disposição de enfrentamento é infinita. E sua fúria também.

É claro que não são comparáveis à menina que cospe na avó ou ao menino que dá um soco na irmã. Mas encare o mau comportamento do seu filho como se fosse uma ameaça. Quem sabe possa usar a imagem de um demônio que tomou a alma e corpo de seu filho e que você precisa exorcizar. Sua fúria se dirige não ao filho, mas ao esquema mental que se apossou dele.

Enfim, invente alguma imagem mental que lhe permita mobilizar sua força e impor moralmente e pelo susto, pela veemência com que expressa sua disposição de mudar as coisas.

Pense que seu filho está se colocando em risco ou maltratando outras pessoas de forma inadmissível ou está se tornando uma pessoa insuportável. E você precisa educá-lo, protegê-lo.

Pode ser que a gota d'água seja até mesmo um fato não muito importante, por exemplo, ele jogou o prato de brócolis no chão ou destratou a babá. O importante é que foi o ápice de algo que vem se acumulando há algum tempo e que representa uma atitude ou um risco muito relevante e grave. É o limite de uma situação intolerável. A gota d'água servirá de pretexto para você finalmente pôr fim a essa situação. Voltemos então ao grande "basta contundente" e definitivo.

Esse primeiro passo do "basta" vale tanto para crianças como para adolescentes. É claro que para crianças entre três anos e meio e sete anos será modulado para ter uma intensidade menor, mas ainda suficiente para apavorar. Para filhos maiores de sete, você deve usar uma intensidade muito elevada, e para adolescentes talvez tenha de ir ao seu máximo. No caso dos adolescentes, que podem ser maiores e mais fortes que você, valem a surpresa, a força moral e sua genuína convicção de ter chegado ao limite (lembre-se da força da mãe de 89 anos no exemplo acima).

O SEGUNDO PASSO: REPRIMIR A CONTRAINDIGNAÇÃO (O PROTESTO DE RESSENTIMENTO)

Depois de quinze ou trinta segundos o "basta contundente" foi aplicado. Você agora dá alguns passos para trás e continua encarando seu filho, a essa altura apavorado, com um olhar ameaçador, indignado e furioso. Ele sente que se der um pio toda a cena vai se repetir.

Você continua a olhar para ele, como se o estivesse vigiando, com olhar severo, assegurando-se de que ele nem se mexa. Então diz, com a voz fria, distante e irritada, já mais calmo, mas ainda tenso e disposto a ter um novo surto se ele o desafiar: "Você não se mexa! Fique aí! Parado!".

Seu filho está atônito, nunca o viu assim. Percebe que dessa vez é para valer. Se ele não ficar aturdido ou se tiver forças para reagir é porque você não está conseguindo demonstrar com suficiente intensidade a carga emocional de sua determinação e indignação.

No minuto seguinte, crianças com menos de oito ou dez anos costumam chorar. Você poderá escutar dois tipos de choro: de susto (medo) e de mágoa. Talvez chorem intensamente durante, digamos, cerca de quarenta segundos. É um choro de genuíno susto, de medo. Mas nos segundos subsequentes é possível que o som do choro mude. Começa então um choro de ressentimento. É mais lamurioso, como se fosse entremeado de frases como: "Pai (mãe), que horror o que você fez comigo! Estou chateado, magoado, você me assustou".

Esse segundo tipo de choro continua por algum tempo e talvez no segundo ou terceiro minuto vire um choro de raiva. Como se seu filho dissesse que está ressentido com você, tem raiva de você, quer que você saia de perto, seu adulto horrível.

Se você não fizer nada, a criança talvez busque colo de outra pessoa para ser consolada. Ou para dar-lhe uma lição, ela olha para você como se dissesse: "Está vendo? Você foi horrível comigo, agora eu fico no colo da mamãe (do papai), ela vai me consolar".

Ela também pode sair, demonstrando contrariedade e raiva, batendo portas e se enfiando na cama debaixo das cobertas.

Se for um filho maior de nove ou dez anos, ou um adolescente, ele pode se recompor e partir para o contra-ataque cheio de ressentimento ou se fechar, magoado.

Seja qual for o caso, se seu filho for uma criança menor ou um adolescente, esse ressentimento por ter sido submetido a uma bronca tão avassaladora é normal. O problema é que essa mágoa é também a porta de saída do seu filho e anulará os efeitos da repreensão recebida. Porque agora ele se encastela no rancor e cresce moralmente. E, em vez de ficar em contato com a indignação do pai e da mãe e com o motivo do conflito (o comportamento dele), agora seu filho se concentra na raiva que sente de você ou na tristeza e na vitimização de si mesmo. Quem está indignado agora é ele! Em minutos ele desenvolve uma contraindignação que anula a sua!

Pode ser que se comporte melhor por alguns dias, mas é provável que logo retome o comportamento anterior. Você desperdiçou uma bronca, e na próxima ele já estará vacinado e logo suas demonstrações de indignação não terão mais eficácia. Ela se transformou num *limite só dado naquele tipo de ocasião.*

Por isso a ideia desse segundo passo é não deixar o choro de medo e pavor se transformar em um choro de mágoa e ressentimento. E principalmente não deixar isso evoluir para um mecanismo que anule o impacto duradouro de seu "basta contundente" e definitivo.

Não que seu filho não tenha o direito, mas se ele anular sua indignação de pai e mãe, assumindo agora ele o lugar do indignado (porque os pais lhe deram um limite forte), você perderá sua posição de impor limites. Por isso você precisa vencer o "embate de poder moral e de autoridade". Uma metáfora nessa hora poderia ser "domar a fera que resiste à submissão ao pátrio poder".

Assim que notar o ressurgimento da resistência à sua autoridade, digamos que ressurja quarenta segundos depois do choro de susto, um choro de protesto, você diz, no mesmo tom exaltado de quando estava em pleno auge da bronca, e volta a demonstrar intensamente sua indignação: "Agora pare de chorar! Quieto!". Novamente o elemento surpresa é decisivo. Ele fica ainda mais surpreso e apavorado. Pois está sendo reprimido o direito dele de demonstrar mágoa. Nesse momento a comunicação é de total intensidade emocional, o seu tom é ameaçador. Você demonstra que está falado sério, você fala alto e perto da criança, com a voz decidida, talvez com dedo em riste. Ele tenta engolir o choro. Desde que não seja um choro de protesto, mas um soluçar choroso, você aceita que ele chore; mas se for um choro de ressentimento, você insiste em que pare de choramingar em protesto. Você quer que ele entenda que quem está furioso agora é você e que sua fúria advém de ele ter ultrapassado os limites do aceitável. Se conseguiu assustá-lo, ele certamente engolirá o choramingar ressentido.

Esses dois minutos entre a bronca e a inibição do choro de ressentimento transcorrem de forma muito intensa. Vocês estão tendo uma comunicação primitiva. É como se você estivesse afirmando que é o chefe na matilha de lobos e estivesse submetendo, por meio de um ritual de enfrentamento, um jovem membro rebelde do grupo, obrigado à submissão total à autoridade do líder. Se você for mulher talvez prefira utilizar a imagem de um bando de hienas, nesse caso é a fêmea que domina o grupo e tem rituais de afirmação da autoridade total.

Até agora seu "basta contundente" durou, digamos, quarenta segundos, seu filho chorou apavorado por mais quarenta segundos, em seguida começou o choro de mágoa e você o inibiu com firmeza.

E FILHOS QUE, ASSUSTADOS, PEDEM COLO E CONSOLO?

Algumas crianças, em vez de reagirem ressentidas ou assustadas, pedem colo, querem ser consoladas ou pedem mil desculpas. Tentam apaziguar o adulto furioso e a si mesmas.

Nesse caso você precisa acolher carinhosamente seu filho. Mas não deixe que seu "basta" seja anulado pelo fato de acolhê-lo. Você o toma em seu colo e, com segurança e serenidade, o acaricia, mas mantém seu propósito de conversar com ele. Fique atento para não se perder e abraçar e acarinhar demais seu filho, como se estivesse arrependido. Você o acolhe com tranquilidade e de modo amistoso, e o acalma, mas não se esvai em mimos e carinhos. Reassegure-o de que o ama, que apenas está bravo porque ele não cumpriu os combinados e você quer que ele aprenda a fazer as coisas do modo certo e correto.

Claro que nesse caso o protesto dele não está acontecendo, e o próximo passo, descrito a seguir, não será necessário. Você apenas espera que ele se acalme e segue para a terceira fase: conversa com ele sobre o que aconteceu. Mas é comum que seu filho não busque seu colo e sim resista, de modo que, logo após dar a bronca e reprimir o protesto dele, ainda tenha de consolidar o processo mostrando que é você quem controla a situação.

AGORA VOCÊ TOMA O CONTROLE DA SITUAÇÃO

Cerca de um minuto e meio depois que tudo começou, você está com a situação sob algum controle. Seu filho aguarda surpreso e assustado para ver o que você fará.

Você diz: "Agora fique aí, quieto. Vou falar com você já, já!". E dá uma volta no recinto, ou levanta e vai até a janela. Não saia do ambiente nem dê tempo para que ele se recomponha — ele continua se sentindo acuado. Cerca de meio minuto ou um minuto depois você retoma o contato verbal e se senta diante dele.

Filhos maiores podem tentar se rebelar ou desafiá-lo com uma frase irônica ou agressiva, como "Está bravo, é?", "E agora, vai me bater?".

Você pode dobrar a aposta e novamente e de modo ainda mais intenso dar uma bronca curta e furiosa, mostrando-se determinado a exercer seu poder de pai e mãe. Ainda sendo muito firme, você pode frustrar essa tentativa do seu filho de minar a seriedade do "basta". Por isso, você tem outro acesso ainda maior de fúria e indignação e alerta que se ele der mais uma palavra o mundo desabará.

Você pode, por exemplo, surpreendê-lo ao dizer com muita firmeza e demonstrando intensa emoção, falando com uma voz sinistra, estranha (como se tivesse sido tomado por um justiceiro do além):

Nunca vou bater em você! Mas não aceitarei que aja sem ética [que maltrate as pessoas, que não se empenhe em se preparar para a faculdade, que prejudique sua saúde]! E vou tomar todas [com ênfase no todas] as providências e medidas de força para obrigá-lo a se comportar de modo decente [ou de modo saudável, ou responsável]!! Farei isso custe o que custar! Usarei meios financeiros, jurídicos, o que for necessário para cumprir minha obrigação de pai [ou mãe]!! Vou protegê-lo e cuidar de você, entendeu?!

Novamente aqui a força de sua comunicação de que realmente basta dependerá de você demonstrar sua absoluta e inquebrantável determinação de cumprir sua função de cuidar dele e prepará-lo para a vida, ainda que para isso tenham de entrar em grande conflito. Raros são os casos em que os filhos não recuam nessa hora. Se isso não acontecer e seu filho continuar a enfrentá-lo de forma desrespeitosa, provavelmente você não soube imprimir a intensidade necessária ou terá de passar para os castigos fortes. Se nada disso estiver funcionando, busque ajuda profissional. Talvez seu filho ou sua família precise de sessões de terapia, ou você necessite de mais orientação sobre como educar.

Cinco casos difíceis

Vejamos como os pais de Fernando, Thomas, Liliana, Tatiana e Lucas demonstraram indignação e coibiram os protestos de contraindignação, portanto, fases 1 e 2 do processo de impor limites fortes.

FERNANDO, TREZE ANOS

O pai de Fernando decidiu intervir ao presenciar como o filho beliscou a irmã e deu-lhe um soco no estômago apenas porque ela não saiu de sua frente quando ele quis pegar biscoitos na despensa.

Com expressão de poucos amigos, o pai foi imediatamente até o filho e, decidido, pegou-o abruptamente pelo braço. E, perto do rosto do filho, disse com todas as forças: "Cheeegaaa!!! Bastaaa!! Nunca mais você vai tocar na sua irmã!". E, enfurecido, mandou que o filho se sentasse numa cadeira ao lado. "Sente aíí, quietooo!!!" E para a filha: "Por favor, saia agora do quarto".

Fernando nunca havia sido abordado pelo pai de modo tão abrupto, intenso; estava assustado. O pai parecia decidido a fazer alguma coisa. Fernando o olhava, pálido.

O pai consolida esse momento de surpresa e medo do filho dando ordens que simbolizam a submissão total à autoridade paterna. Ele então ordena ao filho que o siga, que vá com ele até o outro quarto. O comando é dado em tom sinistro, assustador. Enfurecido, o pai leva o garoto pelo braço, olhando-o com uma expressão severa e grave. Em seguida diz: "Sente-se! Sente direito, não fique esparramado! Ereto!". Fernando mal tem tempo de se recompor.

Esses primeiros dois passos duram de trinta a quarenta segundos.

THOMAS, QUATRO ANOS

Depois de muitos pedidos, quando Thomas pulou do sofá para o beiral da janela e derrubou um vaso de flores que por sorte não matou um passante, sua mãe resolveu entrar em ação.

Como um raio, chegou perto do filho e com grande intensidade gritou: "Thomas, cheeegaaa! Um 'não' é 'nããooo'!!! Obedeça meu 'não'!!!". Ele se assustou.

Com firmeza, a mãe pegou seu braço e o colocou sentado no sofá. "Sente aqui! Já!" Thomas começou a chorar copiosamente. Estava assustado, a reação da mãe foi inesperada. E ela parecia mais furiosa do que nunca. Depois de cinquenta segundos, ele passou a chorar de mágoa, num tom lamurioso, olhando para a mãe com ressentimento. Ela imediatamente reforçou a bronca.

Com ainda mais veemência do que antes, se aproximou do rosto dele e disse alto: "Pare de chorar! Fique quieto, já!".

Thomas mal respirava de medo.

Enquanto ele ainda estava sentado, apavorado, ela deu alguns passos e o encarou com ar grave e severo. Ele aguardou. A situação toda não levou mais de um minuto.

LILIANA, SEIS ANOS

A terrível sequência de cenas envolvendo Liliana, a avó e a mãe, com cusparadas, desafios, estapeamento mútuo, quebra de objetos, ofensas e a posterior reconciliação, era apenas mais um dos muitos conflitos.

Mas dessa vez a mãe percebeu que era preciso agir. Preparou-se para, no próximo episódio, reagir rapidamente.

Num momento calmo, avisou e preparou a filha mais uma vez para isso.

Quando novamente ocorreu uma cena parecida, dessa vez de desacato à babá, chamada de "velha fedida" por Liliana, que ainda tentou chutá-la, a mãe foi contundente. Não esperou e não bateu boca. De imediato e abruptamente tomou a menina nos braços, aproximou-se do rosto dela e com todas as forças disse: "Agora acaaaabou!!! Respeeeitooo!! Já!!! Sente aííí!!!".

As broncas anteriores geralmente aconteciam em um crescendo, com a mãe pedindo, suplicando e aos poucos perdendo a paciência até perder o autocontrole. Eram mais um desabafo e um discurso do tipo "peço tanto para você me escutar, e você nada, é mal-agradecida, parece que não quer ser amada, blá-blá-blá...".

Dessa vez o movimento foi abrupto, pegou-a de surpresa, a bronca foi curta, um grande "basta contundente" com poucas palavras. Liliana nunca tinha visto a mãe tão vermelha, com os olhos tão esbugalhados e tão decidida. E segurando os braços dela com tanta determinação (mas, sem machucar e sem força bruta).

Liliana começa a chorar de susto. Em trinta segundos o choro muda de tom, passa a ser lamurioso, magoado. A mãe novamente entra em cena. "Pare de chorar! Engula já esse choro!!" Ela fala de modo ameaçador, sinistro e assustador e com o rosto próximo ao da filha. Mostra-se disposta a tudo. Mal a filha respira, a mãe a olha indignada. "Chega, Liliana!! Basta!!" A filha tenta conter o choro, passa a soluçar e chorar baixinho de medo.

Mais uma vez tudo acontece em menos de um minuto e meio.

TATIANA, CATORZE ANOS

Depois de mais uma sequência de cenas terríveis, com Tatiana destratando todos os membros da família, os pais não querem mais se sentir impotentes e decidem pôr fim a esse estado de coisas. Todos estavam esgotados e nada funcionava. Mais do que terapia familiar ou individual, Tatiana precisava de limites simples e fortes.

No episódio seguinte, quando Tatiana quis que autorizassem sua ida a uma festa que começaria às onze horas, eles tentaram conversar em conexão, mas ela logo se enfureceu e começou a desacatá-los, aos berros.

Sem esperar um segundo, seu pai abruptamente reagiu com o dobro da contundência dela. "O quê? Chega! Quieta!" Tinha a expressão facial e a postura de alguém tendo um acesso de indignação. Olhava para ela colérico. Com gestos ríspidos, tomou o braço da filha e, como o pai de Fernando, fez com que ela se sentasse. "Sente-se ali! Agora!" Ao dizer isso o pai estava ofegante, como que prestes a ter uma síncope. Mal respirava. A filha estava apavorada, olhava para ele atônita.

Ele não lhe deu tempo de se recompor e imediatamente insistiu que ela sentasse direito. "Sente-se ereta! Com respeito!" Ela temia pelo pior. Tinha até medo que ele pudesse se tornar fisicamente violento (o que jamais aconteceria). Tatiana agora chorava de medo. O pai não permitiu nem sequer o choro de medo. Aproximou-se dela e elevou a voz: "Engula o choro! Sem choro!". Deu vários passos em torno do mesmo lugar, girando ora para cá, ora para lá, mas sempre mantendo o rosto e o olhar fixos nela. Vigilante, severo, imprevisível, mas determinado.

FREDERICO, UM ANO E MEIO

A mãe estava em pânico porque sem creche não poderia trabalhar. E desesperada porque a avó de Frederico tinha se ferido. Custasse o que custasse, decidiu que daria um basta naquele comportamento.

Havíamos combinado que ela manteria o método dos "nãos" fortes. Mas para minha surpresa ela decidiu que naquele caso tinha de ensinar uma lição mais rápida e contundentemente ao filho. Aproximou-se dele e, sem gritar, apenas disse: "Não pode", e puxou ela mesma um pequeno cacho de Frederico, arrancando-lhe um tufo de cabelo. Ele chorou de dor. E olhou para ela estupefato, chorando, magoado.

Ela olhou com seriedade para o filho e disse com firmeza: "Não pode puxar o cabelo das pessoas". Aproximou o rosto dele, que tentou puxar o cabelo da mãe. Ela imediatamente segurou um outro tufo do cabelo dele, prestes a também puxá-lo. O filho recuou. Ela então soltou o tufo do cabelo dele e repetiu: "Não pode puxar o cabelo das pessoas!".

Realmente funcionou de imediato. Frederico nunca mais puxou os cabelos dos outros. E pouco mais de dez minutos depois da retaliação materna, ele estava brincando no colo da mãe com um brinquedo que ela levou para distraí-lo.

Certamente a mãe teria conseguido o mesmo resultado com os "nãos enérgicos" crescentes usados de forma mais contundente, mas optou por uma comunicação ainda mais direta e física. Pedi que nunca mais fizesse isso, porque, embora daquela vez tivesse funcionado, no futuro ela corria o risco de ficar fora dos parâmetros culturais atuais. De se tornar uma mãe que bate, machuca ou surra o filho. E isso não tem mais lugar no nosso mundo. Pode ter funcionado no passado e ainda funcionar em outras culturas, mas no Ocidente urbanizado usamos outros métodos.

O TERCEIRO PASSO: CONSCIENTIZAR SEU FILHO DOS MOTIVOS POR QUE O ESTÁ REPRIMINDO (O RESGATE DA JUSTEZA DO "BASTA CONTUNDENTE" E DEFINITIVO)

Agora que você demonstrou sua indignação com grande carga emocional e coibiu o protesto, você e seu filho entrarão numa terceira fase, que leva de cinco a dez minutos.

Gaste o tempo que for necessário nessa fase. Sem ela você não vai poder garantir que seu filho entenda por que tem de obedecer (salvo no caso do bebê Frederico).

Nesse momento, já transcorreram de dois a quatro minutos desde a bronca intensa, e seu filho não teve tempo de se recompor e se tornar novamente resistente.

Ele está assustado, humilde, mas ainda não entendeu que, quando necessário, quem manda é você, o responsável moral e jurídico por ele. Apenas percebeu que chegaram ao limite do tolerável e que nesse momento você está no comando. É a hora de começar a amarrar as coisas, para evitar que a bronca se dissolva ao longo dos dias.

Você diz a seu filho em tom calmo e frio: "Filho, você sabe por que levou essa bronca?". Espera que ele responda e eventualmente o ajuda a entender o motivo. Ele estará sendo cooperativo, pois está com medo, submisso, pelo menos por um tempo.

Você insiste nas perguntas até ele conseguir demonstrar que de fato compreende o motivo da bronca e que não está apenas repetindo um motivo que memorizou sem compreender. A cada pergunta, sobretudo com crianças menores, será necessário induzir as respostas. Ainda assim, insista em que seu filho acabe por enunciar a resposta de própria voz, mesmo que ele esteja apenas repetindo o que você lhe diz. Não faça um sermão em que só você fala.

Por exemplo, no caso de Thomas, ao responder à pergunta da mãe sobre por que levou bronca: "Levei bronca porque subi na janela". Também disse: "Porque esbarrei no vaso". Finalmente: "Porque não obedeci". A mãe pediu então que ele explicasse por que isso era um problema. E prosseguiu até que ele dissesse algo que indicasse um entendimento melhor, como: "É porque eu não escuto e não paro" ou "Porque não paro para ouvir e não obedeço quando vocês me dizem para parar". No caso dele, ela teve de sugerir algumas das respostas, dizendo algo como: "Será que é porque você não escuta e deixa o adulto repetir tudo dez vezes sem dar atenção a ele?".

A mãe então continuaria com novas perguntas: "Thomas, por que isso é importante?". Ela insistiria até ele responder: "Porque eu posso me machucar, ou machucar alguém". Ou: "Porque às vezes preciso fazer coisas que não quero (ir para casa, colocar o cinto de segurança, tomar banho no horário certo)".

A mãe prosseguiria: "Quem cuida de você e te ensina as coisas?". E ele responderia: "O papai, a mamãe, a babá e os professores". Ela continuaria: "Você entendeu que estou furiosa porque você está agindo errado? Entendeu?".

Em seguida a mãe abordaria a justeza da bronca, a legitimidade da punição. "Isso tudo foi avisado para você?" Ele: "Sim". "Falamos ou não sobre isso (ontem, outro dia, na casa da vovó etc.)? Você sabia que ia levar bronca se não parasse para escutar e obedecer o adulto?". Ele: "Sim". Ela continuaria: "Então a bronca é justa ou não? Você devia levar essa bronca ou não?". Thomas: "Sim, é justa".

É um diálogo em conexão com pensamentos e emoções, mas imposto num momento de ameaça e medo. A mãe está esclarecendo os limites e mostrando as consequências de ações erradas e deixando claro quem tem a autoridade, o mandato.

Nessa terceira fase o ambiente já está mais calmo, mas ainda há uma atmosfera de coação. A criança ou o adolescente sente que, se durante esse diálogo se rebelar e sair dos trilhos, a qualquer momento o pai educador ou a mãe educadora vai retomar a mesma fúria e o mesmo rigor de minutos antes.

É um diálogo direcionado, forçado, mas com perguntas e respostas. Você força seu filho a entender e reafirmar a necessidade de obedecer quando os pais realmente o exigirem.

A mãe de Thomas prosseguiu. "Quais os dois motivos por que os adultos não o deixam fazer as coisas?". E insistiu até que ele conseguisse dizer: "Porque é perigoso ou porque é errado (feio, não ético)". Ela: "Subir na janela é perigoso ou não ético?". Ele: "É perigoso". A mãe: "E por quê?". Ele: "Porque posso cair".

Ela: "Mas a tela não protege?". Ele, induzido por ela: "Protege, mas há muitos casos em que a tela se rasga. E havia um vaso. Que quase matou uma pessoa. Podia ser o papai ou a mamãe passando lá embaixo. Ou o pai de outra criança, que ia ficar sem pai para sempre". Ela prosseguiu: "A polícia viria aqui e poderia prender o adulto que estava cuidando de você".

Às vezes cabe carregar nas tintas e exagerar nas consequências terríveis do ato.

A mãe continuou: "Então tem coisas que só o adulto que cuida de você sabe, a criança não. Por exemplo, quando você era bebê queria pôr a mão no fogo da vela. Você não entendia por que não podia, e a mamãe não deixou você se queimar, mas você chorava, ficava bravo, mas a mamãe foi firme, ficou brava porque você não obedecia e não deixou e pronto. E hoje você já entende isso".

E ela prosseguiu, sempre lhe pedindo que repetisse o que ela dizia. E verificando se ele tinha entendido. Foi repetitiva e insistente, para ter certeza de que a mensagem ficaria fortemente gravada na mente de Thomas.

"Thomas, a mesma coisa vale para outras ordens. Mamãe, papai e o adulto que estiver cuidando de você, a professora, a babá ou a vovó, têm que ser obedecidos. Você tem que parar, escutar e obedecer. Entende por quê?" Ele: "Sim". Ela: "Então quero que repita por que você tem que parar, escutar e obedecer o adulto".

Ela continua forçando a conversa até que ele consiga repetir com competência, compreensão e boa vontade (a mãe deve reprimir seriamente se ele der sinais de má vontade, revirar os olhos, fazer cara de desprezo ou murmurar praguejando).

280

A meta é fazê-lo compreender, enunciar e explicar o porquê da regra e o que exatamente é esperado dele. E que ele entenda que já havia sido preparado para lidar com aquela situação de modo adequado, mas quebrou o acordo e agora está experimentando a consequência de desrespeitar a regra depois de tanta explicação e negociação.

O próximo passo depois da bronca inicial e abrupta, de reprimir o protesto e resgatar os porquês do "basta" (e abortar a justeza da bronca), é atrelar tudo a um processo imediato de mudança de atitude, pois provavelmente esse comportamento dos filhos em poucos dias voltará a se instalar. Como assegurar uma mudança, porém, é tema da parte IV, sobre projetos de mudança. Continuemos ainda no processo de impor limites contundentes.

No caso de Liliana, Fernando e Tatiana, os pais seguiram o mesmo modelo da mãe de Thomas, apenas adaptado à idade deles. Verificaram o grau de entendimento que os filhos tinham dos porquês e da justeza da bronca, e fizeram com que reavaliassem como se comportaram e se foram ou não tratados com lealdade.

Tudo num clima sereno, mas potencialmente ameaçador. Também Liliana, Fernando e Tatiana sentiram que qualquer gesto, um esboço de ironia, malcriação, pouco-caso ou desdém, até mesmo uma sutil revirada de olho, desencadearia uma bronca terrível e talvez consequências duras. Essa conversa ocorre minutos após a bronca e a tolerância é zero; o filho sente que está acuado. E coagido a ter uma conversa que normalmente se recusaria a ter, pois vai sendo obrigado a admitir que agiu mal, que tinha conhecimento e recursos para agir de modo mais correto e que, portanto, a bronca e a repressão são justas e necessárias.

Uma observação importante

Ao longo de todo esse diálogo forçado, o adulto oferece de modo leal e sincero a oportunidade para que o filho apresente contra-argumentos. Deixa claro que se ele tiver argumentos e apresentá-los de modo educado, respeitoso, o adulto se compromete a ouvir detalhadamente e conversar com calma. E que, se os argumentos forem lógicos e bons, o adulto está disposto a mudar de posição. Portanto, o clima de ameaça e prontidão para nova repressão se refere a sinais de desrespeito, não à discordância do filho. O tempo todo o filho é perguntado: "Você concorda com o que estou lhe dizendo? Se você tiver um argumento contrário, desde que seja lógico e apresentado com educação, prometo que irei ouvi-lo e considerá-lo. Mesmo estando furioso com você procurarei ser justo e razoável. Mas, se não me apresentar argumentos, vou impor estas regras que estamos discutindo. Você entendeu?".

O QUARTO PASSO: ATRELAR OS LIMITES À CONSTRUÇÃO
DE UM PROJETO DE MUDANÇA DE ATITUDE

Embora esse seja o tema da parte IV, cabe enfatizar que o início de construção do projeto de mudança de atitude se dá logo após o diálogo de conscientização forçada, apresentado acima. Nesse processo de dar limites contundentes e atrelá-los a um projeto de mudança imediata, o *ritmo* é fundamental. Todo o bloco (basta-resgate-prevenção-projeto de mudança) deve se desenrolar em poucos minutos.

Se você não usar a "janela moral e emocional" que se abre após o abalo pela bronca carregada de emoção e intensidade e não fizer o resgate do "basta" e imediatamente amarrar e comprometer seu filho com um projeto de mudança, provavelmente terá dificuldade de fazê-lo nos dias seguintes.

Portanto, não há espaço para pausa. Após o "basta", resgate e definição do projeto de mudança, é preciso iniciar na mesma hora a mudança e dar sequência a ela.

Esse projeto de mudança de atitude de seu filho será conduzido ininterruptamente no período de três a seis semanas. Mas pode ser prorrogado, se necessário, e só se encerra quando a atitude dele tiver mudado profundamente.

Ao longo das semanas seguintes, seu filho sabe que se recair em posturas desafiadoras, insolentes e sem diálogo sofrerá duras consequências (inclusive castigos, tema do próximo capítulo). Como pode notar, desde o momento em que ele leva a bronca moral até o final das várias semanas durante as quais você monitora de perto o andamento do projeto de mudança, não há uma fase de esquecimento ou de esmorecimento.

Todos os dias, várias vezes, o projeto de mudança é avaliado, monitorado e, se necessário, corrigido. Você não esquece o assunto, não o deixa de lado, você mantém o foco na mudança pretendida durante cem por cento do tempo. Portanto, trata-se de um "sistema" de limites interligados, em que nada fica solto e depois é logo esquecido, o que favoreceria que os antigos comportamentos retornassem (como é comum ocorrer quando se dá somente limites a cada ocasião).

POR QUE EM CASOS DE GRANDE RESISTÊNCIA
À REGRA NÃO ADIANTA DAR BRONCAS E CASTIGOS
SEM QUE HAJA UM PROJETO DE MUDANÇA?

Por que não apenas dar um "basta contundente"? Por que três fases e uma quarta fase de atrelamento dos limites a um projeto de mudança?

Mesmo nas sociedades repressivas e violentas de antigamente, broncas e castigos muito traumáticos com determinados filhos não surtiam efeito. Na verdade, alguns sujeitos podem se acostumar até mesmo à violência física e passarem a resistir a ela. Em alguns casos, inclusive, se tornam agressivos. Também pode ocorrer de a pessoa se sentir tão humilhada que guarda por anos ressentimentos e só controla seu comportamento enquanto está com medo, mas não muda de padrão. Em outros casos ainda, o indivíduo fica emocionalmente tão devastado que se torna inapto para a vida, ou seja, a mudança de padrão é para pior.

O fato é que, na maioria dos casos, uma mera bronca tem

efeito pouco duradouro; seu filho se habitua e a bronca perde a eficácia. Por isso a ideia é dar uma ou duas, no máximo três vezes um "basta contundente" e castigos ao longo da vida de seu filho. Mais que isso não vai funcionar, será um mero limite dado só a cada ocasião (aquele que você dá dezenas ou centenas de vezes apenas para controlar uma situação momentânea, mas talvez só promova mudanças a longo prazo). Caso opte por limites de ocasião, é melhor utilizar métodos suaves e moderados e investir em ensinar seu filho a gerir e arcar com as consequências, o que, como já vimos, é diferente de dar castigos.

Por isso, se decidir dar um "basta definitivo" por meio de uma grande bronca ou castigo, atrele as coisas a um imediato projeto de mudança.

Se desde os primeiros seis ou sete anos de seu filho, conseguir com um ou dois grandes "bastas contundentes" impor sua autoridade e o respeito a suas ordens, você educará pelo resto da infância e adolescência por meio do diálogo em conexão, com métodos suaves e moderados de impor limites e ensinando lições de vida. Sem mais broncas e sem castigos.

Talvez com crianças até oito anos seja necessário em alguns momentos usar o lembrete ameaçador do "um, dois, três". Você diz em tom enérgico e incisivo ao seu filho que contará até três e se ele não parar com o comportamento inadequado vai levar uma bronca igual àquele "basta contundente" do qual ele se lembra. Em seguida inicia uma contagem em tom ameaçador. Em geral entre o "um" e o "dois" a criança cai em si e obedece.

Fazendo uma analogia de limites com os antibióticos: uma dose exagerada pode matar o doente, uma dose intermitente ou inferior ao indicado permite que as bactérias criem resistência e se tornem muito difíceis de combater. É preciso administrar a dose adequada, de impacto e contínua durante um tempo.

PARA RELEMBRAR

Limites fortes

- Você pode impor limites realmente fortes começando por dar um *"basta contundente"* ou passando logo para um *"castigo contundente"* (impondo retaliações e perdas).
- O "basta contundente" é na verdade uma *bronca*, uma manifestação visceral de indignação, com grande intensidade emocional você mostra a seu filho que está disposto a dar um "basta" para que ele cesse definitivamente com aquele comportamento.
- Você pode não dar o "basta contundente" e optar por retaliações contundentes, que são *castigos* fortes que impõem perdas significativas por um tempo determinado, de forma que seu filho passe a ter medo de vivenciar aquilo de novo.
- A meta de limites contundentes (broncas e castigos) é *quebrar a resistência* de um filho que não aceita mais nenhum limite, nem pelo diálogo, nem por métodos suaves, amistosos ou moderados.
- A quebra de resistência consiste na verdade em dar um grande susto, seja pela intensidade do basta ou pela magnitude do castigo.
- Esse tipo de manobra, com uma assustadora repreensão ou um castigo severíssimo, *não pode ser aplicado na forma de um limite dado na ocasião*; seus efeitos se perdem e seu filho se torna cada vez mais imune a broncas e castigos.
- O limite forte e contundente é uma demonstração de poder, de que, se necessário, você é capaz de impor regras de ética e adequação social e empenho. Em geral, basta que seu filho tenha vivenciado isso uma ou duas vezes com você para passar a acreditar (e saber) que quando você realmente fala sério é para ser escutado.
- Por isso você não pode usar esse método mais do que *uma ou três, talvez quatro vezes na vida* de seu filho.
- O limite contundente precisa, portanto, de fato causar uma impressão profunda e, *antes que seu filho possa se recompor* do susto, imediatamente ser atrelado a um projeto de mudança definitiva de atitude.
- Ou seja, deve ser dado na forma de limite interligado, unindo a consciência do problema à *adesão forçada a um projeto de mudança* permanente que impregnará todo o ambiente por semanas ou meses.

COMO FAZER

Os quatro passos do "basta contundente"

DEMONSTRAR PROFUNDA INDIGNAÇÃO

- Há sempre uma situação de quebra de limites que é o gatilho para iniciar o "basta contundente", que será dado de modo abrupto, causando um susto.
- O "basta" é composto por poucas palavras. Não é um desabafo ou um discurso, é uma mensagem de que "agora chega, basta, você nunca mais fará isso de novo".
- A intensidade emocional desse "basta" é tão grande que ele nunca mais vai querer passar por aquilo de novo. É um modo de demonstrar que você chegou ao limite.

COIBIR A CONTRAINDIGNAÇÃO DO SEU FILHO
(O PROTESTO DE RESSENTIMENTO POR TER LEVADO
UMA BRONCA TÃO FORTE)

- Impeça que após trinta segundos o susto se transforme em ressentimento, que em geral se manifesta por choramingos e resmungos ou pela fuga para outro recinto, ou em um pedido de apoio e consolo de outra pessoa fora da cena.
- Ainda mantendo o clima de indignação visceral e de alta carga emocional, você não permite que ele se rebele por ter levado uma bronca, exige silêncio e modéstia.
- Para consolidar o domínio da situação você exige que ele siga algumas instruções suas sobre postura física e local a ser ocupado no recinto, sempre impondo que ele o respeite. Por exemplo, ordena que ele se mantenha sentado em posição ereta, que olhe para você ou que se sente em outra cadeira.

IMPOR UM DIÁLOGO EM CONEXÃO, NO QUAL VOCÊ RESGATA
O PORQUÊ DA BRONCA E DISCUTE SE ELA FOI JUSTA

- Semelhante ao diálogo em conexão com os pensamentos e emoções, mas sem desarmar e sem empatizar, o objetivo é obrigar seu filho a discutir se a bronca que recebeu é justa e que ocorreu por causa de algo há muito discutido.
- O objetivo também é fazer o filho refletir sobre os porquês de suas atitudes serem inadequadas e demonstrar um perfeito entendimento do problema.

**ATRELAR "O BASTA" À CONSTRUÇÃO FORÇADA
DE UM PROJETO IMEDIATO DE MUDANÇA DE ATITUDE
A SER APLICADO DURANTE AS SEMANAS SEGUINTES**

- No quarto passo, o "basta" é atrelado à construção de um projeto de mudança de atitude que perdurará por semanas, impregnando o ambiente (parte IV).
- A meta é uma mudança permanente.

OBSERVE

- Todo processo do "basta contundente" ocorre em minutos. O *timing* e o ritmo são fundamentais.

18
Castigos

Já discutimos que se pode fazer uma diferença entre "castigo" e outras formas de "restrição", por exemplo, a "gestão de consequências", a "contenção dos impulsos" e a "perda de apoio", todas descritas nos capítulos sobre limites suaves e moderados. Uma característica essencial dessas restrições é que o seu filho enxerga a conexão entre a "má" escolha que ele fez e a perda do usufruto daquilo que pretendia obter, porque há uma consequência direta, proporcional e de reciprocidade entre causa e efeito.

Há uma conexão entre a perda e o conteúdo do mau comportamento. Por exemplo, ao quebrar o brinquedo do amigo ele tem de repor dando um brinquedo seu em troca. Isso não é um castigo, mas uma reparação. E também uma consequência. Além disso, a duração desse tipo de restrição depende apenas de seu filho mudar de comportamento ou atitude. Assim que ele muda de postura a restrição é suspensa. Por exemplo, quando seu filho aceita comer verduras no almoço, pode tomar sorvete de sobremesa. Ou se ele obedece e vai estudar, depois pode ter seu momento de lazer.

Restrições desse tipo não são castigos, não punem, apenas contêm, impedem e redirecionam. Portanto, não há dolo, não há má intenção a "punir". Em geral essas restrições ocorrem na forma de *limites de contenção dados a cada ocasião*, são limites que induzem, ou coagem, implicitamente, sem necessariamente grandes conscientizações e sem muito diálogo. Simplesmente se aplica um esquema de regras.

No castigo há uma punição. Se ele for leal e justo, deve acontecer somente se seu filho tinha exata noção do que não devia fazer, se tinha recursos para não fazê-lo e intencionalmente reincidiu.

Ele reincidiu ou porque queria experimentar desafiá-lo, ou porque, não reconhece mais sua autoridade legítima, ou talvez porque apesar de todos diálogos com ele, seu filho simplesmente não está o levando a sério. Pode também ser que não tenha maturidade para entender os porquês e daí se recuse a obedecer.

No castigo não há conexão temática entre o "mau" comportamento e o que seu filho perde. Você simplesmente impõe a perda de algo valioso para ele (o direito a um programa de lazer, o acesso a eletrônicos etc.). A meta do castigo é que ele associe um comportamento inadequado a uma punição mais prolongada e dolorida. Daí ser mais difícil obter resultados por meio de castigos cotidianos e frequentes. Como veremos, castigos na forma de *limites de contenção dados a cada ocasião* tendem a se dissipar no tempo.

Por exemplo, digamos que um pai decida que, já que o filho foi malcriado com a tia, ficará um dia sem assistir à televisão. Ou que, por ter quebrado um brinquedo do amigo, ficará uma semana sem tomar sorvete. Ou que o adolescente que matou aula ficará sem mesada este mês. Esses castigos costumam não promover mudanças de atitude. Seria mais eficaz utilizar de restrições ligadas a consequências diretas do mau comportamento. Por exemplo, se foi malcriado com a tia, escreverá uma cartinha pedindo desculpas e a indenizará com um presente pago com parte de sua mesada, e talvez não possa mais ir com ela ao programa que fariam no jardim zoológico. Não são castigos, são restrições, e assim que mudar de postura a vida volta ao normal, sem restrições, que podem ou não ser aplicadas junto com um diálogo conscientizador.

O castigo tende a ser muito mais eficaz se tiver a forma de *limites transformadores, interligados*. Portanto, se for atrelado a diálogos e projetos de mudança. Nesse caso a ideia é que seu filho entenda perfeitamente o porquê da punição, que enxergue que ela é justa e leal, e que, durante um longo período, sofra diariamente com as perdas e reveja se vale a pena repetir seus comportamentos inadequados.

Castigos são eficazes?

Juliana, de sete anos, diz para a amiga da escola: "Não posso ir ao cinema hoje porque estou de castigo, chamei minha mãe de boba".

Teresa, de doze, diz para a prima: "Não fui ao clube porque fiquei de castigo ontem, não pude sair de casa porque menti e não fiz o dever de casa".

Marcos, de dezesseis: "Carlão, não tenho grana para ir pro esquenta (da balada) de sábado, meu velho cortou minha mesada e me tirou a chave de casa porque tomei um porre de novo no sábado".

Juliana, Teresa e Marcos "vivem" de castigo. Ao menos uma vez por mês (às vezes mais), tomam broncas, ouvem sermões de pais enfurecidos ou súplicas de pais desesperados. Se você, como os pais deles, estiver recorrentemente aplicando pequenos ou médios castigos sem que seu filho mude de comportamento, considere que os castigos simplesmente não estão funcionando!

Os filhos os estão recebendo no formato de *limites de contenção dados a cada ocasião*. As mudanças buscadas no comportamento de Juliana, Teresa e Marcos seriam difíceis de obter apenas com castigos fracos, porque eles são imaturos demais, não compreendem o problema em toda a sua dimensão ou não sabem como lidar com as tentações. Os pais só conseguem coibir o comportamento deles por um curto período, sem que a postura dos filhos mude.

Como já vimos, o modelo que os pais estão usando com Juliana, Teresa e Marcos tende a funcionar apenas com crianças pequenas, e mesmo com elas só produz efeito depois de meses sendo aplicado. Por isso é quase certo que os três continuarão vivendo de castigo em castigo.

E de fato é comum encontrar famílias nas quais crianças, adolescentes e até jovens adultos ficam de castigo todo mês ou até toda semana!

Castigos tendem a ser ineficazes porque são fracos demais e seu filho substitui facilmente o que perde por outra coisa (não pode ver TV, mas pode usar o tablet para jogar games). Ou porque, mesmo sendo fortes, são dados no formato de limites de contenção dados apenas na ocasião, e perdem rapidamente o efeito assim que a situação passa. Mesmo que o castigo dado seja grande, contundente, com o tempo seu filho se acostuma às perdas e se desapega, é capaz de abdicar com facilidade do que lhe for negado. Além disso, os motivos para continuar a agir de modo inadequado podem ser mais fortes e tentadores do que o temor das consequências.

Por exemplo, Marcos pode ter pensado: "Tudo bem, vou perder uma semana de mesada e a viagem para a praia, mas pelo menos vou a essa balada imperdível, a melhor do ano". Ou Teresa poderia ter decidido: "Agora quero brincar em vez de fazer as tarefas; depois vejo como vou lidar com o castigo, o que importa agora é brincar".

Portanto, para ser eficaz, além de ser contundente, traumático e levar a grandes perdas, em geral o castigo precisa estar atrelado a um projeto de mudança de atitude.

No caso de Juliana, que havia chamado a mãe de boba, um simples diálogo em conexão teria sido suficiente, sem necessidade de castigo. Foi uma ação ingênua dela que, sendo conscientizada, se extinguiria. O diálogo teria resultado em mudanças mais profundas e aumentado a parceria e a cooperação dela na própria educação. Com o tempo, isso também a estimularia a se tornar uma adolescente que dialoga com os pais e confia neles. Mas os castigos constantes, fracos demais, incongruentes, sem diálogo, estavam surtindo o efeito contrário.

Já com Teresa, que mentiu e não fez as tarefas, uma grande bronca, na forma de um "basta contundente" e definitivo, atrelada a um pequeno projeto de mudança de atitude teria sido suficiente.

Sem que fosse necessário lançar mão de castigos. Isso porque ela não oferecia uma grande resistência à mudança.

No caso de Marcos, que consumia bebida alcoólica, de fato um diálogo em conexão não teria sido suficiente para ensiná-lo a lidar de outro modo com a vida, nem uma bronca o teria inibido por muito tempo. Nem um "basta contundente" o impressionaria por muito tempo. Mas tampouco o tipo de castigo que seus pais vinham aplicando funcionava. Marcos precisava de um castigo contundente atrelado a um projeto de mudança.

Tal como o "basta definitivo", você não deveria dar mais do que um a três castigos contundentes em toda a vida do seu filho. Eles são avassaladores, impressionantes e servem para quebrar a resistência, mas precisam na hora ser atrelados a projetos de mudança imediata de atitude, senão seu efeito se dissipa no tempo.

Se você teve de impor limites fortes, tais como o "basta contundente", ou um castigo avassalador, saiba que, mesmo que tenham sido atrelados a projetos de mudança de atitude e tido efeito, você ainda precisará continuar a educar no dia a dia utilizando outros recursos, combinando diálogo e limites de contenção. Portanto, ao longo dos anos, continuará, além de dialogar em conexão, a impor limites suaves e moderados. Grandes broncas e grandes castigos devem ser usados pouquíssimas vezes. E sempre de forma justa, precedidos de preparação e seguidos de projetos de mudança de atitude. Senão você passará a vida com broncas, castigos e embates intermináveis e inócuos.

Alguns princípios para dar castigos contundentes

1. *Não se deve castigar para punir por ações passadas.*

Como vimos nos casos analisados na parte II, Gabriel, que entrava em sites de abuso sexual, e Pedro, que roubou dinheiro da bolsa da mãe, não precisaram ser castigados.

O "castigo avassalador" se justifica se você já tentou diálogo em conexão, métodos suaves e moderados de impor limites e também o "basta contundente" atrelado a um projeto de mudança. O fato de você estar sem paciência ou com raiva ou de achar que o erro que seu filho cometeu é grave não justifica um castigo.

2. O *"castigo avassalador"* só deve ser aplicado se for o único modo de quebrar a resistência do seu filho e fazê-lo se abrir para conversar e compreender por que tem de seguir regras.

Sua meta ao castigar não é vingar-se, mas ensinar. Um grande castigo, em alguns casos, pode ser um recurso para seu filho associar um comportamento inadequado a perdas insuportáveis e evitar atitudes semelhantes no futuro. Ou seja, ter medo de transgredir limites.

3. *O castigo forte se justifica em casos de recorrente agressividade, transgressão, malcriação e falta de ética e etiqueta.*

E não em caso de falta de empenho nos estudos ou de cuidado consigo mesmo (saúde e segurança). Nesses casos, é melhor usar métodos que associam comportamento inadequado a restrições; por exemplo, a gestão de consequências (se/então) que discutimos ao apresentar os limites moderados.

Não se castiga falta de motivação nem ingenuidade, mas, transgressões constantes, intencionais e desafiadores (não uma transgressão ingênua e casual). A falta de motivação pode ser superada incentivando e ajudando seu filho com estímulos positivos. Eventualmente pode-se optar por impor que ele experimente novos caminhos e tenha novas posturas, usando métodos suaves ou moderados (por exemplo, pela gestão de consequências).

4. *Deve-se tentar antes todos os métodos e só aplicar castigos em último caso e, quando os aplicar, que sejam contundentes, castigos avassaladores e atrelados a projetos de mudança.*

E por que você deve primeiro tentar o diálogo e os métodos suaves e moderados, depois os "nãos enérgicos" crescentes e até mesmo o grande "basta contundente" antes de recorrer ao castigo?

Porque seu filho deveria obedecer à sua autoridade inerente, à sua força moral. Você deveria ter uma voz de comando natural e ascendência sobre seu filho, em quem deve inspirar respeito. Isso deveria bastar. Somente se de fato não conseguir se impor moral e emocionalmente é que você deve lançar mão de "armas" (financeiras, jurídicas e logísticas) para castigar seu filho.

Mas, se ele tiver de um ano a três anos e meio e o comportamento dele for perigoso, ou se ele o estiver desafiando para testar seu limite, não é necessário e em geral não funciona dar castigos. O "basta" e os métodos de restrição devem bastar. Nesses casos você pode utilizar o "não enérgico" numa força crescente até chegar a uma bronca contundente e suficientemente assustadora. Ele deve aprender a obedecer pela força moral e emocional de sua indignação, não por causa de chantagens e ameaças de perder coisas e acessos a lazer.

5. *Ao longo do cumprimento do castigo, abre-se um período propício para conversas mais profundas e conscientizadoras, faça uso dessa "janela".*

Em geral, ao longo do período de duração do castigo avassalador, o filho já entendeu que não tem outra saída senão se submeter e estará demonstrando algum sofrimento (não indignação ou revolta), e é neste momento que você poderá rever com ele diversas vezes, de modo pedagógico e paciente, se ele entendeu exatamente os motivos de ter sido castigado. E, em forma de diálogo, ponderar com ele sobre o fato de que as coisas na vida produzem consequências. E que tudo havia sido tentado antes e que dessa vez infelizmente ele terá de aguentar essas restrições. Durante esse período, você, em paralelo, estará trabalhando com seu filho em um projeto de mudança de atitude, que entre outras coisas implica você ir lembrando seu filho diariamente da meta de mudar de atitude, e reverem juntos exatamente como ele pretende agir daqui para a frente em situações análogas àquelas que levaram ao castigo.

Foi necessário castigar a pequena Bianca

É fácil imaginar que com adolescentes por vezes seja necessário recorrer a um castigo, pois outros métodos podem não ter força suficiente para quebrar sua resistência. Mas já a partir dos quatro anos há situações em que você pode precisar lançar mão do castigo.

A mãe de Bianca, de quatro anos, a menina que estava se transformando na tirana da casa, dando chiliques e opondo-se a tudo, viu-se às voltas com uma situação difícil.

Embora, depois de três semanas tendo sido abordada com diálogos em conexão com os pensamentos e emoções dela, Bianca tivesse melhorado muito e se tornado uma criança mais acessível, calma e cooperativa, ainda ocorriam algumas recaídas.

Dessa vez, apesar de ter sido conversado e combinado antes, Bianca, ao se ver frustrada pela avó, que se recusou a comprar um sorvete para a neta, tornou-se agressiva, chegando a arremessar brinquedos e areia nela.

A mãe, que já havia lhe dado um grande e forte "basta" em episódio semelhante, percebeu que era hora de usar outro recurso para dar limites. Novamente deu um "basta contundente", o segundo e penúltimo que Bianca receberia na vida. Na sequência, seguiu, como vimos no capítulo anterior, com o resgate dos motivos, de modo que Bianca entendesse por que estava sendo reprimida.

A mãe conversou com Bianca sobre a gravidade do que tinha feito e dez minutos depois, ao se assegurar de que a filha tinha se acalmado, compreendido o motivo da bronca e entendido exatamente por que seu comportamento era inadmissível, lhe deu um grande "castigo avassalador" atrelado à imposição de um projeto de mudança.

Conforme já havia sido avisado a ela dias antes, se agisse novamente daquela maneira receberia um grande castigo. Como o comportamento se repetiu, dessa vez a mãe aplicaria um castigo que para Bianca foi traumático: ficaria três semanas sem doces, sem TV, sem eletrônicos, sem ir a festinhas de amigos. Considerando a idade e o perfil de Bianca, esse castigo era terrível. (Discutiremos adiante como dosar um castigo para que seja contundente.)

É claro que isso não bastaria. Para que houvesse um efeito definitivo e duradouro era preciso que não só fosse um castigo forte, longo e sofrido, mas estivesse atrelado a um projeto de mudança de atitude, tema do próximo capítulo.

Ao longo dos dias Bianca inúmeras vezes choramingou a respeito do castigo, não de modo indignado ou rebelde, ela já estava entendendo que devia se submeter à autoridade dos pais, mas choramingava se lamentando. Nessas ocasiões os pais aproveitavam para "fixar" bem a lição, reviam os porquês do castigo e repassavam como ela poderia agir no futuro para evitar uma nova situação análoga àquela que levou ao castigo.

Mas qual deveria ser o tamanho do castigo? O que retirar ou o que impor? E por quanto tempo?

Magnitude do castigo

A magnitude do castigo tem a ver com a suscetibilidade do seu filho. Um castigo avassalador impressiona, é uma lição que não será esquecida. Mostra a seu filho que, se necessário, você está disposto a fazer valer todo seu poder jurídico, logístico, financeiro e moral para educá-lo. Que, se não houver outro modo, você irá impor uma solução por meio de medidas de força. Em geral, seu filho perceberá o impacto do castigo ao longo do cumprimento dele. Ao passar horas ou dias, ou semanas ou meses sem acesso a certas coisas, ele começará a sofrer com essa restrição.

No caso de uma criança ou um adolescente, talvez ficar um dia sem TV ou não poder ir a uma festa seja o suficiente. Ele poderá sofrer o necessário e a partir daí temer que, caso volte a não obedecer, da próxima vez terá uma punição semelhante ou até pior. Ele poderá entender que para evitar essas perdas é preciso obedecer.

Outros filhos não demonstram temor ou choque diante da ameaça de um castigo. Desdenham, se mostram indiferentes ou aumentam a agressividade. Porque são mais briosos, têm orgulho e não dão o braço a torcer, ou porque já se tornaram insensíveis às ameaças ou punições dos pais. Ou ainda porque estão tão convictos de que os pais estão sendo injustos que não recuarão (por isso é preciso que os pais tenham segurança de que estão sendo justos).

Portanto, antes de dar o castigo contundente para filhos maiores de três anos e meio ou quatro anos, é importante que você tenha sido cuidadoso, insistido em momentos calmos e amistosos no diálogo em conexão. Que tenha sido leal ao explicar os motivos justos para pedir que seu filho mude de postura e tenha dado a ele oportunidade de se expressar, argumentar e ponderar. Você também precisa dar a seu filho tempo para se adaptar ao novo comportamento, e não surgir subitamente com uma exigência para a qual ele não estava preparado.

Se tomou todas as precauções e o castigo ainda parece não impressionar seu filho, pode ser que não tenha sido severo o suficiente. Como mencionei, castigos são como antibióticos: se tomarmos uma dose insuficiente, as bactérias criam resistência. Nesse caso, com o tempo castigos inócuos e fracos farão com que seu filho se torne resistente a futuras tentativas de punição.

O mesmo vale para castigos em doses excessivas que podem tornar seu filho fóbico e deixá-lo tão acuado ou massacrado que ficará indiferente a você e suas punições.

De qualquer modo, se o castigo não causar algum sofrimento do qual ele nunca mais se esqueça, não terá efeito. E como saber qual a dose mínima suficiente para provocar algum sofrimento suficientemente traumático? Observando a reação do filho.

Ao dizer qual será o castigo, observe a reação dele.

Por exemplo: O pai de João, de oito anos, avisa ao filho que, se ele insistir em pegar os brinquedos do irmão e zombar dele, ficará sem seus brinquedos prediletos por cinco dias. Ele logo nota que isso não impressiona o filho e imediatamente acrescenta: "Além disso, também vai ficar sem assistir TV por três dias". Novamente João faz pouco-caso, o pai então continua: "E tem mais: durante duas semanas não visitará seus amigos nem irá a festas de aniversário".

Se fosse necessário o pai de João iria agregando mais elementos. Até que João demonstrasse estar chocado, chorasse ou pedisse que um determinado castigo não fosse dado. Mas não foi preciso: duas semanas sem visitar os amigos e sem ir a festas de aniversário foram uma punição pesada o suficiente e João pôs-se a chorar.

Se no dia seguinte o pai notasse que João descobriu um modo de anular o efeito do castigo, por exemplo, usando o tablet do irmão ou divertindo-se no jardim, poderia abordá-lo novamente:

"João, quero que me explique se entendeu por que está de castigo e como vai agir depois que o castigo terminar." Se o pai percebesse que João estava fazendo pouco-caso do castigo e não demonstrava disposição para mudar de atitude, poderia aumentar a dose do castigo a posteriori: "João, vejo que você não está nem ligando para o que conversamos e voltou a maltratar seu irmão. Seu castigo vai ser aumentado. Não vai viajar para a praia conosco no fim de semana e não vai poder tomar sorvetes nem comer doces".

Qual é o limite para o tamanho do castigo? Isso depende tanto da gravidade do ato do seu filho quanto da falta de respeito e da resistência dele. Algumas crianças e adolescentes entram em sofrimento com um castigo de horas, outros precisam de semanas ou meses. Não é verdade que castigos prolongados não tenham efeito e não sejam recomendáveis. Não há receitas prontas, depende do caso.

Uma criança de quatro a cinco anos poderia receber um castigo de uma a duas semanas, embora um ou dois dias possam bastar. Uma criança de sete a dez anos pode ficar de castigo de três semanas a um mês e meio nos casos mais graves, embora quatro ou cinco dias possam ser suficientes. E pré-adolescentes e adolescentes até os dezesseis anos podem receber castigos de semanas ou de até quatro meses, embora uma ou duas semanas possam bastar. Tudo depende do que terá efeito para o *seu* filho.

No caso de Marcos, dezesseis anos, por exemplo, a questão não era um porre ocasional, mas a irresponsabilidade geral e as bebedeiras recorrentes. Além disso, Marcos estava inacessível, malcriado e arrogante. Como nada mais estava funcionando, sugeri aos pais impor um castigo contundente atrelado a um projeto de mudanças imediatas. O impacto do castigo serviria para quebrar a resistência e impor um diálogo em conexão com os pensamentos e emoções e o engajamento dele na mudança de atitude.

Por isso, nesse caso o castigo teve de ser forte. Três meses sem sair de casa para baladas, viagens de fim de semana ou lazer de qualquer tipo, inclusive festas de amigos, aniversários etc. Também ficaria sem mesada, sem acesso à TV e proibido de usar o computador, a não ser que fosse para trabalhos escolares. O celular e o tablet seriam confiscados. Se Marcos não tivesse se mostrado abalado no momento de receber o castigo, seu pai poderia, na sequência, aumentar a dose. Por exemplo, estendendo o prazo por mais dois meses, retirando outras coisas, como roupas prediletas, a viagem com a família no final do ano etc. O pai teria de estar disposto a subir o nível do castigo até que o filho demonstrasse não suportar.

Alguns filhos, porém, não reagem ao receber o castigo. Apenas ficam calados. Talvez porque não queiram dar o braço a torcer. Nesses casos, uma vez que tenha dado um castigo duro, aguarde que nos próximos dias seu filho comece a demonstrar que sofre com as perdas impostas. Se não o fizer, aumente a magnitude do castigo nos dias seguintes.

E se nem a bronca contundente nem o castigo funcionarem para engajar seu filho em um diálogo e em um programa de mudanças?

É muito raro que o diálogo em conexão e a imposição de limites atrelados a projetos de mudança não funcionem.

Como já discutimos, talvez o seu "basta contundente" e definitivo não tenha sido suficientemente forte, nem tão abrupto a ponto de impressionar. Além disso, é possível que seu filho não tenha entendido o motivo da bronca, apenas tomou conhecimento de que você naquele momento não aceitou aquele comportamento (limite ocasional). Você não atrelou a bronca a um processo de mudança. Não interligou as partes. Não impregnou o ambiente da necessidade de mudar.

Isso nos leva à última parte deste livro (parte IV), na qual veremos como você pode construir projetos de mudança de atitude com crianças e adolescentes.

Pode ser também que você tenha logo partido para dar um castigo, e que isso também não tenha funcionado porque o castigo foi fraco demais e não foi amarrado à imposição de um projeto de mudança monitorada. Uma vez cumprido o castigo, seu filho retomou sua rotina e alguns dias ou meses depois voltou ao mesmo padrão de antes.

Mas se você tomou todas essas precauções e nem o "basta", nem o castigo estiverem surtindo efeito, talvez precise de ajuda profissional.

Um psicólogo pode identificar aspectos importantes da dinâmica familiar que precisem ser tratados. Acontece, em algumas situações de pais que me procuram, que orientação aos pais não basta. Nesses casos ou os encaminho a um colega para psicoterapia, ou suspendo a orientação e atendo eu mesmo um dos familiares ou toda a família.

Como recomendei ao longo do livro até aqui, se algo não funcionar, troque de modelo, mude as combinações e a dosagem das providências, ponha este livro de lado e busque outras fontes de ajuda. Você só não pode fazer uma coisa: desistir!

Castigos não bastam, você precisa atrelá-los a um projeto de mudança de atitude

Se seu filho não se conscientizar do que fez e não tiver compreendido o problema que seu comportamento está causando, o castigo tende a ser menos eficaz e duradouro. Sobretudo se ele não tiver recursos para pensar, sentir e agir de outra forma. Isso às vezes precisa ser ensinado e praticado, pois para mudar não basta a pessoa entender que deve mudar, é preciso saber o *como*.

Por exemplo, o que fazer se um irmão mais novo pega seus brinquedos? Como não ficar à mercê desse irmão? Que opções ele tem que não sejam bater no irmão ou aceitar que ele quebre seus brinquedos? Não é realista proibir de bater sem criar recursos viáveis e práticos para seu filho lidar de outra forma com o problema. Obviamente não adianta sugerir a ele que diga ao irmão de dois anos e meio algo como: "Não gostei do que você fez".

Isso nos leva à quarta parte deste livro, na qual veremos como você pode construir projetos de mudança de atitude com crianças e adolescentes.

PARA RELEMBRAR

1. Limites de contenção

- Contenções são manobras e providências para impedir que seu filho se comporte de modo inadequado em um determinado momento. São limites dados na ocasião.
- As contenções são suspensas assim que seu filho adota o comportamento adequado.
- Contenções eventualmente tiram algo que está diretamente vinculado ao problema, por exemplo, se pegar os brinquedos do irmão sem permissão dele, terá de devolvê-los e ficar sem brincar por duas horas. Isso não é exatamente uma punição, mas uma consequência (gestão de consequências). É uma decorrência lógica, quem não sabe brincar, não pode participar da brincadeira.

> **OBSERVE**
> - Contenções podem, ao longo do tempo, pela *repetição*, *ir levando seu filho a perceber* que toda vez que se comporta daquele modo ele é impedido ou sofre restrições, e que, portanto, é melhor adotar outro comportamento.
> - Contenções podem servir como *barreira momentânea*, apenas para tornar viável o convívio em determinada situação.
> - Em geral, contenções são suaves ou moderadas; raramente funciona dar limites contundentes com a função de conter, pois, como toda contenção, serão necessárias muitas repetições de limites fortes, o que não é viável, não se consegue sempre dar limites na potência máxima (grandes castigos ou grandes broncas). Além disso há uma perda do impacto devido à habituação.

2. Castigos contundentes atrelados a projetos de mudança

- *Castigos são retaliações* por meio das quais o adulto exerce seu poder e retira algo precioso, por um tempo determinado, para que o filho perceba que toda vez que se comporta de modo inadequado sofre restrições doloridas. Ele associa o comportamento a perdas importantes.
- Castigos têm um *tempo fixo de cumprimento* (como uma pena) e esse tempo não é encurtado ou suspenso assim que o filho muda de atitude (como ocorre com a contenção).
- Castigos *não precisam ter um vínculo com o tema* em questão; as retaliações se referem a perdas doloridas que podem estar totalmente desvinculadas do problema. Tira-se algo precioso para que o filho associe um sofrimento ao mau comportamento.

- Não se castiga imaturidade nem falta de noção, tampouco a insuficiência de recursos emocionais e a falta de habilidade social para lidar com situações de contrariedade. Esses são casos em que seu filho precisa de ajuda e que costumam se resolver ou por meio do diálogo ou com algumas contenções (que não castigam, apenas restringem). Castiga-se o dolo, não o crime; castiga-se a resistência hostil do filho a cooperar.

OBSERVE

- Só se aplicam castigos depois de esgotados todos os outros métodos, inclusive o grande "basta definitivo". No dia a dia seu filho deveria obedecer por respeitar sua autoridade, não por ter medo de seu poder de retaliação.
- A meta do castigo contundente é apenas *quebrar uma resistência e forçar a adesão* de seu filho a um projeto de mudança de atitude. O castigo em si, fraco ou forte, tende a ter seu efeito diluído em poucos dias ou semanas se seu filho não compreender qual é o problema e se não houver um trabalho bem amarrado para que ele mude de atitude.
- Castigos só quebram a resistência à mudança *se forem fortes*. Castigos fracos não quebram resistências e acabam funcionando como contenções momentâneas. Nesse caso, é melhor não dar castigos, mas impor outros tipos de contenção, em geral gestão de consequências. Castigos fracos acabam tendo de ser dados repetidamente, tornam-se rotineiros e tendem a imunizar o filho, que deixa de se impressionar com eles.
- Não basta o castigo ser forte. Castigos produzem mudanças profundas e permanentes somente se forem dados na forma de limites interligados, *atrelados a projetos de mudança de atitude*.

PARTE IV
ENSINAR A VIVER COM LIMITES
(PEQUENOS PROJETOS DE MUDANÇA DE ATITUDE)

19
Promover mudanças de atitude

Como vimos, mesmo que você dialogue e imponha limites, muitas vezes as mudanças não ocorrem. Não basta querer ou mandar que seu filho mude, em alguns casos nem mesmo o fato de ele querer mudar é suficiente.

Algumas mudanças são difíceis de realizar. É preciso que seu filho saiba *como* mudar. O que muitas vezes não ocorre. Mas você pode ajudá-lo a descobrir os caminhos ora inspirando, ora direcionando, e em alguns casos impondo novos modos de lidar com limites.

Mas para isso, além de firmeza e senso de propósito, é preciso ter alguma sensibilidade. Ser capaz de escutar seu filho e de se colocar no lugar dele. De se comunicar com ele. É preciso usar o "psicólogo natural" que há dentro de todos nós.

Por que em tantos casos é difícil mudar a atitude sem projetos de mudança

Há vários motivos por que o *diálogo em conexão* com pensamentos e emoções e os *limites impostos* (mesmo o "basta contundente" e castigos impactantes) podem não ser suficientes para promover certas mudanças. Alguns desses motivos, elencados a seguir, podem se somar.

A FORÇA DO HÁBITO[30]

Hábitos podem ser reações comportamentais imediatas, superficiais e já automatizadas.

Ao chegar da escola, Jonas, de catorze anos, automaticamente tira os sapatos e os arremessa no meio da sala.

Toda vez que um amigo arranca um brinquedo da mão de Lucas, de cinco anos, ele reage batendo no amigo, num gesto automático, sem ter muita noção do que faz.

Hábitos também podem ser padrões enraizados e profundos no modo de pensar e sentir. Por exemplo, ao ficar ansioso, roer as unhas ou ser agressivo com o interlocutor.

Rafael, de onze anos, se habituou a dar respostas atravessadas e se irritar diante de qualquer contrariedade.

Fernando, de dezenove, está tão habituado a desistir quando se depara com dificuldades que automaticamente foge das exigências difíceis, negando interesse no tema, distraindo-se com outra coisa ou procrastinando.

Esses comportamentos têm causas diversas, e mesmo que você consiga atuar sobre elas, é possível que não consiga mudá-los, porque se tornaram hábitos, atitudes crônicas, arraigadas.

A FORÇA DAS GRANDES TENTAÇÕES[31]

Certas tentações podem dominar nosso cérebro e se sobrepor ao desejo de mudar. Há tantas coisas que dão prazer, tantas seduções, e elas chutam para escanteio o córtex pré-frontal e frontal, que raciocina e pondera.

A turma convidou Rafael, de onze anos, para invadir uma casa abandonada à noite e fumar e beber escondido. Tudo parecia tão emocionante, uma mistura de medo e diversão, e os amigos insistiram muito. Rafael queria muito fazer parte da turma. Tudo levava a crer que seria uma noite promissora e, mais ainda, que fortificaria seus laços sociais. Ele teria assunto e cumplicidade com os amigos por semanas. Essas emoções rivalizavam em seu cérebro com os avisos para não fazer coisas proibidas, não correr riscos saindo no meio da madrugada etc.

Tatiana, de seis anos, queria comer mais um delicioso pão de mel, mas estava proibida de fazê-lo antes do jantar. Ela não conseguia pensar em outra coisa e, apesar dos riscos, começou a achar que não seria pega. As tentações gritavam mais alto do que a ética e o senso de perigo.

Ricardo, de doze, queria muito ir bem na prova, para evitar perder as férias estudando, então resolveu colar do amigo.

Diante de tentações fortes, é difícil se controlar, pensar e mudar padrões.

A FORÇA DO MEDO, DA ANSIEDADE E DA RAIVA[32]

Em geral, emoções negativas básicas como raiva, ansiedade e medo, quando se intensificam, também assumem o controle da mente.

Mesmo sabendo que não deve bater, Lucas, de cinco anos, ficou com tanta raiva do irmão menor que quebrou seu brinquedo que, tomado pelas emoções, resolveu empurrá-lo contra a parede. E por mais que seu pai explique e ele entenda que não deve bater, sempre que é tomado por grandes emoções ele não consegue ponderar e controlar suas reações.

Apesar dos diálogos sobre mentira, Adriana, de doze anos, tem tanto medo da reação de seus pais às notas ruins no boletim que resolve mentir. Ela mesma fica dividida e não sabe explicar exatamente por que continua mentindo, mas o medo a dominou.

Toda vez que somos tomados pelas nossas emoções, nossas

ações obedecem a pensamentos imediatistas e superficiais que assumem o controle e não dão espaço para julgamentos mais ponderados e analíticos.

Quando agimos no calor das emoções, também estamos agindo com a pressa dos pensamentos automáticos e estereotipados. É difícil mudar o padrão de reagir automaticamente em situações de muita carga emocional.

NÃO TER RECURSOS OU APOIO PARA AGIR DE OUTRO MODO[33]

Lucas, de cinco anos, finalmente compreendeu que não deve bater no amigo que arrancou o brinquedo de sua mão. Mas ele pode precisar da ajuda de um adulto para que fique menos vulnerável aos ataques de outros meninos que arrancam brinquedos de sua mão. Além disso, também precisaria aprender novas habilidades que lhe permitam lidar com o problema.

Uma forma de ajudá-lo seria, por exemplo, manter por perto um adulto, para evitar que outros meninos arranquem abruptamente brinquedos da mão dele, ou uma caixa com diversos brinquedos, de modo que ele possa substituir o que lhe foi tomado. Mas nem sempre essas medidas vão resolver a questão. Na verdade, o mais importante é desenvolver com ele recursos para enfrentar o problema.

Não basta dar limites a Lucas, é preciso ajudá-lo e, sobretudo, ensiná-lo a ser mais flexível e mais habilidoso ao lidar com outros. Sem esses recursos vai ser difícil ele mudar de atitude.

Isadora, de dezesseis anos, conseguiu entender que é importante ter opinião própria e não seguir o comportamento fútil de seu grupo de amigas consumistas. Ela poderia ser inserida pelos pais em uma nova configuração social. Trocando de sala na escola ou se matriculando em uma escola cujos alunos tenham outro perfil. Mas isso talvez não funcionasse, pois as novas amigas poderiam ter o mesmo padrão das antigas. Ou talvez não fosse conveniente trocar de escola, devido à distância e à qualidade do ensino.

Também nesse caso o mais importante seria desenvolver com ela recursos pessoais para lidar com a situação real. Por exemplo, ter outros interesses na vida, sentir-se bem vestida mesmo com roupas que não sejam de grife e aproximar-se de pessoas da turma cujo perfil fosse diferente.

Nem Lucas, que bate no amigo, nem Isadora, desejosa de ser popular, têm recursos psicológicos ou habilidades sociais para lidar com essas dificuldades. Mas pais educadores podem promover ativamente com eles o desenvolvimento das habilidades e dos recursos necessários para poderem pensar, sentir e agir de outro modo. Para isso, é preciso construir projetos de mudança de atitude.

Pais educadores são terapêuticos

Insisti ao longo do livro que, embora a escola e os especialistas possam ajudá-lo a orientar e cuidar de seu filho, são os pais que têm a presença duradoura, a força moral e o mandato para educar, formar o caráter e dar limites. E ao educarem acabam sendo terapêuticos no sentido de contribuírem para a saúde psicológica de seus filhos.

Sou terapeuta e seria o último a ignorar o alcance e a importância da psicoterapia. Mas isso não significa que a vida deva transcorrer nos consultórios. Na medida do possível, a psicologia aplicada à vida busca justamente dar instrumentos de autoconhecimento e ferramentas de trabalho para que cada um possa lidar com o mundo por conta própria.

O mesmo vale para pais de filhos supostamente "difíceis". Alguns desses filhos são encaminhados para psicoterapia, mas não precisariam estar lá. Vários não têm problemas psicológicos, estão tendo dificuldades porque é preciso fazer alguns ajustes nas postura e intervenções dos pais. Mudanças de atitude do seu filho muitas vezes ocorrem mais rapidamente e em maior profundidade quando você muda o modo de interagir e educar. O que não significa que em alguns casos não seja necessário procurar um profissional para atender seu filho.

Pesquisas têm mostrado que pais conscientes e preparados podem ser tão ou mais eficientes na hora de escutar, estimular, lidar com diversos problemas emocionais dos filhos e dar-lhes limites do que psicólogos e professores.[34]

Não é preciso ser psicólogo para exercer esse papel terapêutico nas mais diversas situações. Também para desenvolver com seu filho projetos de mudança de atitude você pode usar sua capacidade psicológica instintiva e apropriar-se de alguns princípios. Verá que, uma vez entendidos os princípios, usando sua intuição e sua experiência de vida você aprenderá, por conta própria, a desenvolver pequenos projetos de mudança ao longo da vida de seu filho. De início, terá de arriscar fazer as coisas sem estar seguro e ir se aperfeiçoando em vez de apelar para receitas e fórmulas.

Você terá de experimentar modos de interligar as partes empregando as três ferramentas — diálogo, imposição de limites e ensino — e considerar as três condições — idade, temperamento e influência do ambiente. E como vimos, isso implica escutar mais, interagir mais, ter clareza de propósitos, coragem e fôlego para enfrentar problemas e resistências, mesmo sabendo que errar será inevitável. Eu mesmo continuo errando com minhas filhas e meus pacientes. Errar não é o problema, o problema é não ir ajustando e corrigindo a rota. Tantas vezes quanto necessário.

Oito casos

Apresentarei oito casos para que você possa escolher os que mais se assemelham ao momento que vive com seu filho e se inspirar.

Em alguns, as mudanças necessárias eram simples e se referiam a pequenos problemas do cotidiano (ter mais asseio, ter mais foco etc.). Em outros estavam em questão comportamentos mais problemáticos (agressividade, medos noturnos, mau humor adolescente).

Apresentarei três casos em detalhes, para que você possa compreender o modelo mais completo de um projeto de mudança de atitude. Você perceberá ao longo da leitura que se trata de um modelo de cinco passos lógicos. Os outros cinco casos serão apresentados de forma resumida.

Veja as metas dos oito casos que apresentarei:

1. Bianca, quatro anos, tinha de parar de dar chiliques e tiranizar a casa.
2. Lucas, cinco anos, precisava aprender a não bater e a obedecer.
3. Joaquim, oito anos, tinha de superar as fobias e conseguir ter uma vida normal.
4. O projeto de Roberto, nove anos, tinha duas metas: adquirir boas maneiras à mesa e usar menos eletrônicos, substituindo-os por atividades esportivas, leitura, música etc.
5. Quanto a Mário, dez anos, o problema era pequeno mas irritante: seu hábito de jogar a mochila suja no sofá branco todos os dias.
6. Rafael, onze anos, entrou em uma fase de indisciplina e oposicionismo na escola para tentar impressionar os amigos e precisava abandonar esse comportamento.
7. No caso de Ronaldo, quinze anos, a questão era deixar de se comportar como um "aborrescente", eternamente mal-humorado e entediado.
8. O desafio de Isadora, dezesseis anos, era parar de se interessar apenas por futilidades e se engajar em atividades mais profundas e consistentes.

A DIFERENÇA ENTRE PROJETOS DE MUDANÇA QUE TÊM O FORMATO DE LIMITES DE CONTENÇÃO DADOS NA OCASIÃO E PROJETOS QUE INTERLIGAM DIÁLOGO, IMPOSIÇÃO E PRÁTICA BUSCANDO TRANSFORMAR PROFUNDAMENTE A ATITUDE

Você vai encontrar em livros e sites várias outras formas de estimular filhos a mudarem de atitude. A maioria dos outros métodos se dirige a filhos de três até dez anos e em geral propõem que você trabalhe com estímulos positivos. Por exemplo, que use tabelas coloridas. Cada uma representa um dia da semana, e você vincula cada dia, ou cada episódio de bom comportamento, a estrelinhas ou carinhas felizes. E as atitudes inadequadas a carinhas tristes. A ideia é que as estrelinhas acumuladas na semana rendam prêmios e as carinhas tristes, não.

Em geral, esses métodos não incluem perdas. Caso seu filho não cumpra o combinado, ele apenas deixa de receber prêmios. Eles podem funcionar muito bem para mudanças mais simples e de curta duração, sobretudo com filhos menores.[35] Em essência promovem uma aprendizagem situacional e implícita: se a criança se comportar bem terá um estímulo, se não se comportar bem não receberá o estímulo.

Para conseguir mudanças mais complexas com crianças e adolescentes, proponho que você desenvolva com seu filho projetos de mudança baseados na conscientização e no ensino ativo e na aprendizagem explícita, consciente e clara. E em caso de má vontade, resistência ou recusa, imponha firmemente a adesão ao programa. E tudo isso interligado a esquemas de estímulo, inibição e intervenções no ambiente.

Como enfatizado desde o início deste livro, mesmo crianças de quatro anos podem ter uma compreensão perfeita do motivo e das estratégias para mudar comportamentos e hábitos e participar de forma inteligente da elaboração de seus próprios programas de mudança de atitude e hábitos. Mas é preciso dialogar em conexão com os pensamentos e os sentimentos dela.

Por isso a ênfase no preparo e em você praticar com seu filho para que ele consiga se comportar de um novo modo, lidando com as limitações sociais e práticas da vida.

Para você montar projetos de mudanças com e para seu filho

No próximo capítulo discutiremos passo a passo como você pode construir com seu filho projetos de mudança, mas antes algumas observações para você se familiarizar com o processo, não se preocupe em memorizá-las:

- Você pode motivar seu filho a mudar por meio do diálogo e da compreensão do problema. Em outros casos, a motivação terá de ser imposta. Por meio de limites contundentes (basta contundente ou castigo) atrelados a um projeto de mudança imediata de atitude.
- Tanto em projetos de mudanças voluntárias como em projetos de mudanças forçadas, é importante que seu filho compreenda a lógica do processo de mudança, participe da construção e faça sugestões.
- A maioria das mudanças leva de três a seis semanas para se consolidar.
- Durante esse período, seu filho tem de estar focado no propósito de mudar. Ele precisa, portanto, ser lembrado diariamente do assunto e das metas semanais que deve atingir em cada etapa.
- O projeto de mudança é dividido em etapas, e a duração de cada etapa vai depender da idade de seu filho. Por exemplo, etapas de três dias para filhos pequenos e de uma semana para filhos maiores.
- A cada etapa seu filho tem uma meta. De início uma meta mais fácil. Progressivamente elas vão se tornando mais exigentes.
- Antigos hábitos não se desconstroem rapidamente. No co-

meço, certo número de recaídas diárias é "perdoado", basta que seu filho, ao ser lembrado da recaída, se desculpe e mude na hora de padrão, mostrando boa vontade. Se ele não parar com o comportamento inadequado na mesma hora, sofrerá uma perda.

- Ao final de cada dia, registre e comemore cada conquista. O mesmo ao final de cada etapa. E ao final do projeto faça uma celebração em grande estilo, com você e os demais membros da família sendo convidados para um programa gostoso para celebrar a conquista.
- Finalizado o projeto de mudança, você continuará atento e vigilante por muitos meses, para não permitir que aos poucos as recaídas se tornem cada vez mais frequentes e que seu filho volte ao antigo padrão.
- Muitas vezes ao longo do processo de mudança surgem resistências e confrontos. Nesses casos, você pode retomar o diálogo em conexão para envolver seu filho novamente no processo, mas se necessário não hesite em aplicar limites firmes ao boicote.
- Durante todo o processo você trabalha com ternura e boa vontade, mas mantém-se de prontidão para a qualquer momento reprimir tentativas de sabotagem, má vontade, negligência ou falta de empenho, impondo a continuidade do projeto com limites fortes ou contundentes. Os pais deixam claro que estão firmemente determinados a levar o projeto até o fim, sem desistir.

Sobre mudança de atitude e psicoterapia

Todos os oito projetos de mudança de atitude que serão apresentados foram acompanhados e orientados em consultório por mim. Eu recebia os pais de início para sessões semanais, depois a cada quinze dias ou uma vez por mês.

Acompanhei-os em média durante seis sessões (já tinha havido cerca de seis sessões anteriores sobre diálogo em conexão e imposição de limites). Em nenhum dos casos atendi os filhos em paralelo.

Meu trabalho nessa fase é ajudar os pais a serem terapêuticos, mas em alguns casos pode ser que, em paralelo, eu sugira que o filho seja encaminhado para uma terapia individual.

Evito envolver pais e filhos em terapias, sugerir medicação ou tratamentos longos quando percebo que os problemas podem ser resolvidos pelos pais, praticando uma *educação pensada*.

Sempre que a situação permite, prefiro que os pais aprendam a experimentar novas posturas e formas de interagir e educar seus filhos, que aprendam a dar limites, a dialogar e quando necessário ensiná-los a lidar com situações difíceis. Mas há alguns casos em que os pais não estão com o equilíbrio pessoal necessário para cuidar do filho e precisam eles mesmos de sessões de psicoterapia. Também há casos em que a própria criança tem problemas emocionais sérios e necessita de ajuda profissional. Pode ocorrer ainda de sessões de terapia familiar, com pais e filhos participando em conjunto, serem indicadas.

Embora terapia sempre possa ser benéfica, nos oito casos abordados, e mesmo no caso mais complexo de Joaquim, nenhum dos envolvidos precisou desse recurso. Era, acima de tudo, uma questão de os pais mudarem seu posicionamento.

Se não tiver acesso a um psicólogo para ajudá-lo, a leitura dos próximos três capítulos, com tantos casos diferentes, trará diversos exemplos de como você pode construir com seu filho projetos de mudança de atitude.

PARA RELEMBRAR

1. Por que é difícil mudar atitudes

O *diálogo em conexão* com pensamentos e emoções e os *limites impostos* (mesmo o "basta contundente" e os castigos impactantes) podem não ser suficientes para mudar:

- Hábitos já enraizados.
- Reações diante de situações de grande tentação.
- Falta de autocontrole em estados de intensa ansiedade, raiva ou alegria.
- Falta de maturidade, de recursos emocionais e de habilidade social.
  Nesses casos, é preciso ensinar o filho a lidar com situações de contrariedade.

2. Pais educadores podem atuar de modo terapêutico

- Não é preciso ser psicólogo para desenvolver com seu filho projetos de mudança de atitude; você pode usar sua capacidade psicológica instintiva e seguir alguns princípios.
- Você pode experimentar diversos modos de interligar as partes empregando as três ferramentas — diálogo, imposição de limites e ensino ativo — e considerando as três condições — idade, temperamento e influência do ambiente.

COMO FAZER

Para montar projetos de mudança com e para seu filho

- Você pode motivar seu filho a mudar por meio do diálogo e da compreensão do problema.
- Em outros casos, a motivação terá de ser imposta por meio de limites contundentes (basta contundente ou castigo) atrelados a um projeto de mudança imediata de atitude.
- Tanto em projetos de mudança voluntária como em projetos de mudança forçada, é importante que seu filho compreenda a lógica do processo, participe da construção do projeto e faça sugestões.
- A maioria das mudanças leva de quatro a seis semanas para se consolidar.
- Durante esse período, seu filho tem de estar focado no propósito de mudar. Precisa ser lembrado diariamente do assunto e das metas semanais que deve atingir em cada etapa.
- O projeto de mudança é dividido em etapas, cuja duração vai depender da idade do seu filho.

- A cada etapa seu filho tem uma meta. De início, uma meta fácil. Progressivamente elas vão se tornando mais exigentes.
- Padrões de comportamento inadequados não se desconstroem rapidamente. No começo, certo número de recaídas diárias é "perdoado", basta que seu filho, ao ser lembrado, se desculpe e mude na hora de padrão, mostrando boa vontade. Se não demonstrar boa vontade sofrerá uma forte repreensão.
- Ao final de cada dia, registre e comemore cada conquista. O mesmo ao final de cada etapa. E, no fim do projeto, faça uma celebração em grande estilo.

OBSERVE

- Finalizado o projeto de mudança, você continuará atento e vigilante por muitos meses, para não permitir que seu filho volte ao antigo padrão.
- Muitas vezes ao longo do processo de mudança surgem resistências e confrontos. Nesses casos, você pode retomar o diálogo em conexão para envolver seu filho novamente no processo, mas se necessário não hesite em aplicar limites firmes.
- Durante todo o processo você trabalha com ternura e boa vontade, mas se mantém de prontidão para, a qualquer momento, reprimir tentativas de sabotagem, má vontade, negligência ou falta de empenho, impondo a continuidade do projeto com limites fortes ou contundentes.

20

Promover mudanças de atitude passo a passo: um caso completo

O projeto de mudança se constitui de cinco passos. Ele pode ser construído com seu filho em vinte a trinta minutos. Como mencionado, se o filho não aderiu à ideia de construir um projeto de mudança a partir de um diálogo amistoso, e você teve de dar um "basta contundente", ou um castigo impactante, a construção do projeto começará imediatamente após ter conversado sobre a repressão ter sido justa ou não. É um modo de aproveitar a janela que se abre quando seu filho, impactado pela firmeza do limite contundente que você deu, reconhece que terá de mudar de atitude. Com crianças até seis ou sete anos você talvez não consiga montar o projeto completo em trinta minutos, daí pode ainda completá-lo nos dias seguintes.

Quando seu filho já estiver habituado a projetos de mudança, você pode passar a usar a versão abreviada, que encontrará descrita ao final do capítulo 22. Mas, por ora, concentre-se em entender o modelo completo de cinco passos.

Os projetos de mudança que descreverei neste e nos próximos capítulos são apenas algumas de muitas possibilidades. Por isso, atenha-se aos princípios e saiba que terá de adaptá-los muitas vezes a situações específicas e improvisar. Mas não se preocupe: com as tentativas e os erros, você vai se aperfeiçoando.

Ao ler os casos, concentre-se mais em entender o "espírito da coisa", sem se preocupar tanto com a receita exata. Então junte forças, fôlego e paciência. Vale a pena; em geral, esse modelo permite mudanças surpreendentes, pois mantém todos engajados no processo. O caso da pequena Bianca, embora tenha o formato adequado para uma criança, segue a mesma estrutura que veremos adiante, adaptado para o uso com adolescentes e jovens.

1. Bianca, quatro anos, chiliques e tirania

Com uma criança pequena, a apresentação do projeto de mudança pode levar de quinze a trinta minutos. Conforme a paciência e a capacidade de concentração da criança, você pode optar por fazer tudo num só bloco ou dividir a conversa em dois ou três dias. Depende do fôlego e das condições de cada criança.

Se decidirem dividir a conversa em mais de um dia, os pais podem explicar à criança que para mudar aquele comportamento será necessário fazer diversos combinados e que no primeiro dia vão começar com um combinado (talvez passos 1 e 2), no dia seguinte continuarão a conversar sobre os próximos combinados (talvez passos 3-5).

COMO OS PAIS CONSEGUIRAM ENVOLVER BIANCA NO PROJETO DE MUDANÇA?

Os pais sabiam que ela precisava de limites e uma repreensão mais dura, mas resolveram aguardar um pouco e prepará-la para que não fosse reprimida injustamente e sem entendimento do porquê de estar sendo inadequada. Portanto, antes de darem um grande "basta" e reprimi-la, fizeram um trabalho de duas semanas para conscientizá-la do problema por meio do diálogo em conexão, de historinhas e cenas do cotidiano. Você pode reler no capítulo 4 modelos de como usar historinhas e explorar cenas do cotidiano e mostrar à criança qual é o problema em jogo (no caso dela, ser mandona, tirana e fazer chiliques). Na parte II você também pode rever, no capítulo 7, o passo a passo de como dialogar com crianças.

Durante duas semanas, os pais foram plantando a consciência e o entendimento do problema de que ela fazia manha e dava chiliques e porque isso não era adequado. Mostraram, dando vários exemplos simples, que havia razões práticas, pois seus chiliques inviabilizavam o dia a dia, e que além disso havia razões éticas, pois dar chiliques é um desrespeito com os outros. Mostraram também que agindo assim ela prejudicava a si mesma, pois os adultos não teriam como prepará-la para a vida e lhe ensinar coisas importantes.

Até que houve uma cena que foi a gota d'água e levou os pais a dar um "basta contundente". Eles tiveram de dar um limite forte atrelado a um projeto de mudança imediata de atitude.

Já vimos como dar limites fortes e atrelá-los a projetos de mudança (na parte IV, capítulo 16, nos casos de Thomas e Tatiana, você pode ver como, depois de semanas de conversa conscientizando o filho, os pais, após mais uma cena intolerável, perceberam que havia chegado o momento de dar limites fortíssimos).

Bianca estava consciente do problema, sabia por que devia mudar e, quando finalmente recebeu limites contundentes, percebeu que não tinha outra saída a não ser aceitar participar do projeto de mudança de atitude.

Vejamos agora, passo a passo, o projeto de mudança de atitudes desenvolvido com Bianca.

PASSO 1: EXPLICAR AO FILHO COMO MUDAR HÁBITOS E ATITUDES ANTIGAS

Essa conversa os pais tiveram cinco minutos depois de terem dado um basta contundente na filha e resgatado com ela o entendimento do que se passou. A meta era atrelar o basta a um projeto de mudança de atitudes.

Bianca, já falamos com você esses dias sobre a importância de conseguir conversar, perguntar e pensar em soluções em vez de fazer manha e dar chilique. E percebemos que entendeu que tem de mudar, e quer mudar. Também acabou de levar uma bronca forte e prometeu mudar. Mas achamos que não seria justo exigir isso de você tão rápido. Você ainda tem quatro anos e está acostumada a fazer manha e chilique, ainda não está acostumada a sempre conversar, pensar com calma e dar ideias boas de como resolver os problemas.

Então vamos fazer uma coisa: vamos ensinar seu cérebro a pensar, sentir e agir de um jeito novo. Para isso vamos levar um montão de dias, para você ir a cada dia aprendendo um pouquinho mais. Você vai ter tempo para aprender; não vai levar logo uma bronca e um castigo se esquecer e sem querer fizer manha e chilique. Vamos lhe ensinar *como* não fazer manha e chilique. Está combinado?

Em seguida explicaram a Bianca que uma parte do cérebro pensa com muita pressa, tão rápido que a gente não percebe, e a outra parte pensa com calma, entende a situação e acha soluções. A parte que pensa apressada dá chilique, xinga, bate. São os hábitos e costumes. E a parte que consegue analisar, conversar e ter boas ideias para resolver o problema é a parte calma.

Bianca, dentro da cabeça, no cérebro, tem uma parte com soldadinhos que são apressados. Eles não param para pensar com calma, cada um deles quando vê ou ouve uma coisa dá uma resposta rápido. Por exemplo, tem um soldadinho apressado que quando fica escuro tem medo e fala para o corpo da Bianca se esconder. Ele não consegue parar e pensar: "Está escuro porque a mamãe apagou a luz e é hora de dormir". Então ele precisa da ajuda do soldadinho da parte que pensa com calma, para dizer a ele: "Não tenha medo, você não está numa floresta escura sozinho, está em casa, na sua caminha gostosa, pode dormir".

Esses soldadinhos apressados ajudam muito quando temos de resolver coisas fáceis rapidamente. São necessários para fazer coisas do dia a dia. Abrir uma porta, pegar um copo de água ou dizer obrigado a alguém que nos ajudou. Quando o soldadinho apressado vê que você quer entrar num quarto, ele já manda a sua mão abrir a porta e você não precisa pensar: "Eu quero abrir a porta, vou esticar o braço e abrir a mão para pegar a maçaneta". Você faz isso rápido, sem perceber. Não seria possível parar e pensar sobre cada uma dessas ações. Elas são rápidas porque já são automáticas, e precisamos delas para muitas coisas.

Para facilitar o entendimento, os pais representaram os neurônios como soldadinhos que moram na parte do cérebro que reage rapidamente às situações. Eles dão ordens aos músculos para realizarem tarefas (falar, pegar, mexer, xingar, olhar etc.). Os pais dão vários exemplos, até Bianca entender o conceito de que costumes ou hábitos são automáticos e acontecem sem a gente pensar conscientemente.

Também explicaram a Bianca que havia outra parte do cérebro que pensa com calma, mais devagar, pondera, analisa, depois decide o que fazer e como fazer.

Bianca, quando você se chateia e só pensa com os soldadinhos da parte rápida, eles logo ficam tristes e mandam seus olhos e sua boca chorarem, ou ficam bravos e mandam a boca xingar, os braços baterem, ou ficam com medo e mandam as pernas fugirem. Mas quando você também consegue pensar com os soldadinhos que moram na parte da frente do cérebro, aquela que pensa com calma e tenta entender com tranquilidade as coisas, você tem boas ideias para resolver os problemas. Como ontem. Quando a mamãe falou para comer chocolate depois do almoço (e não antes), você conseguiu chamar os soldadinhos que pensam com calma e pensou: "Está bem, eu posso esperar e comer o chocolate depois e vai ser muito gostoso". Mas se não tivesse os soldadinhos que pensam com calma para ajudar, os soldadinhos apressados iriam gritar: "Queremos já comer o chocolate, agora, não vamos esperar". E iam chorar ou ficar bravos e jogar coisas no chão ou querer bater nos adultos.

Muitas vezes, quando as coisas não acontecem como você queria, os soldados da sua parte rápida do cérebro ficam bravos e tristes e falam para os braços, as pernas e a boca darem chilique ou fazerem manha. E chorar. Mas precisamos ensiná-los a esperar e deixar que os soldadinhos que pensam com calma resolvam a situação.

Então é por isso que papai e mamãe sabem que você vai precisar de tempo para mudar e aprender a não fazer mais essas coisas. Todo dia vamos ajudá-la a usar os soldadinhos calmos para, aos poucos, ensinarem aos soldadinhos da parte apressada como fazer as coisas de um jeito novo.

Depois de se certificarem de que Bianca entendeu o desafio da mudança, seguiram para o passo dois. Conversar com ela sobre o que deveria ser evitado e o que deveria ser aprendido. Depois seguiram para o passo três, montar com ela um esquema de adaptação em etapas progressivas.

Todo esse primeiro passo, apesar de descrito detalhadamente acima, na prática pode ser dado em cinco minutos.

PASSO 2: ESPECIFICAR O QUE TEM DE MUDAR,
QUAL É O NOVO COMPORTAMENTO DESEJÁVEL,
E ESTIPULAR UM PRAZO PARA ATINGIR ESSA META

Para explicar a meta para crianças pequenas pode-se usar cartolinas, desenhos, códigos coloridos ou colagens.

Os pais conversaram com Bianca sobre quais comportamentos eram inadequados. Fizeram desenhos representando cada comportamento indesejável. Chorar de manhã, dar um chilique gritando e se jogando no chão, fazer cara feia, bater, xingar e mandar.

Em seguida os pais conversaram sobre quais seriam os comportamentos alternativos e desejáveis (metas).

1. Em vez de fazer chilique, ela deveria primeiro explicar com respeito e calma aos pais o que gostaria de obter.
2. Depois, se o pedido fosse recusado (o pai e a mãe dissessem "não"), aprender a perguntar o porquê da ordem.
3. Se ela achasse que era algo importante, podia argumentar ou

fazer uma contraproposta (dar ideias para a mãe e o pai de como resolver o problema).

4. E, finalmente, em caso de negativa definitiva dos pais, aprender a obedecer (se o pai e a mãe não deixaram mesmo, é porque tem um motivo de adulto e a criança tem que aceitar).

Explicaram então que os pais ou adultos que cuidam dela (babá, professora) são os "chefes" a serem obedecidos, assim como os adultos também têm chefes aos quais ao final têm de obedecer (deram exemplos e depois repetiram para ela o terceiro pressuposto da educação, ver capítulo 3).

Depois de verificarem se ela tinha entendido exatamente o que esperavam, reviram com ela diversas vezes qual desenho (ou foto) representava que comportamento (os comportamentos "errados" e os "certos").

Em seguida combinaram quantos dias (ou "dormes e acordas") levaria para ela se acostumar com o jeito novo de resolver as coisas. Como Bianca era muito pequena, propuseram "um tempo bem comprido para você poder aprender devagarinho a pensar e agir do jeito certo": vinte dias.

Foi um prazo que os pais definiram por intuição e experiência, mas poderiam ter sido dezoito ou trinta dias, não há regra, depende do tempo que você acha que seu filho vai precisar. E ao longo do programa o tempo pode ser estendido ou encurtado.

Os pais desenharam vinte quadradinhos, cada um com uma cama representando uma noite e um dia. E combinaram que fariam um "x" em cada quadrado até que se completasse o período de vinte dias que duraria o projeto de mudança de Bianca.

Ficou combinado que fariam cópias das duas cartolinas, uma com desenhos do que fazer e não fazer e outra com o "calendário". As duas seriam afixadas em locais que facilitariam a Bianca e a todos os moradores da casa lembrarem do projeto de mudança. Bianca deu sugestões de onde fixar, em que paredes e cantos do quarto dela, do quarto dos pais, da babá e na copa. E participou da afixação dos cartazes.

Esse segundo passo pode ser trabalhado com a criança em cinco minutos. Eventualmente se deixa para fazer os cartazes algumas horas mais tarde, ou no dia seguinte.

PASSO 3: COMBINAR ETAPAS, CADA UMA COM ESQUEMAS PROGRESSIVAMENTE MAIS EXIGENTES

Os pais negociaram com ela um esquema de adaptação progressiva. Dividiram o programa de mudança em seis etapas. A primeira etapa duraria cinco dias e as outras cinco etapas teriam cada uma três dias.

Poderiam ter combinado qualquer outra divisão de etapas. Por exemplo, dividir vinte dias em cinco etapas iguais de quatro dias cada. Também nesse aspecto guiaram-se pela intuição e pela experiência, imaginando de quantas etapas progressivas Bianca precisaria para avançar.

Além disso, combinaram que nos primeiros quatro dias ela poderia se esquecer dos combinados três vezes por dia. Portanto, ter três chiliques ou manhas por dia. Mas isso só seria permitido se, quando o adulto presente lhe dissesse que era para parar, ela parasse na hora e pedisse desculpas de boa vontade. Se tivesse mais recaídas do que o combinado naquela etapa receberia uma "minipunição", que seria preestabelecida com ela. Mas, se na hora que o adulto pedisse que parasse com o chilique ela se tornasse hostil, levaria uma bronca muito forte e talvez um castigo sério.

Explicaram a ela que a "minipunição" por esquecer e fazer chiliques a mais do que o permitido naquela etapa era simbólica (diferente da bronca e do castigo por se tornar hostil e boicotar).

Bianca, para você conseguir mudar devagarinho, vai ser útil a gente dar um pequeno castigo para seus soldadinhos apressados que fazem as coisas do jeito errado. É só para eles se lembrarem melhor que o jeito errado não deve ser seguido. O que acha de inventarmos um pequeno castigo que não seja muito ruim, mas que seja um pouquinho chato e faça os soldadinhos apressados do seu cérebro lembrarem do que fazer?

Portanto, explicaram que a punição tinha a função de lembrar os soldadinhos que moram na cabeça dela (e que pensam de modo apressado) para não repetirem o mau comportamento. Pediram então que ela mesma sugerisse minicastigos que fossem suficientemente grandes para que os soldadinhos não gostassem de ter recaídas, mas que não fossem exagerados, daqueles que fazem chorar. Era para ser apenas um pequeno castigo lembrete. Mas tinha que ser chato, incômodo.

Bianca e os pais decidiram então que o castigo da primeira etapa poderia ser ficar um dia sem poder assistir à TV. Sabiam que ela substituiria facilmente a televisão pelo tablet. E combinaram que era só uma punição fraca, para lembrá-la do processo e não para castigá-la. Depois de combinarem a partir de sugestões dela esse minicastigo, partiram para combinar como seria a segunda etapa, quando o esquema se tornaria um pouquinho mais rigoroso.

Na segunda etapa Bianca poderia ter duas recaídas por dia. A terceira recaída seria "punida" com um minicastigo (um dia sem televisão) e as duas primeiras seriam perdoadas se pedisse na mesma hora desculpas e parasse.

A "punição" da segunda etapa poderia continuar a ser a mesma, a não ser que os "soldadinhos apressados do cérebro dela" se acostumassem com o pequeno castigo e não estivessem nem ligando. Nesse caso poderiam aumentar um pouco o pequeno castigo e, além de ficar sem TV, por exemplo, deixá-la sem o tablet. Seria uma punição mais forte, mas que ainda assim poderia ser substituída por brincar com brinquedos, ouvir músicas e historinhas infantis. Não seria um castigo forte.

E, assim por diante, foram combinando as outras etapas. Combinaram vinte dias em seis etapas.

Na primeira etapa, três recaídas diárias; na segunda, duas; na terceira, uma; na quarta, uma a cada dois dias; na quinta, uma a cada três dias e, na última, nenhuma.

Primeira etapa	Cinco dias	3 recaídas por dia	Punição: ficar 1 dia sem TV
Segunda etapa	Três dias	2 recaídas por dia	Punição: ficar 1 dia sem TV
Terceira etapa	Três dias	1 recaída por dia	Punição: ficar 1 dia sem TV
Quarta etapa	Três dias	1 recaída a cada 2 dias	Punição: ficar 1 dia sem TV
Quinta etapa	Três dias	1 recaída a cada 3 dias	Punição: ficar 1 dia sem TV
Sexta etapa	Três dias	Nenhuma recaída	Punição: ficar 1 dia sem TV

Desenharam então na cartolina que continha o calendário (os vinte quadradinhos que representavam os dias) cada etapa e a regra de cada etapa.

Fizeram isso colorindo cada etapa, isto é, cada três dias, com uma cor diferente. Em seguida desenharam, usando um lápis da cor correspondente àquela etapa, a regra que valeria naqueles dias. Por exemplo: para a primeira etapa, em azul, havia três quadradinhos azulados e abaixo deles o número 3 (ou três bombinhas, ou três caras feias), representando o número de recaídas permitidas.

Em seguida treinaram com ela o entendimento dos desenhos e dos esquemas, até que ela conseguisse explicar todo o projeto de mudança.

Conte com cerca de dez minutos para combinar esses esquemas. Eventualmente a confecção de desenhos em papéis ou cartolinas pode ficar para mais tarde.

PASSO 4: PREPARAR (DANDO RECURSOS PSICOLÓGICOS E PRÁTICOS) E PRATICAR COM SEU FILHO PARA QUE ELE POSSA MUDAR

Este é o passo no qual os pais serão quase que psicoterapeutas. Com filhos menores pode ser necessário dividi-lo em vários dias. Trate a cada dia apenas de um ou dois comportamentos a serem mudados. Mas mesmo que ainda não tenha preparado seu filho para lidar por completo com todas as situações, você pode começar imediatamente o projeto de mudança usando as situações que já conseguiu discutir com ele.

Os pais de Bianca travaram então um diálogo em conexão, tal como vimos na parte II, para entrar no mundo dela. Discutiram em detalhes com ela as dificuldades que sentia. Fizeram com a filha uma lista de situações típicas em que ela tinha chiliques. Chegaram à seguinte lista:

1. Tinha chiliques ao passar de uma atividade prazerosa a uma rotina: sair do parquinho para ir almoçar, terminar de ver um filme para tomar banho etc.
2. Tinha chiliques ao não conseguir que o adulto fizesse ou lhe desse algo que desejava, como comprar-lhe um sorvete ou um brinquedo, brincar com ela, lhe dar atenção etc.
3. Tinha chiliques ao ser corrigida em algum comportamento e ter de obedecer, como não atravessar a rua sem dar a mão, não correr entre as mesas do restaurante, não zombar do amigo etc.

Para cada um desses comportamentos, sempre através de perguntas e buscando ter uma conversa colaborativa, revisaram com ela o que estava errado e o que seria o certo.

Por exemplo: ao ter de sair do parquinho, como a Bianca que pensava com os soldadinhos apressados do cérebro agia? Sim, ela gritava, se jogava no chão. E o que pensava? Talvez: "Não quero ir embora", "Minha mãe é chata", "Por que não posso ficar aqui?". E o que a Bianca que consegue pensar com os sol-dadinhos calmos poderia fazer nessa situação? Talvez perguntar com educação por que tinha de ir embora naquela hora e depois fazer uma contraproposta (ficar mais um pouco para poder subir e descer duas vezes no escorregador). E se a contraproposta fosse recusada? Poderia pensar: "Outro dia posso voltar, agora o adulto tem algum motivo para não me deixar ficar aqui, ainda sou pequena e tenho que obedecer. Em casa posso brincar com outro brinquedo".

Em seguida começaram a "treinar" com ela a aplicação das novas regras. Simularam situações imaginárias parecidas. Fizeram então um teatrinho imitando um chilique quando o pai não deixava Bianca dar mais duas voltas de patinete no parquinho e dizia que estava na hora de irem para casa. Depois refizeram a cena com a solução alternativa e adequada (ela pensando e agindo de modo mais sensato).

Reviram então um resumo do que poderia ser feito numa situação assim: perguntar ao adulto o porquê, fazer uma contraproposta, aceitar que em algumas situações temos de obedecer e pensar numa alternativa boa (brincar de outra coisa depois em casa).

E, assim por diante, continuaram a brincadeira usando todas as outras situações que costumavam resultar em chiliques.

Muito importante: também combinaram com ela que, quando não conseguisse fazer os soldadinhos que pensam com calma comandarem a situação, poderia usar dois truques. Um era aprender a relaxar, outro era pedir um tempo para se acalmar.

Ensinaram-lhe algumas formas de relaxar usando a respiração "pela barriga" (respiração diafragmática, muito usada em sessões de meditação e na ioga). Também lhe deram a opção de dizer para o adulto: "Estou muito nervosa, posso ficar um pouco sozinha até me acalmar?".

Se percebessem que seria necessário trabalhar com ela muito mais aspectos (há casos em que faltam ao filho muitos recursos para lidar com a situação), os pais poderiam ter deixado alguns aspectos para rever em outros dias.

Nada impede de todo dia os pais reservarem cinco minutos para esse tema e dizerem a Bianca algo como:

Ainda não falamos sobre o que você poderia fazer se um dia quiser muito comprar um chocolate e o papai não deixar. O melhor seria dar um belo dum chilique, se jogar no chão, chorar, gritar, ou pensar com calma e achar uma solução?

Se necessário, esse processo de simular situações e praticar novas posturas pode ser retomado algumas vezes, mesmo com o programa de mudanças já em andamento. E pode ser repetido tantas vezes quanto necessário para se fixar. Embora seja um passo complexo, pais sintonizados com o filho em geral conseguem fazê-lo. Claro que ter a ajuda de um terapeuta orientando os pais é útil.

Considere que a descrição acima foi detalhada passo a passo, mas costuma levar algo como dez minutos.

PASSO 5: COMBINAR UM SISTEMA DE LEMBRETES E O MONITORAMENTO

Após combinarem com Bianca os esquemas e se assegurarem de que ela entendeu todo o modelo e de que tinha recursos para pensar, sentir e agir de modo mais adequado, passaram ao próximo passo.

Explicaram a Bianca que com quatro anos é difícil sempre lembrar tudo que se combina, que não seria justo esperarem dela que nunca esquecesse. Então criariam um sistema de vários lembretes diários.

Comunicar esse passo a Bianca é simples e leva de um a dois minutos. Não é necessário explicar a ela em detalhes como serão os esquemas dos lembretes (descritos a seguir). Ela é muito pequena e lhe basta saber que será lembrada várias vezes por dia sobre os combinados para que não esqueça.

LEMBRETES

A ideia é iniciar, no mesmo dia em que se combina o projeto de mudança, uma maciça campanha de mudança com lembretes dos "combinados", nos moldes das campanhas públicas de vacinação, respeito às leis de trânsito ou doação de órgãos. Essas campanhas muitas vezes impregnam a sociedade usando todos os meios de comunicação. São veiculadas em anúncios de TV, rádio e sites, repetidas à exaustão em programas populares e até inseridas nas tramas de novelas de grande audiência.

A meta é manter o foco no projeto e não deixar que as antigas posturas aos poucos se reinstalem. Além disso, o objetivo dos lembretes é evitar que a criança esqueça em algumas horas o que foi combinado e recaia nos antigos comportamentos.

Para a primeira etapa, os pais de Bianca estabeleceram então uma rotina de lembretes em sete momentos do dia e em momentos que antecedem situações de estresse para Bianca.

Os sete momentos eram ao acordar, depois do café da manhã, no meio da manhã, antes do almoço, ao ir para a escola, ao voltar da escola, antes de dormir.

Além disso, combinaram sempre lembrá-la do projeto antes de momentos de provável estresse. Por exemplo, antes de ir ao parquinho, do qual ela em geral não queria sair de modo algum. Também antes de ir visitar a prima ou os amigos, pois sabiam que ela tenderia a brigar por brinquedos, atenção e comida. Nessas ocasiões Bianca era lembrada antes de saírem de casa e pouco antes de chegarem ao local combinado.

Os pais também usavam essa estratégia antes de colocar a roupa no fim de semana, o que habitualmente gerava desgaste e chiliques. Uns quinze minutos antes do horário de se vestir para sair, num momento ainda calmo, ela era lembrada, e mais uma vez no momento que antecedia a troca de roupa.

Os lembretes podiam variar bastante em formato, mas sempre envolviam uma pergunta e uma resposta induzida:

Então, Bianca, hoje vamos ao parquinho. Como vai ser na hora de irmos para casa?

Com bom humor e fazendo claramente uma brincadeira amistosa com ela perguntavam:

Você vai ficar furiosa, chutar as babás dos amigos, xingar todo mundo de "bobo" e "feio" e quebrar os brinquedos deles ou vai dizer que está bem, que já está indo?

Bianca demonstrava estar entendendo a brincadeira e retrucava que ia ficar furiosa, xingar e bater. Os pais riam e diziam: "Tudo bem, agora falando sério, você vai fazer chilique ou vai para casa sem problemas?". Ela confirmava que iria embora sem dar chiliques.

Os pais continuavam.

E se você estiver com muita vontade de ficar mais um pouco? Vai dar um ataque ou explicar com calma e educação o que quer, dizendo "posso ficar mais um pouco, só para descer mais duas vezes pelo escorregador"?

Ela confirmava que tinha entendido que poderia sempre falar, pedir e negociar, desde que com educação.

Os pais:

E se a mamãe ou o papai não deixar? Se a mamãe disser que está tarde e temos que ir para casa almoçar? Você vai aceitar um "não" ou vai dar um chilique?

Ela confirmava que tinha entendido que depois de tentar negociar teria de se conformar com um "não" ou com uma regra, mas que poderia pedir um tempo para se acalmar sozinha num canto.

Com crianças pequenas esse processo de lembretes constantes e repetitivos podem acontecer em dois tipos de momento, por exemplo, nos horários de início e fim de período (ao acordar, ao ir para a escola, ao voltar da escola, antes do banho e ao adormece, e também logo nos momentos que antecedem o evento que provavelmente causaria conflitos. Por exemplo, se o problema fosse o uso do xampu na hora do banho, os lembretes também seriam dados uma hora antes do banho, cinco minutos antes e imediatamente antes.

Depois dos primeiros três dias, dependendo de quanto Bianca estivesse conseguindo evoluir, os pais podiam se contentar com quatro ou três lembretes diários. Mas mesmo diminuindo a frequência dos lembretes, eles iam continuar a lembrá-la diariamente até o final do vigésimo dia, mesmo que Bianca estivesse impecável. Pois esse é justamente um dos pontos nos quais um projeto de mudança pode fracassar. Se os pais cansados e satisfeitos com as mudanças iniciais acharem que já atingiram o objetivo e que não faz mais sentido tantos lembretes, correrão o grande risco de aos poucos tudo voltar aos antigos padrões. É preciso ter paciência e persistência para esperar que uma nova atitude se consolide e manter por vários dias ou até semanas o esquema de mudança, mesmo que ela já tenha ocorrido. Por isso mesmo, se Bianca estiver conseguindo se comportar melhor, os lembretes ainda serão diários (mas mais curtos e simples):

Bianca, você está indo muito bem. Apenas para lembrá-la, este é o sexto dia, faltam catorze dias (mostrar com os dedos da mão quanto tempo já passou e quanto falta). Você se lembra que amanhã é a terceira etapa e que, a partir de amanhã, só pode ter um chilique por dia? Acha que consegue? Ótimo.

O sistema de lembretes, portanto, começa no mesmo dia em que combinaram um projeto de mudança. Antes de colocá-la para dormir, por exemplo, relembraram rapidamente com ela:

"Bianca, amanhã começa o projeto de não fazer mais manha e chilique e não xingar. Então lembre-se: nos primeiros três dias pode esquecer disso até três vezes e estará tudo bem, é só obedecer o adulto que pedir para você parar, está bem? E o que acontece se não parar ou se tiver mais que três chiliques?" Bianca diz qual será a "minipunição". "Isso mesmo, então está bem. E o que vamos fazer se você conseguir mudar e depois de vinte dias aprender e se acostumar a conversar, esperar e não dar mais ataques?" Ela responde que haverá uma festinha em família, que vão fazer um programa supergostoso e uma comida especial, e convidarão a vovó e os tios para celebrarem juntos.

MONITORAMENTO E O PAPEL DE PARENTES E EVENTUAIS FUNCIONÁRIOS DOMÉSTICOS

Além dos lembretes, contudo, é necessário fazer um monitoramento diário.

Muitos pais ficam ausentes durante parte do dia, e às vezes isso acontecia também com os pais de Bianca. Por isso, depois de falar com ela em separado, eles também explicaram o projeto de mudança a todos os adultos que participam da educação de Bianca. No caso, a avó, a tia que morava na casa e uma babá. E dois dias depois reuniram todos os adultos junto com ela para combinar "oficialmente" como seria o projeto envolvendo todos os moradores.

A ideia de que crianças podem ficar constrangidas se souberem que todos os adultos da casa sabem de seu comportamento inadequado é parcialmente verdadeira. Em alguns casos isso de fato acontece. Mas se a criança tiver clareza de que esses adultos são responsáveis pela educação dela e precisam cooperar no dia a dia, não faz sentido ocultar dos envolvidos o que se passa. Ao contrário, o filho deve saber e sentir que há uma pressão total da comunidade doméstica pela mudança. A ideia era que Bianca soubesse que todos estavam alinhados e torcendo por ela, prontos para ajudá-la (e se necessário forçá-la) a mudar.

Não era o momento de ter vergonha ou pudor diante dos moradores da casa ou da avó. É claro que a criança não deve ser exposta diante de outras pessoas não envolvidas na educação cotidiana dela. E tampouco deve ser humilhada. O problema deve ser discutido de forma positiva e otimista, com foco na mudança. Portanto, se houver uma babá ou funcionária na casa, ela deve ser envolvida no processo. Na frente de Bianca, os pais combinaram com a babá, por exemplo, que telefonariam duas vezes por dia (na hora do almoço e no fim da tarde) para saber se tudo tinha corrido bem. E a funcionária diria a Bianca que os pais tinham telefonado e contaria a ela o que tinha relatado.

Para que também esteja seriamente envolvida no projeto, a babá precisa entender que muito dependerá dos relatos dela. E também que ela não perderá o amor da criança se explicar a Bianca que está ajudando os pais a educá-la. No capítulo 22, discuto como você pode envolver babás e funcionários no projeto de educação de seu filho.

Na verdade, não se preocupe muito se a babá, com pena de Bianca, deixar de relatar alguma malcriação maior. O importante é que Bianca tenha a sensação de que está em um programa de mudança e que tem de ir melhorando. O fato de se ocupar do assunto diariamente, mesmo que em uma ocasião ou outra o controle falhe, é o que importa. O mesmo vale para a escola. Não será possível monitorar exatamente como ela se comporta na escola. É suficiente saber como se comporta no resto do tempo.

Se Bianca conseguir durante o fim de semana e no início da manhã, na presença dos pais, ser prestativa, conversar educadamente e aceitar ordens, provavelmente conseguirá se comportar assim o resto do tempo. E se com a babá for mais educada do que era antes, significa que ela está conseguindo ter mais autocontrole e disciplina.

Além dos lembretes e relatos, é importante dar a Bianca retorno sobre como ela está indo, mostrar o que já conseguiu e lembrá-la do que tem pela frente. Esses retornos podem de início ser diários.

Bianca, passou mais um dia. Foi ótimo, você teve só uma recaída de chilique, quando seu tio não deixou que comesse mais um chocolate, mas conseguiu parar quando a babá avisou que estava se comportando mal.

E ontem você não deu nenhum chilique! Acho que talvez consiga fazer a mesma coisa amanhã! O que você acha? Está fácil ou difícil?

Os retornos também podem fazer referência à quantidade de recaídas que ela pode ter por dia. Por exemplo, se ela já tiver dado um chilique de manhã, logo após o episódio ela pode ser lembrada de que nesse dia só pode dar mais dois:

Bianca, vi que você já fez uma malcriação hoje, destratou a babá, mas depois se desculpou e parou. Muito bem. Você sabe quantos chiliques ainda pode ter hoje? [Ela lembra corretamente que são mais dois.] Está bem, pode dar mais dois ataques, mas não precisa. E não pode passar de dois, senão fica sem TV hoje e o dia de amanhã inteiro. Você acha que consegue lembrar de não ter mais chiliques? Quer ajuda para lembrar?

Depois de alguns dias, se ela estiver conseguindo se controlar e mudar, as avaliações podem ser feitas a cada três dias.

Estamos entrando no décimo dia, Bianca. [Os pais mostram a ela no calendário que chegaram à metade do projeto.] Muito bem, acho que você vai conseguir mudar, já está mudando. Estamos todos muito orgulhosos de você. Está conseguindo fazer as coisas certas e não fazer as coisas erradas. Ontem conseguiu não dar um ataque quando seu irmão jogou seu desenho no chão. Você até conseguiu dizer a ele que estava tudo bem! Só faltam mais dez dias e logo vamos entrar na nova regra, de só um chilique a cada dois dias.

Pode ocorrer que no meio do caminho Bianca se canse, se descontrole e se torne confrontadora, rebelando-se contra o processo ou simplesmente se recusando a obedecer. Nesse caso precisará novamente receber limites mais fortes. O minicastigo é só para esquecimentos e recaídas devido ao hábito. Quando há confrontos agressivos que sabotam o programa, é preciso impor firmemente mais uma vez a continuação do projeto de mudança.

COMO TRANSCORREU O PROJETO DE MUDANÇA DE ATITUDE DE BIANCA?

Bianca foi um caso simples. Com paciência, os pais não esmoreceram e não deixaram por um único dia o projeto de lado. Entenderam que essa impregnação consiste em deixar claro para a criança que não há mais uma brecha de desatenção dos adultos a respeito de malcriações, que ela não poderá continuar achando que pode se comportar de modo inadequado.

Embora Bianca tivesse espaço para recaídas durante a aprendizagem e um tempo de adaptação, seus pais não deixaram que ela se descuidasse do projeto ou parasse de se empenhar. A única alteração que teve de ser feita ao longo do processo foi prorrogar o projeto por mais uma semana, pois Bianca precisava de tempo para se adaptar totalmente. Mas ela manteve sempre a boa vontade e só uma vez no meio do processo se rebelou, e foi energicamente advertida. Os lembretes e avaliações constantes deixaram claro para ela que era uma mudança para valer, que não havia mais o antigo modelo de broncas semanais e castigos recorrentes, sem amarração, treinamento ou monitoramento.

A chave do sucesso de um projeto de mudança é garantir o entendimento exato dele, a adesão ao projeto (voluntária ou coagida) e a sequência ininterrupta até o final, sempre com apoio, estímulos positivos, mas também com a advertência de que não há hipótese de os pais aceitarem a interrupção, a desistência ou a sabotagem do programa.

Os próximos casos serão apresentados de modo mais resumido.

PARA RELEMBRAR

Para promover mudanças
- Para mudanças mais fáceis ou menos importantes você pode apostar em ir repetidamente dando limites de contenção a cada ocasião. Nesse caso, a ideia é que, com o tempo, o acúmulo de limites suaves e moderados vá impregnando o ambiente e se plantem as sementes de uma mudança.
- Para as mudanças mais difíceis e relevantes, você pode adotar pequenos projetos de mudança. Eles são concentrados, intensos e envolvem um sistema para promover a mudança de atitude.
- Pequenos projetos de mudança são estruturados em cinco passos que, se forem seguidos à risca, costumam trazer mudanças profundas e duradouras.

COMO FAZER

1. Primeiro passo: explicar ao filho como mudar hábitos e atitudes antigas
- Esse primeiro passo sempre deve ser precedido de um diálogo de conscientização sobre por que aquele comportamento não será mais aceito. Seja um diálogo amistoso em conexão com pensamentos e emoções ou um diálogo forçado de conscientização travado durante o processo de repreensão (o "basta" ou castigo contundente).
- Tanto por meio de um diálogo amistoso como por meio de uma conversa imposta, é preciso explicar qual é a atitude que precisa mudar (e os porquês).
- Entendido o que deve mudar, o primeiro passo do projeto de mudança se inicia com os pais explicando que não seria justo exigir uma mudança total e imediata do comportamento, pois o filho está acostumado a pensar, sentir e agir daquela forma. Explica-se que na maior parte das vezes hábitos levam tempo para serem mudados.
- Os pais exigirão do filho apenas uma mudança imediata da *postura de resistência e hostilidade*. Quanto ao comportamento inadequado propriamente dito, poderá mudar cada dia um pouco, até mudar totalmente.
- Explicam então o modelo cerebral e mental das "reações rápidas e hábitos" versus "pensamentos calmos e ponderações".

OBSERVE

- Para crianças pequenas, usa-se linguagem infantil (soldadinhos no cérebro que pensam rápido e soldadinhos que pensam com calma).
- Para filhos maiores, usa-se o conceito de neurônios, sinapses ou regiões do cérebro que reagem rápido, e outras regiões que analisam com calma os contextos e alternativas.
- O projeto consistirá em praticar "truques" para usar por um tempo os neurônios que "pensam com calma", de forma que "ensinem" aos "neurônios apressados" novos modos de reagir a contrariedades.
- Toda a explicação desse primeiro passo, na prática, pode se dar em cinco minutos.

2. Segundo passo: especificar o que tem de mudar, qual é o novo comportamento desejável, e estipular um prazo para que essa meta seja atingida

- O passo dois se inicia detalhando exatamente que comportamentos e atitudes estão sendo exigidos e quais não serão mais aceitos. Se necessário, os pais fazem com o filho uma lista.
- Em geral, pode-se agrupar diversos comportamentos sob um tema, por exemplo, a atitude de ter mais empenho nos estudos pode abranger comportamentos específicos, fazer tarefas, rever a matéria todos os dias, estudar para provas com uma semana de antecedência etc.
- Para estipular o prazo em que a mudança deve se dar, não há fórmulas. Em geral, de quatro a seis semanas são suficientes. Se necessário, os pais podem, ao longo do projeto, alterar a data final.
- Para manter o foco nas metas e no prazo no caso de crianças pequenas, podem-se usar cartolinas, desenhos, códigos coloridos ou colagens, que as crianças elaboram com os pais e usam ao longo das semanas como referência diária. Para filhos maiores, listas simples em folhas de papel ou em meios eletrônicos. Sempre se certificando de que seu filho compreenda exatamente o que precisa ser mudado.

3. Terceiro passo: combinar etapas, cada uma com esquemas progressivamente mais exigentes

- Trata-se de um esquema de adaptação progressiva. Divide-se o programa de mudança em etapas, em geral de quatro a seis; pode ser conveniente cada etapa durar uma semana. Mas podem ser durações e etapas diferentes conforme o caso.
- Para cada etapa se permite um número de deslizes por dia, em geral três. A cada deslize um adulto presente na hora, ou mais tarde ao ser informado

do deslize, adverte que houve um deslize; e se o filho pedir com boa vontade desculpa e recuar, nada ocorre.

- Se ultrapassar o número de deslizes diários combinados para aquela etapa, ele recebe uma micropunição simbólica, apenas como reforço negativo (por exemplo, para uma criança, pode ser subir ao quarto e descer em seguida, ou para um adolescente, ficar meia hora sem celular).
- Se não recuar do deslize, não pedir desculpa e recair numa postura de má vontade, resistência e boicote ao projeto de mudança, os pais retomam imediatamente o processo de repreensão e limites contundentes.

OBSERVE
- Para determinar as etapas, números de deslizes e pequenas punições simbólicas, os pais se guiam pela intuição e pela experiência, imaginando de quantas etapas progressivas o filho precisa para avançar e que esquemas funcionariam, sempre dando abertura para o filho construir junto com eles o modelo e opinando.

4. Quarto passo: preparar a mudança (desenvolvendo recursos psicológicos e práticos) e treinar com seu filho

1. Para construir com seu filho os recursos que lhe faltam para lidar com as contrariedades, comece por um diálogo em conexão. Discuta em detalhes as dificuldades que seu filho sente. Elabore com ele uma lista de situações típicas em que ocorre a dificuldade.

2. Trabalhe, como no diálogo em conexão, na busca de soluções para superar cada dificuldade específica, pedindo a ele sugestões e também propondo as suas. Tendo calma para escutar o filho os pais poderão explorar com ele que recursos lhe faltam. Por exemplo, se é tímido, se lhe falta habilidade social, se tem medo de críticas, se sempre se sente atacado ou se não tem autocontrole. Em todos esses casos a pergunta é: do que ele precisa para poder mudar?

3. Juntos, construam então, para cada situação, um plano de enfrentamento que permita ao seu filho utilizar novos recursos para lidar com a situação (novos modos de pensar e de agir).

4. Em seguida, você pode começar a "treinar" com seu filho a aplicação das novas regras, imaginando e simulando situações imaginárias parecidas.

5. Revisem então o que poderia ser feito em uma situação semelhante e façam um resumo de tudo que foi combinado.

OBSERVE
- Com filhos menores, pode ser necessário dividir esse passo em vários dias. Aborde a cada dia apenas um ou dois comportamentos a serem mudados.

- Com crianças pequenas, pode-se fazer um "teatrinho", imitando a atitude "errada" e depois refazendo a cena com a solução alternativa e adequada (em que o filho pensa e age de modo mais sensato). Coloque em ação os novos recursos que desenvolveu com seu filho (novos modos de pensar, sentir e agir diante da situação).
- Mesmo que ainda não tenha preparado seu filho para lidar por completo com todas as situações, você pode começar imediatamente o projeto de mudança, usando as situações que já conseguiu discutir e preparar com ele.

5. Quinto passo: combinar um sistema de lembretes e monitoramento

LEMBRETES

- No mesmo dia em que se combina o projeto de mudança, crie uma maciça campanha com lembretes sobre o que foi combinado. Crianças e adultos tendem a perder facilmente o foco de projetos, por isso é preciso criar um sistema de lembretes diários e não deixar que as antigas posturas aos poucos se reinstalem. Para crianças menores, é necessário evitar que esqueçam em algumas horas o que foi combinado.
- Defina o esquema de lembretes, horários e frequência. Com crianças pequenas, esse processo de lembretes constantes e repetitivos pode acontecer em dois tipos de momento; por exemplo, nos horários de início e fim de período (ao acordar, ao ir para a escola, ao voltar da escola, antes do banho e ao adormecer) e também nos momentos que antecedem o evento que provavelmente causaria conflito.
- Determine o formato dos lembretes. Os lembretes podem variar bastante, mas sempre envolvem uma pergunta e uma resposta induzida do tipo: "Quando surgir a contrariedade que estamos abordando, sua reação vai ser a inadequada ou a adequada? Então qual seria exatamente a reação que você pretende adotar?".
- Depois dos primeiros dias os pais podem diminuir a frequência dos lembretes diários. Mas, mesmo diminuindo a frequência, eles devem continuar a lembrar o filho diariamente até o último dia, mesmo que tudo esteja impecável, pois esse é justamente o momento no qual um projeto de mudança pode fracassar.

OBSERVE

- Se os pais, cansados e satisfeitos com as mudanças iniciais, acharem que já atingiram o objetivo e que não faz mais sentido tantos lembretes, correm o grande risco de aos poucos tudo voltar aos antigos padrões. É preciso ter paciência e persistência para esperar que uma nova atitude se consolide, e mesmo em caso de sucesso, continuar com os lembretes até o final do projeto.

MONITORAMENTO E FEEDBACK

- Muitos pais ficam ausentes durante parte do dia. Por isso, além dos lembretes, é necessário fazer um monitoramento diário. Depois de falar com o filho em separado, eles também devem explicar o projeto de mudança a todos os adultos que participam da educação cotidiana, e o filho deve saber que todos estão envolvidos para ajudá-lo a mudar (mas também para evitar que recaia em antigos padrões).
- Os pais ausentes irão então obter um relato diário dos outros adultos (avós, funcionários etc.) sobre o andamento das mudanças, por exemplo, telefonando para casa certo número de vezes por dia (uma ou duas).
- Além disso, de tempos em tempos os pais irão conversar com o filho como ele se sente, se está precisando de ajuda e dar feedbacks regularmente, incentivando seu filho a prosseguir e conversando com ele sobre como enxergam os progressos do projeto.

OBSERVE

- Ao final de cada etapa, se "oficializa" o término dela e, em caso de progresso, se celebra. Ao final do projeto completo há uma comemoração maior.

21
Promover mudanças
de atitude passo a passo:
dois casos resumidos

Neste capítulo, os dois casos não serão apresentados em uma versão tão completa quanto o de Bianca, mas ainda em detalhes suficientes para que você se familiarize com o modelo.

Lucas, cinco anos, precisava aprender a não bater e a obedecer

Lucas não obedecia por distração e por ser brincalhão, e não por desobediência ou oposicionismo. Ele não ouvia os comandos, ou simplesmente achava que eram uma extensão da brincadeira. Às vezes ficava tão eufórico enquanto se divertia que não conseguia sair do registro da brincadeira para entrar no registro do "agora estamos falando sério".

Quanto à agressividade, ele batia como se fosse uma reação automática, um reflexo toda vez que alguém se aproximava de maneira abrupta ou incômoda, fosse criança ou adulto, e batia nos amigos que lhe arrancassem brinquedos. Não era de fato um menino agressivo.

COMO OS PAIS ENVOLVERAM O FILHO NO PROJETO?

Os pais tiveram de prepará-lo em duas etapas. Primeiro passaram duas semanas contando histórias e tendo diálogos, assim como os pais de Bianca, conscientizando Lucas dos problemas (não escutar, não obedecer e bater).

Depois avisaram que levaria uma bronca forte se não parasse com essas atitudes. E lhe ofereceram ajuda para mudar. Combinaram então um projeto de mudança conforme os passos a seguir.

Como é previsto em casos assim (em que o comportamento virou um hábito), muitas vezes no meio do processo de ensinar a mudar de atitude o filho se rebela e é necessário dar um "basta" muito contundente e retomar novamente desde o início o projeto de mudança. Foi o caso de Lucas.

PASSO 1: EXPLICAR AO FILHO COMO SE CONSEGUE MUDAR HÁBITOS E ATITUDES ANTIGOS

Os pais de Lucas procederam de modo semelhante aos pais de Bianca, usando a história dos soldadinhos que pensam rápido e os que pensam com calma.

PASSO 2: ESPECIFICAR O QUE TEM DE MUDAR E QUAL É O NOVO COMPORTAMENTO DESEJÁVEL E DEFINIR UM PRAZO PARA ATINGIR ESSA META

Os pais também deram a Lucas um prazo de três semanas. E, da mesma forma que ocorreu com Bianca, desenharam em cartolinas quais situações e comportamentos deveria evitar e quais deveriam ser seguidos.

Usaram o mesmo modelo de cartolinas, colagens, fotos e desenhos descrito no caso de Bianca.

Além de especificarem as situações e os comportamentos que Lucas devia evitar e os que devia buscar, discutiram com ele a noção de "dano" e de "indenização moral e material".

Explicaram que, diferente de dar um chilique ou fazer manha, bater nos outros causa um dano (dor, talvez um machucado pequeno ou grave, medo). E que todo dano causado precisa ser indenizado com mais do que um mero pedido de desculpas.

Para isso deram a Lucas exemplos de danos involuntários e voluntários. Por exemplo, um adulto sem querer esbarra num vaso caro do amigo e o quebra. Ele deverá comprar outro igual ou melhor. Um adulto ofende e xinga outro, depois se arrepende. Deverá, além das desculpas, mandar um presente que demonstre que é capaz de se esforçar para reparar o dano. Talvez escrever uma carta, oferecer um jantar.

Também abordaram com ele mais uma vez o terceiro pressuposto da educação e a questão da obediência (até o rei tem de obedecer em certos momentos, por exemplo, ao médico, às exigências do povo unido etc.), usando o modo de se comunicar com crianças descrito no capítulo 4.

Ele tinha, portanto, duas metas em seu projeto de mudança de atitude: não bater e escutar e obedecer os adultos.

PASSO 3: COMBINAR ETAPAS COM ESQUEMAS PROGRESSIVAMENTE MAIS EXIGENTES

Em rigor não deveriam autorizar Lucas a nem um episódio de "bater", pois violência não se admite, mas entenderam que ele dava tapas e empurrões infantis e que não conseguiria de um momento para outro cessar totalmente com esse comportamento.

Daí combinaram com Lucas que ele poderia bater duas vezes nos primeiros três dias, depois só uma vez por dia, depois uma vez a cada dois dias e assim por diante. Adotaram um esquema de mudança mais veloz que o de Bianca, pois bater é mais nocivo e mais grave do que dar chiliques.

346

Outra diferença é que os pais combinaram que, em vez de apenas pedir desculpas, ele também daria um pequeno presente ao amigo a título de indenização moral. Pré-selecionaram com ele alguns dos seus brinquedos de menor valor afetivo e colocaram numa sacolinha que seria levada a cada encontro com amigos.

Quanto à obediência, fizeram um esquema de três alertas, cada um mais "sério" que o outro. O terceiro seria de advertência e ameaça em tom de voz mais alto.

A "minipenalidade" que Lucas negociou com os pais seria ficar dois dias sem TV e sem tablet (dar os brinquedos dele para os amigos não é penalidade, é uma indenização, uma atitude ética de reparação, e não uma punição ou retaliação). A mesma "mini-penalidade" valeria para quando não obedecesse na terceira chamada. Ao longo da segunda semana tiveram de rever o esquema de penalidades.

Lucas, achamos que esse castigo simbólico de dois dias sem TV e tablet não está funcionando. Percebemos que os soldadinhos apressados não estão se importando tanto. Vamos mudar para algo mais forte. O que você sugere? Algo para forçar os soldadinhos apressados que moram em seu cérebro a não fazer a coisa "errada". Que tal três dias sem TV, sem tablet, sem doces e sem comprar figurinhas para o seu álbum? Acha que aguenta?

E assim, junto com ele, alteraram alguns aspectos do projeto de mudança.

PASSO 4: PREPARAR (DANDO RECURSOS PSICOLÓGICOS E PRÁTICOS) E PRATICAR COM SEU FILHO COMO MUDAR

Antes de tudo, os pais travaram o diálogo em conexão com os pensamentos e sentimentos para entender o que ele pensava e como se sentia quando enfrentava situações em que recebia comandos e não escutava e não obedecia. Verificaram que boa parte do problema estava no fato de ele não escutar, e que um adulto avisando de uma forma próxima e intensa, segurando suas mãos, olhando nos olhos dele e pedindo com firmeza sua atenção poderia funcionar.

O mesmo com relação a bater nos amigos. Constataram que ele não gostava que chegassem perto, que o interrompessem e lhe arrancassem coisas da mão.

Para lidar com essa dificuldade, perceberam que poderia funcionar treinarem como lidar de outra forma com as situações em que Lucas batia nos amigos, simulando alternativas, fazendo um "teatrinho".

Resolveram então fazer algumas pequenas sessões de "teatrinho". Ora o pai, ora a mãe se alternavam no papel de Lucas e do amigo de Lucas. Um tirava o brinquedo do outro e "Lucas" agia de dois modos: do modo "errado", quando batia no amigo, e do modo "certo", quando entendia que amigos às vezes fazem isso e que ele podia esperar, pedir ajuda a um adulto, oferecer outro brinquedo ao amigo, escolher ele mesmo brincar de outra coisa ou decidir que no futuro não ia mais brincar com aquele amigo. Podia ainda tentar dizer ao amigo algo como: "Deixo você brincar um pouco com meu brinquedo, mas depois você me devolve e te dou outro". Mas jamais bater.

Também "treinaram" esquemas de obediência. Listaram situações típicas em que ele não ouvia. Conversaram sobre os eventuais motivos por que isso acontecia. E combinaram um esquema de três avisos intensos.

Para que ele ouvisse de verdade os pais no primeiro aviso, iriam até ele, o segurariam gentilmente, pediriam que olhasse nos olhos e dariam o primeiro aviso ("Lucas, daqui a pouco vamos para casa. Vamos avisar mais duas vezes, então vá terminando a brincadeira porque logo voltaremos").

A ideia era que ele não fosse pego de surpresa com a mudança de atividade. O segundo aviso seria para ele encerrar na hora a atividade e o terceiro, para obedecer a ordem de ir com os pais.

Se no terceiro aviso não obedecesse, receberia o minicastigo combinado (sem TV e sem tablet por dois dias). Se aceitasse e pedisse desculpas, virariam a página, mas se resistisse e fosse malcriado, receberia um limite mais forte (ver o "não" enérgico e o basta contundente da parte III, sobre impor limites).

PASSO 5: COMBINAR UM SISTEMA
DE LEMBRETES E O MONITORAMENTO

Ele receberia mais lembretes que Bianca, e os lembretes incluiriam recordar que daria um dos seus brinquedos ao amigo como indenização por danos.

Decidiram fazer bem mais lembretes e monitoramento do que os pais de Bianca porque entenderam que ele era muito distraído e brincalhão, por isso seria lembrado rotineiramente dez vezes por dia nas primeiras duas etapas (seis dias), depois só cinco, e até o final do processo só três vezes por dia.

Além disso, seria avisado e lembrado antes de cada evento (ir brincar com amigos, ir a uma festa, ir ao parquinho etc.) duas ou três vezes, momento em que deveria enunciar e repetir o que não faria e o que faria em cada situação.

Ao final de cada meio período nos primeiros três dias, ele receberia um feedback de como estava indo.

Após duas semanas os pais mudaram o esquema de lembretes para apenas dois por dia.

COMO TRANSCORREU O PROJETO
DE MUDANÇA DE LUCAS?

Os resultados das quatro semanas também foram um sucesso. Lucas incorporou claramente os novos padrões. Passou a escutar, a obedecer no terceiro aviso, ou, em casos mais sérios, logo no primeiro aviso (não atravessar a rua sem dar a mão, não pisar no piso com cacos de vidro etc.). Também parou de bater nos amigos.

Cinco semanas depois de terminado o projeto, porém, teve algumas recaídas. Os pais haviam combinado que nesse caso poderiam usar o mesmo critério utilizado durante o projeto de mudança. Se fossem recaídas ocasionais e resultado de distração, ele não seria punido, bastaria recuar e se desculpar. Mas se fossem recaídas malcriadas e oposicionistas, transgressoras, ele seria punido com limites contundentes.

Isso não foi necessário até os sete anos de Lucas. Ele já vinha sendo educado apenas com base no diálogo, na cooperação e em muita confiança dos pais. Contudo, por algumas razões, aos sete ele teve uma fase de rebeldia que, mesmo com apoio e diálogo, não terminou. Tiveram de lhe dar então limites contundentes, o que foi suficiente para recolocar as coisas nos trilhos e retomarem a relação aberta e de confiança, baseada no diálogo em conexão.

Até os seus sete anos, Lucas recebeu ao todo três grandes "bastas contundentes" e dois castigos fortíssimos. De resto, os limites eram dados sobretudo por meio de diálogos, raramente pelo esquema da ameaça de contar até três e então punir. Algumas vezes precisaram impor limites adotando restrições suaves ou moderadas.

Mário, dez anos, precisa parar de jogar a mochila encardida no sofá

Mário era um garoto fácil de educar. E todo relacionamento com os pais era baseado em diálogo, confiança, cumplicidade e cooperação. Mas ele não conseguia mudar o hábito de jogar a mochila suja sobre o sofá branco.

Embora fosse um problema menor, algo corriqueiro, sem complicações psicológicas, os pais perceberam que se quisessem que isso mudasse teriam de colocar em prática um pequeno projeto de mudança. Era algo, na verdade, simples, e a mudança ocorreu quase que de imediato, embora o projeto tenha sido mantido por três semanas, para garantir que a mudança fosse definitiva.

350

COMO OS PAIS ENVOLVERAM O FILHO NO PROJETO?

Mário entendeu por meio do diálogo em conexão que todos na casa têm direitos e deveres no que se refere ao uso das áreas comuns — salas, copa, cozinha. E que, portanto, uma certa ordem e um certo asseio são necessários para que todos se sintam confortáveis. Também entendeu que jogar a mochila encardida sobre o sofá branco suja o estofado, o que, além de pouco estético, criará uma despesa alta caso seja necessário trocar de estofado.

Praticando o diálogo em conexão, os pais conseguiram escutar e compreender que ele chegava cansado da escola e tinha preguiça de subir com a mochila pesada até o quarto, que se esquecia e, num gesto automático, jogava a mochila sobre o sofá.

Decidiram que deveriam abordar dois aspectos: evitar que Mário se esquecesse de que não devia jogar a mochila no sofá e criar uma alternativa para que ele não tivesse que subir imediatamente para guardar a mochila pesada. Conversando juntos, concluíram que um bom lugar seria um canto que havia entre a sala e a copa.

O esquema de mudança que construíram, com a colaboração dele, era muito simples.

PASSO 1: EXPLICAR AO FILHO COMO SE CONSEGUE MUDAR HÁBITOS E ATITUDES ANTIGAS

Como Mário já tinha dez anos, explicaram de forma adulta e em poucos minutos que há hábitos que produzem reações velozes e automáticas, e que esses hábitos competem com outro tipo de processamento de uma área do cérebro que pensa e analisa (o córtex pré-frontal e frontal). Portanto, abandonar hábitos requer ajuda das áreas frontais que diagnosticam situações, planejam ações e as monitoram. De início o truque é fazer o cérebro pensar na ação e, pela repetição de um novo comportamento consciente e pensado, ir criando um novo hábito.

PASSO 2: ESPECIFICAR O QUE TEM DE MUDAR, QUAL É O NOVO COMPORTAMENTO DESEJÁVEL E DEFINIR UM PRAZO PARA ATINGIR A META

Combinaram três semanas como um prazo provavelmente suficiente nesse caso. Estabeleceram um canto entre a sala e a copa onde a mochila poderia ser guardada sem causar transtornos.

PASSO 3: COMBINAR ETAPAS, CADA UMA COM ESQUEMAS PROGRESSIVAMENTE MAIS EXIGENTES

Combinaram que, nos primeiros quatro dias, Mário podia esquecer e jogar a mochila, mas ao ser lembrado, deveria pedir desculpas e recolocá-la num canto atrás da porta de entrada perto da copa. Se deixasse a mochila nesse local, definido de comum acordo, não incomodaria ninguém.

Estabeleceram também que nos quatro dias subsequentes Mário podia esquecer duas vezes de guardar a mochila no local combinado. Mas jogar a mochila mais que duas vezes sobre o sofá (em quatro dias) implicaria ficar o dia seguinte sem smartphone.

No terceiro bloco de quatro dias, poderia haver um único esquecimento em quatro dias; mais que isso o levaria a ficar dois dias sem smartphone.

E no bloco seguinte, de mais quatro dias, Mário não poderia esquecer nem um único dia de guardar a mochila no local certo e uma falha implicaria três dias sem smartphone.

Finalmente, no último bloco de quatro dias, uma falha levaria a uma pena de cinco dias sem smartphone.

As "minipenalidades" também foram todas negociadas com ele, de acordo com o espírito de encontrarem juntos uma dose de incômodo que funcionasse para que seu cérebro o associasse ao comportamento equivocado, aumentando assim a chance de se lembrar do que não deveria fazer.

PASSO 4: PREPARAR (DANDO RECURSOS PSICOLÓGICOS E PRÁTICOS) E PRATICAR COM SEU FILHO COMO MUDAR

Nesse caso não havia uma grande preparação mental e emocional a fazer. Bastava que Mário estivesse consciente de que devia mudar e disposto a abandonar o antigo hábito.

Dar recursos práticos que facilitassem o processo de mudança, nesse caso, consistiu apenas em espalhar lembretes em lugares estratégicos da casa e procurar juntos um local alternativo para guardar a mochila que fosse prático e fácil para Mário. Como mencionado, decidiram que seria o canto entre a sala e a copa.

PASSO 5: COMBINAR UM SISTEMA DE LEMBRETES E MONITORAMENTO

Como sistema de lembrete, decidiram, por sugestão bem--humorada de Mário, que por duas semanas afixariam no sofá um aviso com os dizeres:

"Sr. Mário, pede-se a gentileza de não jogar mochilas velhas e encardidas em cima do sofá branquinho."

Isso deveria bastar para evitar o esquecimento. Além disso, nos primeiros quatro dias, haveria um aviso afixado na porta de entrada da casa, com os dizeres:

"Sr. Mário, por favor, guarde a mochila no canto atrás da porta da sala para a copa."

Mário e os pais concordaram que, além dos avisos escritos, ele não precisava ser lembrado. Seus pais decidiram apenas lhe dar um reforço positivo, elogiando cada dia que ele mesmo conseguisse lembrar do combinado.

COMO TRANSCORREU O PROJETO DE MUDANÇA DE MÁRIO?

Conforme esperado, logo no primeiro dia, Mário começou a guardar a mochila no canto em vez de jogá-la sobre o sofá. Embora tivesse continuado ao longo de toda a primeira semana impecável, os pais só retiraram o aviso do sofá na segunda semana e o substituíram por um *post-it* que ele mesmo devia refazer diariamente e aplicar sobre o sofá.

Mário não teve um único dia de recaída durante o projeto, mas os pais prosseguiram durante as três semanas combinadas para garantir que não voltasse a ter recaídas adiante. Ao final, fizeram uma pequena celebração divertida, oferecendo a ele a sobremesa favorita no jantar, junto com um bilhete parabenizando-o.

Ele nunca mais na vida voltou a jogar a mochila sobre o sofá.

Apesar de se tratar de um problema pouco relevante e psicologicamente fácil de resolver, esse tipo de mau hábito é muito comum e, em vez de passar anos gritando pela casa para que o filho não jogue a mochila no sofá, uma maneira de os pais resolverem essa situação é através de um pequeno projeto de mudança.

Outra opção seria os pais tolerarem esse hábito até que o tempo mudasse as circunstâncias. Talvez ele crescesse e não usasse mais mochilas encardidas, ou o sofá talvez fosse estofado com outro tipo de tecido, ou quem sabe Mário, maior e mais forte, não se importasse de carregar a mochila e preferisse chegar em casa e levar todo o material de estudo direto para o quarto.

Os dois casos deste capítulo são simples. Para que você tenha uma ideia de como pode trabalhar com seu filho quando as questões forem mais complexas, dê uma lida nos cinco casos apresentados de modo muitíssimo reduzido no próximo capítulo (na verdade, só se discute o passo 4 de cada caso).

22
Promover mudanças
de atitude: fragmentos
de cinco casos difíceis

Após ter lido três casos detalhados, você já deve ter entendido a estrutura dos projetos de mudança e percebido que cada caso exige adaptações.

Mas talvez esteja enfrentando situações mais difíceis do que as três que vimos até agora (Bianca, Lucas e Mário). Se for esse o seu caso, apresento agora cinco situações mais complexas envolvendo filhos mais velhos. Pode ser que algumas das soluções adotadas sirvam para a situação que você está vivendo em sua casa.

Os casos, porém, serão apresentados de modo muito abreviado, pois suponho que você já esteja familiarizado com os passos mais fáceis da construção de um programa de mudança. A essa altura você talvez já se sinta capaz de dialogar com seu filho sobre qualquer problema, bem como de propor metas claras, prazos e esquemas progressivos. E possa igualmente estruturar esquemas de lembretes e monitorar com ele todo o processo.

Além disso, depois do que discutimos sobre erros e ajustes na educação, você talvez já esteja mais seguro para errar, rever e corrigir abertamente todos esses aspectos do programa de mudança. Afinal, desde que seja leal e honesto e explique ao seu filho o que acha que não está funcionando, por que e como pretende conduzir as coisas desse momento em diante, tudo pode ser ajustado: prazos, metas e esquemas.

Por isso, só abordarei um dos cinco passos, o quarto, a meu ver o mais difícil, pois os pais têm que, quase como psicoterapeutas, tentar escutar exatamente a dificuldade que o filho encontra para lidar de outro modo com as situações. E a partir disso preparar (dando recursos psicológicos e práticos) seu filho para que possa mudar.

Mas como trabalhar esse quarto passo, analisar com seu filho o que falta para que ele consiga mudar? De que recursos ele precisa para pensar, sentir e agir de outro modo?

Será que você vai ter de auxiliá-lo a lidar com outros seres humanos? A ter mais habilidade no trato interpessoal? Ou é preciso ajudá-lo a ser mais flexível e achar alternativas diante de impasses? Além disso, será necessário ajudá-lo a diminuir a ansiedade? E será que ele precisa de recursos concretos; por exemplo, um outro móvel no quarto ou mudar os horários das rotinas?

Essa análise do que falta ao seu filho para conseguir mudar às vezes é intuitiva e simples, outras vezes pode ser complexa. Por isso, como mencionado, vou me concentrar apenas no quarto passo do projeto de mudança de atitude: como preparar (dando recursos psicológicos e práticos) seu filho para que ele possa mudar.

Concentremo-nos agora, então, em entender do que seu filho precisa para mudar.

Rafael, onze anos, tem que parar de querer agradar a turma sendo bagunceiro

Este caso é mais complexo que o de Mário, pois envolve aspectos psicológicos.

Em uma das sessões de orientação com seus pais, sugeri que poderiam tentar investir em três caminhos:

1. mostrar-lhe que não precisa idealizar tanto a "turma do fundão";
2. pensar com ele em jeitos de ser aceito pela turma sem se expor tanto;

3. ajudá-lo a achar outras companhias e grupos de amigos novos.

Seguir cada um desses caminhos exige dos pais alguma criatividade, sensibilidade e experiência de vida. A descrição abaixo é minuciosa para que você tenha uma ideia do quanto os pais podem conseguir quando se sintonizam com o filho e buscam traduzir sua experiência de vida para o mundo dele. E, sobretudo, quando ativamente o incentivam a experimentar outros modos de ver e agir.

PASSO 1: DESCONSTRUIR A IDEALIZAÇÃO DA *TURMA DO FUNDÃO*

Para desconstruir a ideia de que os meninos da turma do fundão são "o máximo", os pais trabalharam com ele a noção de que cada um tem seu tempo de amadurecer e tem potenciais diferentes.

Relembraram com ele a história de infância do patinho feio que virou cisne, mas foi zombado por anos pelos patos que se achavam o máximo, até que chegou sua hora. E ele tornou-se um lindo, grande e forte cisne enquanto os patos continuavam desajeitados. Se ele não conhecesse, iriam mencionar a ele a existência dessa história infantil e resumi-la.

Explicaram-lhe que alguns desses garotos fortões, bagunceiros e agressivos do fundão, que praticam *bullying*, zombam e batem nos outros, mais tarde vão mudar. Talvez se tornem pessoas sensatas, gentis e capazes de fazer coisas interessantes. Alguns deles, porém, se não mudarem, poderão se tornar pessoas desinteressantes, incultas, sem assunto, e muitas vezes enfrentar dificuldades profissionais permanentes devido à falta de estudos e de foco e à pouca capacidade de trabalho. Alguns podem se tornar inclusive socialmente inadequados, agressivos, viciados, frustrados ou, na linguagem de Rafael, "perdedores".

Do mesmo modo, alguns dos meninos desprezados da turma, vistos como nerds, apagados, tímidos ou demasiado gentis, considerados ruins em esportes e socialmente desajeitados, talvez até mesmo feios, também podem mudar. E muitas coisas acontecerão entre os onze e 22 anos. Uns desses "patinhos feios" poderão virar "cisnes" pela aparência, se tornando vistosos, bonitões e atraentes.

Outros poderão virar "cisnes" nas atitudes e no conteúdo. Podem adquirir habilidades sociais e esportivas e passar a se sentir muito confortáveis em grupos e serem, à sua maneira, queridos (populares). Alguns dos mais estudiosos, criativos ou engajados em assuntos como música, xadrez, teatro, robótica etc. podem perceber que essas características são as valorizadas no mundo adulto e talvez tenham enorme sucesso. E outros ainda poderão continuar por toda a vida se sentindo péssimos, excluídos e infelizes. Enfim, cada um terá sua história.

Além disso, há vários garotos que não pertencem à turma dos populares porque simplesmente não se importam, não precisam da aprovação do grupo, têm personalidade própria.

Não são nem patinhos feios, nem cisnes, são albatrozes, pelicanos, gaivotas, enfim, cada um é o que é e não se preocupa em agradar os patos.

Os pais construíram com ele a ideia de que a turma do fundão não era o único modelo desejável. Também tentaram desconstruir a falsa noção de que ao fazer coisas mais ousadas e transgressoras ele se mostraria como alguém admirável.

Sempre usando o diálogo com perguntas e hipóteses construídas a dois, aventaram a ideia de que talvez ele estivesse sendo o "trouxa" que diverte a turma e depois sofre sozinho as consequências.

Isoladamente essa primeira linha de argumentos não promoverá mudanças, mas pode ajudar a plantar sementes de mudança, que junto com os outros procedimentos devem levar a avanços.

PASSO 2: PENSAR EM NOVOS JEITOS DE SER ACEITO SEM TER DE SE EXPOR TANTO

Os pais de Rafael também procuraram entrar no mundo dele, entender os sentimentos e pensamentos do filho, que afinal desejava tanto "fazer parte" de algo. E aceitaram que por hora para ele era importante ser aceito. Por isso também gastaram algum tempo construindo modos alternativos de ser aceito pela turma do fundão sem ter de transgredir tanto as regras e correr tantos riscos.

Dedicaram-se a montar com ele hipóteses que poderiam aproximá-lo do grupo por outro caminho.

Por exemplo, já que ele gostava de futebol, poderia aperfeiçoar-se, até fazendo aulas de esporte, e se tornar um jogador do time dos fortões do fundão (que eram bons em esportes).

Poderia também organizar alguns programas interessantes de fim de semana. Por exemplo, convidar o grupo para um churrasco no sítio de seu tio, que havia se oferecido para receber o sobrinho e os amigos.

Quem sabe poderia se aproximar de um dos garotos do grupo que parecesse ter mais afinidade com ele e reforçar em paralelo uma amizade a dois, em vez de ficar sempre em bando.

Além disso, talvez pudesse experimentar sentar na turma do fundão e participar de modo mais discreto das piadas e bagunças, sem ser o mais ousado.

Rafael também poderia aprender a, com habilidade, desconversar e se livrar dos pedidos e sugestões de que aprontasse alguma para divertir a turma ou para provar que era da pesada. Por exemplo, poderia aprender a, na hora em que um colega dissesse: "Vamos, Rafa, jogue o giz na cabeça do professor", desconversar, mudar de foco ou sugerir outra coisa.

Isso precisaria ser praticado, de modo que ele se sentisse confortável e confiante em tentar essa nova postura.

PASSO 3: AJUDÁ-LO A ACHAR OUTRAS AMIZADES
E NOVOS GRUPOS DE AMIGOS

Finalmente dedicaram-se a construir com ele novos espaços e ambientes em que poderia ser como era, sem temer as zombarias da turma do fundão. Situações em que poderia voltar a fazer coisas que já fazia no passado, como ajudar amigos em dificuldades, ter amigas, retomar o interesse pelo teclado, por estudar alemão e fazer teatro.

Chegaram então com Rafael à conclusão de que valeria a pena ele se inscrever em uma aula de música na escola em vez de ter aulas particulares de teclado. Que poderia fazer parte do grupo de teatro da escola ou, se estivesse ainda muito constrangido para isso, fazer um curso de teatro fora da escola. Seriam oportunidades de fazer novos amigos e se inserir em outras turmas.

Além disso, talvez pudesse, mesmo fazendo parte da turma do fundão, experimentar circular mais em outros grupos e interagir mais com todos na sala. Por exemplo, uma vez por semana, podia passar parte do intervalo com sua amiga que toca teclado (levar para ela uma partitura de uma música nova que tivesse aprendido) ou podia ser gentil com algum dos colegas que fosse vítima das brincadeiras da turma e sugerir aos amigos que não pegassem tanto no pé dele.

A ideia geral era que Rafael, pouco a pouco, testasse esses procedimentos. Experimentasse modos de pensar, sentir e agir diferentes, para ver se conseguia enxergar a turma do fundão de outro modo. Os pais queriam que ele usasse outras estratégias para se aproximar e consolidar sua aceitação pelo grupo, que considerasse a possibilidade de se inserir em outros contextos, cursos, grupos novos, e avaliar se assim a importância da turma do fundão diminuiria. Por fim, desejavam que ele entendesse que poderia ir tentando outras estratégias.

COMO TRANSCORREU O PROJETO DE MUDANÇA
DE ATITUDE DE RAFAEL?

Rafael conseguiu algumas mudanças importantes. Em certos itens as mudanças foram grandes, em outros foram apenas parciais.

Ele conseguiu parar totalmente com o excesso de exposição

e de riscos e parou de ser o palhaço da turma. Deixou de fazer coisas perigosas e não éticas.

Por outro lado, não conseguiu se desapegar totalmente da preocupação de ser rejeitado. Ele ainda tinha convicções pessoais de que poderia ser um perdedor, um nerd. Sua autoestima ainda era baixa. Isso o manteve preocupado com o grupo, com os convites para atividades com eles. Por outro lado, topou aos poucos investir mais nas coisas que apreciava.

A aposta dos pais (e minha) era de que com o tempo ele perceberia que tinha prazer em outras áreas (música, idiomas e amizades com pessoas que tinham afinidades com ele). E perceberia também as limitações de vários dos meninos da turma do fundão.

Com os pais, cheguei à conclusão de que àquela altura poderíamos sugerir que Rafael fosse a algumas sessões de terapia. Mas, como ele era resistente à ideia de terapia ("é para loucos e problemáticos"), diriam a ele que era um *coaching* de "habilidades sociais" (aprender a ser aceito em turmas, saber dizer não sem ofender, fazer novos amigos). Afinal, um *coaching* promovido por um terapeuta acabaria levando naturalmente a conversas mais profundas sobre temas como autoestima e os verdadeiros interesses e desejos de Rafael. Enfim, buscar um autoconhecimento maior.

Ronaldo, quinze anos, deve deixar de ser hostil

No caso dele, a cooperação e o envolvimento no projeto foram conseguidos com um avassalador confronto, um "basta" contundente e um castigo fortíssimo (aplicados como discutido na parte III), que foram aplicados quando, num certo dia, ele ultrapassou todos os limites, sendo muito agressivo com a mãe na frente de toda a família. Na sequência, minutos depois do conflito, enquanto ele ainda estava chocado com a determinação e a intensidade da reação dos pais, o grande e avassalador "basta" foi atrelado ao projeto de mudança imediata de postura.

Ronaldo sabia que daquela vez os pais estavam falando sério

e dispostos a ir às últimas consequências para que ele parasse de se comportar de modo hostil e inacessível.

Os pais então tiveram um diálogo em conexão com um Ronaldo agora mais cooperativo. Durante a conversa, os pais constataram que havia vários mecanismos em jogo.

1. Tratar mal as pessoas de casa e outros adultos já tinha se tornado um hábito.
2. Tinha preconceito com os pais e achava que queriam "encher o saco" e eram "uns chatos".
3. Autorizava-se a agir assim, pois achava que esse modo de pensar, sentir e agir era próprio da adolescência e algo normal, que via nos amigos e na mídia.
4. Finalmente, havia alguns gatilhos que disparavam sua contrariedade.

Em relação ao último item, os pais fizeram então com ele uma lista detalhada desses gatilhos. Por exemplo, Ronaldo não tolerava restrições a seus horários de lazer (ficar jogando games, sair com amigos, ir para a balada). Não suportava exigências de boas maneiras em geral (à mesa, nas conversas etc.). E era alérgico a pedidos de informações sobre a vida dele, que percebia como controle e invasão de privacidade.

Também se irritava quando era apressado para cumprir horários e cobrado no que diz respeito aos estudos. E igualmente detestava receber conselhos e recomendações (que achava repetitivos e inúteis).

Os pais discutiram com ele num diálogo em conexão com os pensamentos e emoções cada um desses tópicos.

Primeiro repassaram e debateram os três pressupostos da educação (capítulo 3). Ele teria o direito de contra-argumentar, desde que com ideias e argumentos, não com insolência, desprezo, ironia ou ataques.

Por fim fizeram uma lista por escrito e numerada de cada coisa que disparava a irritação dele. Eles se propuseram a debater detalhadamente os prós e os contras de cada item da lista de situações que o incomodavam, mas exigiram que ele conversasse de modo civilizado e explicasse seu incômodo em cada caso. Examinando os argumentos do filho, chegaram a um acordo sobre o que era razoável mudar e o que não era aceitável.

Por exemplo, não aceitaram o argumento de que boas maneiras à mesa eram irrelevantes (ver argumentos dos pais sobre esse tema no capítulo 6). Por outro lado, aceitaram como razoável o argumento de que havia limites para os pedidos de informação sobre a vida do filho. Combinaram então que tipo de pergunta ele teria a obrigação de responder (sobre horários e locais para onde ia) e que tipo de pergunta os pais deveriam parar de fazer (por exemplo, perguntas sobre o teor das conversas com os amigos, paqueras e namoros).

Além disso, combinaram com ele um padrão diferente de respeito. Nas ocasiões em que achasse que eles estavam sendo invasivos, em vez de dar respostas agressivas, deveria se expressar de modo educado e explicar aos pais, sem ironia e com gentileza, que aquele determinado tema era demasiado íntimo e que preferia não falar sobre ele.

Ronaldo e os pais concordaram que o hábito de responder atravessado era difícil de mudar em pouco tempo, mas não seria aceitável que ele não se empenhasse pela mudança: teria seis semanas para mudar cem por cento.

Quanto aos preconceitos que tinha a respeito de adultos em geral, dos pais em particular, decidiram que teriam de ser desconstruídos. Não aceitariam que ele continuasse a reagir alergicamente a adultos e a eles.

Ao final ele concluiu e concordou que, mesmo sendo adolescente, os pais ainda tinham a missão de prepará-lo para a vida. E que seria natural eles ainda interferirem e o orientarem. Quando ele não concordasse com alguma postura dos pais, teria o direito de debater e contra-argumentar, desde que com educação e respeito. Se ao final não conseguisse convencê-los, teria de aceitar o terceiro pressuposto da educação: a palavra final é dos pais.

Também desconstruíram com ele a ideia de que é natural adolescentes serem "aborrescentes" e tratarem mal os pais. Novamente usaram argumentos que constam na parte I (capítulo 6) sobre como explicar a seu filho os porquês.

COMO TRANSCORREU O PROJETO DE MUDANÇA DE ATITUDE DE RONALDO?

De início, parecia ter nascido um novo Ronaldo. Logo no dia seguinte após ter recebido um "basta" contundente como nunca havia imaginado ser possível e perceber os pais definitivamente determinados a dar limites, ele aparentava estar orgulhoso e aliviado. E declarou à mãe ainda antes do café da manhã que estava grato aos pais, que havia entendido tudo e que se empenharia. A mãe ficou emocionada.

Mas, logo ao final do primeiro dia, começaram os problemas. Ronaldo voltou a dar respostas atravessadas e não admitia que seu comportamento tinha sido agressivo e inadequado. Na verdade, não percebia mais a diferença entre um tom normal e um tom agressivo.

Os pais tiveram de retomar o projeto ainda no segundo dia, incluindo um novo item. Explicar ao filho as sutilezas da comunicação humana e fazê-lo entender o que é um tom descortês, uma expressão facial de desprezo e palavras hostis.

Por exemplo, Ronaldo usava muito a expressão "e daí?" sem se dar conta de que era uma forma desafiadora de desqualificar o que os pais estavam lhe dizendo. "Tá, vocês acham que não devia ter faltado naquela aula, e daí?"

Novamente os pais foram firmes e fizeram uma lista detalhada dos cacoetes e das expressões agressivas que o filho usava sem perceber que eram hostis. E deixaram claro que não aceitariam que não mudasse esse comportamento, mas que lhe dariam algumas semanas para se adaptar.

Recomeçaram o projeto no dia seguinte. Ronaldo melhorou por mais duas semanas. Toda vez que agia de forma inadequada, era advertido pelos pais, que em tom calmo lembravam que ele havia incorrido nos antigos hábitos. Ronaldo então recuava e pedia desculpas. E de fato só "recaía" o número de vezes permitido em cada etapa, aceitando os lembretes e as avaliações diárias.

Na terceira semana, tiveram uma nova situação de estresse e Ronaldo extrapolou. Perdeu o controle e foi malcriado, opondo-se aos pais de modo hostil e agressivo. Os pais, conforme combinado, recorreram novamente ao esquema do grande e veemente "basta", dessa vez com castigo contundente. Ronaldo perdeu meio ano de mesada, o direito de sair por três meses, e o acesso a eletrônicos e celular por dois meses. Retiraram-lhe a chave de casa e deixaram claro que se continuasse a desafiá-los tomariam medidas mais contundentes ainda. Mostraram-se genuinamente indignados, dispostos a ir até o fim, e declararam a ele que haviam chegado ao limite, que dali em diante haveria uma tolerância zero e que ele não os desafiasse, pois estavam determinados a impor a ele um comportamento amoroso e gentil. Além disso, tiveram uma nova conversa em conexão forçada (resgate da bronca e prevenção de recaída).

Dessa vez funcionou e da quarta semana em diante Ronaldo foi impecável, teve poucas recaídas, todas dentro do permitido e com recuo imediato.

Em sete semanas Ronaldo tornou-se outra pessoa. Não foi necessário prorrogar o projeto. Três meses depois ele pôde fazer uma viagem com um amigo e cinco meses depois mostrou que estava apto a ter uma cópia da chave de casa e uma conta no banco.

Como Ronaldo não tinha nenhum problema psicológico sério, o caso dele foi dos mais trabalhosos, mas com ótimo prognóstico. Era uma questão de impor limites, de chegar a um entendimento e de adquirir novos hábitos. Enfim, a mudança dependia muito da determinação dos pais.

Joaquim, dez anos, deve superar medos e conseguir ter uma vida normal

O caso de Joaquim é mais delicado, pois não se trata de dar limites disciplinares. A questão nesse caso é promover mudanças e estabelecer limites para o medo.

Quando os pais de Joaquim me procuraram, não me pareceu ser um caso de síndrome do pânico, tampouco um caso de transtorno de humor ou de personalidade, mas um conjunto de medos que provavelmente os próprios pais, com alguma orientação, poderiam ajudar o filho a superar. Talvez até mesmo sem que Joaquim fizesse terapia.

Se você estiver enfrentando uma situação análoga, o melhor é procurar um terapeuta, mas se não tiver acesso a um, ou se quiser tentar por algumas semanas por sua conta, pode ler o caso de Joaquim e tentar desenvolver projetos semelhantes para ajudar seu filho a vencer medos ou inibições.

Sobretudo em casos mais simples do que o de Joaquim, que tinha medos generalizados, os filhos costumam poder ser ajudados pelos próprios pais.

Por exemplo, crianças até seis anos com temores isolados, como medo do escuro, de dormir sozinho, de monstros, de ir ao cinema ou ao teatro, de fantasias de festas infantis, de viajar, de cachorros etc.

Crianças entre três anos e meio e seis anos podem desenvolver muitos medos. É típico desse período, quando passam a ter uma noção mais clara do perigo, da morte e da dor e conseguem prever ameaças, assustando-se com a nova consciência de que são vulneráveis. Além disso, esses medos podem ser reforçados por estímulos aos quais submetemos os filhos, por exemplo, ao deixar que vejam filmes e ouçam histórias de terror ou de violência e ao fazer comentários sobre as barbaridades do cotidiano. Mas em geral são fases que passam por si só. Ainda assim, vale a pena ajudar os pequenos a lidar com seus temores, afinal, ter tanto medo é sofrido.

Crianças de dez anos como Joaquim terem muitos medos ou um medo muito intenso, porém, não é tão comum. Casos assim merecem ainda mais atenção do que os de crianças pequenas.

Se seu filho tem medos como os de Joaquim, pode haver muitas origens e causas, mas quase sempre ocorrem três fenômenos:

• Uma tendência constitutiva, genética, que predispõe a ter medo e talvez ansiedade.
• Um adulto que contamina a criança com seus próprios medos, com frequência mãe ou pai ansiosos.
• Um pequeno, médio ou grande trauma (gatilho). Esse trauma, que pode estar esquecido ou vivo na memória, faz com que seu filho associe consciente ou inconscientemente novas situações ao episódio traumático.

Com o tempo, cada vez mais situações vão se interligando na mente, de forma que a pessoa acha que está com medo de tudo e, assim, passa a ter medo de "sentir medo".

Quanto aos medos de Joaquim, algumas observações sugeriam que eram pontuais e superáveis: ele era um menino alegre, curioso, bom aluno, tinha muitos amigos e nunca havia apresentado nenhum problema que chamasse a atenção.

Embora isso não garanta nada, em geral, crianças que não têm dificuldades generalizadas não costumam ter dificuldades psicológicas importantes. Seria diferente se desde pequeno fosse uma criança de comportamento estranho, muito medrosa, se tivesse muitas inibições sociais, dificuldades de aprendizagem e comportamento esquivo.

Os pais, porém, contaram que ele sempre teve tendência a ser mais ansioso. Preocupava-se com riscos, com o futuro, era controlador e obstinado em suas metas. Isso sugere um tipo psicológico mais propenso a desenvolver certas fobias e medos generalizados.

Além disso, ambos os pais revelaram que também eles eram

pessoas ansiosas e preocupadas. A mãe tinha tendência a ser um pouco hipocondríaca (tinha medo de Joaquim adoecer, que começou quando o filho, ao desmamar, teve uma forte reação alérgica ao leite de vaca).

Decidimos que seria importante os pais se acalmarem e relaxarem ao menos um pouco e ficarem atentos ao se relacionarem com Joaquim para não deixá-lo ainda mais ansioso com agendas e preocupações.

Também relataram que Joaquim tinha vivenciado dois grandes medos nos três anos anteriores. Presenciou seu melhor amigo sofrer uma tentativa de sequestro ao sair da escola, episódio que o impressionou fortemente. O outro trauma tinha a ver com um jogo infantil que os primos mais velhos promoviam com ele quando tinha sete anos e que envolvia histórias de terror com extraterrestres e abdução de pessoas. Joaquim passou semanas sem dormir bem, acordando em pânico no meio da noite.

Antes de começarem a trabalhar com o filho, passamos três sessões explorando modos de diminuir a ansiedade generalizada na casa e no modo de todos se relacionarem.

Medos dos pais, a pressa, impaciência, e ritmo de vida deles e a falta de calma para conversarem e desfrutarem do que a vida pode oferecer. Também revimos as agendas de Joaquim, que eram de fato muito intensas e poderiam ser aliviadas.

Depois de reavaliarem esses aspectos e mudarem algumas atitudes, começaram a trabalhar com o filho.

Em um longo diálogo em conexão, os pais exploraram com ele os pensamentos e sentimentos ligados aos episódios de medo. Como muitas vezes Joaquim respondia apenas que não sabia por que tinha medo, dando a entender que era um temor inespecífico, eles tiveram de aprofundar o tema. Ele poderia de fato não saber o que temia, mas talvez tivesse vergonha de admitir certos medos específicos que achava demasiado infantis.

Pediram a ele então que voltasse a um episódio que tinha acontecido na noite anterior e que o amedrontara. Os pais o orientaram a fechar os olhos e imaginar as coisas que temia que iam

368

acontecer naquela noite, sem censura lógica, mesmo que fossem ideias malucas. E logo surgiram imagens na mente dele que compartilhou com os pais: extraterrestres, ladrões invadindo a casa, espíritos malignos, seres do inferno. Enfim, eram perigos que tinha aprendido a temer assistindo a filmes e ouvindo histórias.

Os pais então desenvolveram com ele um projeto de mudança com quatro etapas.

1. Os pais explicariam a ele (como descrevi anteriormente) as quatro causas mais comuns do medo: uma tendência constitutiva, genética, que predispõe ao medo e talvez à ansiedade. Um adulto que contamina a criança com seus próprios medos. Um trauma, um episódio que desencadeia uma reação de medo e que pode estar esquecido ou não, fazendo com que a mente associe novas situações ao episódio traumático. E finalmente a generalização do medo e o "medo de ter medo" (que se torna um medo inespecífico). A meta era conscientizá-lo do processo e engajá-lo em um trabalho de autoterapia, para que pudesse entender e enfrentar os medos.

2. Depois combinaram que revisitariam traumas passados para verificar como ele tinha reagido quando era menor e como gostaria de poder reagir hoje. A ideia era construir uma noção de metas, de comportamentos que ele gostaria de conseguir ter futuramente. Por exemplo, não ter medo do escuro.

3. Escolheriam os medos mais importantes para começar por aproximação gradual (técnica inspirada na dessensibilização da terapia comportamental). Para ajudá-lo a lidar com o medo de ficar sozinho nos cômodos da casa, por exemplo, iriam sempre partir da zona de conforto dele, aumentando progressivamente o tempo que ele passava sozinho. Começariam com trinta segundos sozinho no quarto, com os pais no quarto ao lado. O importante era assegurar a ele que poderia interromper o experimento sempre que quisesse e chamar os pais, que atenderiam na mesma hora. E assim foram aos poucos aumentando o tempo até que na terceira

semana Joaquim já conseguia ficar sozinho sem maiores problemas.

4. Em paralelo foram explorando, junto com Joaquim, a plausibilidade de seus medos e a probabilidade de que os episódios que o atemorizavam de fato acontecessem. Por exemplo, se extraterrestres existissem e abduzissem pessoas, por que justamente Joaquim? E por que o fariam no escuro, nunca no claro? Por que evitariam fazê-lo se as luzes do quarto estivessem acesas? Aos poucos ele foi vendo que seus temores não pareciam prováveis nem plausíveis e foi desconstruindo a parte "racional" do medo. Essa atividade consiste em desconstruir os argumentos que aumentam o medo. Ao ir derrubando a lógica de cada fantasia, às vezes se enfraquece o medo.

Os pais tomaram cuidado para não pressioná-lo argumentando de forma impaciente. Evitaram frases como: "Joaquim, pense bem, você acha que seria possível...". Em vez disso, preferiram o diálogo em forma de cuidadosas perguntas e hipóteses construídas em parceria. "Joaquim, o que você acha? Qual poderia ser o motivo para os extraterrestres só aparecerem no escuro? Se eles são tão avançados e poderosos, por que teriam medo de abduzi-lo no seu quarto com a luz acesa?" E aguardavam pacientemente suas respostas para em seguida ajudá-lo a questioná-las. Assim conseguiram fazê-lo perceber que faltava lógica em seus raciocínios relacionados ao medo.

Também abordaram com ele técnicas de relaxamento e exercícios de respiração diafragmática para fazer toda vez que o medo surgisse.

Sem pressão e sem pressa, os pais foram aos poucos tentando ajudar Joaquim a enfrentar seus medos. Acima de tudo, era importante ressaltar para Joaquim, a cada superação, a vitória parcial que tinha conquistado, celebrando de imediato cada pequeno avanço com bilhetes, apoio e reconhecimento pelo esforço dele.

COMO TRANSCORREU O PROJETO DE MUDANÇA DE ATITUDE DE JOAQUIM?

Com algumas idas e vindas, em um mês (dois meses antes do prazo) Joaquim conseguiu superar quase todos os seus medos. Depois da terceira semana, ele mesmo assumiu o planejamento dos experimentos e arriscou novas possibilidades: dormir na casa de um amigo, andar sozinho pelo sítio do tio no interior, nadar no mar. Tornou-se muito mais autoconfiante e feliz. Só continuava a ter medo de andar de avião e de andar sozinho no bairro em que morava.

Os pais decidiram que, para enfrentar esses dois medos, poderiam esperar que ele amadurecesse. Dois anos depois Joaquim não tinha mais nenhum medo exagerado, apenas um temor de andar de avião que, no entanto, não o impedia de viajar. Provavelmente jamais deixará de ser um pouco ansioso, perfeccionista e obstinado. Mas nada que seja um problema, é apenas seu colorido, seu estilo, tal como cada um de nós tem seu próprio.

E se o projeto de mudança conduzido pelos pais não tivesse funcionado? Certamente o mais sensato nesse caso seria os pais levarem o filho a um terapeuta. E talvez eles também fazerem sessões individuais ou familiares. Não foi necessário, mas poderia ter sido.

Roberto, nove anos, tem de aprender a ter boas maneiras à mesa e usar menos eletrônicos, substituindo-os por atividades esportivas, leitura, música

Como você já deve ter percebido depois de ler os outros casos acima, o caso de Roberto seria fácil, mas trabalhoso. Ele precisava apenas receber limites firmes e ser envolvido no projeto. De resto, seria somente uma questão de disciplina dos pais.

Os pais de Roberto tiveram de impor a adesão dele ao programa. Primeiro tiveram um diálogo em conexão com os pensamentos e as emoções do filho, mostrando-lhe os porquês da necessidade de mudança. Utilizaram os argumentos que você encontra no capítulo 6. Depois deixaram claro que, a não ser que Roberto provasse o contrário, os pais, no melhor interesse dele, iriam impor essas mudanças. E evocaram os argumentos sobre os mandatos dos pais (capítulo 3).

De resto, seguiram os cinco passos de construção do projeto de mudança de atitude, definindo metas, prazos e lembretes. O mais desafiador foi preparar Roberto para mudar.

Quanto às boas maneiras à mesa, não havia dificuldade psicológica ou emocional envolvida; a questão era de treinamento. Treinaram com ele a postura adequada e como usar garfo, faca e colher. Assistiram com ele vídeos de boas maneiras à mesa e revisavam, antes e durante as refeições, o que deveria fazer e sobretudo o que não deveria fazer (comer de boca aberta, esparramar-se sobre a mesa etc.).

No que se refere ao uso de eletrônicos, havia duas dificuldades principais. Uma era o temor de Roberto de ser excluído do grupo se ficasse por fora do que estava acontecendo. Era o fenômeno do FOMO (*fear of missing out*, medo de ficar por fora), descrito nos capítulos 5 e 6.

Utilizando o diálogo em conexão, abordaram o tema como ilustrado nesses capítulos. E pediram que ele mesmo testasse e observasse os resultados ao longo de uma semana: Será que seria excluído do grupo de amigos? Não haveria algum benefício em não ficar on-line o tempo todo?

Explicaram-lhe que, caso fosse necessário e ele mostrasse que estava sendo prejudicado socialmente, estavam dispostos a elaborar outros esquemas de uso de redes sociais. Por exemplo, dividir 45 minutos em três períodos diários de quinze minutos, para que ele pudesse entrar mais vezes na rede e interagir.

Quanto à leitura de livros e sobretudo quanto à capacidade de se expressar e argumentar, embora Roberto tivesse compreendido os motivos dessa exigência, não sabia como atendê-la.

Os pais foram ajudando Roberto aos poucos. Primeiro ele

escolheu e comprou com eles livros mais simples, sobre temas ligados ao seu mundo, e foi praticando com os pais modos de relatar o conteúdo, falar e argumentar. De semana a semana foram negociando com ele a compra de livros maiores, com histórias mais complexas, e continuaram a ensiná-lo a argumentar, a relatar.

COMO TRANSCORREU O PROJETO DE MUDANÇA DE ATITUDE DE ROBERTO?

Roberto resistiu um pouco no início. Achava difícil lembrar de todos os detalhes das boas maneiras à mesa. As refeições ficavam cansativas. Depois da terceira semana, porém, ele já estava mais proficiente. Conseguia manter durante boa parte do tempo um comportamento adequado à mesa.

Ao final do processo, boas maneiras ainda não eram automáticas, mas ele conseguiu passar a sétima semana sem ter recaídas e, terminado o projeto, tinha apenas recaídas ocasionais. Quando solicitado, sempre aceitava de bom grado as orientações e assumia uma postura educada à mesa. Algumas regras só seguia quando lembrado, mas tinha feito progressos suficientes.

No que se refere aos eletrônicos e às atividades de leitura e socialização, houve uma melhora absoluta. Roberto conseguiu seguir os esquemas propostos. Depois de três meses, tinha desenvolvido um bom autocontrole e ele mesmo media e compensava o uso mais intenso de eletrônicos e das redes sociais em um dia, usando menos no dia seguinte.

Não se tornou um grande leitor de livros, mas lia com mais facilidade, argumentava muito melhor e discutia notícias de jornal (numa versão para pré-adolescentes que sua escola fornecia) de modo mais sensato e menos infantilizado. Tinha se envolvido tanto com a música quanto com os esportes e não tinha dificuldade de ficar longe dos games. Apesar disso, nos fins de semana gostava de ficar três horas jogando videogame, com o que os pais concordavam, já que de resto ele havia se saído muito bem.

Isadora, dezesseis anos, precisa ter mais opinião e ser mais profunda e consistente

Deixei esse caso por último porque é muito difícil desenvolver com uma adolescente rebelde um projeto de mudança que vá além de não ser respondona. Em geral, os pais já se contentam se uma filha assim for mais cordial e educada.

No caso de Isadora, porém, o desafio era ser menos superficial e se engajar em atividades mais saudáveis do que apenas gastar dinheiro em roupas caras no shopping. Ela também precisava diminuir sua dependência da opinião e da aprovação das meninas mais populares.

Como promover essas mudanças? Se você leu os outros casos, já deve estar mais familiarizado com as possibilidades de montar projetos de mudança complexos. E deve imaginar que várias das abordagens relatadas nos outros casos podem ser aplicadas a este.

No quesito dependência da opinião da turma, os pais agiram de maneira semelhante aos pais de Rafael. Investiram em desconstruir a idealização que ela fazia dos "populares" e também abordaram o fato de ela se expor ao tentar sair com meninos apenas para ser popular, questionando se conhecia as qualidades e os defeitos de cada um, se realmente os escolhia e se desejava ter determinadas intimidades com eles.

De modo semelhante ao que ocorreu no caso de Roberto, os pais avaliaram com ela o papel das redes sociais e a importância de ter interesses mais profundos e consistentes. E a conscientizaram sobre o prognóstico da maioria das pessoas que na idade dela não eram capazes de desenvolver interesses consistentes.

Digamos que o interesse fosse por um tema como maquiagem, seria importante que ela se aprofundasse, aprendesse sobre o assunto e desenvolvesse atividades em torno disso. Por exemplo, ter um blog sobre o assunto, elaborar tutoriais, arranjar um emprego nessa área nas férias, fazer um curso de maquiagem ou estética.

Os pais deixaram claro que se esse envolvimento não se desse por conta própria, se ela não conseguisse se interessar por nada em profundidade, a solução seria envolver-se no aprendizado de coisas úteis para uma formação profissional. Por exemplo, fazer um curso de idiomas ou de design gráfico. Decidiram que ela deveria escolher uma entre cinco alternativas de curso que lhe ofereceriam ou propor cursos em alguma outra área de interesse.

A ideia nesses casos é ensinar e habituar o filho a saber como se aprofundar em temas e habilidades, pois, ainda que não tenha interesses por conta própria, na vida adulta terá de ser suficientemente competente em alguma área. Saber planejar, começar e levar até o fim um aprendizado, adquirir a capacidade de executar determinadas tarefas são habilidades que devem se desenvolver preferencialmente antes da vida adulta.

COMO TRANSCORREU O PROJETO DE MUDANÇA DE ATITUDE DE ISADORA?

Isadora não se transformou em outra pessoa, mas passou a ter mais consciência dos desafios. Entendeu que era dependente das meninas populares, que não se aprofundava em nada, o que poderia interferir de forma negativa em seu futuro (no trabalho, no amor, na apreciação da vida). Aceitou engajar-se em parte do projeto.

Ela aceitou tentar diminuir sua dependência emocional das garotas populares e desenvolver interesses mais variados e saudáveis. Conseguiu atingir esses objetivos apenas em parte, mas passou a observar no cotidiano o que se passava com ela, a escolher melhor os programas que faria e a não ficar tão aflita em atender a todas as solicitações e todos os programas sociais da turma. Também conseguiu ter algum interesse próprio desvinculado do grupo. Começou a fazer aulas de artes marciais por conta própria, embora não fosse uma atividade prestigiada em seu grupo de amigas.

Mas Isadora divergiu dos pais quanto a eles considerarem os interesses dela fúteis. Argumentou com competência no sentido de que os pais respeitassem suas preferências. Explicou que era mesmo muito vaidosa e queria ter liberdade para manter seus momentos de futilidade, o que nada tinha a ver com querer agradar a turma.

Quanto a aprofundar-se no aprendizado das coisas, deixou claro que não estava em seus planos se tornar uma aluna brilhante ou uma pessoa muito culta, mas entendeu e aceitou que teria de se aprofundar em pelo menos algum assunto e ter o mínimo de cultura geral. Decidiu então com os pais fazer um curso mais avançado de inglês e iniciar um curso de francês. E nas férias faria uma semana de trabalho voluntário lendo histórias para crianças em orfanatos para conhecer outras realidades.

O importante nesses dois aspectos — interesses escolares e aprofundamento — foi ela ter adquirido consciência de si, de seus desafios, e poder escolher com cuidado o que achava que conseguiria ou não realizar. Também foi relevante o fato de ela ter conseguido determinar o que desejava e o que não desejava. Aprendeu a argumentar, a se posicionar e a divergir dos pais de modo leal e educado. E, de fato, reduziu a atitude grosseira a quase zero.

Seu processo de mudança foi um sucesso? Em grande parte, sim, pois a meta não é insistir em que seu filho se transforme em algo que não é. A meta é conseguir que ele pondere os prós e os contras de suas escolhas, que não aja de forma intempestiva ou ingênua e que adquira uma competência mínima nas áreas em que tem dificuldade (não é necessário que se torne um campeão nessas áreas).

Versão abreviada do projeto de mudança de atitude

Se você leu alguns ou todos os casos deste capítulo, está preparado para começar a motivar (e, quando necessário, obrigar) seu filho a realizar algumas mudanças de atitude importantes. E, uma vez que tenham experimentado desenvolver um primeiro projeto de mudança de atitude, notará que os próximos serão muito mais fáceis e rápidos de elaborar e seguir.

No dia a dia, você conseguirá em minutos que seu filho se conscientize do problema e da nova atitude a ser adotada, além de poder estabelecer com ele rapidamente as metas semanais e a meta final. Portanto, você dispensa o passo 1 que trata de apresentar o modelo de mudança de hábitos. Além disso pode juntar os passos 2 e 3 em um só, já que conscientiza da nova atitude, estabelece metas claras e esquemas de avanço progressivo num mesmo lance. Apenas o quarto passo poderá demorar mais, pois é quando vocês juntos explorarão o que será necessário para que ele consiga cumprir cada etapa (apoio material, dicas, mudanças de horário etc.).

A combinação e negociação inicial do projeto de mudança são, portanto, rápidas. O mais demorado, pois levará semanas, será tocar o projeto. Manter a persistência nos lembretes, a firmeza no monitoramento e no feedback constante e a prontidão para corrigir e adaptar os esquemas ao longo das semanas. Mas este não é um tema que precise ser discutido em muitos detalhes com ele, basta mencionar que irá lembrá-lo muitas vezes por dia.

Assim, com o tempo, pais e filhos já habituados a buscar mudanças de atitude passam a fazê-lo quase naturalmente, sem que seja necessário elaborar um projeto formal passo a passo todas as vezes. E os lembretes e monitoramentos se tornam quase conversas naturais de acompanhamento do dia a dia entre pais e filhos. Tal como o diálogo em conexão com os pensamentos e as emoções ao longo do tempo deixa de ser um modelo de cinco passos e passa a ser uma postura natural, projetos de mudança de atitude também adquirem, com o tempo, um caráter mais espontâneo. E você os aplica com naturalidade numa versão abreviada.

Mas até lá é importante que você tenha experimentado o projeto na versão dos cinco passos e se habitue a empregá-lo; as fichas a seguir o ajudarão a preparar um programa de mudança com seu filho, passo a passo.

Fichas para você se preparar e ir se habituando a construir projetos de mudança com seu filho

---

Como envolver seu filho em um projeto de mudança

Ele já se conscientizou do problema e da necessidade de mudar? Você pode conseguir isso por meio de um diálogo em conexão com os pensamentos e as emoções dele? O ideal é que a adesão dele seja voluntária. Descreva a seguir qual poderia ser o dilema em um diálogo de ponderação sobre o problema.

....

....

....

....

Ou você terá de impor a mudança a ele? Se tiver de impor, antes de obrigá-lo a seguir um sistema de regras, é essencial ter um diálogo, mesmo que tenha de obrigá-lo a dialogar. A meta é conscientizá-lo do problema e do que você quer que ele perceba. Ele terá de entender que será obrigado a aderir ao projeto, mesmo que o faça porque tem medo das retaliações (perdas e castigos). Coloque abaixo a estrutura do diálogo forçado e seus argumentos para justificar por que a atitude dele é inadequada.

....

....

....

....

1. Explicar ao filho como mudar hábitos e atitudes antigas
Se seu filho tem menos de oito anos, provavelmente será melhor usar o modelo dos soldadinhos que pensam rápido (apressados) e dos que pensam com calma.

Se for maior, simplesmente explique o modelo das vias ascendentes nas áreas cerebrais ligadas a reações rápidas e emocionais, que levam a atitudes automáticas (hábitos), e as áreas pré-frontais e frontais, ligadas a planejamento, análise e controle.

Explique que há mudanças que ocorrem conosco sem que pensemos conscientemente sobre elas. Através de alterações no ambiente e nos esquemas, às vezes se induz novos hábitos de modo inconsciente, sem passar pela consciência. E que há outras mudanças mais complexas que exigem raciocínio e consciência. No projeto, vocês usarão ambas as estratégias: mudar esquemas e criar outros que induzam a mudanças e também se conscientizar e praticar novas posturas. Descreva abaixo como explicará isso, adaptando a linguagem e os exemplos à idade do seu filho.

2. Especificar o que tem de mudar, qual é o novo comportamento desejável e um prazo para atingir a meta

Você consegue deixar claro em uma frase que ação ou atitude tem de mudar?

Consegue especificar qual é a nova atitude almejada (o que ele deve fazer exatamente)?

Pense em um prazo entre três e seis semanas. Em poucos casos é possível mudar atitudes em menos tempo e raramente é preciso mais que um mês e meio, mas esteja aberto a improvisar e, se necessário, mudar metas e prazos no meio do projeto.

3. Combinar as etapas, cada uma com esquemas progressivamente mais exigentes

Divida o período estipulado por você em etapas progressivas de mais exigências. Quantas etapas de quantos dias você visualiza?

Avalie o grau de dificuldade que seu filho terá para desconstruir o hábito em questão e proponha um número diário de "recaídas" generoso, para que o início do processo seja mais fácil para seu filho. Passe de modo suave a diminuir o número de recaídas permitidas em cada etapa até chegar ao nível zero de recaídas.

4. Preparar (dando recursos psicológicos e práticos) e treinar com seu filho como mudar

Explore, por meio de um diálogo em conexão com os pensamentos e emoções, quais as dificuldades que seu filho encontra para conseguir mudar. Faltam habilidades específicas, tem medos, sente preguiça, enfim, quais são os recursos psicológicos e práticos que ele precisaria adquirir para conseguir cumprir as novas regras?

Como você poderia promover com seu filho o conhecimento desses recursos? Se forem inibições psicológicas, que imagens inspiradoras e quais conversas poderiam destravar as coisas?

Se faltarem habilidades específicas, que dicas, modelos e ensinamentos podem ser úteis?

....

....

....

....

Se forem recursos materiais ou logísticos, quais seriam e como providenciá-los?

....

....

....

....

5. Combinar um sistema de lembretes e monitoramento

Considere que será um período de muito trabalho para todos os moradores da casa que estiverem envolvidos no projeto de mudança. Pense primeiro em quantos lembretes seu filho necessitará por dia para se impregnar e manter o foco na mudança. Crianças pequenas precisam deles logo ao começar o dia, no meio da manhã, antes das refeições e mudanças de atividades, mas também um ou dois avisos horas e minutos antes de iniciarem atividades que costumam causar estresse. Filhos maiores costumam necessitar de três avisos, de manhã, à tarde e à noite, e mais um algum tempo antes de iniciarem a atividade que está causando conflitos. Em geral, depois da primeira semana, você reduz aos poucos os lembretes, mas, mesmo que tudo esteja ocorrendo bem, mantenha lembretes até o último dia do projeto! Coloque abaixo o esquema de lembretes que adotará para cada etapa e como e quem fará os lembretes. Você, presencialmente ou à distância, telefonando, mandando mensagens? Ou algum adulto que esteja com seu filho, seu cônjuge, um avô ou funcionário doméstico?

....

....

....

....

Igualmente importantes são os feedbacks, monitorando e dando notícia ao seu filho sobre em qual etapa se encontram, quanto tempo falta, como foi até aquele momento e como anda o projeto até ali. O que conseguiu, o que ainda tem pela frente. Esses momentos de feedback serão diários ou a cada dois ou três dias? E quando o fará: de manhã, à tarde, à noite? Ressalte as conquistas e mencione de modo otimista e construtivo que ainda falta melhorar. Coloque abaixo a frequência de feedbacks e os aspectos que destacará a cada feedback.

....

....

....

....

Se você prevê que seu filho possa ter dificuldades para dar conta das exigências, prepare-se para, ao longo do processo, rediscutir com ele como poderia ajudá-lo, verificar o que está sendo difícil, eventualmente combinar com ele mudanças nos esquemas e na duração, e providencie os recursos que ainda faltam. Tente imaginar e anote quais são as prováveis dificuldades que surgirão no caminho e que adaptações e correções você poderá tentar para facilitar o processo.

....

....

....

....

ALÉM
DOS
LIMITES

23
Desalinhamentos entre pais, avós e babás

O pai de Roberto exige boas maneiras à mesa, diferente da mãe, que não dá importância ao tema. Ela, por outro lado, não deixa o filho comer chocolate, algo que o pai sempre permite.

O pai de Isadora é mais liberal que a mãe com baladas, consumo de álcool e horários noturnos.

Os avós de Ronaldo desde sempre têm conflitos com os pais dele, que os acusam de mimar e estragar o neto.

Os pais de Bianca temem que a babá não lhe dê os limites que devia.

Às vezes, os adultos que cuidam do seu filho não estão todos alinhados. Talvez seu cônjuge, ex-cônjuge, ou os avós das crianças, ou a babá não consigam ou não queiram seguir os mesmos critérios que você. Podem não ter todos o mesmo grau de paciência, o mesmo tipo de sensibilidade e firmeza.

De fato, é muito melhor quando todos os adultos que convivem com seu filho seguem critérios semelhantes, e sobretudo que pai e mãe estejam alinhados. A boa notícia é que, mesmo que os adultos não estejam alinhados, as crianças e os adolescentes podem aprender a lidar com essa situação.

É disso que trata este capítulo. De como você pode ajudar seu filho a lidar com eventuais diferenças de atitude entre pai e mãe, casados ou separados, e dos pais com avós e babás.

Mas antes uma palavra sobre como *você* deve lidar com as divergências que talvez tenha com seu cônjuge ou ex-cônjuge.

Tolerar diferenças de gênero, de personalidade e de visão de mundo

Talvez você se identifique com a situação dos pais de Lucas, de seis anos.

Helena, a mãe, está estressada.

O filho mais novo lhe disse que queria convidar um amigo para brincar em casa no dia seguinte, mas ela lembrou que é o dia da faxineira, a qual da última vez se queixou de que não conseguia trabalhar com crianças correndo pela casa.

Além disso, está preocupada em atender a sogra que lhe pediu o telefone do ortopedista da cunhada, que aparentemente faz milagres contra dores de coluna. Mas a cunhada de Helena detesta compartilhar profissionais, pois se sente invadida. Helena quer agradar a sogra, mas ao mesmo tempo não quer desagradar a cunhada.

Para piorar tudo, o marido avisou que no fim de semana o casal tem um convite de amigos para toda a família ir à praia.

Helena sabe que cada uma dessas solicitações — convidar o amigo de Lucas, atender a expectativa da sogra e se organizar para a viagem de fim de semana — exigirá diversas pequenas e médias providências.

Telefonar para a mãe do amigo do filho tomará algum tempo: gastará alguns minutos trocando gentilezas com a outra mãe, depois terá de se informar sobre os hábitos alimentares do menino, se a mãe se importa de eles brincarem no parquinho etc. Enquanto isso, já estará pensando nos ingredientes do lanche das crianças que ainda precisam ser comprados. Também se lembra de que terá de enfrentar o problema de ligar para a cunhada mal-humorada, o que também vai demandar tempo e gerar tensão. Se não o fizer, a sogra vai achar que está de má vontade. Mas o grande pesadelo é a viagem para a praia no fim de semana: organizar roupas, remédios, brinquedos, fazer as malas de todos, ligar para a dona da casa na praia, providenciar alguma lembrança para não chegar de mãos abanando... Ainda precisa ir ao escritório, pois participará de uma reunião difícil que ainda nem preparou em detalhes.

E o marido, será que ele não percebe?

Ele não me ajuda mesmo! Não pensa em nada. Apenas acha tudo ótimo. Acha que tudo acontece por passe de mágica. Só reclama de que sou estressada demais.

Fábio, o marido, enxerga as coisas de outro modo:

Qual é o problema de o filho convidar um amigo para brincar, afinal, eles podem comer qualquer coisa e depois brincam. E daí que minha mãe quer o telefone do ortopedista? Se não temos um para indicar, e se a louca da sua cunhada não quer indicar o médico dela, tudo bem, minha mãe vai ter que se virar, sugira que ela dê uma olhada na lista de médicos do convênio. Como assim não pode ignorar sua sogra? Pode sim, aliás, isso não é ignorar, é apenas dizer que não temos o telefone do ortopedista e que a sua cunhada é muito complicada. Você pode sugerir que minha mãe ligue direto para sua cunhada se quiser. E por que está tão nervosa com a história de irmos à praia? Por que tanta complicação? É só pegar umas roupas e jogar na mala. Ah, o presente? É simples: a caminho compramos flores e vinho.

Ela se desespera: "Para você tudo é fácil!".

Ele retruca: "E para você tudo é problema!".

Ela se indigna: "Você não me ajuda".

Ele se espanta: "Como não te ajudo? O que mais você quer? Dei várias sugestões e você não aceitou nenhuma. Primeiro me ofereci para ligar para a mãe do amigo do Lucas para convidá-lo e você não quis. Depois me propus a fazer as malas e você não aceitou, dizendo que esqueço metade das coisas. Disse que posso falar com minha mãe, e você achou que ela se sentiria desprezada por você. O que você quer mais?".

Renata, a cunhada difícil de Helena, também tem suas divergências com o marido e se queixa:

Eu passo o dia educando e cuidando dos meus três filhos e quando o Paulo chega, à noite, começa a brincar no horário em que as crianças deveriam estar relaxando para dormir; ele as excita, além de nunca dar limites. Quando solicitado pelos filhos a tomar decisões, ele se sai com a frase: "Por mim tudo bem, fale com sua mãe". Ou: "Não sei, a mamãe é que decide". Nos fins de semana, quer se divertir com os filhos e não tem a iniciativa de educá-los.

Diferente do marido de Helena, que dá limites aos filhos, a atitude do marido de Renata é de omissão, o que sobrecarrega a esposa. Ao final, parece apenas um tio brincalhão que está de visita. E ela fica com o papel de chata.

Em assuntos domésticos, muitos homens tendem a buscar sossego e lidar com as situações de modo reativo. Olham mais para o quadro geral e tendem a "administrar" as situações, livrando-se dos problemas do modo mais pragmático possível.

Mulheres tendem a ser mais atentas, proativas e detalhistas. Olham cada aspecto do quadro e se mantêm sintonizadas no sentido de antecipar sinais implícitos. Tentam atender a tudo e a todos com esmero.

E assim muitas vezes mães se indignam porque acham que os pais não cuidam direito dos filhos, fazem as coisas com desleixo, ou pela metade, ou as esquecem. E no final elas têm de fazer tudo por si mesmas, "porque eles mais atrapalham do que ajudam". Outras se queixam de que os maridos até ajudam, mas não tomam a frente das situações. Por que *ele* não pensa nos horários? No presente que precisa ser comprado para a festinha do amigo? No protetor solar? Na faxineira?

As diferenças entre os supostos "jeito masculino" e "jeito feminino" de lidar com os filhos e com a vida não se reduzem ao fato de serem biologicamente homem ou mulher. Têm também muito a ver com o modo como homens e mulheres são criados, com a arquitetura situacional em que vivem e com as pressões sociais e os incentivos que recebem.

Além disso, cada pessoa, homem ou mulher, tem uma personalidade única. Em um casal, pode ser que um dos dois seja perfeccionista e ansioso e o outro seja acomodado, distraído e tenha déficit de atenção. E consequentemente tenham estilos e prioridades diferentes e conflitos em muitos âmbitos da vida, inclusive no que se refere à educação dos filhos.

O pai de Heitor, um perfeccionista obsessivo, acha importante que os cadernos de escola estejam em ordem, o quarto esteja arrumado e o filho seja pontual. A mãe, mais acomodada e distraída, não vê nada disso como prioridade e acha mais importante estimular a criatividade do filho.

Também há diferenças entre os conceitos que foram transmitidos a cada um de acordo com a educação. Talvez um dos pais venha de uma família na qual mulheres têm de trabalhar, ser independentes, e o outro de uma família na qual as mulheres são tratadas como princesas a serem mimadas. Ou pode ser que um dos pais venha de uma família na qual os homens eram autoritários e o outro de uma família na qual eles eram submissos às mulheres.

Claro que o ideal é que pai e mãe cheguem a um denominador comum. Às vezes, ampliando o conhecimento sobre educação por meio de livros e sites sobre o assunto, o casal consegue subsídios para formar uma opinião consensual sobre o que é mais adequado para a educação do filho. Uma consulta com um psicólogo infantil para discutir temas como valores, limites e diálogo também pode ser muito útil.

Se a leitura deste livro ou de outros materiais e a consulta a um profissional não ajudar os pais a chegarem a um consenso sobre temas de conflito, é preciso tentar outros caminhos.

Em muitos desses casos dedico algumas sessões ao casal, buscando que se escutem, que levem o ponto de vista do outro em conta e que aprendam a dialogar e buscar soluções juntos. Enfim, que tenham um diálogo em conexão com os pensamentos e emoções do parceiro. Em outros casos sugiro que os pais também façam algumas sessões de terapia de casal. Ao final, a ideia é que, em vez de se indignarem com exageros de parte a parte, considerem a possibilidade de aprenderem um com o outro, com as diferenças de gênero, de personalidade e de valores. Que cada um se imagine na pele do parceiro e tente sentir e pensar como ele. E que sem julgar o certo e o errado, tentem ponderar os prós e os contras de cada caminho e negociar. E que, em alguns momentos, ambos aprendam a rir um pouco das diferenças de personalidade, de gênero e de concepção de vida que interferem no modo de educarem seus filhos.

Ao final, é ótimo quando os homens tentam, e em parte conseguem, ficar mais atentos às necessidades, aos ritmos e aos pedidos implícitos. E quando as mulheres tentam relaxar, ser mais flexíveis e não ficar preocupadas em atender a tudo e a todos ao mesmo tempo.

Apesar disso, algumas divergências são difíceis de resolver. São estilos, ritmos, prioridades diferentes. Mas se os pais compreenderem que as diferenças muitas vezes são apenas diferenças e que nem sempre um está "certo" e o outro "errado", poderão tentar seguir algumas das sugestões a seguir.

- Evitar demonstrar divergências sobre educação na frente dos filhos; sempre que possível conversar depois com o cônjuge sobre o que pensa.
- Não dar contraordens desqualificando uma ordem que seu parceiro tinha dado em sua ausência; deixar para conversar com ele mais tarde e, de comum acordo, decidirem o que fazer.
- Tampouco brigar com o parceiro na frente de filhos, sobretudo brigas fortes, que não só costumam ter um sério impacto no estado emocional dos filhos, como podem marcá-los para toda a vida. Se os pais tiverem de ter uma briga forte, que seja longe dos filhos.

- Não falar mal do parceiro para as crianças, não criticá-lo, nem desabafar com elas. Mesmo que estejam em guerra conjugal, é preciso preservar a figura de mãe e pai.
- Se possível, negociar mais e brigar menos. Praticar com o parceiro o diálogo em conexão com os pensamentos e as emoções talvez permita dialogar e encontrar juntos novos caminhos.
- Escolher batalhas que realmente valham a pena. Será que todos os tópicos são vitais para educar seu filho? Refletir sobre a real gravidade e as consequências de seu filho seguir o que seu parceiro propõe em áreas como higiene, etiqueta, método de estudo, consumo etc.

Só não conseguirão se estiverem em guerra, com um casamento muito desgastado, ou se um de vocês estiver emocionalmente muito perturbado. Nesse caso, também em nome de seus filhos, o ideal é procurar ajuda individual e talvez terapia de casal.

Mas divergências sobre educação são necessariamente prejudiciais? Não se os pais puderem manter posturas adultas e leais, ainda que estejam passando por uma crise conjugal ou pessoal.

Crianças podem tolerar divergências parentais sobre sua educação?

Se mesmo conversando com calma e em separado com seu parceiro vocês não conseguirem chegar a um consenso, você pode ensinar seu filho a entender e conviver com essas diferenças. Em alguns casos, até mesmo se divertir e lidar com elas de modo ético. Seus filhos poderão aprender com essa experiência.

Há divergências que, embora importantes, não são prejudiciais, e os filhos podem ser criados com dois critérios diferentes. Outras divergências não podem ficar sem solução: um dos pais precisa mudar ou aceitar que o outro prevaleça, ou então os pais terão de achar uma terceira via.

Para que os filhos possam lidar com divergências parentais sobre educação, é fundamental que os conflitos sejam entendidos por eles, e que os pais mostrem que na vida muitas vezes precisamos conviver com diferenças e desavenças, mas, ainda assim, podemos encontrar modos de convívio prazeroso.

Explique ao seu filho de modo leal e respeitoso as posições de ambos os pais, sem que um menospreze a do outro, mas, ao contrário, valorize-a.

João, você tem quatro anos e papai e mamãe querem explicar uma coisa. Queremos cuidar de você e prepará-lo para a vida, mas cada um de nós foi educado de um jeito diferente e aprendeu coisas diferentes sobre como criar filhos. Em muitos pontos nós concordamos, mas em outros temos opiniões diferentes.

Por exemplo, a mamãe foi educada numa família na qual todos se preocupam com a alimentação dos filhos e procuram evitar doces, por isso ela é muito atenta ao que você come [em vez de "sua mãe tem um problema com comida porque já foi gorda"]. Mas o papai acha que a quantidade de chocolate e doces que você come não faz mal [em vez de "seu pai é irresponsável e descuidado com a saúde"]. Por outro lado, papai acha muito importante você aprender boas maneiras à mesa já na infância [em vez de "seu pai tem mania de educação, se acha um conde"], mas mamãe acha que isso pode ser aprendido na vida adulta e que agora é mais importante almoçar sem pressão [em vez de "sua mãe é relaxada e mal-educada"].

Como pode ver, nós dois queremos cuidar bem de você, mas nem sempre concordamos sobre tudo, por exemplo, sobre o que você pode ou não comer ou sobre se é importante ter boas maneiras à mesa agora ou não.

Então vamos combinar o seguinte: em relação à alimentação, você obedece à mamãe, que vai ser mais durona. O papai, que é mais mole, não vai mandar nessa parte, vai deixar a mamãe cuidar desse setor. Quanto às boas maneiras, a mamãe vai deixar o papai cuidar disso, mesmo discordando.

Você deve ter percebido que escolhemos a parte em que cada um de nós é mais chato para te educar. [E agora com um tom divertido] Seria mais gostoso para você se o papai cuidasse da alimentação, aí você poderia comer mais chocolate, e se a mamãe cuidasse das boas maneiras à mesa, você poderia comer de boca aberta e usando só a colher. Já pensou? Mas não tem jeito, muitas vezes o que os pais acham ser o melhor para você é chato mesmo.

Mas e se os pais não chegassem a um consenso como os pais de João, que decidiram que o melhor seria cada um assumir uma área da educação? Poderiam ter feito outros arranjos. Por exemplo, em uma semana seria de um jeito e na semana seguinte de outro. Ou, se fossem pais separados, poderiam combinar que em uma casa seria de um modo e na outra de outro.

João, você já percebeu que papai e mamãe não concordam a respeito da sua alimentação e das boas maneiras à mesa. Então vai ser educado de dois jeitos diferentes e quando crescer poderá escolher o jeito que achar melhor para você.

Vai aprender a se alimentar do modo que mamãe considera mais saudável e também a comer coisas divertidas que o papai acha que valem a pena. E vai aprender a comer do modo mais formal, como papai acha necessário, e poderá comer mais relaxado, como a mamãe prefere enquanto você for criança.

Desde que a criança entenda as diferenças e saiba que ambos os pais querem o seu bem, e que os pais conseguiram orientá-la de forma clara sobre quando e na presença de qual adulto seguir quais regras, ela pode conviver com a desavença e com a aplicação de dois parâmetros diferentes.

O que faz mal às crianças é a inconstância, o não entender, a desqualificação do parceiro e adultos desequilibrados.

Se não estiver conseguindo nenhum tipo de acordo com seu parceiro, busque ajuda externa, não envolva seu filho numa guerra conjugal e educacional.

392

Filhos obedecem menos à mãe que ao pai?

Alguns homens têm facilidade para dar limites fortes. Basta um olhar severo ou um não enérgico. Muitas crianças obedecem ao pai, mas pouco ouvem a mãe.

A respeito disso você já deve ter escutado a queixa feminina de que as crianças não obedecem à mãe porque ela está o dia todo com elas e sua autoridade fica desgastada. E que o pai, como só está presente ocasionalmente, consegue preservar a autoridade e ser obedecido.

Na verdade, o fato de a mãe estar o dia todo junto dos filhos não implica que ela tenha menos ascendência e autoridade. Uma mãe que aprenda a dialogar em conexão com os pensamentos e sentimentos do filho, que saiba usar os diferentes modos de impor limites e que se guie pelos três pressupostos da educação pode obter o mesmo respeito e ter a mesma autoridade que muitos pais têm.

No entanto, se ficar constantemente nervosa, se cair na armadilha de ter ataques de ansiedade e fúria frequentes e der broncas que são mais desabafos do que imposição de limites, a mãe pouco conseguirá. Não por ser mulher ou por estar muito tempo com os filhos, mas por não impor respeito, não se manter equilibrada e não ser consistente ao apresentar, explicar e estabelecer limites.

Homem ou mulher, se você estiver com dificuldade de se fazer respeitar quando der limites, reveja os princípios de como dialogar em conexão com os pensamentos e as emoções do seu filho, repasse os vários modos de impor limites suaves e moderados e, se necessário, leia mais uma vez o capítulo sobre imposição de limites fortes e contundentes. Se de fato precisar dar um basta contundente, ele deve ser curto, abrupto e atrelado a um programa de mudança de atitudes.

Não recorra à fórmula que algumas mulheres adotam: "Se você não se comportar, conto para o seu pai". Em geral, isso só piora as coisas, porque passa a mensagem de que a mãe é um indivíduo de segunda classe e que quem importa de verdade é o pai. Ele é que resolve as coisas de fato.

Dar limites eficazes está ao alcance de todos: homens, mulheres, pais separados, casais homossexuais, pais que trabalham muito, pais que ficam em casa, famílias com um ou dez filhos, ricos, pobres, avós e babás.

Avós

Você já deve ter ouvido a queixa de muitos pais de que os avós "estragam os netos". E a resposta dos avós de que "avô e avó não têm que educar".

Duas considerações a esse respeito podem lhe ser úteis.

Ponha-se no lugar dos avós. Antes de entrar em conflito com eles e exigir que parem de mimar o neto e o ajudem a educá-lo, leve alguns aspectos em conta.

Primeiro, os avós muitas vezes não convivem diariamente com os netos e precisam atraí-los (na verdade, o termo mais exato seria seduzi-los) para que as crianças ou adolescentes desejem visitá-los ou fazer programas com eles. Isso significa oferecer diversão. Além disso, são mais velhos e, em geral, menos ágeis e esportivos, de forma que tendem a organizar programas mais atraentes que compensem essa menor mobilidade.

Os avós precisam cuidar para que o convívio seja prazeroso, portanto, evitam reprimir e ser "chatos" com os netos. Os pais vivem na mesma casa com os filhos, são responsáveis por eles e não correm o risco que os avós correm, dos netos se recusarem a vê-los ou visitá-los. Daí muitos avós tolerarem malcriações.

Finalmente, os avós foram criados em outra época, têm outras concepções sobre educação e talvez tenham se tornado mais sábios e não levem mais as recomendações de médicos, nutricionistas e professores tão a sério. Entendem que, às vezes, um momento de cumplicidade vale muito mais do que fazer a coisa "certa".

Assim, se os avós só veem os netos ocasionalmente, os pais

não devem levar as coisas a ferro e fogo. Vale o mesmo esquema usado nos casos de divergência de regras entre pai e mãe.

Filho, aqui em casa você não pode tomar sorvete antes do almoço e só permitimos que assista uma hora de televisão por dia. Na casa da vovó, você segue as regras da vovó. Lá ela não está educando você, ela quer se divertir com você e então você pode fazer as coisas do jeito que ela permitir. Mas é só lá, entendeu?

Se ficar claro para seu filho que em cada contexto valem diferentes critérios, ele não vai ficar confuso, tampouco vai usar uma regra contra a outra (com argumentos do tipo "mas a vovó deixa").

Por outro lado, se os avós têm um convívio intenso e frequente com os netos, por exemplo, são responsáveis por buscá-los na escola e almoçam três vezes por semana com eles, ou digamos que passem todas as tardes juntos, será muito difícil manter dois sistemas de regras, porque os mimos e a falta de limites desses avós deixarão de ser uma exceção. Nesse caso, os pais devem ter uma conversa com os avós (de preferência o pai ou a mãe com seus respectivos pais) e tentar estabelecer um diálogo em conexão com os pensamentos e as emoções dos avós no sentido de chegar a um consenso. Se não funcionar, talvez a conversa tenha de ser dura.

Entendo que os avós normalmente não precisam educar os netos e até têm o direito de mimá-los e de se divertirem com eles. Mas no nosso caso vocês convivem muito com nosso filho. E suas decisões e as atividades que realizam com ele não são um momento diferente e especial da semana. Fazem parte do dia a dia do nosso filho. Querendo ou não, vocês influenciam o desenvolvimento dele e suas práticas o educam em uma determinada direção. Isso está tornando difícil para nós conduzir a educação do nosso filho de acordo com o que acreditamos ser o melhor para ele.

Para terem um convívio tão intenso com nosso filho é preciso que vocês estejam alinhados com os nossos projetos de educação. Fica impossível ensiná-lo a se alimentar corretamente, a não dar respostas malcriadas e a ter boas maneiras e ser econômico se toda semana vocês atuarem em sentido contrário. Ou se desqualificarem e burlarem nossas determinações, zombando de nós, pais, e sendo cúmplices dele na sabotagem das regras.

Nesse caso, ou seguem nosso esquema ou teremos que reduzir a frequência do convívio com ele a menos horas por semana.

Claro que, se você julgar que é essencial manter o convívio ou não quiser entrar em conflito com seus pais, ou ainda se achar que eles são muito idosos para mudar, pode ser menos rigoroso e tentar educar seu filho mesmo nessas condições, conscientizando seu filho do problema. Como já discutimos, mesmo crianças de quatro anos são capazes de entender uma situação como essa, desde que você traduza para o contexto dela. Por exemplo, contando uma historinha com coelhinhos na floresta, em que os pais dos coelhinhos divergem do modo como os avós os educam.

Babás e funcionários podem ser seus parceiros na educação

Outro tema frequente sobre limites é o papel de babás ou outros funcionários da casa, por exemplo, a empregada.

Se a babá ou quem convive com seu filho estiver tendo dificuldades em dar limites a ele, considere alguns aspectos.

É comum que babás tenham certo temor e não se sintam completamente à vontade em uma casa que, afinal, não é delas. E com filhos que não são delas. Portanto é frequente que não arrisquem a se posicionar diante das manhas.

Além disso, muitas vezes fica implícito que as babás têm três funções: cuidar das crianças (alimentação, higiene, segurança), entretê-las (brincar, passear) e servi-las (recolher objetos jogados no chão, buscar e levar para a criança objetos e brinquedos, obedecer aos seus desejos). Nesse arranjo, em geral, não é permitido à babá dar limites; na melhor das hipóteses ela pode falar sério com a criança e pedir que obedeça ou não seja malcriada.

396

E, assim como os avós, a babá também pode achar que precisa cativar a criança. Se a babá der muitos limites, pode correr o risco de a criança rejeitá-la e os pais a dispensarem.

Muitas babás ou empregadas, portanto, vivem em uma posição delicada e têm dificuldades para dar limites às crianças. O resultado desse arranjo é que muitas vezes as crianças se tornam mimadas, agressivas, arrogantes, e se apegam às babás que fazem todas as suas vontades.

É claro que muitas babás têm carisma e experiência e conseguem, mesmo com todas as dificuldades, se impor e estabelecer limites, ajudando os pais na educação da criança quando estão ausentes.

Mas se esse não for o seu caso, algumas providências podem ajudar sua babá a estabelecer limites e fazer que seu filho obedeça a ela, tornando-a uma parceira valiosa no processo de educar.

Alguns pais se perguntam se funcionários domésticos menos escolarizados e com outras referências culturais serão capazes de julgar corretamente as situações do dia a dia e dar limites de modo adequado. Posso assegurar que, nesse sentido, a maioria pode se tornar um parceiro imprescindível. O fato de alguém ser menos escolarizado ou ter crescido em outra realidade socioeconômica, conhecendo pouco as referências culturais que cercam seu filho, não significa que essa pessoa não possa compreender perfeitamente os impasses da educação e que não tenha concepções de educação tão ou mais sofisticadas que as suas.

Faço aqui uma confidência, a funcionária que trabalhou por treze anos em nossa casa ajudando a mim e minha esposa a criar e a educar nossas filhas nos ensinou muitas lições importantes. Ela consta nos agradecimentos no final do livro. Tivemos, na verdade, uma grande troca e também nós lhe demos novas ferramentas para se posicionar. Cada cultura local e popular contém saberes importantes sobre filhos e há em todos os lugares e classes sociais pessoas com vocação para educar. Sua parceria vai depender muito da afinidade pessoal entre vocês, e de você saber se comunicar com sua funcionária, portanto, ouvir, dialogar e chegar a consensos. E de você e ela combinarem procedimentos que serão testados ao longo de algumas semanas. Dessa forma, vocês poderão fazer ajustes e aperfeiçoar juntos as melhores maneiras de conduzir a educação do seu filho.

DIALOGUE E FORME UMA PARCERIA

Por isso, antes de dar ordens sobre como quer que sua funcionária dê limites ao seu filho, tenha com ela um diálogo em conexão com os pensamentos e as emoções dela, para entender como ela vê a questão e quais dificuldades ela talvez sinta. Isso pode levar um bom tempo, talvez até ser dividido em conversas ao longo de dois dias, mas invista em construir com ela um consenso sobre como agir com seu filho. Afinal, na sua ausência, será ela quem estará a cargo de cuidar dele e, querendo ou não, o mero convívio significa que ela vai influenciá-lo e educá-lo implicitamente. Se não obtiver uma adesão convicta dela à sua concepção de educação, de nada adiantarão suas ordens.

Esse diálogo pode, por exemplo, começar com você expressando sua preocupação com a possibilidade de seu filho crescer mimado e explicando que dependerá também dela evitar que isso aconteça.

Em seguida, explore com a funcionária como ela enxerga esse ponto. Talvez possam conversar sobre como ela foi educada, em que conceitos seus pais acreditavam e como ela faria com os próprios filhos. Incentive-a a opinar. Aborde também as dificuldades da função de babá: como pode ser complicado lidar com uma família que não é sua; fazer parte e ao mesmo tempo não fazer parte; dar limites mas não desagradar aos pais e à criança etc. Mostre-se compreensivo com a delicadeza dessa posição, demonstre que entende as eventuais dificuldades que ela mencione.

Depois apresente o seu dilema. Por exemplo, que você acha importante que ela se sinta confortável e segura em dar limites e que ela não deve achar que seu filho e você a rejeitarão por isso.

E explique que, para resolver essa questão, a solução é vocês estarem alinhados, pensarem do mesmo modo e terem combinado com antecedência como proceder nas várias situações.

Proponha a ideia de juntos elaborarem procedimentos que determinem até onde ela pode dar limites, quando e como fazê-lo, e teste esse modelo durante algumas semanas.

ESPECIFIQUE COM ELA O QUE E COMO AGIR NO COTIDIANO

Nesse momento, é importante abordar algumas ideias sobre o papel dela como educadora e diferenciar as funções de cuidar, entreter e servir. Deixe claro que a babá deve cuidar do seu filho, mas se ele tiver mais de três anos, ela deve entretê-lo cada vez menos e ensiná-lo a se entreter por conta própria, sem recorrer aos eletrônicos. Você e ela podem ensinar seu filho a brincar sozinho, ocupando-se com brinquedos, jogos, música etc.

Quanto à função de servir, deixe claro que ela só deve ajudar seu filho a fazer o que ele ainda não consegue fazer sozinho, incentivando-o a ter autonomia. Explique que você a apoiará nesse processo.

É importante que ela também se sinta autorizada a dar limites firmes. Não cabe a ela dar o "basta contundente", nem castigos fortes, mas ela deve conter fisicamente eventuais ataques, impor regras e avisar com tom muito firme e sério que, se necessário, conversará com os pais para que tomem as providências cabíveis. E em nenhuma hipótese deve aceitar humilhações, malcriações ou tolerar excesso de manha.

Mas para que ela consiga dar limites e ser sua parceira na educação, tudo precisará ser bem preparado e conversado com ela. Apresente à babá os três pressupostos da educação e os limites de partida e discuta como ela encara esses conceitos. Se conseguir a concordância dela, o próximo passo é ajudá-la a conseguir dar limites. Sugira que ela aplique os limites suaves e moderados.

Aborde as situações do dia a dia em que ela tem tido mais dificuldade de lidar com seu filho (malcriações, desobediências, manhas). E explique claramente o que ela poderia fazer para lidar com cada uma dessas situações. Descubra se ela tem alguma relutância em fazer isso, por timidez, falta de tempo, pena da criança etc. Explore cada uma das dificuldades, mostre que compreende, construa soluções para serem testadas em conjunto.

OFICIALIZE NA FAMÍLIA OS "COMBINADOS" COM A BABÁ

Se tudo correr bem, é necessário oficializar esse status da babá como pessoa autorizada a dar limites. Para isso, converse separadamente com seu filho sobre as funções da babá, o que ela tem e o que não tem de fazer. Deixe claro que ela é a sua delegada, sua extensão, que foi eleita pelo pai e pela mãe para ser a adulta responsável por cuidar dele e educá-lo em sua ausência, de forma que desrespeitá-la é tão ou mais grave do que desrespeitar os pais. Seu filho deve entender que a babá foi instruída a reportar a você qualquer desrespeito dele, o que será seriamente reprimido e punido.

Dê ao seu filho exemplos do que a babá vai exigir, do que ele pode ou não dizer, fazer e pedir a ela. Treine com ele e garanta que entendeu as regras.

Depois, reúnam-se todos — pais, filho e babá — e repassem todos esses pontos, para que a criança veja que a babá e os pais estão alinhados e também para que a babá sinta que seu filho está sendo preparado para obedecer a ela, e que ela tem o pleno respaldo dos pais.

Outro aspecto importante é deixar claro que, sempre que a babá estiver a cargo de uma função, seu filho está proibido de desqualificá-la dizendo que vai perguntar ao pai ou à mãe, que vai telefonar para eles, enfim — ele não pode buscar uma contraordem, pois isso solapa a autoridade dela.

Mesmo no caso de uma refeição em que estejam todos presentes e a babá esteja dando comida à criança, o filho não deve se voltar para os pais e perguntar se pode deixar de comer as verduras. Nesse momento cabe aos pais responderem que o adulto que está cuidando dele naquele momento é a babá, e ela é que vai decidir. O mesmo vale para o caso de seu filho lhe telefonar no meio da tarde para tentar obter uma contraordem. Corte de imediato essa tentativa, explique à criança que quem está cuidando dela é a babá e que é falta de respeito ignorar uma ordem dela recorrendo aos pais. Ele deve obedecer e, à noite, quando estiverem juntos, pode respeitosamente repassar com vocês o episódio e sugerir que revejam com a babá determinado critério (por exemplo, que ele possa usar um determinado brinquedo do parquinho porque já tem habilidade para fazê-lo sem se machucar).

Encare esse processo de empoderamento da babá como um pequeno projeto de mudança de atitude de toda a família. Prepare meticulosamente tudo e acompanhe o processo durante três a seis semanas, até que tudo entre nos eixos.

E se não for possível alinhar avós, babás, parentes e professores?

Não se aflija, afinal, ainda que o pai e a mãe não estejam o tempo todo presentes, se vocês souberem praticar uma educação pensada, dando limites, amor, dialogando e tendo senso de propósito, é isso que fará a diferença. Seu filho saberá com quem ele vai contar para a vida toda, quem vai conduzi-lo ao longo de toda a infância, na adolescência e no início da vida adulta: vocês, os pais!

24
Para além dos limites — preparar seu filho para a vida

E agora?

Se você chegou até aqui, provavelmente está pronto para exercer a arte de dar limites com firmeza e a obter mudanças de atitude profundas e duradouras.

Mas talvez se pergunte: e agora?

Limites são importantes, mas com certeza não são a meta da educação. A grande meta é preparar seu filho para a vida. E para isso, é preciso que ele desenvolva e adquira diversas competências básicas para que possa lidar melhor com o mundo.

Há um razoável número de pesquisas sobre as competências que um indivíduo precisa ter adquirido até o final da adolescência para enfrentar a vida.[36] Se você quiser pode refazer um interessante experimento que muitas vezes tenho feito com pais. Peço a eles que elaborem uma lista completa das competências, das habilidades e dos conhecimentos que acham importante seus filhos adquirirem até a idade adulta para que possam lidar melhor com o mundo. Apesar da grande variedade de casais e culturas, a lista em geral tem entre quinze e vinte competências. E elas coincidem com o que dizem a maioria das pesquisas.

Essas competências incluem ser persistente, humilde, flexível, curioso, criativo, econômico, se relacionar com as pessoas, valorizar o conhecimento, respeitar o sexo oposto, ter empatia, resiliência, ambições e sonhos etc.

Experimente você mesmo, com seu parceiro, fazer uma lista assim. Talvez também queira testar com casais de amigos. Creio que chegará aos mesmos resultados.

Dessas competências básicas, há seis que julgo serem a base de todas as outras. São o que considero *seis lições de vida para transmitir a seu filho*.

Mas você não precisa concordar comigo. Há sempre pesquisas que desmentem umas as outras, e muitos especialistas com opiniões divergentes. E talvez você mesmo considere outras lições de vida mais relevantes do que aquelas que sugiro.

Mais importante do que concordar com as minhas seis lições é *você* formular as lições de vida que considera importantes transmitir para seu filho até que ele atinja a maioridade. E trabalhar como pai educador e mãe educadora no sentido de ensiná-las a ele desde cedo, e não apenas quando as coisas desandarem.

Ensinar, por exemplo, a lidar com frustrações, a se planejar a receber críticas. Pois, assim como discutimos a respeito dos limites, praticar uma *educação pensada* é acima de tudo aprender e se autorizar a *pensar* a educação do seu filho ouvindo, intervindo e tendo um senso de propósito. Você se sentir com autonomia para filtrar e testar quais das dicas e conceitos servem a você e a seu filho. E formular seus próprios critérios e conceitos.

Portanto, educar com consciência, com senso de propósito e sempre dialogando e ensinando a seu filho, desde pequeno, as lições de vida que você julga fundamentais.

E, como vimos ao longo deste livro, ensinar não se reduz a dar conselhos ou bom exemplo. No caso das competências de vida, significa motivar, estimular, praticar e treinar até que seu filho adquira proficiência em todas elas.

Eis as seis lições de vida que julgo fundamentais:

1. aprender e gostar de fazer experimentos;

403

2. almejar a *autonomia*;
3. ter habilidade *interpessoal* para lidar com os outros e perceber seus próprios sentimentos;
4. saber lidar com o *erro*, o fracasso e o sucesso;
5. lidar com as frustrações e ser *flexível*;
6. ter capacidade de *planejar* e perseguir metas (de curto, médio e longo prazo).

E por que julgo essas seis lições e as capacidades associadas a elas fundamentais?

Filhos que gostam de *experimentações* e sabem fazê-las usufruem mais da vida, testam mais as possibilidades e encontram alternativas criativas também na vida adulta.

Crianças e adolescentes que almejam e praticam a *autonomia* se tornam menos dependentes, mais proativos, e se sentem mais seguros.

Os que desenvolvem a *inteligência emocional* sabem cultivar relações, se comunicar, enfrentar conflitos, e se comportam melhor no amor, no trabalho e na vida social.

Crianças e adolescentes que buscam no *erro* não a culpa mas a aprendizagem estão em permanente evolução, têm autocrítica e entendem melhor o sucesso e o fracasso.

Aqueles que aprendem a tolerar frustrações e ser *flexíveis* suportam melhor a imprevisibilidade da vida, se tornam mais resilientes e têm mais facilidade de encontrar soluções.

Finalmente, quem sabe analisar as situações e *planejar* ações de curto, médio e longo prazo é menos imediatista, mais estratégico, mais atento a riscos e, num mundo competitivo, tem mais condições de testar alternativas.

Quanto cada um avança na aquisição de competências tem a ver com o "tripé", conceito que discutimos no início deste livro: a combinação entre a genética individual, a influência do ambiente externo e doméstico (circunstâncias situacionais) e os ensinamentos ativos que seu filho recebe.

Ninguém é campeão em todas as competências, e certas combinações são melhores que outras, mas importa trabalhar com seu filho todas essas seis capacidades. Se possível, a partir dos três anos, embora haja diversas maneiras de introduzir a *educação pensada* para quem tem filhos adolescentes ou jovens adultos.

De pouco servem os conhecimentos de matemática e idiomas ou talentos incríveis sem as seis competências de vida. São elas que viabilizam o uso de conhecimentos e talentos. São a base de outras capacidades (como cuidar da saúde, ter traquejo social, enfrentar conflitos, lidar com dinheiro). Mesmo que não garantam a seu filho uma vida feliz ou bem-sucedida, o que também depende de temperamento, talento e sorte, contribuem para que ele tenha uma vida que valha a pena.

Nos cursos que ministro e no consultório, trabalho com os pais modos de ensinar cada uma das seis lições de vida. Ou seja, maneiras de desenvolvê-las respeitando a individualidade de cada criança (tendências inatas) e levando em conta a força de ambientes que os pais pouco controlam (amigos, escola e sociedade). Mas não é possível desenvolver essas seis competências de vida (ou quaisquer outras que lhe pareçam mais importantes) se você não souber dar limites e dialogar. Por isso neste livro enfatizei limites e diálogo e apenas no último capítulo menciono as seis lições de vida.

Um voto final

Quaisquer que sejam as suas condições de vida, separado ou casado, com filhos naturais ou adotivos, espero que, ao longo da leitura deste livro, tenha conseguido refletir sobre os limites que seus pais lhe deram, se havia diálogo com eles, que influências recebeu dos ambientes em que viveu, quais dos seus talentos e competências de vida se desenvolveram e quais permaneceram inexplorados.

E que reflita se está repetindo modelos que funcionaram para você e talvez não sirvam para seu filho, ou se, tentando fazer o contrário de seus pais, está exagerando no sentido oposto.

Meu voto é que seja capaz de praticar uma *educação pensada* para dar limites e ensinar a seu filho as lições de vida essenciais, entendendo que mais importante do que perseguir o certo e evitar o errado (que são relativos) é você saber que o mandato de educar é seu. Que tenha amor, coragem e entusiasmo para experimentar, errar e corrigir tantas vezes quantas for necessário.

APÊNDICE I
O que pode dar errado ao tentar dialogar com seu filho

Se você tentou se conectar com as emoções e os pensamentos do seu filho e teve dificuldades, este apêndice pode ajudá-lo a se aprimorar na arte de dialogar com ele.

Talvez você tenha deparado com problemas característicos de determinadas *faixas etárias*: crianças pequenas são mais dispersivas, e adolescentes podem ser impacientes e irônicos e podem se recusar a conversar. Também é possível que você tenha encontrado obstáculos ligados à *personalidade* de seu filho. Filhos mais introvertidos tendem a se fechar. Outros, não importa quão diplomático você seja, podem se sentir acuados e atacar de volta.

Esteja aberto, porém, à possibilidade de que a dificuldade esteja em você. Por exemplo, alguns pais são muito ansiosos, atropelam os filhos com sermões ou perdem a paciência rapidamente. Outros são pouco verbais, se expressam mal, ou são inflexíveis e não aceitam outros pontos de vista. Também há aqueles que se sentem exaustos após meses e anos de conflitos e não têm ânimo para tentar algo novo.

Veja a seguir se alguma das dificuldades corresponde ao seu caso.

Lidando com dificuldades ligadas à faixa etária do seu filho

DE TRÊS ANOS E MEIO A SEIS ANOS

Crianças de três anos e meio a seis anos costumam ter dificuldade de manter o foco em uma conversa e um tema por mais do que alguns segundos ou minutos. Às vezes nem sequer param para conversar. Ou porque são muito agitadas ou simplesmente porque se cansam de falar e querem brincar.

Tente algumas estratégias. Escolha um momento tranquilo, se possível quando seu filho estiver começando a desacelerar, ou durante um passeio calmo, e tente atrair a criança para a conversa com algo muito interessante. Como se fosse contar uma história incrível. Por exemplo, dizendo que pensou em algo que gostaria muito de contar a ela (com uma entonação de quem tem algo muito interessante para dizer). Ou simplesmente tenha paciência e vá conversando por etapas, pedindo com gentileza e humor alguns minutos da atenção dela. Além disso, tente ficar num ambiente sem muitos atrativos que possam distraí-la, um ambiente sem brinquedos, TV etc.

Conduza o diálogo na forma de uma história, como sugeri no capítulo 4, sobre maneiras de transmitir os três pressupostos a crianças pequenas. E, por exemplo, se o problema for sua filha se recusar a secar os cabelos, conte a história da menina, ou do coelhinho na floresta que não queria secar os pelos das orelhas. E continue indo ao passo dois como se os pais do coelhinho estivessem lhe perguntando por que ele não gostava de secar os pelos da orelha. E peça a seu filho que ajude na formulação da história, que tente adivinhar os motivos. Sugira você também alguns motivos e peça que ele opine qual seria a hipótese verdadeira do porquê de o coelhinho não querer secar os pelos da orelha com secador.

Em geral, com três anos e meio só é possível dialogar ocasionalmente e em pequena escala. Se não conseguir, espere e comece o processo aos quatro anos de idade. Se, mesmo com quatro anos, nada funcionar, seja mais firme, deixe claro que precisa conversar e exija a atenção da criança naquele momento. Segure as duas mãos dela, fique na altura de seus olhos e diga com firmeza que ela precisa ouvi-lo e responder às suas perguntas.

Segure as mãos do seu filho com carinho, olhe intensamente para ele e procure obter sua atenção: "Filho, olhe para mim. Escute o que vou perguntar. Filho, olhe para mim e me responda". Insista e volte a fazer isso tantas vezes quanto necessário. Cinco, seis, dez vezes em um minuto. E se não bastar, você pode dar uma pequena bronca, como indicado nos capítulos sobre limites. "Filho, agora a mamãe está ficando brava, fique aqui e escute!"

Outra dificuldade pode ocorrer com o segundo momento, quando os pais tentam entender os pensamentos e os sentimentos da criança. Isso se deve ao fato de crianças entre três anos e meio e seis anos não conseguirem explicar o que se passa com elas e logo se distraírem. Como mencionado, o ideal é iniciar esse segundo momento oferecendo um cardápio de alternativas. Por exemplo, com uma entonação de jogo de adivinhação, fazer perguntas e pedir que a criança responda "sim" ou "não": "Ah, já sei por que você não quer tomar banho! É porque sente frio ao tirar a roupa?". Em seguida, mesmo que a criança diga ser esse o motivo, apresente o próximo. "É porque a água é muito quente e a pele dói?" E continue: "Ah, tive mais uma ideia: é porque o xampu faz os olhos arderem?". E assim por diante.

Crianças nessa idade fantasiam e aceitam um motivo qualquer que você sugira ou inventam algum. Sua meta é que seu filho consiga sair do "não sei" ou do chilique irritado. Para isso é preciso que ele comece admitindo uma hipótese para a causa do comportamento dele. Não importa que não seja o verdadeiro motivo, o importante é que vocês cheguem a um ou dois motivos a fim de que possam trabalhar com eles, no quinto momento do diálogo, buscando soluções. Se as soluções não servirem, vocês reiniciam a busca. A meta é ensinar a criança a ponderar e procurar formas de resolver os problemas diferentes da manha e da resistência.

Claro que em última instância seu filho terá de aprender a simplesmente obedecer. E como você já viu nos três pressupostos e na parte III, sobre impor limites, a *educação pensada* é muito dura nesse aspecto. Seu filho tem de aprender a obedecer mesmo que não concorde, e tem de aceitar que em algumas situações não é possível conversar, ele simplesmente precisa cumprir o que você ordenou.

Na maioria das situações, no entanto, enquanto seu filho for capaz de conversar civilizadamente e de forma ponderada, procurando entender os pontos de vista e os motivos, e buscar soluções, não há por que impor. Como discutimos, se adotar métodos autoritários, você pode conseguir instalar em sua casa um modelo de obediência completa, mesmo que seus filhos resistam a aceitar ordens. Sobretudo se começar desde os dois anos de idade a deixá-los com muito medo de você. Mas correrá o risco de criar um indivíduo submisso e medroso ou um filho ressentido esperando pelo dia da libertação.

Também há problemas de comunicação frequentes no terceiro momento do diálogo (entender as motivações do seu filho). Pode ser difícil conversar com filhos pequenos porque eles tendem a interromper a conversa com perguntas ou desejos relacionados a outros assuntos, tumultuando a comunicação.

É igualmente comum que no quarto e no quinto momentos do diálogo (apresentar um dilema e construir uma solução) as crianças fiquem paralisadas em algum ponto e não consigam sair dele, pois não sabem como avançar em uma conversa. Tenha paciência, lance mão do humor e da brincadeira e reconduza seu filho pequeno ao foco. Às vezes vale a pena se dispersar junto com ele, deixá-lo brincar um pouco e, depois de cinco minutos, voltar ao tema em que estavam. "O.k., já conversamos um pouco e agora você pode ir novamente brincar, depois continuamos."

A ideia com crianças de três anos e meio a quatro anos é sobretudo habituá-las ao modelo de conversar, pensar, buscar soluções. Portanto, se não responderem adequadamente, não se exaspere. Vá aos poucos e em alguns meses tudo será mais fácil.

Em alguns casos, se for demasiado difícil, você pode exigir com mais firmeza (dando uma bronca forte) que ele preste atenção, para que entenda que você quer falar sério com ele e não é mais o momento de brincar.

DE SETE A ONZE ANOS

Crianças de sete a onze anos muitas vezes já intuem onde os pais podem estar querendo chegar com a conversa e se recusam a dialogar. Outras antecipam o tema e partem direto para o conflito, tornando-se agressivas, impositivas e inflexíveis.

Mãe, já sei, você quer que eu visite o vovô, eu já disse, não quero ir lá! Eu não vou, é chato!

Outras ainda se fecham, sobretudo no segundo momento, em que os pais se dispõem a escutar e pedem que o filho explique o que pensa e sente.

Nessa idade você já pode lidar com ele como faria com um adulto, apenas a linguagem será mais infantil. Neutralize a hipótese de que você esteja querendo, como sempre, obrigá-lo a fazer alguma coisa. Mostre que gostaria de ouvi-lo, que sabe que quando ele quer algo sempre tem um bom motivo. Enfim, atraia-o para uma conversa acalmando os temores de que entrarão em conflito e que você vai impor sem escutá-lo.

Lembre-se de que de fato ele tem motivos (na acepção de motivações, desejos) e que desejos são sempre legítimos (embora algumas vezes sejam impossíveis de realizar ou inadequados). Só apresente seus argumentos contrários depois, no quarto momento, ao expor o dilema (entre os desejos de seu filho e os limites a serem considerados), ou mais tarde, num eventual sexto momento, se for preciso entrar em conflito e impor limites.

No segundo momento, ouça os sonhos e medos do seu filho, seja habilidoso em demonstrar seu interesse em conhecer o mundo dele, suas ideias e sentimentos.

Sei que você não quer visitar o seu avô e imagino que tenha motivos. Dessa vez não quero brigar com você por causa disso. Quero apenas dizer que entendi que para você é chato visitar o seu avô. Na verdade, nunca disse isso a você, mas às vezes também acho chato visitar o avô [só diga isso se for verdade]. Queria perguntar o que torna a visita ser tão chata: É o fato de ele ser velho, não escutar bem e não saber conversar direito com você? Ou é porque sempre pergunta as mesmas coisas? Ou o mais chato é que a casa dele é escura e as janelas ficam fechadas?

Se a conversa tiver continuidade, você chegará ao quarto momento e apresentará um dilema: por um lado é chato fazer a visita, mas por outro lado o avô precisa desse apoio emocional. Ou talvez o dilema seja: é chato fazer coisas pelos outros, mas temos obrigações de solidariedade e também dependemos disso quando precisamos de ajuda.

Se seu filho for desrespeitoso, demonstrar má vontade, tiver um comportamento que visa minar a comunicação, pontuado de expressões de enfado e impaciência ou comentários irônicos, não aceite. Dê limites firmes. (Falamos sobre isso na parte III.) Afinal, *dialogar em conexão* só é possível com respeito e cooperação mútua (lembre-se dos três pressupostos).

Por isso, nesse caso, suspenda o diálogo e imponha limites com firmeza. Exija que ele converse de modo civilizado e respeitoso. Tenha tolerância zero para posturas que sabotam um bom ambiente de conversa e uma parceria leal. Paciência infinita você pode ter com os argumentos e as dificuldades dele, não com más--criações e má vontade.

DE DOZE A DEZOITO ANOS

Pré-adolescentes, adolescentes e jovens adultos de doze a dezoito anos muitas vezes estão tão ressentidos que se recusam a colaborar no primeiro momento do diálogo, de desarmar os ânimos. Ou perdem a paciência no quinto momento, de construir soluções.

Novamente, capriche na escolha do momento adequado e aborde seu filho de modo a deixar clara sua disposição de conversar. Em geral um pedido de desculpas ou um recuo e a admissão de um erro da sua parte fazem milagres. Como no caso de Ronaldo e Isadora (se quiser reveja no capítulo 8 como os pais procederam com ambas para desarmar os ânimos).

Quanto a convidá-lo para buscar uma solução (quinto momento), como já discutido, se houver má vontade e desrespeito, talvez seja preciso entrar em conflito. Mas como primeira atitude, o ideal é que você invista em achar soluções que contemplem as necessidades de ambas as partes — o desejo dele e seus objetivos educacionais. Insista em negociar de modo leal.

Se não conseguirem avançar, antes de impor uma solução, proponha que façam uma pausa para procurarem inspiração. E demonstre sempre otimismo com a possibilidade de acharem soluções. Sugira fazerem experimentos de uma ou duas semanas, testando algum esquema e observando o resultado.

Claro que, também nesse caso, se nada funcionar, será preciso impor a cooperação dele no diálogo ou soluções que ele não aprecia.

Lidando com dificuldades ligadas à personalidade do seu filho

Algumas crianças e adolescentes são muito agressivos, outros ansiosos (afoitos), outros tímidos e fechados e alguns ainda têm a tendência de acusar e se colocar no papel de vítima. Outros não suportam ser criticados ou, ao contrário, são hipercríticos e frágeis, ficando devastados quando se veem diante de uma censura.

Uma boa maneira de lidar com isso é, antes de iniciar o diálogo, pensar sobre as características do seu filho e suas reações mais prováveis. Em que pontos é mais provável que o diálogo empaque? Prepare-se para ter posturas positivas que neutralizem a eventual má vontade ou os medos do seu filho.

Digamos que seu filho seja muito agressivo. Nesse caso, o ideal é que você se expresse de modo especialmente cuidadoso,

413

para que ele não se sinta atacado e não reaja contra-atacando. Muitas vezes funciona bem usar o "refrasear enobrecedor".

Por exemplo, se Ronaldo diz "pai, você só pensa em você, é egoísta" ou "estou de saco cheio da tia Zilda sempre repetir as mesmas coisas", o pai refraseia enobrecendo a ideia: "você está chateado porque tem certeza de que eu não penso no seu lado, sua impressão é que só penso nos meus interesses" ou "você está cansado e desgastado porque tia Zilda insiste em apresentar a você os mesmos pontos".

O pai simplesmente reformula a frase dele de modo mais respeitoso. Depois o incentiva a continuar: "Tem mais alguma coisa na minha postura em relação a você que o deixa chateado? Estou disposto a ouvir, porque acho que tenho dado pouca atenção ao que você tem a dizer e não tenho considerado o seu ponto de vista".

Provavelmente em poucos minutos seu filho vai se acalmar e se tornar mais respeitoso e cooperativo. Se isso não acontecer e ele continuar a ser agressivo, você terá de dar fim a esses comportamentos desrespeitosos, impondo limites muito fortes.

Outro exemplo é um filho que se mostra muito fechado e tímido. Nesse caso você deve tentar antecipar o problema e neutralizar as resistências. Talvez começando por elogiá-lo, assegurando que não pretende brigar ou discutir. Mesmo que ele seja adolescente, você pode fazer como com crianças pequenas: sugerir você mesmo algumas hipóteses para explicar por que ele age de determinada forma. Enfim, ter uma postura encorajadora, modelando antecipadamente respostas que ele poderia dar sem medo.

Não há como prever todas as dificuldades que os pais podem encontrar ao lidar com as diferentes personalidades de filhos. O importante é você se conectar com o estado de ânimo atual dele (se está deprimido, irritado, eufórico, inseguro), com a personalidade e com as ideias preconcebidas dele e tentar levar isso em conta como conversa.

Lidando com dificuldades ligadas à personalidade e à postura dos pais

Alguns pais sentem que *dialogar em conexão* não é para eles. Teriam de "nascer de novo", ter outra personalidade. O mais comum é que os pais tenham três tipos de dificuldade.

SE OS PAIS SÃO PESSOAS IMPACIENTES

Alguns adultos esperam que nem filhos, nem funcionários da casa, nem cônjuges lhes "deem trabalho". Encaram problemas, resistências e conversas como contratempos insuportáveis. Perdem a paciência e querem que tudo sempre se resolva no menor tempo possível.

Se esse for o seu caso, entenda que seres humanos dão trabalho e precisam de tempo e atenção. Demoram para processar informações e se habituar a novos padrões. O mesmo vale para filhos. É preciso aprender a contar com a lentidão de alguns processos e incluir isso nos seus cálculos e expectativas.

Mas como aprender a fazer isso? Tal como você provavelmente já faz com o trânsito em dias e horários de rush. Dias em que, em vez de ficar indignado, você já calcula que levará mais tempo, sai mais cedo ou remarca o compromisso e consegue até relaxar um pouco no trânsito ouvindo música.

Examinemos rapidamente o caso dos pais de Bianca, que ficavam cada vez mais impacientes, o que só contribuía para deixar a filha mais manhosa. A mãe de Bianca não se conformava em ter de repetir tudo diversas vezes. Tudo lhe parecia complicado no andamento das rotinas da filha e todos os dias tinha a ingênua expectativa de que as coisas iam fluir rapidamente. Ficava tensa porque tinha outras coisas para fazer e Bianca a atrasava.

Ponderei com a mãe que havia rotinas que Bianca aprenderia a aceitar e realizar com mais rapidez. Por exemplo, tomar banho ou ir embora do parquinho. Outras, ligadas à idade e à personalidade dela demandariam mais tempo. Por exemplo, o ritual de ir dormir, com vários pedidos para ir ao banheiro fazer cocô sem que ao final fizesse de fato ou o pedido de "só mais uma história", não cessaria tão cedo. Precisariam de alguns meses para mudar suavemente de padrão.

A mãe não entendia por que Bianca não podia obedecer de imediato em todas as situações. Sua fantasia era que se desenrolasse a cena seguinte, que, claro, nunca ocorria: "Bianca, desligue a TV e vá tomar banho". "Sim, mamãe, é claro. Obrigada por me lembrar do banho, já estou indo."

O mundo, porém, não é mais tão hierárquico e autoritário como costumava ser. E as pessoas não obedecem mais tão facilmente a todas as ordens. Desde os anos 1960 e 1970, trabalhadores e funcionários em fábricas, nas casas e os alunos nas escolas e universidades cada vez menos obedecem sem questionar, sem querer entender a legitimidade das coisas. E os manuais de gestão de pessoas recomendam hoje aos diretores, reitores, empresários, patrões e chefias só imporem uma solução após terem dialogado e negociado com seus subordinados. Essa mentalidade cada vez mais permeia sua casa, a escola do seu filho, os meios de comunicação, que passam à pequena Bianca a mensagem de que qualquer pessoa pode sim questionar (tema discutido no capítulo 2).

Você deve dar limites ao seu filho, mas na maioria das situações pode e deve fazer isso dialogando. Claro que há situações em que ele deve obedecer sem questionar. Por exemplo, em uma emergência, em uma situação de perigo, quando estiverem em público ou quando você estiver cansado ou sem tempo.

Mas, mesmo nesses casos, mais tarde você pode sentar com ele e conversar sobre o assunto. Sem diálogo e sem consciência do problema, você não conseguirá resultados, infantilizará seu filho ou obterá apenas reações iradas e uma obediência enganosa, que gerará ressentimentos e futuras rebeliões na adolescência. É preciso escutar, motivar, negociar antes de impor. E isso toma tempo!

Se for um tipo de pessoa que não tem paciência na vida em geral e, portanto, tampouco com seu filho, procure ajuda. O desejo de colegas, cônjuges e filhos nem sempre coincide com o seu e contratempos fazem parte da vida.

SE OS PAIS TÊM FALTA DE HABILIDADE
PARA CONVERSAR

Há pais que têm pouco jeito para conversar. Não são muito verbais, não lhes ocorrem ideias e argumentos com facilidade, não conseguem encorajar o filho a se abrir e não sabem o que dizer quando algo inesperado acontece. Preferem então ceder ou reprimir.

Se esse for o seu caso, sugiro que se prepare e ensaie. Tente imaginar a conversa com o máximo de detalhes que puder, utilizando também as fichas que constam para cada passo nos capítulos anteriores. E escolha temas mais fáceis para ir aprendendo a conversar.

Todos os pais com essa dificuldade que atendi até hoje com o tempo conseguem se aperfeiçoar. É uma questão de paciência, tentativa e erro. Talvez você possa começar a praticar o diálogo em conexão com os pensamentos e as emoções de seu filho escolhendo assuntos mais simples, apenas para conhecê-lo melhor. E vá só até o terceiro momento, de demonstrar empatia. Se não conseguir, peça a um profissional que o ajude; vale a pena não só para incrementar a educação do seu filho, mas para você utilizar na vida em geral.

SE OS PAIS NÃO TÊM TEMPO

De fato muitos pais simplesmente não têm tempo para ter muitas conversas com os filhos e sentem que as coisas deveriam funcionar de modo mais automático. Ou que terceiros — babás, professores, cuidadoras em creches ou avós — deveriam dar conta disso sem tantas complicações.

Por isso preferem usar outros mecanismos para tranquilizar a criança, como entretenimento eletrônico (TV, DVDs, videogames etc.), e de modo geral ceder e satisfazer seus pedidos. Se necessário, acionam psicólogos, psicopedagogos e fonoaudiólogos para ajudá-los. Ou seja, terceirizam as soluções.

Cada um sabe quanto de seu tempo pode alocar para cada atividade, e de que forma. Não se deve condenar pais atarefados ou que priorizem outros aspectos da vida.

Em alguns casos, dependendo da personalidade da criança e das arquiteturas situacionais do entorno, é possível criar e educar filhos sem se envolver pessoalmente, sem se dedicar por muito tempo. E essas crianças podem se tornar adultos muito capazes de lidar emocional e cognitivamente com a vida. Em outros casos, as crianças são afetadas pela falta de alguém que tenha tempo e calma para cumprir a função de pai e mãe. Algum adulto, como babá, avós, tios ou tutores.

Talvez no pouco tempo livre que tem, você precise relaxar. Ou queira apenas para brincar com seu filho. Mas, mesmo assim, não deixe de praticar o *diálogo em conexão* para aprofundar a relação de vocês. De início, aborde assuntos leves, até agradáveis, por exemplo, as atividades prediletas dele. Será um diálogo e só avançará até o terceiro momento, de empatia. Sem dilemas, sem construção de soluções. Só *conexão*. Sua meta será apenas ter uma relação mais profunda e conhecer melhor seu filho. Em princípio será um tempo de mais qualidade.

PAIS QUE ACREDITAM QUE OS FILHOS TÊM DE OBEDECER SEM MUITA CONVERSA

É comum que muitos pais sintam que as coisas deveriam ser como eram na sua infância: os pais mandam, os filhos obedecem, sem muita conversa.

Temem que, ao conversar muito, os valores e papéis se distorçam e o resultado seja um cenário absurdo no qual os pais ficam tentando, em vão, persuadir e convencer os filhos ainda imaturos a agir de determinada forma.

Com razão acham que seria uma inversão de papéis os adultos terem de se justificar para crianças e adolescentes, e estes passarem a ter o poder de decidir se concordam ou não. Lembre-se de que o *diálogo em conexão* é uma conversa sensata e respeitosa, não uma tentativa de convencer seu filho. E nada impede que em paralelo a essas conversas ele tenha respeito por você e lhe obedeça.

Há também pais que, diante de maus comportamentos do filho (sobretudo quando se trata de atitudes graves), acham que precisam logo de início sinalizar ao filho que ele está agindo mal e precisa mudar. Temem que muita conversa signifique concordar com coisas que deveriam ser inegociáveis e inaceitáveis. Para esses pais, muitas vezes é difícil até mesmo iniciar um diálogo em conexão. Quando muito iniciam um sermão ou uma bronca. Seria como se os pais de Gabriel, que entrou em sites de abuso sexual, começassem um pseudodiálogo do seguinte modo:

Filho, você sabe que o que fez foi muito grave. Queremos entender por que fez isso. Afinal, sabe que nunca lhe ensinamos nada assim e que jamais permitiríamos isso. Então qual é a sua explicação? Se é que tem uma explicação.

Outra dificuldade é que, no segundo momento, quando deveriam ouvir e tentar entrar no mundo do filho, os pais se impacientam e partem para o quinto momento, querendo logo construir soluções em conjunto. Ao final, fazem eles mesmos sugestões de solução. Dificilmente conseguem escutar, ter empatia e compartilhar de um dilema. O pseudodiálogo continua:

Bem, seja lá qual for o motivo dessa besteira que você fez, agora temos que decidir o que fazer para consertar as coisas. Em primeiro lugar, você vai ficar sem internet. Além disso, vai ficar seis meses de castigo, sem tablet e sem videogame.

Se esse for o seu caso, lembre-se de que, ao sinalizar logo de início que condena o comportamento do seu filho, você fecha o canal de confiança e comunicação. E você deixa de mostrar que é capaz de pensar junto com ele sobre o que se passou, ajudá-lo a ponderar sobre as limitações práticas e éticas que a vida impõe aos desejos dele e sobre as vantagens e desvantagens de cada escolha dele.

Nada impede que mais tarde, dez minutos depois, você conclua, com seu filho ou à revelia dele, que ele terá de ser punido para entender que não deve repetir esse ato. Há casos em que, só ao sentir medo das consequências punitivas, a criança ou o adolescente se contém, mas, como vimos, em geral, um diálogo genuíno faz milagres e dispensa a repressão.

Fique atento: sua meta é ensinar seu filho a nunca mais repetir o erro ou o "delito", e não puni-lo, embora punir às vezes seja necessário. Às vezes, o mero esclarecimento é suficiente e não é preciso recorrer a punições. Como já discutimos, o tamanho e a natureza do "delito" não são tão importantes quanto o dolo, a má vontade e o desafio desrespeitoso.

Na verdade, o mesmo vale para adultos. Há crimes sem dolo. E mesmo crimes com dolo, vistos mais de perto, muitas vezes revelam que o indivíduo não sabia com clareza a extensão dos danos que causava. O mundo adulto, porém, responsabiliza cada cidadão pelos seus atos, não importa o processo psicológico interno. Com filhos menores de idade e em fase de aprendizagem é diferente. O que importa é que aprendam e não repitam os mesmos equívocos seguidamente.

Se você enfrentou alguma dificuldade para dialogar com seu filho devido à idade ou à personalidade dele, ou por causa de sua própria impaciência ou falta de jeito, lembre-se de que a *arte* de dialogar só se aprimora com muitas tentativas e erros. Volte a buscar uma conexão com os pensamentos e as emoções do seu filho tantas vezes quanto necessário, vale a pena.

APÊNDICE II
Conhecimentos sobre *parenting* e a contribuição deste livro

Usarei aqui o termo inglês *parenting*, para o qual não há uma tradução exata, na acepção de "modo de criar e educar filhos".

O que você deveria saber sobre as pesquisas sobre *parenting*

Embora haja milhares de pesquisas sobre educação de filhos, tecnicamente ainda não é possível comparar resultados entre modelos de *parenting*, portanto, as pesquisas não permitem dizer com segurança quais as melhores práticas nessa área. Os estudos em geral enfocam apenas quatro modelos de *parenting*,[37] mas há dezenas de variantes no mundo real. Além disso, as pesquisas são contaminadas pelo viés cultural e não há bons estudos transculturais (que reduziriam o viés cultural dos pesquisadores). Portanto, regras de *parenting* não têm valor universal para países, classes sociais ou etnias diferentes, tampouco para famílias com heranças culturais distintas ou que vivem em circunstâncias diversas.[38] O que vale para um pode não valer para outro.

Na verdade, há um número enorme de variáveis em jogo, a começar pelas biológicas,[39] e existem múltiplas interações entre elas e a influência dos diferentes ambientes aos quais seu filho está exposto (doméstico, comunitário, social). A tudo isso se somam os aspectos psicológicos individuais do seu filho e os seus próprios (personalidade e maturidade). São interações demasiado complexas para serem apreendidas pelos métodos atuais.

Imagine a dificuldade de interligar variáveis tão diversas como as convicções do pai e da mãe sobre educação, a personalidade de cada um, a ordem de nascimento dos filhos e as circunstâncias que podem causar desgaste no ambiente familiar (por exemplo, o relacionamento dos pais, estilo de vida, características da vizinhança e dos grupos de convívio, mentalidade social, expectativas da família estendida etc.).[40]

Para se ter uma ideia da complicação, os modelos que tentam compreender essa diversidade de fatores, denominados de modelos integrativos ou ecossociais, trabalham com cerca de vinte variáveis básicas que podem se combinar entre si de centenas de maneiras (cada variável básica se desdobra em mais dezenas de variáveis-derivadas e milhares de combinações).

Daí surgem dificuldades metodológicas, tais como a impossibilidade de isolar e correlacionar mais do que um pequeno número de variáveis, a não representatividade das amostras e o fato de o horizonte temporal, em geral, ser pequeno demais (os efeitos da educação podem levar anos ou até décadas para se manifestar de modo pleno).[41] Em resumo, os estudos não conseguem apresentar uma verdadeira "prova científica", apenas evidências sugestivas que indicam que talvez um fator possa, em certos casos, levar a um determinado resultado.

É por essas razões que mesmo os métodos de educação de filhos que alegam ter embasamento científico, na verdade, abarcam apenas uma parte dessa complexidade e na melhor das hipóteses podem afirmar apenas "que esta ou aquela prática de *parenting* talvez contribua para incrementar tal resultado".

Além disso, a educação de filhos ainda depende mais dos conhecimentos importados de outras áreas do que de conhecimentos obtidos em seu próprio campo.

Mas não se frustre. Em muitos outros campos de pesquisa é

comum encontrar dificuldades resultantes do grande número de variáveis e de cenários instáveis e mutantes. Isso ocorre em economia, finanças, marketing, psicofarmacologia, nutrição, neurociências e psicologia em geral, por exemplo. A solução é trabalhar com evidências parciais e modelos genéricos que apontem tendências em vez de relações de causa e efeito. O que se faz é testar esses modelos na prática cotidiana e, por tentativa e erro, decidir o que parece funcionar (ao menos por um tempo observável).

Embora nesses campos muitas vezes os resultados práticos dependam tanto de uma mistura de talento, percepção e experiência de quem aplica os métodos, quanto da aleatoriedade, as melhores intervenções costumam adicionar à habilidade pessoal e à sorte alguma concepção teórica e diretrizes (*guidelines*) a serem seguidas.

Também em *parenting*, além da competência dos pais e de alguma sorte, seguir diretrizes gerais que orientem pais e profissionais sobre como lidar com o dia a dia leva a resultados melhores do que apenas usar a intuição. E como se formulam diretrizes para *parenting* e quem as formula?

Grande parte das recomendações que você encontra em sites, livros e sobretudo na mídia se baseia em teorias geralmente desenvolvidas em universidades e centros de pesquisa. Dada a fragilidade das provas científicas, as teorias que acabam se impondo na universidade são aquelas que conseguem demonstrar um maior grau de plausibilidade, apresentam evidências empíricas sugestivas e oferecem um maior alcance explicativo, elementos da assim denominada "retórica científica" (capacidade de argumentar academicamente).[42]

No entanto, apesar de um eventual prestígio acadêmico, as teorias hegemônicas só se impõem na comunidade de usuários se houver satisfação dos pais e dos profissionais com os resultados obtidos na prática (que muitas vezes se baseiam em impressões subjetivas). Assim, em algum momento um grupo de diretrizes ganha suficiente credibilidade acadêmica e aceitação entre usuários para finalmente ser divulgado na mídia e se enraizar como "verdade" na cultura local. As diretrizes passam a ser adotadas então nas instituições, como escolas, centros de assistência social, cursos de pediatria, pedagogia etc. Um exemplo disso é o modelo dos quatro estilos de *parenting*, que sugere a adoção do estilo assertivo, firme, mas amistoso (*authoritative*).

Outra parte das recomendações que você lê na mídia e ouve de profissionais surge fora da academia, proveniente de autores leigos e até jornalistas que desenvolvem algum método, nem sempre muito rigoroso do ponto de vista acadêmico, mas que se torna popular por ser convincente e parecer muito eficaz aos que o experimentam. Se você tomar o conjunto das teorias e dos métodos, tanto os academicamente estudados como as versões mais populares, verá que, apesar das dificuldades metodológicas e da diversidade de escolas de pensamento em *parenting*, há no mundo ocidental urbanizado alguns consensos que até agora parecem trazer bons resultados e que indicam que hoje você tem elementos para fazer boas apostas na educação que dá ao seu filho.[43] Vamos aos consensos.

CONSENSOS ATUAIS

Se você pedir a profissionais da área uma orientação sobre como lidar com seu filho, verá que esses profissionais na maior parte das vezes seguem linhas diversas[44] e divergem no que diz respeito aos pressupostos e à conceituação dos problemas. Mas, de forma geral, a maioria concorda em oito aspectos:[45]

1. É fundamental que você esteja suficientemente equilibrado do ponto de vista psicológico para poder educar seu filho. Pais emocionalmente perturbados ou psicologicamente inadequados não conseguem lidar com problemas educacionais. E por isso esses profissionais podem abordar as dificuldades psicológicas que estão interferindo na sua capacidade de educar, como

seus medos, traumas, concepções disfuncionais, impaciência, ansiedade, passividade, falta de empatia, entre outras questões.

2. A dinâmica familiar e o estilo de vida são essenciais. Ambientes de muito estresse ou de sobrecarga emocional, com pouca estimulação, sem reforço positivo ou sem bons vínculos emocionais podem prejudicar as condições psicológicas de seu filho. Os profissionais podem discutir com você e mais alguns membros da família a arquitetura situacional em que seu filho vive, rever diversos aspectos da dinâmica familiar, as fontes externas de estresse e os estímulos que seu filho está recebendo dos ambientes em que vive.

3. É preciso que você aprenda a ouvir para ser ouvido pelo seu filho. Portanto, que se comuniquem de modo mais tranquilo e claro um com o outro. Os profissionais poderão utilizar diversos métodos para promover melhorias nessa área; cada abordagem psicológica tem suas estratégias nesse sentido.

4. Você deve ter clareza a respeito dos limites que pretende dar e das metas e valores que norteiam a educação que dá a seu filho. É também importante saber transmiti-los aos filhos. Todos os profissionais concordam que concepções confusas sobre limites e metas prejudicam seu filho. Coerência e clareza de propósitos e regras bem definidas e compreensíveis dão previsibilidade e estabilidade ao ambiente.

5. Você deve ter um repertório variado e flexível para educar. Repertórios de diálogo, de imposição de limites e de capacidade de orientar e ensinar seu filho. Pais que seguem sempre uma mesma receita deixam de perceber as constantes mudanças de contexto e momento e não são capazes de trocar de estratégia, mudar as exigências e, acima de tudo, perceber o que não está dando certo e corrigir a rota.

6. Você precisa respeitar a natureza e os desejos do seu filho, permitindo que ele floresça, reforçando as fortalezas dele e seguindo suas inclinações, sem impor um destino que não lhe corresponde. Isso não significa deixar de atuar sobre as deficiências e vulnerabilidades e ficar passivo diante de

inadequações. Mas uma coisa é estimular e, às vezes, forçar seu filho a ser ético, manter a etiqueta social e se empenhar, outra é exigir que ele seja uma pessoa que não é.

7. Você deve buscar o equilíbrio entre o educar e o vivenciar e entender que pode muitas vezes simplesmente ter relações afetivas prazerosas, momentos de lazer, espontaneidade e alegria de viver, deixando um pouco de lado a necessidade de educar e ensinar.

8. É importante que você saiba promover a autoestima, a autonomia e a resiliência. Portanto, fique atento aos reforços positivos, estimule a autoconfiança, delegue e mostre a importância de ter garra e empenho.

Para lidar com esses oito aspectos, cada corrente de *parenting* tem seus próprios procedimentos, ênfases e pesos e estratégias diferentes. Tanto no modo de lidar com pais como nas intervenções concebidas para educar filhos. Alguns trabalham de modo mais estruturado, outros de forma mais aberta, uns enfatizam mais a qualidade afetiva da relação, outros os procedimentos e esquemas, outros ainda privilegiam a dinâmica familiar.

Mas qual o método mais eficaz?

O EFEITO DODÔ

Na década de 1980, um pesquisador chamado Lester Luborsky denominou de "efeito Dodô"[46] o resultado de estudos de eficácia comparando diferentes métodos de psicoterapia. Passados quarenta anos, ainda nos debatemos com efeitos Dodô em várias áreas além da psicoterapia. Isso ocorre quando se compara a eficácia dos mais de dez diferentes tipos de antidepressivos, a eficácia de diferentes estilos de liderança empresarial, a eficácia das seis diferentes dietas mais populares e provavelmente a eficácia dos variados métodos de fitness.[47] Acredita-se que boa parte do efeito Dodô (nas taxas de sucesso e fracasso) se deve ao nosso desconhecimento de variáveis ocultas e à aleatoriedade, bem como a um possível fator comum (*common factor*), que, somados, acabam por produzir resultados equivalentes, mesmo que os métodos sejam diferentes.

Isso não significa que não existam métodos melhores que outros ou que certas abordagens não possam até ser prejudiciais. O problema é que atualmente não temos como determinar isso com segurança. Lembre-se de que até mesmo pesquisas sobre se a ingestão de café é saudável ou nociva permaneceram inconclusivas por mais de trinta anos.

Acredito que na educação de filhos observaremos um efeito Dodô entre várias práticas: o *coaching* emocional, proposto por John Gottman; o método de três passos de Charles Schaefer; os métodos para incrementar a resiliência de Kenneth Ginsburg; o diálogo pelo método CALM de Jennifer Kolari; e as abordagens psicanalíticas diversas (lacanianas, winnicottianas, anafreudianas etc.). Já para famílias que têm um estilo mais francês ou asiático, a postura descrita por Pamela Druckerman provavelmente leva a bons resultados.

Talvez os oito consensos que descrevi, somados à *convicção* e ao *empenho* dos pais em seguir algum método, qualquer que seja ele, acabem sendo mais importantes do que as diferenças entre métodos.

Assim, a prudência e o bom senso (que não são nada científicos, mas na ausência do rigor científico são, junto com a intuição, nossa melhor aposta) sugerem que você escolha o método ao qual se adapte com mais facilidade e pelo qual tenha mais simpatia.

Ao testá-lo, descobrirá se seu filho também se adapta, e aos poucos você e ele vão aprimorar as práticas e criar um estilo próprio. Tal como acontece em economia, marketing, nutrição ou psiquiatria, por exemplo, também em *parenting* intervenções atentas, que se guiam por um sistema de diretrizes para monitorar constantemente as respostas e vão alterando, aprimorando e dosando as providências (*stop and go*), tendem a obter, em média, bons resultados (ainda que seja sempre uma avaliação provisória, já que não conhecemos muito bem os desdobramentos futuros de cada intervenção parental).

Por isso, recomendo, ao longo de todo o livro, que, se perceber que algo não está funcionando, trate de rever o modelo, talvez trocar de método ou buscar outro profissional para orientá-lo. Em geral, experimentando diferentes possibilidades encontra-se um caminho satisfatório.

A CONTRIBUIÇÃO DESTE LIVRO

Não acredito em escrever livros que apenas repitam o que outros já escreveram. Nesse caso, é melhor ler o original. Creio que novos livros devem trazer alguma contribuição, ideias inéditas ou modos diferentes de explicar ou aplicar práticas já existentes.

Neste livro procuro reunir cinco aspectos que você encontra isoladamente em outros autores, mas que combinados e formulados da maneira que proponho não encontrará em outros livros, sites ou artigos. Além disso, discuto o lugar do medo como fator educacional e proponho modos de empregá-lo tanto para conscientizar os filhos das consequências nocivas de certas ações como para impor limites de modo forte e contundente. Eis o que considero como contribuições deste livro:

1. Educação pensada: Enfatizo a ideia de praticar *uma* educação pensada e não *a* educação pensada. Ao municiar os pais com princípios para combinarem e dosarem seis elementos, três ferramentas (diálogo, imposição de limites e ensino ativo) e três condições (idade, temperamento e ambiente),[48] minha meta é que eles eduquem pensando em como combinar e dosar esses fatores. O objetivo é promover a autonomia dos pais, restituindo-lhes a confiança em experimentar, errar, corrigir e inovar usando princípios e pensando a todo momento no conjunto e em como conduzir o processo de preparar filhos para a vida.

2. Competências de vida: Ressalto o foco em educar preparando o filho para a vida, sem se concentrar apenas nos desafios da semana ou em medidas imediatistas para tornar o convívio mais fácil. A meta é direcionar a educação para o desenvolvimento de competências de vida (neste livro proponho seis, que, aliás, não coincidem exatamente com as assim chamadas "competências socioemocionais"). Mas também nesse aspecto o essencial é que os pais eduquem com senso de propósito e direção, sejam quais forem os valores e competências que tenham eleito.

3. Estímulos e projetos de mudança: Destaco a importância de praticar uma educação antecipatória além da corretiva. Novamente aqui a diferença entre a proposta deste livro e os métodos em geral é a ênfase em ensinar os filhos a ponderarem sobre padrões de pensamento, emoção e ação e mostrar-lhes como podem aprender com experiências anteriores e antecipar situações análogas (muitas vezes praticando com eles como lidar com essas situações). Há diversos livros que sugerem fazer isso de forma moderada, mas neste livro sugiro alternar os momentos de fazer isso de forma moderada e de forma maciça (ao atrelar os limites ou estímulos a projetos de mudança de atitude que impregnam todo o ambiente por meses).

4. Diferenciar limites de *contenção* e limites *transformadores*: Enfatizo a importância de você conscientizar seu filho dos dilemas, das limitações e dos desafios e envolvê-lo em uma construção de soluções pensada e ampla. Portanto, a ênfase em também promover o ensino ativo, explícito, consciente e atrelado a mudanças, em contraposição à postura mais indutiva ou de conscientização suave e discreta dos métodos de educação atuais. Em vez de educar sobretudo pela gestão de consequências — que é o eixo de muitos dos métodos atuais de dar limites —, sugiro combinar essa estratégia ao ensino ativo (diálogo conscientizador e projeto de mudança monitorado pelos pais e pelo filho). Portanto, neste livro é

essencial a diferença entre *limites de contenção dados a cada ocasião* e *limites transformadores e interligados*.

5. O papel do medo na educação: Discuto que dar broncas e castigos fortes e apresentar com clareza as consequências graves para certas ações são atitudes que se tornaram tabus na educação contemporânea. E argumento por que em muitas situações são ferramentas necessárias, explicando como utilizá-las em um contexto democrático e conforme a ética do mundo ocidental contemporâneo. Ter a opção de empregar métodos fortes de dar limites me parece fundamental e um alívio para muitos pais que se imaginam "proibidos" de fazê-lo. Temem que comunicação visceral intensa, o "basta contundente" (bronca) e medidas de força incisivas (castigos) sejam violentos, desleais e ineficazes. Discuto detalhadamente no livro os mitos ligados a essas ideias e formas de ser duro sem recorrer à arbitrariedade e à violência física.

6. O grau de detalhe e o passo a passo: Nesse sentido o livro funciona quase como um manual. Por exemplo, ao discutir a prática do diálogo em conexão com os pensamentos e as emoções do seu filho, a imposição de limites suaves, moderados e fortes e os modos de ensinar os filhos a viver com limites (projetos de mudança de atitude), me dediquei a dar detalhes do passo a passo e não apenas dar exemplos fáceis ou escrever capítulos inspiracionais. Tive o cuidado de apresentar sempre casos e situações difíceis, pois é provável que situações análogas ocorram na casa de muitos leitores. Também sugeri variantes de como agir em cada uma dessas situações, pois é importante aprender a lidar com o inusitado e improvisar. O mesmo vale para os capítulos sobre limites de partida (os pressupostos da educação), nos quais sugiro com grande minúcia *como* os pais podem transmiti-los. Até mesmo ao discutir que atitudes dos filhos merecem ou não receber limites me preocupei em apresentar aos pais maneiras de explicar ao filho os porquês dos limites. Também nesse caso me dediquei a detalhar o passo a passo, com exemplos e princípios.

Além desses diferenciais, a ideia de uma educação pensada traz um modelo de *parenting* flexível e integrativo; na verdade, baseado em uma equação que contém desde considerações a respeito das condições emocionais dos pais até a influência da mentalidade social e dos gostos e preferências do filho. Ela pode ser resumida na seguinte fórmula:

[Usar ferramentas (intervenções) + Considerar condições (psicológicas e ambientais) + Direcionar-se a metas (competências de vida)]
× Monitoramento de resultados (observação e correção constante)
= Educação pensada

Cada um desses elementos se desdobra em outros. Por exemplo, as condições psicológicas abarcam temperamento, tipos psicológicos, padrões de humor. As condições ambientais envolvem interações com outras pessoas e pressões e estímulos em níveis sociais, grupais, familiares e em diversos microambientes.

Quando há dificuldades no comportamento ou atitudes de pais ou filhos, pode-se abordar cada um desses componentes. Por exemplo, por meio de perguntas, testes ou observações. Em geral com perguntas já se consegue abarcar grande parte do cenário e fazer intervenções muito direcionadas e sistemáticas, testando possibilidades de mudança.

Pesquisas que fundamentam este livro

Não desenvolvo pesquisas; leio-as e eventualmente as estudo. Elas estão disponíveis em periódicos, sites, teses e livros e abrangem temas como relação entre genética e aprendizagem, aprendizagem implícita e explícita, teorias de personalidade, efeitos de longo prazo após o término da terapia etc. E não só pesquisas em *parenting* me interessam; também dou importância a avanços em áreas afins, como neurociência, psicologia social e psicogenética, entre outras.

Muitos dos argumentos que apresento, no entanto, não se baseiam em pesquisas, mas resultam de construções minhas. De modo que a leitura de pesquisas se soma a mais de vinte anos de minhas vivências atendendo pais e filhos. E claro às minhas experiências pessoais. Em seguida, procuro transformar essas construções em ferramentas que aos poucos testo em meu consultório e na vida pessoal, confirmando ou rejeitando hipóteses.

Algumas hipóteses, como minha conclusão de que muitas vezes é ineficaz os pais se limitarem ao ensino implícito (dando limites só na ocasião), levaram anos para ser constatadas. A construção de uma intervenção para minimizar as limitações do ensino implícito, propondo um ensino explícito e conscientizador, e o uso eventual de limites interligados e, às vezes, fortes, também foram processos paulatinos.

Quando consigo adquirir alguma confiança no método, passo um longo período aprimorando seu uso até chegar a formatos que sejam de mais fácil entendimento para os pais e que possam ser levados para suas casas e testados por eles na forma de "ferramentas". Ao analisar os feedbacks que recebo, vou consolidando, reformulando ou abandonando certas práticas.

De qualquer modo, espero que nas próximas décadas se invista não só em pesquisas sobre educação nas escolas, mas também em *parenting* e na divulgação de práticas que deem suporte a pais e filhos. Afinal, grande parte de quem nossos filhos serão não é só fruto da escola, e do ambiente social, mas moldado por nós em nossas casas.

Uma palavra sobre a linha teórica que sigo

Se rastrearmos as melhores ideias em psicologia, veremos que muitas já foram pensadas por algum pré-socrático e se perderam ao longo do tempo para mais tarde serem reinventadas diversas vezes. Outras se mantiveram por milênios, sendo periodicamente recicladas. E continuamos reciclando diversas delas, só que agora o fazemos testando-as cientificamente. Mas nem tudo são reciclagens, em alguns raros momentos surgem de fato novos paradigmas.

Freud protagonizou um desses momentos. Com sua teoria do conflito psíquico e a formação do caráter e da personalidade, criou as bases da psicologia do desenvolvimento como a conhecemos hoje. Suas teorias sobre a formação do medo, a noção de Eu, os mecanismos pré-verbais, a relação entre cognição, emoções e memória, a relação entre prazer e dor e tantas outras continuam atuais. Mas vêm sendo reinventadas com outros nomes por pesquisadores de escolas não ligadas a Freud, que rejeitam sua concepção de recalque sexual e por extensão todo o resto. E não creditam a ele a autoria original de muitas outras grandes ideias em psicologia. Além disso, muitos pais não se adaptam a várias das práticas psicanalíticas empregadas para orientá-los (foco maior nas projeções e na subjetividade dos pais e na psicodinâmica familiar, estilo mais interpretativo, menos ênfase em recomendações objetivas etc.).

Tenho um longo percurso na teoria freudiana. Por anos traduzi sua obra e minha tese de doutorado foi sobre a teoria freudiana das pulsões e afetos, a respeito da qual tenho um livro publicado. Também considero a teoria lacaniana fundamental para um entendimento mais refinado das questões humanas, com noções como ética do desejo, sujeito e tantas outras. Mas não sou militante nem adepto de nenhuma linha.

Tenho me dedicado durante anos à psicoterapia comparada. E cada vez mais constato que diferentes abordagens, tanto de psicoterapia como de *parenting*, lidam com os mesmos fenômenos e acabam por convergir em inúmeros aspectos, ainda que partam de pressupostos, estilos e ideologias incompatíveis.

Além da psicanálise, também sou marcado pela psicologia americana, pelo atual behaviorismo radical, pela psicologia humanista, pelas teorias sistêmicas, em especial pela terapia cognitiva, mas também pela psicologia positiva. Em conjunto, essas e outras contribuições permitem intervenções profundas e objetivas em relativamente poucas sessões. Agrada-me seu pragmatismo, sua profundidade, sua constante autorrevisão, e o fato de valorizarem a transparência e a cooperação entre paciente e terapeuta e, no caso de orientação de pais, a parceria entre eles e o psicólogo.

Desagradam-me, porém, os preconceitos de muitas linhas anglo-saxônicas em relação às abordagens analíticas (Freud, Jung, Lacan, Winnicott), e com frequência a qualquer linha de pensamento que não seja anglo-saxã. Também percebo em alguns autores certo moralismo e ênfase excessiva num cientificismo ingênuo. Por outro lado, também me desagradam a rejeição dos psicanalistas às outras linhas, tachadas de adaptativas e superficiais, a desconfiança preconceituosa que muitos têm em relação ao novo e a insistência de alguns em que tudo se reduza ao inconsciente e a jogos de projeção, introjeção, transferência e contratransferência.

Além disso, eu como todos colegas, somos marcados pelas escolas das teorias do desenvolvimento, das teorias da aprendizagem, da formação da personalidade e pelos modelos sistêmicos.

No entanto, seja qual for a linha de *parenting* que consideremos, o fato é que conhecemos apenas um fragmento do que já foi pesquisado e discutido, e sabemos ainda menos sobre o que acontece na vida real. Construir um modelo que articule tudo isso e faça pontes com novos avanços em outras áreas do conhecimento é o grande desafio do futuro. Se sigo alguma linha, é esta.

AGRADECIMENTOS

Precisei de um ano e meio para escrever este livro e, antes disso, de uma década de reformulações e muitos testes até que as ideias se tornassem utilizáveis no cotidiano. Durante esse período tive ajuda e inspiração de amigos, colegas e pacientes.

De início, gostaria de agradecer aos que se debruçaram diretamente sobre este livro quando ainda era um manuscrito.

Sou especialmente grato à psicóloga Simone Sarra e às pedagogas Ana Cristina Rocha Gonzaga e Sara Hughes, que fizeram uma leitura profissional e minuciosa do material, comentando capítulo a capítulo, dando-me seu tempo e sua atenção tão preciosos. Também à psicóloga Mireia Roso.

Agradeço igualmente aos diversos leitores leigos, que com sua sensibilidade e experiência pessoal em muito me ajudaram a aprimorar este projeto, entre eles Bettina Kutschat Cunha e Daniela Kohl Schlochauer, mães ativas e tão dedicadas a leituras sobre educação que se tornaram interlocutoras. Também sou grato a Renata Calazans Pires Oliveira Dias, Leticia Dantas e Karina Ruela, que mantêm blogs sobre educação de filhos. Além de o tema ser do interesse pessoal delas, emprestaram-me um pouco de sua percepção sobre as demandas dos pais atuais. Sou igualmente grato à jornalista Leoleli Camargo Schwarz, que, além do apoio e incentivo, atua junto com Danielle Nordi Reis em um site de notícias voltado para mulheres, interagindo com grandes amostras de leitores. E a Jair Ribeiro, que, além de ser até hoje um pai atento, tem estudado o tema e se envolvido em projetos de educação na área pública, e leu o projeto do livro ainda na fase de inicial.

Todos eles avaliaram o manuscrito de diversos pontos de vista, sobretudo localizando os tópicos mais importantes e fazendo sugestões para facilitar o entendimento e o manuseio deste livro.

Devo também muito aos pais que me procuraram no consultório para ajudá-los nas questões educacionais e que acabaram por aceitar levar o manuscrito consigo e testá-lo em casa com seus filhos, dando-me subsídios para tornar as ferramentas mais fáceis de entender e usar no cotidiano.

Também sou grato à jornalista Ligia Helena Nunes, com quem pude discutir a concepção do projeto, além de trabalhar diretamente em alguns trechos do livro.

Gostaria também de mencionar o editor Bruno Porto, da Companhia das Letras e do selo Paralela, que se tornou um parceiro, com suas sugestões editoriais e sua paciência e sensibilidade. Também agradeço a Marina Vargas, que tornou o texto mais fluido e me ajudou a solucionar diversos impasses de redação. E a Mateus Valadares, que se empenhou de coração no design gráfico de um livro que depende muito da visualização rápida e fácil e elaborou uma capa que expressa exatamente o seu intento.

Devo também agradecer às minhas filhas, Julia e Antonia, que até hoje, aos onze e quinze anos, têm de lidar com um pai obsessivamente educador, pela sua boa vontade, pelos limites que também elas me deram e, acima de tudo, pelo carinho. E a Emiliana Alves de Castro, que por treze anos nos ajudou a educá-las, mostrando a nós, e a elas, outros lados da vida.

Sou especialmente grato à minha companheira e esposa Daniela, que leu e comentou o manuscrito e que há anos me "salva" de diversas enrascadas pessoais e profissionais, pela paciência de mais uma vez cobrir minhas ausências em relação à família e a ela.

Finalmente, aos pais que têm me procurado ao longo desses

mais de vinte anos no consultório. Ao me darem o privilégio de ser o parceiro deles na empreitada de educar seus filhos, me propiciaram — e propiciam — uma aprendizagem contínua.

NOTAS

PARTE I

O que você precisa saber para dar os limites de partida

1. O TRIPÉ [PP. 20-30]

1. Além dos aspectos genéticos (ligados à sequência dos nucleotídeos do DNA), também há outros fatores que geram disposições biológicas, estudados sobretudo pela epigenética (que pesquisa os fatores que afetam a expressão gênica de forma hereditária, sem alterar a sequência nucleotídica do DNA). Atualmente sabe-se que há interações complexas entre os genes e micro-organismos, alimentação, radiação e, em geral, estilo de vida e grau de estresse psicológico. E que esses fatores promovem a aquisição de características durante a gestação que afetarão até os netos de um indivíduo. Interações entre hormônios maternos e fetais, que podem variar conforme a ordem de nascimento e o gênero da criança, são igualmente importantes. Além disso, durante os primeiros anos de desenvolvimento infantil, fatores biológicos e ambientais alteram a formação da arquitetura cerebral e aspectos do sistema neuroendócrino. Portanto, em psicogenética, tanto aspectos biológicos podem influenciar a psique quanto o modo como a psique processa informações pode ativar e desativar genes e até modificá-los. Ver, por exemplo, Friederike Lange, *Epigenetics in the Post Genomic Era: Can Behaviour Change Our Genes? Was Lamarck Just a Little Bit Right?* (Munique: Grin, 2013).

2. Adoto aqui a definição de "temperamento" como a soma de características emocionais e reacionais inatas, portanto, disposições biológicas naturais que permanecem pela vida. "Personalidade" está sendo usado na acepção de somatório do temperamento e da aprendizagem ao longo da infância e da adolescência, que formam um conjunto de atitudes. Está ligada à interpretação que o sujeito dá aos estímulos, portanto, a hábitos, valores, habilidades e vivências pré-verbais e verbais. Ver Gerald Matthews, Ian J. Deary e Martha C. Whiteman, *Personality Traits* (Cambridge: Cambridge University Press, 2009, p. 75).

3. Cada um dos três "pés" do "tripé" pode ser desdobrado em subfatores. Esse tipo de perspectiva ampla, que leva em conta diferentes fatores e dimensões, denomina-se modelo integrativo. Um artigo que dá uma boa visão geral sobre pesquisas nessa área e apresenta visualizações gráficas adaptadas de modelos de outros autores é Ricardo G. Barroso e Carla Machado, "Definições, dimensões e determinantes da parentalidade" (*Psychologica*, v. I, n. 52, pp. 211-29, 2010). Ver também autores citados por Barroso: Masud Hoghughi, "Parenting: An Introduction" (In: HOGHUGHI, Masud; LONG, Nicholas (Orgs.). *Handbook of Parenting: Theory and Research for Practice*. Londres: Sage, 2004, pp. I-18) e Tom Luster e Lynn Okagaki, *Parenting: An Ecological Perspective* (2. ed. Mahwah, NJ.: Lawrence Erlbaum Associates, 2005). Este último abarca um grande número de variáveis presentes em *parenting* e pesquisas atuais sobre como diferenças de classe, etnia, religião, personalidade dos pais e temperamento da criança interagem com outros fatores.

2. CINCO RAZÕES POR QUE FICOU TÃO DIFÍCIL DAR LIMITES E O QUE VOCÊ PODE FAZER A RESPEITO [PP. 31-40]

4. Até os anos 1950, os preceitos de como educar filhos eram influenciados por valores patriarcais (como se observa nas concepções vitorianas e prussianas de educação). No Ocidente, o rigor dos preceitos calvinistas e, no Oriente, dos confucionistas privilegiavam o respeito ao trabalho duro, ao senso de dever, às instituições e aos pais. A obediência absoluta era um grande valor. Ela era obtida pela repressão violenta à vontade individual. Crianças só deviam falar quando perguntadas, e a manifestação de desejos ou discordâncias

era considerada insolência intolerável. O medo permeava a educação em todas as esferas — na disciplina militar adotada nas escolas e nas casas, no uso da palmatória, nas surras e na doutrinação religiosa, que, no Ocidente cristão, inculcava culpa e ameaçava os pecadores com a condenação ao inferno. Com a disseminação social dos movimentos libertários, nos anos 1960, da psicanálise e do behaviorismo radical, uma parentagem democrática, laica, não punitiva e afinada com as necessidades da criança foi se tornando comum. Para essa mudança contribuiu muito o importante livro de Benjamin Spock, *The Common Sense Book of Baby and Child Care* ([S.l.: s.n.], [1946]), que se tornou um best-seller na época e foi reeditado até os anos 1990. A preocupação em não traumatizar, em estimular a autoestima e a confiança, respeitar a individualidade e buscar o crescimento pessoal e o bem-estar passaram a ser temas comuns na educação.

5. Darrin M. Mcmahon, *Felicidade, uma história*. São Paulo: Globo, 2007.

6. Sobre consumismo e direito à diversão, ver o conjunto de trabalhos e discussões apresentados no Child and Teen Consumption. Food Consumption, Communication, Life Styles and Fashion. 5th International Conference on Multidisciplinary Perspectives on Child and Teen Consumption, 2012, Milão. (*Proceedings...* Org. de Massimo Bustreo e Vincenzo Russo. Milão: IULM University, 2012. Disponível em: <www.academia.edu/1955689/Generation_Yes_How_Childhood _Consumerism_has_Influenced_Play_Implications_for_Creative_Development>). Especificamente a conferência de Gilles Brougère, "Licensing and Rhetoric of the Fun: The Cute and the Cool, a Way to Address Material Culture to Children", na qual o autor mostra como a mídia dissemina esse novo senso de propósito da vida que implica o direito ao binômio diversão-consumo.

7. A adolescência como construção cultural já começa a ser gestada aos cinco anos de idade, quando seu filho tem acesso à mídia e a uma subcultura de faixa etária mediada pelo consumo de lazer segmentado. Essa segmentação de mercado do entretenimento e do lazer liga seu filho a uma identidade de grupo (com produtos e hábitos próprios da faixa etária, da classe social e da etnia). Mais tarde esse processo se intensifica e é reforçado por contingências, como o fato de o adolescente viver apartado do mundo adulto e

seguir uma ideologia coletiva de seus pares de acordo com a qual é preciso "desvencilhar-se da incômoda obrigação de estudar" para dedicar-se ao que verdadeiramente interessa: divertir-se, conviver em grupo e ser descolado. Ver, sobre a construção social e midiática do mito da adolescência "aborrescente", Robert Epstein, "The Myth of the Teen Brain" (*Scientific American Mind*, pp. 54-61, abr.-maio 2007. Disponível em: <drrobertepstein.com/pdf/Epstein-THE_MYTH_OF_THE_TEEN_BRAIN-Scientific_American_Mind-4-07.pdf>). E seu livro *Teen 2.0: Saving Our Children and Families from the Torment of Adolescence* (Fresno, CA: Quill Driver Books, 2010).

8. A concepção atual de que crianças precisam ser estimuladas advém da emergência das teorias psicológicas de motivação intrínseca em contraposição à motivação extrínseca, bem como de nossa preocupação em promover o bem-estar psicológico, preservando os filhos do tédio e do estresse. Até a década de 1950 as crianças agiam ou porque seguiam tradições, usos e costumes, ou por medo, culpa e senso de obrigação. Não se esperava que fizessem as coisas por gosto ou escolha; isso não cabia a elas e não se coadunava com a ideologia e o senso de propósito da vida (que era cumprir deveres e obrigações). Hoje, com a ideia de promover a motivação intrínseca, promotores externos (os adultos) tentam despertar a curiosidade, estimular a diversão e o senso de *flow* (conceito que designa o engajamento e o entusiasmo automotivado). Assim, os filhos são hiperestimulados, mas muitas vezes perdem a capacidade de, em momentos de tédio ou necessidade, se automotivarem. Dependem sempre mais e mais de receberem uma estimulação motivadora externa. Eventualmente, abrem mão de se divertir e aceitam agir por meio do sacrifício, do empenho e da abnegação para obter "sucesso", grande valor dos anos 1980 e do modelo *winner/loser*, que gera uma motivação extrínseca voltada para conseguir reconhecimento, poder, dinheiro, fama etc. Mas nesse caso, apesar da disposição de se empenhar e deixar a diversão imediatista de lado, a busca do sucesso acontece em um ritmo estonteante de "hiperperformance" (carreiras meteóricas, a busca do sucesso em todas as áreas de atuação: profissional, esportiva, sexual etc.). A vida, do início ao fim, deve ser uma voragem de vivências intensas, emoções fortes, entusiasmo. No trabalho, cada um terá de encontrar uma empolgante vocação, no amor, viver uma arrebatadora paixão, no lazer, uma grande aventura, e assim por diante.

Entusiasmo e euforia dão o tom dessa atmosfera que só é viável para poucos, mas é vendida como ideal a ser almejado, supostamente alcançável por todos. Tudo que é menos do que isso é vivenciado como fracasso, tédio e frustração.

9. Ver, sobre diferenças culturais de concepções de *parenting*, sobretudo no quesito disciplina e limites, Martin Maldonado-Durán, Marie--Rose Moro e Gina Barclay McLaughlin, "Discipline in Early Childhood" (Disponível em: <www.kaimh.org/Websites/kaimh/images/Documents/Discipline_in_Early_Childhood.pdf>). Também Christine Gross-Loh, *Parenting Without Borders: Surprising Lessons Parents Around the World Can Teach Us* (Nova York: Penguin, 2013), Marc H. Bornstein, "Parenting and Child Mental Health: A Cross-Cultural Perspective" (*World Psychiatry*, v. 12, n. 3, pp. 258-65, 2013), Gary W. Peterson, Suzanne K. Steinmetz e Stephan M. Wilson, "Cultural and Crosscultural Perspectives on Parent-Youth Relations" (In: PETERSON, Gary W.; STEINMETZ, Suzanne K.; WILSON, Stephan M. (Orgs.). *Parent-Youth Relations: Cultural and Cross-Cultural Perspectives.* Nova York: Haworth Press, 2005, pp. 7-20). Um livro fascinante sobre a diferença da concepção mais "ocidental" de liberdade de escolha, visando à realização pessoal, e a "oriental", de obediência e dedicação ao coletivo, é Sheena Iyengar, *The Art of Choosing* (Nova York: Twelve/Hachette, 2010). Embora educação não seja o tema principal do livro, a autora trata em diversos momentos de como se educa na Índia, no Japão, na China e nos Estados Unidos.

3. LIMITES DE PARTIDA: TRÊS PRESSUPOSTOS PARA EDUCAR [PP. 41-55]

10. Esses pressupostos da educação não se encontram estruturados e conectados em nenhum livro ou site, mas você encontrará a maioria deles citados em diferentes autores e contextos. No site About Parenting, ver <discipline.about.com/od/establishingrules/a/5-Types-Of-Rules-Kids-Need.htm> e, para adolescentes, <discipline.about.com/od/establishingrules/a/Establishing-House-Rules-For--Teenagers.htm>. A psicóloga Amy Morin dá dicas e critérios na mesma linha do que você encontrará neste capítulo.

11. Saúde e segurança, embora sejam conceitos diversos, estão interli-

gados, pois ambos referem-se à preservação da vida. São a prioridade de quem tem filhos.

12. Ética e etiqueta também são conceitos distintos, mas podem estar
    relacionados. Ética tem a ver com fazer a coisa certa, agir de acordo
    com a moral. Embora existam muitas concepções filosóficas dife-
    rentes sobre ética, de forma geral ela se refere a agir corretamente,
    praticar o bem, ter integridade, honestidade, generosidade, altruís-
    mo, empatia e preocupação com o bem-estar coletivo (no sentido
    da coletividade humana, não só da coletividade local). Etiqueta
    social está sendo usada aqui em sentido amplo, portanto, não no
    sentido das boas maneiras europeias como entendidas no Ocidente,
    um conjunto de regras de conduta oriundo das cortes europeias
    dos séculos XVII e XVIII (notadamente espanhola, francesa e aus-
    tríaca). A etiqueta social a que me refiro neste livro tem a ver com
    seguir as regras específicas de cada local e cultura. Todos os gru-
    pos humanos têm suas regras de boas maneiras e elegância, seus
    protocolos e tabus. Há uma forma de cumprimentar, uma maneira
    de se comportar durante as refeições, e muitas regras para cada
    situação e cada tipo de interação entre as pessoas. Fatores como a
    idade, o gênero, a classe social e a atividade profissional também
    determinam regras de etiqueta. Entender que há um conjunto de
    normas de conduta, respeitá-lo e saber transitar entre os diferentes
    grupos e culturas é ser bem-educado. Ter etiqueta, nesse sentido,
    significa respeitar as necessidades culturais e sociais do outro, o
    que está relacionado com a ética (o respeito ao outro).

13. Freud denomina a fase em que a criança pequena tem a si como
    referência de "narcisismo". Nessa fase (entre um ano e três anos
    e meio), há um espelho narcísico constituído pelos adultos, que
    dizem e mostram à criança quem ela é, como ela é maravilhosa
    (ele usa o termo "his majesty the baby" para indicar que nessa fase
    a criança é o centro em torno do qual tudo parece girar). Psicana-
    listas falam de "captura especular": a criança deseja intensamente
    ser espelhada pelo adulto de modo esplendoroso e receber dele
    uma admiração e um amor incondicionais. Quer ser o centro das
    atenções e não tolera não ser atendida, não encantar, não ser amada,
    não ganhar um jogo, não receber elogios, além de sentir ciúmes in-
    tensos. A relação com o outro é dual (a dois) e marcada por amor e

raiva intensos. Entretanto, em algum momento, é preciso que esse encanto se quebre, que a criança se liberte desse ciclo eu-outro, autorreferente, e seja introduzida no mundo para além da mãe, da babá ou de outro cuidador doméstico para que não se transforme em um adulto mimado, autorreferente e incapaz de lidar com a vida. É preciso que seja introduzida na cultura humana, no mundo em que há eu, outro e mais outros, de modo que os outros possam se ocupar entre si, e ela, a criança, não estar no centro das atenções. Um mundo em que há regras, gramática, matemática, ética, etiqueta social e lógica. Isso implica entender que não será amada incondicionalmente (bastando existir para ser amada), mas que será amada conforme seu desempenho (se for gentil, tiver asseio, for honesta, generosa, tiver bom desempenho na escola, for empenhada etc.). E mesmo que seja admirada e amada, nunca mais será objeto exclusivo do outro. A antiga dimensão especular, pautada por vontades arbitrárias, agora é substituída pela dimensão dos valores e ideais sociais. O amor passa a ser condicionado ao desempenho e ao cumprimento de regras e deveres. Trata-se de um dolorido processo de passagem do mundo de afetos e imagens primitivos, da lógica do "você me ama ou você me odeia", para o mundo das leis, das regras, da linguagem e da ética. Agora os outros "aprovam ou desaprovam minha atitude". É o que Freud chama de elaboração do complexo de Édipo, formação do superego (instância crítica interna que avalia o desempenho do ego) e da consciência moral. A reciprocidade de apoios, as trocas de empenho fazem parte dessa ética das dívidas que cada um de nós tem para com os outros membros da comunidade humana. Sigmund Freud, "À guisa de introdução ao narcisismo (1914/2004)". In: *Obras psicológicas de Sigmund Freud – Escritos sobre a psicologia do inconsciente*. Coord. geral de Luiz Alberto Hanns. Rio de Janeiro: Imago, 2004. v. 1; e "A dissolução do complexo de Édipo (1924)". In: *Obras completas, volume 16: O eu e o id, "autobiografia" e outros textos (1923-1925)*. São Paulo: Companhia das Letras, 2011, pp. 203-13.

14. A questão de como o sujeito se relaciona com a regra também tem uma dimensão ética, já que não se deve usufruir do bônus sem pagar o ônus associado. O aproveitador e o sociopata apenas usufruem, recebem e não dão nada em troca. Privilegiam o puro gozo de seu desejo e não aceitam os limites à vontade, que residem na

necessidade do outro. Não entendem que o desejo e a necessidade do outro impõem uma restrição às nossas vontades e exigem uma disposição de nos privar de parte dos nossos desejos. Na verdade, as regras de uma comunidade são sempre uma tentativa grupal ou social de regular os diferentes desejos e necessidades. Outra dimensão da relação com a regra é a política, que se refere ao entendimento estratégico da correlação de forças. Seu filho deve entender que em cada situação há diferenças na correlação de forças que nos obrigam a aceitar por um tempo uma imposição. Crianças que não percebem essa correlação de forças podem crescer como adultos inadequados, que desfiam o poder em vão e sofrem sistematicamente retaliações ou que se tornam os "chatos" que insistem e incomodam sem conseguir obter mudanças (diferente de um mártir heroico, que age com consciência). Não aprendem a escolher hora, lugar e estratégia para desafiar as regras consideradas injustas e tentar mudá-las.

5. O MAPA DOS LIMITES [PP. 76-91]

15. Ter espaço para expressar sua indignação ou frustração de modo espontâneo e ser acolhido é importante. Sobretudo crianças menores, com menos autocontrole e sem noção de etiqueta social, o fazem continuamente. Adolescentes sujeitos às inúmeras restrições referentes a segurança, obrigações de estudo e exigências de etiqueta também se sentem muitas vezes sufocados e frustrados. A tendência da educação contemporânea é aceitar moderadamente essas manifestações de inconformismo e adotar métodos como ignorar o negativo e valorizar o positivo e, se necessário, o *coaching* emocional (Gottman) e a comunicação CALM (Jennifer Kolari). A ideia é que leva tempo para o sujeito aprender a lidar com suas frustrações. Também as teorias psicanalíticas discutem a importância da continência, sobretudo para crianças pequenas. O ponto deste capítulo é que essas manifestações muitas vezes tendem a se tornar um padrão. Alguns filhos "pegam carona" no direito de se indignar e embutem nele o direito de serem desrespeitosos e agressivos, o que muitas vezes se torna padrão e hábito. Ao pensar a educação em vez de usar fórmulas e clichês, você pode perceber se nesses casos torna-se necessário, pelo diálogo ou pela imposição forçada de regras, coibir os protestos de indignação desrespeitosos. E, com muita firmeza, ter "tolerância zero" para o desrespeito e exigir que a indignação

se expresse de acordo com as regras do pacto de educação. Seu filho pode se indignar e ficar furioso, falar dos sentimentos dele, questionar o mérito da regra que você impôs, mas não pode, a cada contrariedade, ser agressivo com você ou ignorá-lo.

16. No Ocidente cada vez mais se discute a necessidade de evitar o abuso entre irmãos e não deixar que padrões de confronto se instalem. Livros como de Jeanne Safer, *Cain's Legacy: Liberating Siblings from a Lifetime of Rage, Shame, Secrecy, and Regret* (Nova York: Basic Books, 2012), indicam o quanto o tema é relevante para a saúde mental dos filhos na vida adulta. Segundo alguns estudos, até 45% dos adultos americanos mantêm relações distantes ou conflituosas com os irmãos. Apesar disso, a questão de quanto interferir e quanto deixar que irmãos se entendam e aprendam a negociar por conta própria depende do contexto. Na cultura japonesa, a tendência é deixar os irmãos "se virarem"; o mesmo vale para os países escandinavos. Na cultura americana contemporânea, há uma tendência a interferir mais. Uma educação pensada avalia as condições do tripé, os efeitos que as brigas estão tendo e o tipo de resolução que habitualmente surge para decidir quando e quanto interferir.

6. SUGESTÕES PRÁTICAS PARA EXPLICAR OS PORQUÊS DE CADA LIMITE [PP. 92-112]

17. A ênfase no papel do pai educador e da mãe educadora é sua posição como veiculador da lei (na acepção de conjuntos de regras e saberes éticos), aquele que a transmite. Nesse aspecto, o pai e a mãe têm um papel que Freud descreve como o papel do pai no drama edípico (de castrador) e os lacanianos designam de função paterna. Ele submete o desejo aos limites éticos (sociais). Mas o pai educador também alerta o filho a respeito das limitações práticas e operacionais do desejo. Nesse sentido, submete radicalmente o "princípio do prazer" ao "princípio de realidade", e promove a função do pensamento sobreposta ao desejo puro. Claro que essa função, apesar da designação "paterna", é igualmente exercida pela mãe, ao nomear e clarificar os enunciados que ordenam o mundo e determinam os limites (castram o desejo na forma bruta), submetendo o desejo ao possível (ética e praticamente). Diferentemente da mãe e do pai arbitrários, que ditam as ordens conforme seus

caprichos e humores, pautados pelos desejos pessoais e pelas emoções, o pai educador não diz "se você fizer isso ficarei feliz e se fizer aquilo ficarei triste", mas transmite as ordens de acordo com as referências culturais daquele grupo, as normas que valem para todos, inclusive para ele mesmo. E diz "se fizer isso, estará fazendo a coisa certa" e "se fizer aquilo, estará fazendo a coisa errada", e "admirarei somente suas atitudes certas" (de ética e empenho). Cada regra que o pai e a mãe educadores dão se refere a uma posição ou situação (portanto, a um contexto). Desde cedo o filho aprende que cada sujeito ocupa uma posição relativa diferente conforme o contexto. Se é anfitrião, tem obrigações e direitos diferentes do convidado; se está doente tem obrigações e deveres diferentes daqueles de uma pessoa sadia. Ou seja, as regras são universais, mas variam de acordo com as circunstâncias. Se você é jovem em uma sociedade patriarcal, deve obedecer ao patriarca; se você é jovem em uma meritocracia, deve buscar se posicionar pelo mérito. Sem essa ordenação simbólica dos direitos e deveres e das possibilidades e impossibilidades, todos se confundem, as identidades não se constituem e o desejo circula sem balizas, desvirtuando-se para a perversão, o egoísmo desmesurado ou comportamentos erráticos.

18. Sobre as perdas emocionais e cognitivas por excesso de envolvimento em mídias sociais e sobre FOMO (*fear of missing out*), ver, por exemplo, Andrew K. Przybylski, Kou Murayama, Cody R. DeHaan e Valerie Gladwell, "Motivational, Emotional, and Behavioral Correlates of Fear of Missing Out" (*Computers in Human Behavior*, v. 29, n. 4, pp. 1841-8, 2013). Além disso, muitas vezes o uso intenso de eletrônicos, inclusive jogar videogame e assistir a filmes, compete em tempo e habilidade com o interesse pela leitura. A respeito da importância da leitura, ver, por exemplo, Stuart Ritchie, Timothy Bates e Robert Plomin, "Does Learning to Read Improve Intelligence? A Longitudinal Multivariate Analysis in Identical Twins From Age 7 to 16" (*Child Development*, v. 85, n. 5, 2014). Existem também diversos estudos sobre graus de adição e dependência do uso da internet e seus efeitos nocivos.

19. Por exemplo, sobre um fenômeno psicológico denominado *flow*, um estado de concentração e empenho que as pesquisas demonstram ter efeito importante sobre o bem-estar psicológico. Ver *Fluir*

(Lisboa: Relógio d'Água, 2002). Sobre os benefícios do empenho, do esmero e da concentração, ver o livro de Daniel Goleman, *Foco* (Rio de Janeiro: Objetiva, 2015).

20. Sobre os efeitos psicológicos benéficos do altruísmo, ver, por exemplo, os estudos citados em Sonja Lyubomirsky, *The How of Happiness: A New Approach to Getting the Life You Want* (Nova York: Penguin, 2008 [ed. bras.: *A ciência da felicidade: como atingir a felicidade real e duradoura.* Rio de Janeiro: Elsevier, 2008]). Também há diversas pesquisas sobre as bases neurológicas do altruísmo, por exemplo, Jorge Moll, Frank Krueger, Roland Zahn, Matteo Pardini, Ricardo de Oliveira-Souza e Jordan Grafman, *Human Fronto-Mesolimbic Networks Guide Decisions About Charitable Donation* (Org. de Marcus E. Raichle. St. Louis, MO: Washington University School of Medicine, 2006). Também em sociobiologia se estuda o fenômeno; um resumo da perspectiva sociobiológica pode ser encontrado em Catherine Driscoll, "Sociobiology" (In: ZALTA, Edward N. (Org.). *The Stanford Encyclopedia of Philosophy.* Disponível em: <horizons-2000.org/1.%20World%20and%20Being/realization/being-elements/stanford/Sociobiology.html>).

PARTE II
A arte de dialogar com crianças e adolescentes

7. O QUE É DIALOGAR EM CONEXÃO COM PENSAMENTOS
E EMOÇÕES [PP. 114-24]

21. Há diversos autores que discutem modos de se comunicar dialogando com seu filho; ver, por exemplo, Jennifer Kolari, *Connected Parenting: Transform Your Challenging Child and Build Loving Bonds for Life* (Nova York: Avery, 2009). Na verdade, essas formas de comunicação derivam dos métodos de comunicação não violenta e também de comunicação emocional. O diálogo em conexão com pensamentos e emoções que proponho neste livro tem alguns pontos em comum com o modelo de David Servan-Schreiber denominado FTACEN, acróstico que localiza a Fonte do problema, propõe Tempo e lugar adequados, Abordagem amigável, Comportamento objetivo a ser abordado, sem julgar e adjetivar moralmente, descrevendo a Emoção que isso causa e a Necessidade que gostaria de ver atendida. David Servan-Schreiber, *Curar... O stress, a ansiedade e a depressão sem*

medicamento nem psicanálise (São Paulo: Sá, 2004). Algumas especificidades importantes do diálogo em conexão com os pensamentos e emoções são a ênfase em explorar e valorizar a expressão de medos e sonhos, em formular hipóteses sobre "porquê" e "como", e em definir o dilema como um impasse entre duas proposições legítimas, despersonalizando o problema e deslocando a discussão para a análise das limitações práticas e sociais do desejo do seu filho.

10. EXERCITANDO O DIÁLOGO PASSO A PASSO:
PONDERAR/BUSCAR SOLUÇÕES [PP. 164-75]

22. O dilema também enfatiza a sua postura de pai educador, conforme descrita na nota 17. Essa postura consiste em se posicionar como um veiculador das leis e regras que tratam das limitações práticas e morais ao desejo. Portanto, apresentar um dilema é ter a função de tradutor dos sentidos e dos impasses da vida. Mas é importante apresentar o dilema legitimado pela posição daquele que, por ser o adulto cuidador e responsável pelo filho, está investido do mandato (autoridade) de educar e preparar para a vida.

PARTE III
A arte de impor limites a crianças e adolescentes

14. IMPONDO LIMITES SUAVES [PP. 212-28]

23. Os métodos "suaves" descritos neste capítulo são bastante disseminados em livros de *parenting* atuais, em sites e pela mídia. Provêm de diversas abordagens, algumas da educação positiva. A diferença é que os autores que se identificam com a educação positiva sugerem evitar o método do *time-out* (cadeirinha) e qualquer tipo de punição. Ver, por exemplo, a página da associação canadense de pediatras, que contém recomendações que são quase padrão: <www.caringforkids.cps.ca/handouts/tips_for_positive_discipline>. Também os Centers for Disease Control and Prevention (Centros Americanos para o Controle e a Prevenção de Doenças): <www.cdc.gov/ncbddd/childdevelopment/positiveparenting/middle.html>. O problema é quando esses métodos são divulgados como regras e usados sem considerar o tripé (biologia, ensino ativo e influência do ambiente) e o contexto (educação pensada).

15. IMPONDO LIMITES MODERADOS [PP. 229-45]

24. Parecido com o que o popular livro de Pamela Druckerman sugere a respeito do *"non"* francês (*Crianças francesas não fazem manha*. Rio de Janeiro: Fontanar, 2013).

25. Em vez de mostrar a relação entre custo e benefício, como é comum nos métodos atuais de educação não punitiva, sugiro que em alguns casos pode valer a pena causar um pequeno trauma, mostrando consequências e custos elevados. Não se deve mentir e inventar consequências que jamais ocorreriam, mas pode-se carregar nas cores e mostrar consequências que, embora radicais e limítrofes, sejam reais. Por exemplo, se não estudar possivelmente acabará sem emprego e na pobreza; ou: se não escovar dentes poderá ficar seriamente doente (infecções bucais e cáries de fato podem evoluir para quadros graves). Tal como um castigo ou uma bronca contundentes, em algumas situações uma intervenção de alto impacto abre uma brecha na resistência que não poderia ser aberta apenas por meio de indução, modelagem e condicionamento suave.

26. O estudo de Karen Caplovitz Barrett sobre crianças pequenas (*toddlers*) que tendiam a sentir vergonha e outras que tendiam a sentir culpa mostra que as que sentiam vergonha evitavam entrar em contato com o problema e fugiam da situação, e as que sentiam culpa tentavam consertar o brinquedo e explicar o que tinha acontecido. O resultado sugere a importância de ensinar as crianças a se importarem com as consequências e a resolverem as situações, portanto, ensiná-las que há reparação para os danos causados.

27. Diane Levy, *É claro que eu amo você... agora vá para o seu quarto!*. Curitiba: Fundamento, 2010.

28. Atualmente há uma unanimidade no pensamento dominante sobre parentagem de que castigar não é eficaz. De fato, se for um padrão diário, praticado de modo arbitrário e autoritário, o castigo tende a produzir filhos acuados ou revoltados. Mas muitas vezes o que se propõe é uma "educação padrão" não pensada, na qual se seguem fórmulas. Desconsidera-se que há casos em que o único modo de abrir uma brecha na resistência ao diálogo e à ponderação

é punindo, forçando uma abertura. Também há situações em que a criança se tornou uma tirana, e se nenhum método suave ou moderado estiver funcionando, um castigo talvez seja necessário e eficaz, desde que ministrado com critério.

16. IMPONDO LIMITES FORTES [PP. 246-55]

29. Até mesmo os efeitos dos abusos e maus-tratos podem variar muito conforme a cultura. Ver Jill E. Korbin (Org.). *Child Abuse and Neglect: Cross-Cultural Perspectives* (Berkeley: University of California Press, 1981). Quanto aos métodos de broncas e castigos, ver também o estudo sobre o impacto do modelo de parentagem autoritário em mulheres brancas e negras nos Estados Unidos. Ele mostra diferenças na percepção e no efeito das atitudes parentais sobre filhos nessas duas comunidades e argumenta que, mesmo no ambiente norte-americano, não necessariamente a educação mais violenta é prejudicial; ao contrário, em determinados contextos pode ser adequada. Ver Esther M. Leerkes, Andrew J. Supple e Jessica A. Gudmunson, "Ethnic Differences in Women's Emotional Reactions to Parental Non-Supportive Emotion Socialization" (*Marriage Fam. Rev.*, v. 50, n. 5, pp. 435-46, 2014).

PARTE IV
Ensinar a viver com limites (pequenos projetos de mudança de atitude)

19. PROMOVER MUDANÇAS DE ATITUDE [PP. 306-18]

30. Hábitos emocionais e cognitivos, do ponto de vista da psicoterapia cognitiva, têm raízes em disposições biológicas (vulnerabilidades), em esquemas pré-verbais (formação de reações) que, somados a crenças primitivas e regras condicionais, se transformam em pensamentos automáticos (e respostas automáticas). Já no modelo de dois sistemas (o pensar rápido e o pensar devagar), descrito por Daniel Kahneman, há padrões automáticos (ou hábitos de processamento da informação) ligados ao sistema de pensamento rápido (que ele chama de sistema 1). Daniel Kahneman, *Rápido e devagar, duas formas de pensar* (Rio de Janeiro: Objetiva, 2011). Outros autores utilizam o modelo tripartite: ocorre uma deixa (estímulo de-

sencadeador), forma-se uma rotina (resposta automática) e há um reforço pela recompensa (estímulo positivo), formando um *loop* de hábito. Ver descrição didática dessa concepção no livro do jornalista Charles Duhigg, *O poder do hábito* (Rio de Janeiro: Objetiva, 2012). Todos os autores concordam que é difícil desconstruir hábitos de pensamento e hábitos emocionais e substituí-los por novos hábitos. A ideia básica é que circuitos subcorticais têm como característica serem muito velozes, produzirem reações automáticas e serem movidos de acordo com modelos mentais padronizados. Além disso, são acionados por emoções mais intensas. Ao contrário, o neocórtex é acionado para lidar com problemas novos, que não podem ser resolvidos automaticamente, exigem reconhecimento do objeto, contexto e análise, portanto é mais lento, voluntário, liga-se ao autocontrole e ao planejamento e controla parte dos repertórios automáticos. Hábitos como reagir agressivamente a contrariedades ou agir de modo esquivo diante do novo ligam-se a essas formas mais impulsivas do cérebro de processar a informação.

31. Tentações mobilizam dilemas entre o que Freud chamava de princípio do prazer (mais imediatista) e princípio de realidade (que se autocontrola e planeja). Sigmund Freud, "Formulações sobre os dois princípios do acontecer psíquico". (In: *Obras psicológicas de Sigmund Freud — Escritos sobre a psicologia do inconsciente (1911-1915)*. Coord. de Luiz Alberto Hanns. Rio de Janeiro: Imago, 2004. v. 1, p. 63--77), "O eu e o id" (In: *Obras psicológicas de Sigmund Freud— Escritos sobre a psicologia do inconsciente*. Coord. de Luiz Alberto Hanns. Rio de Janeiro: Imago, 2004. v. 3). O princípio de realidade lida com as limitações e os impedimentos à realização do desejo, de início restrições operacionais, como a impossibilidade de realizar certas ações por falta de logística, de recursos financeiros, de condições físicas, ou devido à presença de perigos. Mais tarde também restrições sociais, que podem levar a censura do grupo, perda da admiração e do prestígio, isolamento e exclusão. Experimentos já clássicos, como o de Walter Mischel com os marshmallows, mostram a força das tentações e do impulso mais imediatista disputando com o autocontrole e a visão das consequências. Walter Mischel, Ebbe B. Ebbesen e Antonette Raskoff Zeiss, "Cognitive and Attentional Mechanisms in Delay of Gratification" (*Journal of Personality and Social Psychology*, v. 21, n. 2, pp. 204-18, 1972).

32. Ao ser tomado por emoções fortes, o cérebro sucumbe em especial à ação das assim chamadas vias ascendentes dos circuitos subcorticais, que prevalecem sobre o neocórtex, inibindo sua capacidade de raciocinar e se controlar.

33. Muitas vezes os recursos que faltam são operacionais (espaço, dinheiro ou tempo), mas, em geral, o maior problema é a falta de recursos emocionais e cognitivos para lidar com as situações. Embora às vezes saiba *o que* deve fazer, o sujeito não sabe *como*. Uma ideia comum a várias abordagens de *parenting* é mobilizar os pais para que façam algum tipo de *coaching* emocional e cognitivo, para que ensinem os filhos a lidar com situações desafiadoras (em geral desagradáveis). A maioria se inspira nos métodos cognitivos. Alguns se restringem a acolher e nomear emoções, outros avançam para propor um diálogo que leve o sujeito a construir uma solução, e alguns incluem no processo um treinamento e eventualmente uma dramatização lúdica (*role-playing*).

34. Pais, orientados por terapeutas, podem ajudar na terapia trabalhando diretamente com seus filhos problemáticos em casa. Também podem atuar em questões disciplinares do cotidiano, dando limites a crianças supostamente agressivas e incontroláveis. Podem ainda estimular o desenvolvimento de competências variadas. Ver o site Parent-Child Interaction Therapy International, <www.pcit.org>; uma das metas do site é dar autonomia e competência aos pais (*empowerment*) para que promovam mudanças com os filhos. Também sobre o papel terapêutico dos pais, nesse caso com filhos com déficit de atenção, ver Jennifer Wyatt Kaminsky, Linda Anne Valle, Jill H. Filene e Cynthia L. Boyle, "Meta-Analytic Review of Components Associated with Parent Training Program Effectivness" (*Journal of Abnormal Psychology*, v. 36, n. 4, pp. 567-89, 2008), Leanne Tamm, Paul A. Nakonezny e Carroll W. Hughes, "An Open Trial of a Metacognitive Executive Function Training for Young Children With ADHD" (*Journal of Attention Disorders*, v. 18, n. 6, pp. 551-9, 2014).

35. Por exemplo, o esquema das tabelas com estrelinhas e rostos felizes. Ver: <www.supernanny.co.uk/Advice/-/Parenting-Skills/-/Discipline--and-Reward/The-Placemat-Reward-Chart.aspx>.

Além dos limites

24. PARA ALÉM DOS LIMITES — PREPARAR SEU FILHO
PARA A VIDA [PP. 402-6]

36. Estudos diversos afirmam que cinco grandes traços de personalidade (Big Five Personality Traits) estão correlacionados com a
capacidade de lidar adequadamente com os desafios da vida: neuro-
ticismo ou instabilidade emocional (*neuroticism*), extroversão (*extra-
version*), amabilidade (*agreeableness*), escrupulosidade (*conscientious-
ness*), abertura para a experiência (*openness to experience*). Ver um
bom resumo sobre o tema, com referências bastante completas, em
<en.wikipedia.org/wiki/Big_Five_personality_traits>.

Aplicadas à educação de filhos, essas cinco capacidades impli-
cam desenvolver com crianças e adolescentes determinadas atitudes. Para isso tem-se usado algumas ferramentas no ensino escolar
que visam desenvolver determinadas competências socioemocionais. Um exemplo disso é o projeto desenvolvido pela Fundação
Ayrton Senna e pela Organização para a Cooperação e Desenvolvimento Econômico (OCDE) em parceria com as secretarias estadual
e municipal do Rio de Janeiro; ver: <educacaosec21.org.br/iniciati-
vas/competencias-socioemocionais/>. Em parte, esses cinco eixos
coincidem com as seis competências de vida mencionadas neste
capítulo e nos programas de educação que desenvolvo com famílias em workshops e palestras, mas há muitas diferenças a serem
discutidas em outro contexto.

APÊNDICE II. CONHECIMENTOS SOBRE *PARENTING*
E A CONTRIBUIÇÃO DESTE LIVRO [PP. 421-34]

37. Em geral utiliza-se o modelo de quatro estilos de parentagem: o
autoritário (arbitrário e impositivo), o impositivo (em inglês, *authoritative parenting*; assertivo, leal e com diálogo), o permissivo e o de-
sengajado (sem envolvimento afetivo). Baseiam-se nos conceitos de
Diana Baumrind, "Child Care Practices Anteceding Three Patterns
of Preschool Behavior" (*Genetic Psychology Monographs*, v. 75, n. 1, pp.
43-88, 1967) e Eleanor E. Maccoby e John A. Martin, "Socialization
in the Context of the Family: Parent-Child Interaction" (In: MUSSEN,
Paul; HETHERINGTON, E. Mavis (Orgs.). *Handbook of Child Psychology*,

v. iv: Socialization, Personality, and Social Development. 4. ed. Nova York: Wiley, 1983).

38. Na verdade, mesmo os melhores estudos acabam por correlacionar variáveis agrupadas em blocos, sem conseguir isolar variáveis específicas. Por exemplo, estuda-se há décadas a diferença entre pais autoritários (*authoritarian parenting*) e pais que ouvem, são mais calmos e conversam com os filhos (*authoritative parenting*). Todos os estudos indicam que é melhor ser calmo, conversar e ouvir seu filho, dando limites serenos e estruturados, em vez de ser intolerante, autoritário e punir indiscriminadamente. Mas há sociedades e culturas nas quais os filhos são educados de modo autoritário, sem diálogo e com violência, e mesmo assim crescem felizes, saudáveis e psicologicamente adequados. O mesmo tipo de dificuldade ocorre, por exemplo, nas comparações entre pais que atendem a todas as necessidades dos filhos e não os treinam para lidar com frustrações e pais que preparam os filhos para aguentar a privação de atenção imediata. Dependendo de classe social, cultura, etnia e personalidades envolvidas, os resultados variam. E não sabemos exatamente por quê. Sobre as limitações das pesquisas comparativas entre estilos de parentagem, ver: <www.human. cornell.edu/pam/outreach/parenting/research/upload/Parenting-20Styles-20and-20Adolescents.pdf>.

39. Entre as influências biológicas há dimensões genéticas, epigenéticas e da bioquímica gestacional produzindo interações hormonais e afetando a formação do sistema nervoso central. Ver nota 3, sobre a complexidade dos modelos integrativos.

40. Essas interações psicológicas incluem a influência do inconsciente dos pais, as interações entre inconscientes familiares, a transmissão transgeracional de valores e crenças, entre outros fatores, fenômenos estudados pela psicanálise, pela terapia cognitiva, pela teoria comportamental e pela teoria sistêmica (embora cada linha nomeie e defina os fatores de modo diferente).

41. Mas também sabemos que mesmo que conseguíssemos abarcar todas as variáveis importantes teríamos ainda outro desafio metodológico: uma atitude ou providência dos pais pode durante anos

produzir um efeito, digamos, positivo, e nos anos subsequentes inverter-se. Por exemplo, estimular a leitura e os estudos pode produzir resultados favoráveis nos testes de inteligência na infância e perder o efeito e não influenciar os resultados quando se estuda as mesmas crianças mais tarde, na adolescência. Stuart Ritchie, Timothy Bates e Robert Plomin, "Does Learning to Read Improve Intelligence? A Longitudinal Multivariate Analysis in Identical Twins From Age 7 to 16" (*Child Development*, v. 85, n. 5, 2014).

42. Em todas as áreas em que há o problema metodológico denominado de "subdeterminação da teoria pelas provas" (diferentes teorias explicam os mesmos dados igualmente bem), teremos muitas teorias rivais e pouco consenso. E a hegemonia de uma delas dependerá da força da assim denominada "retórica científica" (argumentação academicamente estruturada). A força de uma argumentação desse tipo depende de mostrar que: 1) a teoria é lógica e plausível; 2) tem alcance explicativo; 3) faz previsões; 4) explica os acertos e as falhas das rivais; 5) é coerente com conhecimentos de campos afins; 6) se apoia em evidências empíricas (não provas); 7) permite melhores intervenções que as rivais; 8) obtém bons resultados práticos; 9) propõe correlações suficientemente claras para um dia poderem ser testadas. (Critérios adaptados das exigências de racionalidade argumentativa discutidas por Imri Lakatus em "Criticism and the Growth of Knowledge" [In: International Colloquium in the Philosophy of Science, 1965, Londres. *Proceedings...* v. 4. Londres, 1965, pp. 91-196].) Mas, mesmo em ciência, bons argumentos não bastam, é preciso capturar os corações e as mentes com retórica e paixão, que não faltam aos militantes desse campo (sobretudo psicólogos, que muitas vezes se proclamam mais "científicos" que os colegas e evocam como prova experimentos e testes cuja eficácia, na verdade, torna a teoria apenas plausível).

43. Como mencionado, eles se aplicam ao contexto de sociedades ocidentais, urbanas, democráticas, voltadas para a realização pessoal dos seus cidadãos, e se referem à média, sem discriminar tipos de personalidade, configuração familiar e classe social.

44. Entre as linhas de *parenting*, quatro matrizes são mais frequentes: as psicanalíticas, as cognitivas, as comportamentais e as sistêmicas.

Destas derivam inúmeras variantes e as chamadas ecléticas, que combinam algumas das matrizes básicas.

45. Em <discipline.about.com/bio/Amy-Morin-102254.htm>, a psicoterapeuta Amy Morin traz um grande número de recomendações das quais será difícil discordar. São dicas que, de forma geral, funcionam no ambiente urbano ocidental e devem ajudá-lo em sua casa. São um bom resumo dos consensos atuais.

46. Bruno Vale Trancas, João Carlos Melo e Nuno Borja Santos, "O pássaro de Dodó e os factores comuns em psicoterapia" (*PsiLogos*, v. 5, n. 1, pp. 75-87, 2008. Disponível em: <www.psilogos.com/Revista/Vol5N1/Indice8_ficheiros/Trancas.pdf>).

47. A efetividade de antidepressivos, dietas, esquemas de fitness e diversos estilos de liderança é diferente da eficácia. A eficácia é resultado de estudos em ambientes controlados, com amostras e variáveis selecionadas para destacar correlações específicas, demonstrando o quanto uma variável é eficaz para produzir determinado resultado. A efetividade se refere ao funcionamento do método na vida real, algo que depende de graus de congruência entre fatores diversos. Estudos de efetividade de antidepressivos, dietas, fitness e estilos de liderança mostram que as variações da biologia, os recursos de enfrentamento, o ambiente e a motivação equalizam muitos dos resultados, apesar de em estudos de eficácia haver algumas diferenças entre métodos. Portanto, hoje a pergunta científica não é qual método funciona melhor, mas qual método para que pessoa, em que contexto e por quanto tempo. Como se pode imaginar, à resposta para essa pergunta chega-se por tentativa e erro, guiando-se por estudos de tendências e evidências parciais de eficácia.

48. No livro *Teach Your Child to Behave: Disciplining with Love, from 2 to 8 Years* (Nova York: Plume, 1991), de Charles Schaefer e Theresa DiGeronimo, por exemplo, há um programa que em alguns aspectos coincide com o deste livro. Primeiro os autores sugerem que os pais aprofundem os vínculos, depois aprendam a se comunicar e finalmente proponham diversos métodos para impor limites. Há diferenças importantes no modo de realizar o programa e no nível de detalhes do passo a passo, e os autores não enfatizam nem

o aspecto de conscientizar o filho e nem o de introduzir o que chamo de ensino ativo e programas de mudança consciente de atitude. *Raising an Emotionally Intelligent Child* (Nova York: Fireside, 1998), de John Gottman e Joan DeClaire, enfatiza muito o diálogo e como ensinar habilidades emocionais (inteligência emocional), assim como *The Optimistic Child* (Nova York: Houghton Mifflin, 2007), de Martin Seligman.

BIBLIOGRAFIA

BARROSO, Ricardo G.; MACHADO, Carla. "Definições, dimensões e determinantes da parentalidade". *Psychologica*, v. 1, n. 52, pp. 211-29, 2010. Disponível em: <www.academia.edu/>.

BAUMRIND, Diana. "Child Care Practices Anteceding Three Patterns of Preschool Behavior". *Genetic Psychology Monographs*, v. 75, n. 1, pp. 43-88, 1967.

"BIG FIVE PERSONALITY TRAITS". In: WIKIPEDIA: *The Free Encyclopedia*. Disponível em: <en.wikipedia.org/wiki/Big_Five_personality_traits>.

BORNSTEIN, Marc H. "Parenting and Child Mental Health: A Cross-Cultural Perspective". *World Psychiatry*, v. 12, n. 3, pp. 258-65, 2013.

CAPLOVITZ BARRETT, Karen; ZAHN-WAXLER, Carolyn; COLE, Pamela M. "Avoiders vs. Amenders: Implications for the Investigation of Guilt and Shame During Toddlerhood?". *Cognition & Emotion*, v. 7, n. 6, pp. 481-505, 1993.

CARING FOR KIDS. "When Your Child Misbehaves: Tips for Positive Discipline". In: Caringforkids. Disponível em: <www.caringforkids.cps.ca/handouts/tips_for_positive_discipline>.

CENTERS FOR DISEASE CONTROL AND PREVENTION. "Child Development. Middle Childhood (6-8 Years of Age)". Disponível em: <www.cdc.gov/ncbddd/childdevelopment/positiveparenting/middle.html>.

CHILD AND TEEN CONSUMPTION. Food Consumption, Communication, Life Styles and Fashion. 5th International Conference on Multidisciplinary Perspectives on Child and Teen Consumption, 2012,

Milão. *Proceedings...* Org. de Massimo Bustreo e Vincenzo Russo. Milão: IULM University, 2012. Disponível em: <www.academia. edu/1955689/ Generation_Yes_How_Childhood_Consumerism_ has_Influenced_Play_Implications_for_Creative_Development>.

CSIKSZENTMIHALYI, Mihaly. *Fluir.* Lisboa: Relógio d'Água, 2002.

DRISCOLL, Catherine. "Sociobiology". In: ZALTA, Edward N. (Org.). *The Stanford Encyclopedia of Philosophy.* Disponível em: <horizons-2000. org/1.%20World%20and%20Being/realization/being-elements/stan-ford/Sociobiology.html>.

DUHIGG, Charles. *O poder do hábito.* Rio de Janeiro: Objetiva, 2012.

EPSTEIN, Robert. "The Myth of the Teen Brain". *Scientific American Mind,* abr.-maio 2007, pp. 54-61. Disponível em: <drrobertepstein.com/ pdf/Epstein-THE_MYTH_OF_THE_TEEN_BRAIN-Scientific_ American_Mind-4-07.pdf>.

_____. *Teen 2.0: Saving Our Children and Families from the Torment of Adolescence.* Fresno, CA: Quill Driver Books, 2010.

FREUD, Sigmund. "À guisa de introdução ao narcisismo (1914/2004)". In: *Obras psicológicas de Sigmund Freud — Escritos sobre a psicologia do inconsciente (1911-1915).* Coord. geral de Luiz Alberto Hanns. Rio de Janeiro: Imago, 2004. v. 1.

_____. "A dissolução do complexo de Édipo". In: *Obras completas, volume 16: O eu e o id, "autobiografia" e outros textos (1923-1925).* São Paulo: Companhia das Letras, 2011, pp. 203-13.

_____. "Formulações sobre os dois princípios do acontecer psíqui-co". In: *Obras psicológicas de Sigmund Freud — Escritos sobre a psicologia do inconsciente (1911-1915).* Coord. geral de Luiz Alberto Hanns. Rio de Janeiro: Imago, 2004. v. 1, p. 63-77.

_____. "O eu e o id". In: *Obras psicológicas de Sigmund Freud — Escritos sobre a psicologia do inconsciente.* Coord. de Luiz Alberto Hanns. Rio de Janeiro: Imago, 2004. v. 3.

GOLEMAN, Daniel. *Foco.* Rio de Janeiro: Objetiva, 2015.

GOTTMAN, John; DECLAIRE, Joan. *Raising an Emotionally Intelligent Child.* Nova York: Fireside, 1998.

GROSS-LOH, Christine. *Parenting Without Borders: Surprising Lessons Parents Around the World Can Teach Us.* Nova York: Penguin, 2013.

HOGHUGHI, Masud. "Parenting: An Introduction". In: HOGHUGHI, Masud; LONG, Nicholas (Orgs.). *Handbook of Parenting: Theory and Research for Practice.* Londres: Sage, 2004, pp. 1-18.

INSTITUTO AYRTON SENNA E ORGANIZAÇÃO PARA A COOPERAÇÃO E

DESENVOLVIMENTO ECONÔMICO (OCDE). "Competências socioemocionais". In: Educação para o Século 21. Disponível em: <educacao-sec21.org.br/iniciativas/competencias-socioemocionais/>.

IYENGAR, Sheena. *The Art of Choosing*. Nova York: Twelve/Hachette, 2010.

KAHNEMAN, Daniel. *Rápido e devagar, duas formas de pensar*. Rio de Janeiro: Objetiva, 2011.

KAMINSKY, Jennifer Wyatt; VALLE, Linda Anne; FILENE, Jill H.; BOYLE, Cynthia L. "Meta-Analytic Review of Components Associated with Parent Training Program Effectiveness". *Journal of Abnormal Psychology*, v. 36, n. 4, pp. 567-89, 2008.

KOLARI, Jennifer. *Connected Parenting: Transform Your Challenging Child and Build Loving Bonds for Life*. Nova York: Avery, 2009.

KOPKO, Kimberly. "Parenting Styles and Adolescents". Disponível em: <www.human.cornell.edu/pam/outreach/parenting/research/upload/Parenting-20Styles-20and-20Adolescents.pdf>.

KORBIN, Jill E. (Org.). *Child Abuse and Neglect: Cross-Cultural Perspectives*. Berkeley: University of California Press, 1981.

LAKATUS, Imri. "Criticism and the Growth of Knowledge". In: International Colloquium in the Philosophy of Science, 1965, Londres. *Proceedings...* v. 4. Londres, 1965, pp. 91-196.

LANGE, Friederike. *Epigenetics in the Post Genomic Era: Can Behaviour Change Our Genes? Was Lamarck Just a Little Bit Right?*. Munique: Grin, 2013.

LEERKES, Esther M.; SUPPLE, Andrew J.; GUDMUNSON, Jessica A. "Ethnic Differences in Women's Emotional Reactions to Parental Non--Supportive Emotion Socialization". *Marriage Fam. Rev.*, v. 50, n. 5, pp. 435-46, 2014.

LEVY, Diane. *É claro que eu amo você... agora vá para o seu quarto!*. Curitiba: Fundamento, 2010.

LUSTER, Tom; OKAGAKI, Lynn. *Parenting: An Ecological Perspective*. 2. ed. Mahwah, NJ.: Lawrence Erlbaum Associates, 2005.

LYUBOMIRSKY, Sonja. *The How of Happiness: A New Approach to Getting the Life You Want*. Nova York: Penguin, 2008. [Ed. bras.: *A ciência da felicidade: como atingir a felicidade real e duradoura*. Rio de Janeiro: Elsevier, 2008.]

MACCOBY, Eleanor E.; MARTIN, John A. "Socialization in the Context of the Family: Parent-Child Interaction". In: MUSSEN, Paul; HETHERINGTON, E. Mavis (Orgs.). *Handbook of Child Psychology*, v. IV: Socialization, Personality, and Social Development. 4. ed. Nova York: Wiley, 1983.

MALDONADO-DURÁN, Martin; MORO, Marie-Rose; BARCLAY MCLAUGH-

LIN, Gina. "Discipline in Early Childhood". Disponível em: <www.kaimh.org/Websites/kaimh/images/Documents/Discipline_in_Early_Childhood.pdf>.

MCMAHON, Darrin M. *Felicidade, uma história*. São Paulo: Globo, 2007.

MISCHEL, Walter; EBBESEN, Ebbe B.; ZEISS, Antonette Raskoff. "Cognitive and Attentional Mechanisms in Delay of Gratification". *Journal of Person-ality and Social Psychology*, v. 21, n. 2, pp. 204-18, 1972.

MOLL, Jorge; KRUEGER, Frank; ZAHN, Roland; PARDINI, Matteo; OLIVEIRA-SOUZA, Ricardo de; GRAFMAN, Jordan. *Human Fronto-Mesolimbic Networks Guide Decisions About Charitable Donation*. Org. de Marcus E. Raichle. St. Louis, MO: Washington University School of Medicine, 2006.

MORIN, Amy. "5 Types of Rules Kids Need". In: *About Parenting*. Disponível em: <discipline.about.com/od/establishingrules/a/5-Types-Of-Rules--Kids-Need.htm>.

_____. "Establishing House Rules for Teenagers". In: *About Parenting*. Disponível em: <discipline.about.com/od/establishingrules/a/Estab--lishing-House-Rules-For-Teenagers.htm>.

PARENT-CHILD INTERACTION THERAPY INTERNATIONAL. Disponível em: <http://www.pcit.org>.

PETERSON, Gary W.; STEINMETZ, Suzanne K.; WILSON, Stephan M. "Cultural and Cross-Cultural Perspectives on Parent-Youth Relations". In: _____ (Orgs.). *Parent-Youth Relations: Cultural and Cross-Cultural Perspectives*. Nova York: Haworth Press, 2005, pp. 7-20.

PRZYBYLSKI, Andrew K.; MURAYAMA, Kou; DEHAAN, Cody R.; GLADWELL, Valerie. "Motivational, Emotional, and Behavioral Correlates of Fear of Missing Out". *Computers in Human Behavior*, v. 29, n. 4, pp. 1841-8, 2013.

RITCHIE, Stuart J.; BATES, Timothy C.; PLOMIN, Robert. "Does Learning to Read Improve Intelligence? A Longitudinal Multivariate Analysis in Identical Twins From Age 7 to 16". *Child Development*, v. 85, n. 5, 2014.

SAFER, Jeanne. *Cain's Legacy: Liberating Siblings from a Lifetime of Rage, Shame, Secrecy, and Regret*. Nova York: Basic Books, 2012.

SCHAEFER, Charles; DIGERONIMO, Theresa. *Teach Your Child to Behave: Disciplining with Love, from 2 to 8 Years*. Nova York: Plume, 1991.

SELIGMAN, Martin. *The Optimistic Child*. Nova York: Houghton Mifflin, 2007.

SERVAN-SCHREIBER, David. *Curar... O stress, a ansiedade e a depressão sem medicamento nem psicanálise*. São Paulo: Sá, 2004.

SPOCK, Benjamin. *The Common Sense Book of Baby and Child Care.* [S.l.: s.n.], [1946].

SUPERNANNY TEAM. "The Placemat Reward Chart". In: *Supernanny*. Disponível em: <www.supernanny.co.uk/Advice/-/Parenting-Skills/-/Discipline-and-Reward/The-Placemat-Reward-Chart.aspx>.

TAMM, Leanne; NAKONEZNY, Paul A.; HUGHES, Carroll W. "An Open Trial of a Metacognitive Executive Function Training for Young Children with ADHD". *Journal of Attention Disorders*, v. 18, n. 6, pp. 551-9, 2014.

TRANCAS, Bruno Vale; MELO, João Carlos; SANTOS, Nuno Borja. "O pássaro de Dodó e os factores comuns em psicoterapia". *PsiLogos*, v. 5, n. 1, pp. 75-87, 2008. Disponível em: <www.psilogos.com/Revista/Vol5N1/Indice8_ficheiros/Trancas.pdf>.

TIPOLOGIA Adriane, Fakt e Tungsten
DIAGRAMAÇÃO Mateus Valadares
PAPEL Pólen Soft, Suzano S.A.
IMPRESSÃO Gráfica Bartira, maio de 2021

A marca FSC® é a garantia de que a madeira utilizada na fabricação do papel deste livro provém de florestas que foram gerenciadas de maneira ambientalmente correta, socialmente justa e economicamente viável, além de outras fontes de origem controlada.